AVIS À MON EXÉCUTEUR

Du même auteur

ROMANS

Phuong-Dinh Express, Les Humanoïdes associés, 1983 ; PUF, 2002
Un été japonais, Gallimard, 2000 ; « Folio policier » n° 406
Brume de printemps, Gallimard, 2001
Saké des brumes, Baleine/Le Seuil, 2002
Averse d'automne, Gallimard, 2003 (prix Sang d'encre 2004)
La Japonaise de St. John's Wood, Zulma, 2004
Nao, PUF, 2004
Regrets d'hiver, Fayard, 2006
Envoyez la fracture !, Éditions La Branche, 2007 ; Pocket, 2014
Mortelle Résidence, Éditions du Masque, 2008
Qui se souvient de Paula ?, Syros, 2008
Lolita Complex, Fayard, 2008
Christelle corrigée, Le Serpent à plumes/Le Rocher, 2009
L'Infante du rock, Parigramme, 2009
Sexy New York, Fayard, 2010
Monsieur le Commandant, NiL, coll. « Les Affranchis », 2011 ; Pocket, 2013 (prix Nice-Baie des Anges, prix Jean-d'Heurs, prix Calibre 47, Trophée 813)
Shanghai Connexion, Fayard, 2012
Première Station avant l'abattoir, Le Seuil, 2013 (prix Mystère de la critique, prix Arsène Lupin)

RÉCITS, ESSAIS

L'Art médical, Temps futurs, 1983
L'Empire érotique, La Sirène, 1993
Carnets du Japon, PUF, 2003

Romain Slocombe

AVIS À MON EXÉCUTEUR

roman

ROBERT LAFFONT

Sous la direction éditoriale de Claire Debru

ISBN : 978-2-221-13516-7

Pour Hervé Delouche

« Aucun de nous ne sait combien d'innocence il a trahi. »

Graham Greene, *L'Agent secret*

Prologue : mort d'un général

Dans la soirée du dimanche 9 février 1941 à Washington, un petit homme brun et nerveux qui paraissait âgé d'une cinquantaine d'années franchit précipitamment le seuil de l'hôtel Bellevue, 15 E Street NW, un établissement de deuxième catégorie situé à proximité de la gare centrale, et demanda à l'employé de la réception une chambre pour la nuit. L'heure notée sur le registre de l'hôtel pour le check-in *était 17h49. Le petit homme fumait à la chaîne, ses mains étaient agitées de tremblements. Il paya deux dollars cinquante d'avance et se fit inscrire sous le nom de Victor Roudnev. Il avait un front large d'intellectuel, des traits fins, des yeux bleus vifs et perçants sous des sourcils en broussaille, le teint terreux, de grandes oreilles décollées et une épaisse crinière de cheveux noirs et raides, tirés en arrière. On eût dit une sorte de professeur ou d'artiste, quelqu'un de différent en tout cas des représentants de commerce qui formaient la majorité de la clientèle du Bellevue. Le réceptionniste pensa que le petit homme était probablement juif, même s'il n'avait pas exactement le type. Le client possédait pour tout bagage un sac de toile brun. Il parlait l'anglais avec un accent étranger, polonais ou russe. Ses gestes étaient mal assurés. Il laissa échapper sa cigarette, et en alluma immédiatement une nouvelle. Plusieurs fois de suite il se retourna pour surveiller l'entrée de l'hôtel. Joseph Donnelly, l'employé de la réception, s'en souvenait clairement lorsqu'il fut interrogé par les policiers le lendemain – et plus tard par les journalistes –, ainsi que de l'épisode des cigarettes. Il donna à son client la clé de la chambre 532, au cinquième étage, équipée de lits jumeaux et d'une salle de bains avec baignoire. La chambre avait vue sur la cour (envahie de baraquements de fortune habités par des Noirs) et sur deux hôtels voisins, le Commodore et le Pennsylvania. Elle ne disposait pas d'accès direct à un escalier de secours extérieur.*

Une demi-heure plus tard environ après qu'il fut monté, à 18h30 (l'appel fut également noté sur le registre), l'occupant de la chambre 532 téléphona pour demander une bouteille d'eau gazeuse de Vichy. L'eau minérale gazeuse était à l'époque la boisson préférée des agents soviétiques – l'employé de la réception l'ignorait, naturellement –, qui ne la mélangeaient jamais à de l'alcool; lorsqu'ils buvaient de la vodka, ils le faisaient dans un verre à part. Le réceptionniste envoya le chasseur, Randy Thompson, acheter une bouteille de Vichy au drugstore le plus proche. Le jeune garçon rapporta la bouteille à l'hôtel, prit l'ascenseur jusqu'au cinquième étage et frappa à la porte de la chambre 532. Le client lui ouvrit, la cigarette aux lèvres. La pièce empestait le tabac. Il donna au chasseur un billet d'un dollar pour la bouteille, puis referma la porte. Randy Thompson l'entendit tourner le verrou de l'intérieur. Au bout de quelques minutes, le chasseur revint avec la monnaie. Le petit homme ouvrit de nouveau, toujours fumant une cigarette, prit les pièces, ne laissa pas de pourboire, referma la porte, tourna le verrou. Randy Thompson se souvint de lui comme d'un étranger typique, discret et un brin solennel. Il ne remarqua pas sa nervosité – hormis le fait qu'il fumait en permanence. Du reste, le chasseur avait d'autres chats à fouetter, dans cet hôtel bon marché proche de la gare qui hébergeait chaque nuit quelque deux cents clients de passage. Les allées et venues étaient incessantes. Le petit monsieur brun aux cigarettes et à l'eau minérale n'était qu'un voyageur parmi tant d'autres.

Aucun employé de l'hôtel ne se rappela avoir vu Victor Roudnev redescendre au cours de la soirée ou de la nuit – ce qui ne veut pas dire qu'il ne redescendit pas, le Bellevue étant très fréquenté. On ne nota aucune communication téléphonique émise ou reçue par la chambre 532.

Vers 8 h 30 le lendemain matin, une jeune employée de couleur nommée Thelma Jackson frappa à la porte pour savoir si elle pouvait faire le ménage. N'obtenant pas de réponse, elle conclut que l'occupant dormait encore, et s'en alla nettoyer d'autres chambres donnant sur le même couloir. Peu après 9 h 30, Thelma Jackson frappa de nouveau à la 532, toujours sans résultat. Croyant que le client était parti, elle déverrouilla la porte avec son passe. (Cette clé, lorsqu'elle ne la portait pas sur elle, était accrochée à un clou en compagnie des passes de ses collègues, dans l'armoire à linge. Les passes étaient manufacturés au sein même de l'hôtel à partir d'un modèle unique. Ceux des femmes de ménage étaient censés n'ouvrir que les chambres de l'étage auquel elles étaient affectées, mais en fait ils en ouvraient parfois d'autres. Seul le directeur de l'hôtel possédait une grand master key, *valable pour toutes les portes du Bellevue.) Thelma Jackson tourna la clé dans la serrure. Elle ne remarqua pas si le pêne était engagé ; mais pour quelqu'un ouvrant de l'extérieur, ni le mouvement ni le bruit produits par le mécanisme du verrou ne permettaient de le savoir. Ouvrant la porte et traversant le petit vestibule, elle aperçut dans la pénombre (seule la salle de bains était allumée, et les rideaux tirés dans la pièce dissimulaient la fenêtre restée entrouverte) une silhouette tout habillée étendue sur un des lits jumeaux, à l'envers, c'est-à-dire la tête du côté du pied de lit. Une odeur de cendres de cigarette refroidies imprégnait la chambre.*

Croyant avoir dérangé un client qui dormait encore, Thelma Jackson s'excusa et demanda quand elle pourrait revenir. Le dormeur ne réagit pas. S'approchant de lui, elle vit que la tête de l'homme baignait dans une large flaque sombre. Elle posa avec précaution la main sur sa poitrine.

Le cœur ne battait plus. Les yeux de l'homme, ouverts, fixaient le plafond de la pièce. La femme de ménage se précipita dans le couloir, descendit l'escalier pour aller informer la réception. Le directeur de l'hôtel se rendit à la chambre 532, regarda le corps et téléphona à la police.

L'agent E. R. Cox, du premier district, reçut l'appel dans sa voiture de patrouille et fit halte devant le Bellevue à 10 h 22. Examinant rapidement la scène, il constata que le crâne de la victime était perforé des deux côtés, un projectile ayant pénétré la tempe droite et fait éclater l'os pariétal gauche, laissant derrière l'oreille un trou de la grosseur d'un poing. Du sang coagulé et de la matière cervicale se trouvaient répandus en quantité importante sur le couvre-lit. Le mort était en chaussettes, pantalon et pull-over. Une arme automatique reposait sur le lit à côté de lui, à une vingtaine de centimètres de son flanc gauche. Le bras droit du mort, en un mouvement curieux, était jeté en travers de son abdomen, paume tournée vers le haut. La crosse de l'arme, un Colt 38 Super Match de 1937, était partiellement recouverte de sang. L'agent Cox appela son commissariat, qui avertit le bureau des homicides, le service des urgences de l'hôpital général, et le coroner du district, A. Magruder MacDonald. L'hôpital envoya le docteur Paul Elsberg, lequel examina le corps de l'occupant de la chambre 532 et prononça le décès, avant de repartir.

Peu avant midi, le sergent Dewey Guest, du bureau des homicides, entra dans la chambre pour inspecter la scène à son tour. Il ramassa une douille sur le sol. Celle-ci correspondait au calibre du Colt automatique trouvé sur le lit à côté du corps. Il restait six projectiles dans un chargeur de sept. Le sergent Guest caractérisa la mort de Victor

Roudnev comme un cas manifeste de suicide et quitta la chambre en emportant le pistolet, l'étui de la cartouche, et divers papiers – dont des lettres, pour certaines rédigées en des langues étrangères – ramassés sur la table de nuit et parmi les affaires du défunt. On ne prit pas de photographie de la scène. Le coroner, partageant l'avis du sergent, rédigea un certificat de suicide concernant le nommé Victor Roudnev, de sexe masculin, âge et nationalité inconnus, décédé à l'hôtel Bellevue, Washington DC, aux environs de quatre heures du matin le lundi 10 février 1941.

Le coroner avait téléphoné à la morgue de l'hôpital général. Une ambulance vint prendre le corps en début d'après-midi. Le chauffeur et deux employés de l'hôpital rassemblèrent les vêtements du mort pour les emporter avec lui, tandis que les femmes de ménage épongeaient le sang et la cervelle à l'aide de serviettes récupérées dans la salle de bains. La literie souillée fut retirée de la chambre. La moquette fut nettoyée, les cendriers vidés et les mégots jetés à la poubelle. On ouvrit la fenêtre en grand pour aérer. À quinze heures, la chambre était disponible pour de nouveaux clients. Le sergent Guest n'avait songé ni à vérifier la présence éventuelle d'empreintes digitales sur les meubles, les verres ou les boutons de porte, ni à chercher des impacts de projectiles. Et il ne s'était pas étonné du fait que le coup de feu, tiré dans la tranquillité de la nuit par une arme aussi puissante qu'un Colt 38, n'avait été entendu ou signalé par personne dans l'hôtel. Pourtant les chambres voisines de la 532 ainsi que celles de l'autre côté du couloir étaient occupées, et le pistolet retrouvé près du cadavre ne possédait pas de silencieux.

Au commissariat du premier district, la police fit l'inventaire des affaires du mort. Son portefeuille contenait cinquante dollars et neuf cents, des cartes de visite, des papiers en russe, une photographie en noir et blanc d'un garçonnet blond âgé de six ou sept ans, déguisé en cow-boy

– chapeau, foulard, gilet, et revolver jouet dans son étui de ceinture. On trouva dans une poche de sa veste un passeport canadien avec une photographie ressemblant au défunt Victor Roudnev, mais où étaient inscrits les nom et prénom Rubinfeld Shmerl, ainsi que les date et lieu de naissance 28 juin 1899, Podwoloczyka, Pologne. L'une des trois lettres ramassées sur la table de nuit de la chambre 532 par le sergent Guest était rédigée en anglais – d'une écriture hâtive et fébrile, presque illisible – et commençait par « Cher monsieur Hartman ». La signature était un « Victor Kreb... » qui s'achevait en gribouillis.

Un inspecteur du premier district observa que le patronyme Hartman figurait également sur une carte de visite trouvée dans le portefeuille de Victor Roudnev, de Victor Kreb-quelque chose ou de Shmerl Rubinfeld. La carte était celle d'un avocat new-yorkais nommé Waldemar Hartman. L'inspecteur principal Bernard W. Thompson, en charge de l'enquête, fit envoyer un câble au département de la police de New York. Une fonctionnaire du bureau des personnes disparues du NYCPD téléphona à l'avocat pour lui demander s'il connaissait un certain Victor « Roudnof », ou peut-être Rubinfeld, né en Pologne. Il y eut un silence au bout du fil, suivi d'un « Pourquoi ? ». La fonctionnaire expliqua à son interlocuteur que cette personne s'était suicidée dans une chambre d'hôtel de Washington aux premières heures de la matinée.

Waldemar Hartman répondit que le mort était beaucoup plus connu sous le nom de Victor Krebnitsky... le général de l'Armée rouge *Victor Krebnitsky. Le plus important transfuge des services soviétiques qui ait jamais débarqué sur le sol des États-Unis. L'homme qui, dans son livre* Au service de Staline. Les politiques secrètes de la Russie révélées par l'ancien chef du renseignement soviétique en Europe de l'Ouest, *paru deux ans plus tôt chez Harper & Brothers, et dans une série d'articles du* Saturday Evening Post, *avait prédit, envers et contre tous, la constitution prochaine d'un axe Berlin-Moscou. La signature de ce pacte germano-soviétique était selon lui préparée en secret du côté russe depuis plusieurs années. L'avocat ajouta qu'il ne pouvait en aucun cas s'agir d'un suicide; que le général, comme Léon Trotsky à Mexico six mois auparavant, avait été exécuté selon toute probabilité par ses ex-camarades du NKVD*[1] *; et que le commanditaire de ce nouveau meurtre était indubitablement le même individu qui, depuis Moscou, avait ordonné le précédent : Joseph Vissarionovitch Staline – celui que les Américains, sous l'influence de l'administration démocrate du président Roosevelt, avaient appris à appeler familièrement « l'oncle Joe ».*

En réalité, Victor Krebnitsky, né Shmerl Rubinfeld, n'avait jamais été général, bien qu'il eût effectivement travaillé pour le GROu, le service des renseignements de l'Armée rouge. Un tel grade n'existait d'ailleurs pas dans les services secrets russes à l'époque concernée. Pas plus que la position fantaisiste de « chef du renseignement soviétique en Europe de l'Ouest ». C'étaient de pures inventions de Simon Reeves, son éditeur au Saturday Evening Post. *Les articles signés par Krebnitsky, qui parurent d'avril à juillet 1939 et servirent de base à son livre publié à l'automne chez Harper & Brothers, étaient accompagnés d'une photographie du transfuge, portrait suffisamment ressemblant pour que l'ex-espion s'en inquiétât : il se savait sur la liste noire de Staline et sur celle des communistes américains. Krebnitsky aurait essayé, sans succès, de s'opposer à l'impression du journal. C'est alors qu'il se brouilla avec son « nègre », l'homme qui l'avait présenté au* Saturday Evening Post, *avait participé à la traduc-*

1. Commissariat du peuple aux Affaires intérieures, supervisant les activités du GUGB, nouvelle appellation de la police politique soviétique de juillet 1934 à février 1941 – succédant à la Tchéka (1917-1922), au Guépéou (GPOu, 1922-1923) et à l'OGPOu (1923-1934). Ces appellations sont restées largement en usage après 1934.

tion du russe comme à la mise en forme des articles : le journaliste américain né en Biélorussie Isaac Don Levine. Avant leur dispute, Levine avait eu le temps de le mettre en relation avec l'avocat et défenseur des droits civiques Waldemar Hartman, ex-socialiste d'origine ukrainienne qui avait aidé à fonder l'American Labor Party, un petit parti de gauche.

Hartman remercia la fonctionnaire du bureau des personnes disparues et raccrocha. Il était sans nouvelles directes de son client depuis une semaine environ. L'épouse de celui-ci, Tania Rubinfeld – une jeune illustratrice russe qui vivotait à présent de croquis de mode pour Vogue *ou* Harper's Bazaar *et de dessins satiriques –, lui avait dit au téléphone, trois jours plus tôt, que Victor s'était rendu seul en Virginie chez des amis allemands. Horst et Maria Krausnick possédaient un petit élevage de volaille, dans le voisinage duquel Krebnitsky projetait de s'installer avec sa femme et son fils. L'ancien agent secret songeait sérieusement à entamer une deuxième vie dans son pays d'accueil en nourrissant des poulets. En tout état de cause, Hartman ne comprenait pas ce que Krebnitsky fabriquait à Washington – où, le jeudi 6, avant de poursuivre son chemin jusque chez les Krausnick, il avait déjà rencontré Loy Henderson, un fonctionnaire du département d'État spécialiste des affaires russes – au lieu de rentrer directement à New York le dimanche soir. Ni pourquoi son client était descendu au Bellevue, un de ces vastes hôtels pour commis voyageurs, plutôt que de réserver une chambre dans l'établissement de luxe où il séjournait habituellement, lorsqu'il venait témoigner devant une commission parlementaire au sujet des activités d'espionnage communiste aux États-Unis. L'avocat reprit son téléphone et appela la femme de Krebnitsky à son appartement de West Gun Hill Road dans le Bronx pour lui annoncer la mauvaise nouvelle. Tania Rubinfeld s'effondra en pleurs, criant que les stalinistes avaient fini par tuer son mari, que Victor éprouvait le plus profond mépris pour le suicide et qu'il répétait toujours : « Si on me trouve suicidé, c'est que j'aurai été assassiné. » L'avocat acquiesça – comme la plupart des proches du défunt, il se souvenait parfaitement de cette phrase – et promit de rappeler Tania le lendemain matin. Puis il demanda à l'opératrice de le mettre en contact avec le département de la police du district de Columbia. On lui passa un certain sergent Engström qui lui confirma la découverte du corps de Victor « Roudnet ».*

— Roudnev, *pas Roudnet, soupira Hartman. Je suis son avocat. Puis-je parler à l'inspecteur responsable de l'enquête ?*

Quelques minutes plus tard, il eut l'inspecteur principal Bernard W. Thompson au bout du fil et s'entendit dire que son client s'était suicidé.

— *Je regrette, inspecteur, mais Victor Roudnev a été* assassiné.

Thompson ricana.

— *Ouais, c'est ce que les avocats disent toujours lorsqu'on leur explique ce genre de choses...*

Renonçant à discuter, Hartman passa de nouveaux appels. Il prévint Adolf Berle, secrétaire adjoint au département d'État, convoqua la presse et organisa une conférence qui se tint à partir de dix-sept heures dans ses bureaux du 302 Broadway, puis il se précipita à Pennsylvania Station où il sauta dans le premier train pour Washington. Le trajet durait quatre heures et demie. À 23 h 30, Waldemar Hartman se trouvait à la morgue de l'hôpital général, 19e Rue, à fins d'identification, et contemplait le cadavre de Shmerl Rubinfeld, alias VALENTIN, alias GROLL – ses noms de code dans les services soviétiques –, alias Victor Roudnev, alias le « général » Victor Krebnitsky.

Le lendemain matin, mardi 11 février 1941, la photographie du petit homme de la chambre 532 s'étalait en première page de tous les quotidiens des États-Unis.

La police avait retrouvé trois lettres de suicide dans la chambre d'hôtel : une en anglais, la plus brève, destinée à Waldemar Hartman, une en allemand pour Suzanne La Follette – féministe anti-stalinienne amie de Krebnitsky, cousine du sénateur progressiste du Wisconsin « Fighting Bob » La Follette et compagne de l'écrivain socialiste Benjamin Stolberg – et la troisième en russe à l'intention de Tania Rubinfeld. Cette dernière étant la plus difficilement lisible, l'expert graphologue Ira Gullickson décréta que les trois avaient été écrites dans cet ordre, avec une montée graduelle de l'émotion. Il identifia sans l'ombre d'un doute l'écriture de Krebnitsky.

Les lettres étaient rédigées sur du papier à en-tête : « Charlottesville, Virginie » – la ville la plus proche du domicile des Krausnick. L'ultime message (une copie en est conservée dans les archives Waldemar Hartman à la bibliothèque publique de New York) de l'ancien agent secret à son épouse, et à leur fils, était le suivant :

Chère Tania et cher Sacha,

C'est très difficile, et je désire beaucoup vivre, mais je ne peux vivre plus longtemps. Je vous aime, mes seuls chéris. Il est difficile pour moi d'écrire mais pense à moi et tu comprendras que je dois partir. Ne dis pas encore à Sacha où son père s'en est allé. Je pense que plus tard tu lui expliqueras, puisque ce sera bon pour lui. Pardonne ma difficulté à écrire. Prends soin de lui, et sois une bonne mère – comme toujours sois forte et ne te fâche jamais contre lui. Après tout, c'est un si gentil et pauvre [garçon]. Les gens bons vous aideront mais pas les ennemis du peuple sov[iétique]. Mes fautes sont grandes, je crois.

Au revoir Tania et Sacha, et je vous embrasse.

Votre Vic *[se terminait en gribouillis]*

Suivait un post-scriptum :

À la ferme des Krausnick

J'ai écrit ceci hier *[ajouté au-dessus :]* mais n'ai pas eu le courage. À New York. Je n'avais pas d'affaire à traiter à Washington. J'étais chez les Krausnick parce qu'il n'y a quc là que je pouvais me procurer l'arme

Il n'y avait pas de point final. Certains détails de la lettre, en particulier l'avertissement au sujet des « ennemis du peuple soviétique » (les trotskystes ? les services secrets occidentaux ?) – comme si l'ex-agent, bourrelé de remords, regrettait désormais sa défection –, et l'insistance bizarre à vouloir écarter tout soupçon visant le couple Krausnick (la lettre à l'avocat contenait une phrase du même genre les concernant), donnaient l'impression d'avoir été fabriqués, voire dictés, par des tueurs stalinistes ayant monté l'opération de A jusqu'à Z. En même temps, pour un lecteur perspicace, le texte, formulé peut-être d'une manière extrêmement réfléchie en dépit de son apparent désordre affectif, par un homme traqué mais accoutumé à ruser, disait à la fois tout et son contraire, et semblait inclure quelque explication secrète au sujet de ce qui allait se produire dans la chambre 532. La police de Washington s'entêtait à croire au suicide. Les originaux des messages ne furent pas transmis à leurs destinataires, et Tania Rubinfeld ne reçut qu'une traduction imprécise et en partie erronée de la lettre d'adieu laissée par son mari. Le FBI, relancé à plusieurs reprises par Hartman, déclara publiquement que l'affaire concernait la police métropolitaine et qu'il n'avait pas à s'occuper d'hypothétiques assassins étrangers, ou de leurs agents opérant sur le territoire américain. Le New York Journal-American *du 11 février écrivit :*

LE GÉNÉRAL KREBNITSKY A-T-IL ÉTÉ ASSASSINÉ ET SON MEURTRIER LE «JUDAS ROUGE» A-T-IL MAQUILLÉ LE CRIME EN SUICIDE ?

VOICI LES INDICES DE MEURTRE, RASSEMBLÉS PAR UN HAUT FONCTIONNAIRE DU DÉPARTEMENT D'ÉTAT AVEC QUI LE GÉNÉRAL ÉTAIT EN CONTACT FRÉQUENT :

1. Le rapport du coroner prétend que des difficultés financières pourraient être à l'origine du « suicide », or Krebnitsky ne manquait pas d'argent, se trouvant encore en possession de la plus grande partie des 25 000 $ reçus du *Saturday Evening Post* pour avoir dévoilé les plans du dictateur Staline.

2. Krebnitsky savait qu'un agent rouge nommé Hans Bruesse était sur sa trace, avec instruction de l'assassiner. Il s'efforçait de rester à l'écart des grands centres industriels de ce pays, parce que « c'est là que les agents de l'OGPU concentrent leurs opérations ».

3. Krebnitsky était très désireux de devenir un citoyen des États-Unis et se réjouissait à l'idée de s'établir ici en tant que résident permanent. Il avait déposé une demande de documents de citoyenneté cinq semaines plus tôt.

4. Il avait entrepris des démarches légales afin de changer son nom en celui de Victor Roudnev, ce dernier étant le nom de jeune fille de son épouse.

5. Il était en train de négocier l'achat d'une ferme en Virginie et venait d'obtenir le permis de conduire, ce qui n'est pas vraiment le comportement d'un homme envisageant de se suicider.

6. Il a prévenu J. R. Matthews, enquêteur en chef de la commission Dies[1], que toute apparence de suicide, au cas où on le retrouverait mort, ne devait pas induire la police en erreur – ce serait un meurtre.

7. Le pistolet de calibre .38 qui a tiré le coup de feu dans la tempe DROITE reposait du côté GAUCHE de son

1. Ancêtre de la commission parlementaire des activités anti-américaines (HUAC).

corps quand celui-ci a été retrouvé. Le coroner a expliqué qu'une réaction musculaire spasmodique pourrait avoir projeté l'arme de l'autre côté du corps après que le coup fatal a été tiré.

Le Daily Worker, *organe du Parti communiste des États-Unis d'Amérique, écrivit, dans un sens opposé : « La presse capitaliste essaye désespérément de monter une accusation de "meurtre maquillé", à partir de ce qui est clairement établi comme le suicide du "général" Victor Krebnitsky. De chaque trou à rat de ce pays surgissent les "experts" de l'antisoviétisme professionnel, avec leurs incitations gratuites. »*

La presse national-socialiste en Allemagne suivit l'affaire avec grand intérêt, exprimant l'opinion unanime – et par conséquent officielle – qu'il s'agissait d'un crime déguisé en suicide. La victime étant juive, les journalistes du Reich ajoutaient que c'était une excellente chose. Leurs alliés russes avaient eu toutes les bonnes raisons de l'abattre, puisque Krebnitsky était « un ennemi de Staline, un trotskyste, et un traître juif ».

Les témoignages des deux réfugiés allemands, Maria et Horst Krausnick (témoignages dont les détails devaient singulièrement varier au fil des années) furent déterminants. Il en ressortait que leur ami Victor Krebnitsky avait frappé à la porte de leur minuscule ferme dans un coin désolé des collines des Appalaches, le jeudi 6 février, débarquant à l'improviste. Il aurait été déposé par un mystérieux automobiliste reparti sans être vu. Krebnitsky cherchait un terrain voisin à acheter pour s'y installer avec sa famille. Ayant remarqué une arme de poing chez les Krausnick, il aurait appris de la bouche même de ses hôtes que, contrairement à la réglementation en vigueur dans l'État de New York, une licence n'était pas nécessaire ici. Maria Krausnick avait conduit Krebnitsky dans sa vieille Buick à Charlottesville visiter un magasin de fournitures générales qu'elle fréquentait habituellement. Là, l'ex-agent avait acheté un Colt 38 d'occasion pour quinze dollars, et une boîte de cinquante cartouches. Le vendeur, Charles Henshaw, confirma les faits lorsque la police l'interrogea, et ajouta que son client était «petit et nerveux». Il le reconnut sur la photo qu'on lui montrait. Le nom inscrit sur le registre des ventes était Victor Roudnev, le numéro de série (43907) du Colt d'occasion correspondait à celui de l'arme trouvée dans la chambre 532. De retour à la ferme, Krebnitsky se serait entraîné au tir en compagnie de Horst Krausnick, un ancien membre du parti nazi. Krausnick était devenu communiste avant de trouver asile en 1939 aux États-Unis, où il avait publié un livre et vivait en donnant des conférences. Le travail manuel d'élevage de poulets était assuré en majeure partie par sa femme. Les témoignages du couple, ni à l'époque ni plus tard, ne mentionnèrent aucune activité particulière à la date du lendemain, vendredi 7 février. Il est possible que Krebnitsky – s'il comptait véritablement acheter une ferme – ait visité les environs. Le samedi 8, Maria Krausnick aurait de nouveau conduit leur hôte au magasin de fournitures, afin de se procurer cent cinquante cartouches supplémentaires pour l'entraînement avec Horst (version contredite par le vendeur Charles Henshaw, qui affirma n'avoir vu le client qu'une seule fois). Krebnitsky aurait insisté pour acheter des balles à tête creuse, qui ont une puissance d'arrêt supérieure due à leur expansion immédiate et à leur pénétration restreinte. Ensuite il avait plaisanté avec ses amis à propos des «dégâts que pareille arme et pareilles munitions pourraient produire». La police de Washington ne récupéra jamais la balle ayant traversé le crâne de l'ex-agent soviétique – l'inspecteur principal Bernard W. Thompson ayant renoncé à en chercher les débris, disparus selon lui dans les fentes du carrelage au-dessous du point d'impact dans le mur de la salle de bains.

Le samedi soir à la ferme, toujours d'après Maria et Horst Krausnick, le petit homme avait chanté, d'une voix rauque et les yeux remplis de larmes, devant le couple et leur fils Sebastian, âgé de cinq ans, des chansons de l'Armée rouge, avant de murmurer que sa vie était «foutue» parce que son livre à propos du pacte germano-soviétique n'avait pas eu l'impact espéré. Puis il aurait demandé à ses hôtes du papier à lettres et des enveloppes. C'est à ce moment que Maria lui avait prêté un bloc de papier à l'en-tête : «Charlottesville, Virginie». Les Krausnick étant allés se coucher, Krebnitsky aurait passé une partie de la nuit à écrire des lettres sur la table de leur cuisine; la pièce faisait également office de séjour et de chambre d'amis grâce à son canapé. Après quoi, il serait sorti se promener seul dans la campagne.

Au petit déjeuner, encore selon le récit de Maria Krausnick, il avait «une mine épouvantable». Elle le reconduisit à Washington en voiture, laissant Horst et Sebastian à la ferme. La grosse Buick 1936 aurait quitté la propriété vers une heure de l'après-midi, empruntant des routes de campagne reculées (à cause d'une erreur de la conductrice, laquelle expliqua par la suite avoir pris une mauvaise direction à un croisement – explication assez douteuse, Maria Krausnick connaissant bien la route puisqu'elle se rendait souvent à la capitale). Un tel itinéraire prouvait qu'ils n'avaient pas été suivis, fit-elle remarquer. Krebnitsky paraissait de bonne humeur, ayant trouvé le terrain qu'il achèterait grâce aux revenus des articles du Saturday Evening Post. *Il envisageait à présent avec optimisme sa nouvelle existence de fermier avec Tania et Sacha à ses côtés. Deux arrêts allongèrent la durée du voyage de la Buick jusqu'à Washington : il y eut d'abord une crevaison, la voiture ayant versé dans un fossé (lors de ses interviews plus tardives l'Allemande ne s'en souvenait plus), puis Maria déposa des lettres à la poste de Fredericksburg. Elle aurait demandé à son passager s'il voulait en profiter pour envoyer ses courriers écrits au cours de la nuit et Krebnitsky aurait refusé, prétextant qu'il les posterait lui-même de Washington.*

Ils arrivèrent en vue de la gare vers cinq heures de l'après-midi. Il restait environ une heure avant le départ du train pour New York. Maria Krausnick quitta Krebnitsky à l'angle de l'Union Station, soit quelques centaines de mètres après l'hôtel Bellevue. Il lui donna quatre dollars pour l'essence, et lui demanda si elle connaissait un bureau de poste proche de la gare. En descendant de la Buick, il ajouta, le ton soudain grave :

— Si quelque chose devait m'arriver, tu voudrais bien t'occuper de ma femme et de mon fils ?

— Ne sois pas bête, Victor, plaisanta-t-elle. Rien ne va t'arriver.

Maria se rappela le pistolet acheté à Charlottesville.

— Tu as ton artillerie sur toi ?

Le petit homme tapota son sac de voyage en toile.

— Je l'ai, oui, fit-il sombrement.

(Telle fut du moins la conversation que rapporta, le mois suivant, un journaliste du Washington News *après avoir – ou non – interviewé Maria Krausnick.)*

Il lui avait dit qu'il reprenait le train pour New York, et elle ne s'imaginait pas qu'il rebrousserait chemin pour chercher une chambre d'hôtel. Désirant se plonger dans un bain chaud et passer une nuit confortable (la vie à la ferme des Appalaches était rude, sans eau courante), Maria Krausnick gara son automobile sur le parking du Capitol Park Hotel – au 35 de la même rue que le Bellevue – et prit une chambre. Elle se lava, se reposa un moment sur son lit puis se rendit au cinéma. Elle vit They Drive by Night, *avec Ida Lupino. Le lendemain matin quand elle entendit des sirènes d'ambulance, la voyageuse n'y prêta guère attention. Après tout, l'hôpital Sibley n'était pas loin.*

Le vendredi 14 février 1941, à l'issue de la cérémonie d'incinération qui se déroula au crématorium de Fresh Pond, dans le Queens à New York, la veuve du général Krebnitsky revint sur ses déclarations initiales, affirmant devant la presse – laquelle avait sévèrement critiqué le travail de la police de la capitale fédérale et de son chef, Ernest W. Brown – que son mari s'était « très certainement suicidé ».

Horst Krausnick avait manifesté la même opinion dès le premier jour, lorsque la police et les journalistes l'avaient interrogé à propos de la mort de son ami Krebnitsky. Son épouse Maria s'était montrée moins catégorique.

Le verdict définitif du coroner de Washington, rendu à la fin de la semaine, fut : « mort par suicide ».

L'épouse et l'enfant de Krebnitsky furent laissés dans la misère. Tania Rubinfeld eut du mal à réunir les cent huit dollars et vingt-deux cents que lui réclamait l'entreprise de pompes funèbres Fairchild & Sons pour les obsèques. Contrairement à ce que les journaux avaient imprimé, il ne restait plus grand-chose de l'argent versé par le Saturday Evening Post *pour les articles signés par l'ex-agent secret. Ses « nègres » avaient prélevé leur commission au passage. Au lendemain de la cérémonie, Tania Rubinfeld et son fils partirent se cacher en Floride chez un autre transfuge de l'espionnage soviétique, le journaliste américain Whittaker Chambers. Quelques mois plus tard ils retournèrent à New York. Les syndicats de presse liés au parti communiste firent pression sur les journaux afin que l'on ne publiât plus de dessins de Tania Rubinfeld. Elle trouva un travail de modéliste dans une petite fabrique de tabliers employant une quinzaine de personnes, la Revere Manufacturing Company, afin de régler le loyer mensuel de cinquante-deux dollars de leur modeste appartement de la 84e Rue Ouest où elle résidait avec son fils depuis qu'ils avaient quitté le Bronx.*

Selon un témoignage délivré quelques années plus tard (archives judiciaires du Sénat, rapport no 15, daté du 8 avril 1954 : « Le meurtre du général Victor Krebnitsky, Washington DC », Archives nationales) devant la sous-commission pour la sécurité intérieure de la commission judiciaire du Sénat des États-Unis, un nommé Jack Parilla, dit « le Bossu », qui dirigeait un groupe de « liquidateurs » aux ordres des Soviétiques, serait arrivé à Washington le 7 février 1941 pour le week-end et, de retour à New York quelques jours après, se serait vanté, ivre, devant des camarades de la direction de la National Maritime Union, d'avoir participé à un meurtre.

La veuve de Krebnitsky se mura dans le silence, n'évoquant jamais la disparition de son mari, même en compagnie de proches comme les Levine ou les Krausnick. En dépit de ses réclamations auprès du FBI et du département de la police de Washington, on refusa de lui transmettre l'original de la « lettre de suicide » de Victor Krebnistky, laquelle fut probablement détruite à l'expiration du délai réglementaire de conservation des archives de la police. Ayant légalement changé son nom de famille en celui de « Thomas » et demandé la nationalité américaine en 1942, Tania Rubinfeld n'accorda plus aucune interview jusqu'à sa mort, survenue à l'âge de quatre-vingt-huit ans, dans une maison de retraite du Maryland en 1991.

En novembre 2012 – soit plus de soixante-dix ans après la fin mystérieuse du transfuge et plus de vingt après le décès de son épouse –, je reçus un courrier d'un ami libraire de Lausanne, Michel F., spécialiste de l'histoire du mouvement anarchiste international, que j'avais revu par hasard à Paris quelques semaines auparavant et qui se rappelait que je m'intéressais à l'affaire Krebnitsky.

L'épaisse enveloppe de papier bulle postée à Lausanne contenait une liasse de photocopies de format A4, réunies par un élastique. Dans la lettre les accompagnant, Michel F. me disait avoir rendu récemment visite à un membre de sa famille habitant Vevey. L'immeuble voisin de celui où vivait ce dernier venait d'être le théâtre d'un petit événement macabre, comme il s'en produit malheureusement de temps en temps. Les habitants (pour la plupart des employés de maison d'origine étrangère travaillant dans la résidence attenante) avaient été incommodés puis alarmés par l'odeur de plus en plus insupportable envahissant les couloirs et la cage d'escalier depuis quelques jours. Des miaulements déchirants se faisaient entendre derrière les murs de l'appartement qui semblait être à l'origine des émanations, un deux-pièces que louait un homme très âgé vivant seul avec ses animaux de compagnie. Les voisins avaient fini par appeler la police.

Un serrurier ouvrit la porte, accompagné d'agents municipaux. Deux chats fous de terreur surgirent toutes griffes dehors, avant de disparaître dans la cage d'escalier et de quitter le bâtiment ventre à terre. À l'intérieur du deux-pièces l'odeur était abominable. Les policiers découvrirent, sur le sol de la cuisine, un vieil homme couché en chien de fusil, manifestement mort depuis un certain temps. Les animaux, que leur propriétaire ne nourrissait plus et qui ne pouvaient sortir, les fenêtres de l'appartement étant fermées, avaient survécu – comme cela se produit dans pareils cas – en dévorant des parties du cadavre. Le visage notamment était méconnaissable. Ce vieillard, originaire d'Europe centrale et qui, selon ses dires, avait vécu aux États-Unis avec son épouse durant la guerre, se nommait Adolf Schwabe et avait obtenu la nationalité suisse en 1963. Il était veuf, avait résidé plusieurs années à Lucerne avant de s'installer à Vevey et ne paraissait pas avoir de famille. L'autopsie révéla qu'il avait succombé à une crise cardiaque. Personne n'ayant réclamé ses biens, l'appartement fut vidé et les papiers que contenait celui-ci jetés à la poubelle.

En quittant son parent de Vevey, Michel F. était passé devant l'immeuble le lendemain du déménagement et une dizaine de minutes avant le passage des éboueurs. Les conteneurs débordaient de vieux journaux. L'attention du libraire fut d'abord attirée par un numéro en assez bon état de Quatrième internationale, *revue du « comité central du Parti ouvrier internationaliste (bolchevik-léniniste), section française de la IVe Internationale », c'est-à-dire le mouvement trotskyste. Le numéro, daté de mars-avril 1938, annonçait la mort, dans une clinique parisienne, de Lev Sedov, l'un des deux fils de Trotsky, et affichait sur deux tiers de la hauteur de sa première page le portrait du disparu. Récupérant la revue, Michel F. découvrit dans le conteneur de vieux albums de photographies et des piles de livres d'aspect ancien, en anglais, en russe ou en allemand, quelques-uns en français. Il ramassa* Elle a dix ans, la Russie rouge ! *du reporter Géo London, publié chez Arthème Fayard en 1927,* Hitler et moi *par l'ancien national-socialiste Otto Strasser publié chez Grasset en 1940, et le fameux* J'ai choisi la liberté ! *du transfuge soviétique Victor Kravtchenko, dans sa version condensée parue aux éditions Self, à Paris en 1948. Au fond du conteneur se trouvait une grosse liasse de feuillets, dactylographiés pour la plupart. Michel F. examina les papiers. La lecture de la première page, rédigée à la main en allemand, le sidéra.*

Le libraire eut à peine le temps de s'emparer du manuscrit, des trois livres en français et de la revue avant que la benne à ordures ne vînt engloutir le restant des archives de feu Adolf Schwabe. Rentré à Lausanne, il photocopia le texte, dont la majeure partie était en russe. Les premières pages et les toutes dernières, qui constituaient une sorte de cadre de présentation, avaient été écrites en allemand. Mon ami avait appris cette langue au lycée mais il ne lisait pas le russe. En revanche, il savait que j'étais traducteur à la fois de russe et d'allemand. Je commençai à lire la première des photocopies postées de Lausanne.

L'auteur du message l'avait daté du 8 février 1941 et le texte commençait par « Treuer Horst... ». *Sur l'en-tête du papier était imprimé en petites lettres capitales :* CHARLOTTESVILLE, VIRGINIA.

(Rédigé en allemand, à la main. Toutes les notes de bas de page des documents suivants sont du traducteur.)

Le 8 février 1941.

Mon fidèle Horst,

Je suis assis devant la table de ta cuisine dans le silence de la nuit. Seul avec les lettres, le texte original – en son état actuel – du *Grand Mensonge* et une copie carbone du manuscrit. Toi et les tiens dormez dans la chambre à côté. Il est peu probable que je parvienne à trouver le sommeil. Tout à l'heure j'irai faire un tour. La nuit est froide, mais peut-être aurai-je le courage de marcher jusqu'à la ferme abandonnée que nous avons aperçue hier...

Je viens d'écrire à Tania. Cela m'a pris une demi-heure, pour seulement vingt-trois lignes. C'est une lettre terrible, la plus difficile que j'aie eue à écrire de toute ma vie. J'ai pesé avec précaution chaque mot. Tania est très intelligente, tu l'as constaté toi-même ; il faut qu'elle comprenne, en lisant avec attention, ce qui s'est passé, qu'elle comprenne par conséquent qu'il faut avant tout sauver ce qui peut encore être sauvé... Et il faut qu'en face le message soit accepté par Mink et les autres. Qu'ils ne me forcent pas à recommencer (je n'y arriverais pas). Ils attendent de voir les lettres – pas celle-ci, bien sûr. Je les connais, je connais leur psychologie. Et je connais aussi très bien leurs limites. Peut-être m'obligeront-ils à écrire des phrases supplémentaires sur le message à Tania. Peu importe, à condition qu'ils consentent à la première partie. Si c'est le cas je m'en irai un peu plus tranquille.

Mes fautes sont grandes. Je suis un homme faible. Il m'a toujours été difficile de prendre des décisions. En Amérique, j'ai constaté une fois de plus l'étendue de ma solitude. Mes nouveaux amis de New York m'ont poussé à écrire. Mais en réalité je me suis contenté de leur fournir des informations. Levine, Frank, Morrow, Eastman... ils en ont fait ce qu'ils ont voulu. Comme toujours, je suis demeuré simple spectateur. Pendant que Reeves et mes « nègres » retravaillaient ces informations dans le seul but de créer du sensationnel. À vrai dire, j'ignorais tout des méthodes de la presse américaine. J'ai pris prétexte de mon ignorance pour les laisser agir à leur guise. En échange de ces cinq mille dollars par article, je leur ai permis – contre l'avis de Tania – de m'attribuer le grade ridicule de général et ce poste tout aussi absurde de chef des services du renseignement en Europe de l'Ouest. J'ai laissé déformer des événements, des noms, des lieux. J'ai dissimulé le fait que j'ai quitté le GROu pour travailler au sein de l'INO[1]. Je me suis laissé attribuer des exploits accomplis par d'autres, et des voyages dangereux en Allemagne hitlérienne que je n'ai jamais effectués. Afin d'apaiser ma conscience, j'ai affublé des gens de noms inventés ou modifiés. Certains étaient morts et j'ai usé de ce stratagème pour m'approprier leurs exploits. Je n'avais aucun droit de trahir les assassinés, même si le but du livre était de désigner leur assassin. Lorsque Paul Wohl m'a demandé sa part pour les articles que nous avions

1. Section étrangère du Guépéou puis de l'OGPOu.

commencé d'écrire ensemble, j'ai refusé net – pourtant il avait besoin de cet argent pour faire venir de France sa mère, qui est juive. J'ai rompu avec mon ancienne vie mais je n'ai pas réussi à en construire une nouvelle dont je puisse être fier. La honte, la souffrance et la peur m'auront accompagné tout au long du chemin...

En Amérique, j'ai connu un membre de l'appareil clandestin du Parti. Il s'appelle Chambers. Avant 1937, il écrivait pour *The New Masses*. Lui aussi a fait défection. Pendant un an, avec sa femme et ses deux enfants il s'est terré dans la banlieue de Baltimore, et tout un été dans un cabanon en Floride. L'appareil l'avait menacé de mort. Ce Chambers travaillait la nuit, un fusil de chasse et un revolver à portée de la main, pendant que sa femme et ses enfants dormaient. Comme moi en ce moment, il écoutait les bruits de la nuit, prêt à saisir son arme et à tirer. Au cours de son voyage pour quitter le communisme et les communistes, Chambers a rencontré Dieu. La foi lui a donné le courage de continuer, puis de les attaquer à son tour. C'est un homme petit et très gros, il a le cœur malade, il souffle en se déplaçant comme un asthmatique. Il s'habille mal, ses vêtements flottent sur lui, il parle l'anglais avec un étrange accent allemand, sa voix haut perchée me donne l'impression qu'il a des tendances homosexuelles et en le voyant nul ne s'imaginerait que c'est un grand écrivain.

Il m'a parlé des cris. Moi aussi, je les ai entendus. Tout communiste les entend – même s'il se bouche les oreilles. Les cris des maris arrachés pour toujours à leur femme, lorsqu'on vient les arrêter chez eux à minuit. Les cris étouffés en provenance des caves et des chambres de torture de la Loubianka ou d'ailleurs. Les cris poussés derrière les planches et les portes en fer des wagons à bestiaux chargés d'hommes, de femmes, d'enfants, enfermés, entassés, laissés pour mourir de froid sur des voies désaffectées, quelque part, très loin, dans l'hiver russe glacial. Les cris des millions qui ont péri dans les famines provoquées par un dictateur et ses bureaucrates cyniques. Les cris des enfants qui voient emportés leurs parents, leurs parents qu'ils ne reverront jamais...

La crise du monde occidental, m'expliquait Chambers, existe dans la mesure où celui-ci est devenu indifférent à Dieu. Elle existe dans la mesure où ce monde occidental partage en réalité la vision matérialiste qui est celle des communistes, est tellement ébloui par la logique de leur interprétation de l'Histoire, de la politique et de l'économie, qu'il échoue à réaliser que pour lui la seule réponse au défi posé par le communisme – foi en Dieu ou foi en l'homme ? – est la *foi en Dieu.*

J'ai rompu avec le communisme parce que je voulais être libre. Tout comme toi, Horst, lorsque tu as rompu avec le nazisme. La liberté est une aspiration de l'âme, et rien d'autre. C'est en cherchant Dieu que l'âme aspire à cette condition de liberté. Dieu seul est l'instigateur et le garant de la liberté. Il en est l'unique garant. La liberté extérieure n'est qu'un aspect de la liberté intérieure. La religion et la liberté sont inséparables. Sans liberté, l'âme meurt. Sans l'âme, il n'y a pas de justification à la liberté. En ce sens, chaque rupture avec le communisme est une expérience religieuse, même si l'ex-communiste échoue à identifier la nature véritable de cette expérience, même s'il échoue à la poursuivre jusqu'à son point ultime. Sa rupture est l'expression politique de ce perpétuel besoin de l'âme, dont il a ressenti les premiers, imperceptibles mouvements, des mois, ou des années avant que n'intervienne cette rupture. Un communiste, qu'il s'en aperçoive ou non, fait défection en réalité parce qu'il est *obligé* de choisir, un jour ou l'autre, entre deux extrêmes inconciliables : Dieu ou l'homme, l'âme ou la raison, la liberté ou le communisme.

Le communisme est ce qui se produit quand au nom de la raison les hommes se séparent de Dieu. Il n'y a jamais eu de peuple, de société, ou de nation sans Dieu, quel que soit le nom que lui donne ce peuple ou cette société ou cette nation dans sa langue. Mais l'Histoire est jonchée de débris de nations qui sont devenues indifférentes à Dieu et ont péri.

Cet homme, Chambers, la dernière fois que je l'ai vu, il y a quelques jours, m'a promis de me présenter à un ministre de son église. Il l'a fait sur ma demande, car il n'a jamais cherché à m'influencer. Je n'en ai pas parlé à Tania. Elle ne croit pas à la religion. Mais de toute façon, il est trop tard.

Ou peut-être pas ?

Lundi, à Washington, j'essaierai (si on m'en laisse le temps) de jouer au plus fin, une fois de plus, avec eux. Il n'est pas impossible, en y réfléchissant bien, que j'aie davantage d'atouts dans ma main que je ne le pensais le jour où George Mink m'a téléphoné. Le rendez-vous est dans un lieu public. Ils désirent peut-être simplement négocier. L'histoire des lettres de suicide ne serait alors qu'un autre procédé du NKVD pour m'impressionner, une nouvelle tactique de terreur. Je me suis déjà tiré de situations presque aussi ardues. Tu le sais du temps où nous travaillions ensemble. Sinon... Ma femme et mon pauvre garçon auront besoin de ton aide et de celle de Maria.

Je te le demande, mon fidèle Horst : *fais pour eux tout ce que tu pourras après ma mort.* Si vous habitiez tous ensemble ici, ce serait une bonne chose. Tania t'aidera.

Ses nerfs ont été très ébranlés par les événements récents, mais elle est encore jeune, solide. Et il lui restera un peu d'argent des articles. Dis-lui que je suis d'accord pour qu'elle l'investisse dans ton élevage de poulets – montre-lui (mais pas tout de suite) cette lettre si elle ne te croit pas. L'avocat aussi, Hartman, est un homme à qui l'on peut faire confiance. Demande-lui son aide si c'est trop difficile pour vous. Je crois que Maria et toi êtes des gens bons au fond de vos cœurs. Le cœur est tout ce qui reste. Vous étiez de fidèles amis. Ils m'ont suggéré d'ajouter un mot à votre sujet dans la lettre à Hartman... cela devrait vous éviter des problèmes avec la police américaine et le FBI. Si ma mort ressemble *vraiment* à un suicide (tu connais le proverbe, au NKVD : « N'importe quel idiot peut tuer quelqu'un, mais réaliser une mort naturelle, ça, c'est vraiment de l'art »), racontez, vous aussi, que je me suis très probablement suicidé. Toi et Maria dites que j'ai pleuré devant vous en chantant les chansons de l'Armée rouge. Que j'étais en dépression. Ils aimeront cela. Après tout, c'est vrai que j'ai pleuré. J'ai pleuré en pensant à Ludwig, à sa femme, son fils. En pensant à Théodore Mally. En pensant à mes amis fusillés ou suicidés. À leurs enfants jetés à la rue à Moscou. Et à ce jeune communiste anglais que Mink et ses hommes ont éviscéré dans ce champ près de Barcelone... Et à tous les autres...

J'ai commis une terrible erreur en revoyant George Mink ici aux États-Unis. Je croyais qu'il ne travaillait plus pour eux...

Il est difficile de quitter Staline.

Et on le quitte en général les pieds devant.

J'étais stupide de m'imaginer que j'avais une chance de lui échapper.

(Rédigé en russe, sur un clavier de machine à écrire à caractères cyrilliques.)

LE GRAND MENSONGE

Les crimes secrets de Staline en Russie,
en France et en Espagne, et ma rupture
avec le parti bolchevik et le communisme

par Victor G. Krebnitsky,
ancien agent du renseignement soviétique en Europe

À mon fils, Sacha,
en lui souhaitant une vie longue dans un monde meilleur.

Introduction

Quelques mots à l'intention des lecteurs des démocraties occidentales, avant de commencer mon histoire.

Je n'appartiens plus à aucun parti ou groupe politique (j'ai quitté, de ma propre volonté, le Parti communiste bolchevik de l'URSS en octobre 1937). Je réside aux États-Unis en tant que réfugié parce que ma vie était menacée en Europe. Elle l'est peut-être ici également. Et, parmi ceux qui cherchent à me tuer, figurent mes anciens camarades...

J'ai été un agent du GROu (anciennement Quatrième bureau de l'état-major de l'Armée rouge, c'est-à-dire la section du renseignement militaire), puis du NKVD (le commissariat du peuple aux Affaires intérieures, qui depuis 1934 a autorité sur l'OGPOu – devenu la direction principale de la Sécurité d'État – et sur son département étranger, l'INO).

Pendant dix-sept ans, j'ai servi loyalement le parti communiste de Russie et le pouvoir soviétique. Durant de longues années, j'ai occupé des postes de rang élevé dans l'Armée rouge, et accompli de nombreuses missions spéciales à l'étranger. On m'a décoré de l'ordre du Drapeau rouge et j'ai reçu ce que nos services appellent le « glaive d'honneur ». Je sais (j'en ai la preuve) que ma tête est mise à prix.

À la Loubianka, siège du NKVD à Moscou – où je suis retourné plusieurs fois après mon affectation en Europe en tant que résident clandestin des services du renseignement –, se trouvent les dirigeants de la police secrète, les chefs de section et leurs adjoints. Leurs bureaux peuvent servir aux interrogatoires. Dans la cour de l'ancien bâtiment a été construite une prison spéciale pour les détenus politiques importants. La plupart sont enfermés dans des cellules individuelles, et la prison elle-même est appelée de nos jours l'« isolateur ». (Ce nom désigne également les pénitenciers spéciaux dont les prisonniers sont coupés du reste du monde.) Les fenêtres des cellules sont pourvues non pas de barreaux mais d'un store en fer qui ne laisse passer qu'un fin rai de lumière. Le détenu ne peut voir le ciel ni même la cour du bâtiment. Les exécutions ont lieu la nuit, dans des *spetskamera* (« chambres spéciales »), arrosées au jet et saupoudrées de sciure pour absorber le sang des morts. Celles-ci sont situées dans les sous-sols, à côté d'autres cellules réservées aux tortures, dont Staline a fait voter l'usage[1] par le Comité central. Ce qui ne signifie pas que cet usage n'était pas effectif auparavant – c'est le cas depuis décembre 1917, date de

1. « Le Comité central du Parti considère que l'application des méthodes de torture physique est autorisée à partir de 1937. [...] On sait que tous les services secrets bourgeois se servent de moyens de pression physique contre les représentants du prolétariat socialiste et qu'ils les utilisent sous leur forme la plus odieuse. Pourquoi les services secrets socialistes seraient-ils plus humains à l'égard d'agents de la bourgeoisie, à l'égard des ennemis mortels de la classe laborieuse et des travailleurs des fermes collectives ? Le Comité central du Parti estime que la pression physique doit être appliquée aux farouches ennemis du peuple comme une méthode à la fois légitime et efficace. » (*Pravda*, 12 septembre 1936)

la création de la Vétchéka, la « Commission panrusse extraordinaire de lutte contre la contre-révolution, la spéculation et le sabotage », plus connue sous le nom de Tchéka, que Lénine plaça sous les ordres d'un aristocrate polonais fanatique et incorruptible, Félix Dzerjinski. Environ trois mille employés travaillent dans les bâtiments de la Loubianka, autrefois un immeuble appartenant à une compagnie d'assurances. À son faîte flotte un immense drapeau rouge. La statue de Dzerjinski monte la garde au milieu de la place qui porte son nom. À partir de 1930, de nouvelles structures ont été ajoutées à l'immeuble, incluant trois étages supplémentaires en briques jaunes et un nouveau bâtiment luxueux de onze étages avec une base de marbre noir. On pénètre encore à la Loubianka par l'ancien bâtiment, où le visiteur est accueilli par un grand bas-relief représentant Karl Marx. Il existe d'autres entrées par les rues voisines, et à peu près tous les immeubles alentour appartiennent au NKVD et abritent son personnel. Seuls les officiels de haut rang sont autorisés à emprunter l'entrée principale. Les citoyens ordinaires doivent obtenir un passe au Bureau des permis, situé rue Kouznetsky-Most, face au commissariat du peuple aux Affaires étrangères. Ce bureau est perpétuellement encombré par une longue file d'attente, plusieurs fois repliée sur elle-même, où l'on n'ose parler qu'à mi-voix, de parents, femmes et amis venus implorer au guichet la permission de visiter des détenus, d'envoyer des lettres, de l'argent ou des colis de nourriture et de vêtements. La catégorie sociale des demandeurs permet de lire au premier coup d'œil la politique actuelle du Parti. Dans les premières années du régime bolchevik, c'étaient des femmes d'officiers ou de commerçants. Plus tard, au tout début des années 1930, prédominèrent les parents d'ingénieurs, de professeurs et de techniciens arrêtés pour « sabotage ». Lorsque je retournai pour la dernière fois en Union soviétique, au printemps de 1937, je vis des files d'attente composées d'épouses et de parents de communistes de longue date, de serviteurs fidèles de la révolution : mes amis, mes camarades et mes collègues.

Pour commettre ses crimes démoniaques – crimes dont la quantité, la cruauté et la complexité sont un défi à l'imagination humaine –, Staline, avant même de s'être débarrassé de Lénine, a eu besoin de complices parmi les officiers du Guépéou, puis du NKVD. Le nombre de ses complices a crû à mesure que croissait le nombre des crimes du secrétaire général. Attentif au nom qu'il laissera dans l'Histoire et soucieux de dissimuler ses crimes aux yeux du monde, le maître du Kremlin a pris la décision d'éliminer tous ceux en qui il avait placé sa confiance, de peur que certains ne lui survivent et ne témoignent un jour contre lui. Au cours de l'année 1937, il a fait exécuter sans jugement presque tous les chefs du NKVD (mes supérieurs directs) et tous les inquisiteurs qui, sous sa direction, avaient arraché de fausses confessions aux fondateurs du Parti et aux dirigeants de la révolution victimes des premiers « procès de Moscou ».

Après que ses complices furent liquidés, Staline fit exécuter des milliers d'autres officiers (dont beaucoup que je connaissais personnellement) qui, en vertu de leur position au NKVD, auraient pu être au courant de ses crimes.

J'ai décidé de rompre avec Staline *le jour où je reçus l'ordre de participer à la traque et à l'exécution de mon plus proche ami, ainsi que de son épouse et de leur enfant.* Mon camarade Nathan Poretski, plus connu sous le pseudonyme « Ignace Reiss », était un communiste courageux et sincère, qui venait d'annoncer publiquement sa défection et de renvoyer au Comité central sa décoration du Drapeau rouge, enveloppée dans le morceau de lin où il dissimulait son mandat de délégué au congrès clandestin du Parti polonais de 1919. J'ai alors forcé mes yeux à rester ouverts à tout ce que j'avais vu et enduré au service du « Père des peuples ». J'ai forcé mon esprit à reconnaître le fait que je servais un despote totalitaire qui ne différait d'Adolf Hitler que par son vocabulaire socialiste : les reliques de son entraînement marxiste, des phrases creuses dont il joue et auxquelles il se cramponne hypocritement.

J'ai rompu avec Staline et commencé à dire la vérité à son sujet à l'automne de 1937, époque où il trompait encore avec succès l'opinion publique et les hommes politiques à la fois en Europe et aux États-Unis par ses dénonciations feintes de Hitler ou du national-socialisme. En France puis en Amérique, j'ai parlé au nom des millions qui ont péri en Ukraine et ailleurs des suites de la collectivisation forcée et de la famine ; au nom des millions qui vivent encore dans les camps de concentration et les chantiers de labeur forcé ; au nom des centaines de milliers de mes camarades communistes emprisonnés, au nom des milliers d'entre eux qui ont été fusillés. Dans mes articles du *Saturday Evening Post*, j'ai mis pour la première fois en évidence les mécanismes cachés de l'acte final de trahison commis par Staline, son pacte avec Hitler, cela afin de convaincre un large public en Occident de la folie qu'il y a à le ménager, à fermer les yeux sur ses monstrueux forfaits, dans l'espoir vain qu'il pourrait s'allier aux armées de la démocratie dans la présente guerre.

La pire façon de combattre Hitler serait de flatter Staline. Ce dernier, imperméable aux sentiments humains, ne respecte que la force – c'est du reste pour cela qu'il redoute et admire le chancelier allemand. Depuis juin 1934 et la Nuit des longs couteaux, le secrétaire général du Parti n'a eu de cesse, lors de communications secrètes puis, comme je l'expliquerai plus loin, par le chantage à l'« antifascisme », de vouloir s'allier avec lui. Les années terribles qui viennent de s'écouler nous auront au moins enseigné une chose : la marche furieuse de la barbarie totalitaire ne peut être contrée par des retraites stratégiques vers des positions de demi-vérité ou de mensonge. La *vérité* doit être notre arme, à nous qui croyons encore en l'avenir du genre humain et à la différence entre le bien et le mal. Il nous appartient de désigner clairement le meurtre pour ce qu'il est.

Mon unique but en rédigeant ce nouveau livre, intitulé *Le Grand Mensonge*, est de dévoiler au public américain et à celui des démocraties d'Europe de l'Ouest les faits cachés à propos des crimes de Staline, ainsi que l'étendue incommensurable de ceux-ci, et de fournir ainsi les liens manquants sans lesquels les événements tragiques qui se sont déroulés en Russie et ailleurs continueraient de défier la compréhension et d'assumer le caractère d'un insondable mystère.

Grâce à ma position d'officier supérieur du Quatrième bureau puis du NKVD, je me suis trouvé en capacité de rassembler et de sortir d'Union soviétique des informations hautement confidentielles sur Staline : les crimes qu'il commit dans sa jeunesse ; les crimes qu'il commit en tant qu'agent provocateur au service de la police du tsar ; les crimes qu'il commit après la révolution (y compris l'empoisonnement de Lénine) afin d'asseoir son pouvoir personnel ; les crimes qu'il fit commettre par ses envoyés en Espagne durant la guerre civile ; les machinations policières et judiciaires qu'il organisa contre les dirigeants historiques de la révolution russe et contre les chefs de l'armée et des services secrets ; et enfin ses complots contre ses plus proches amis, qu'il fit assassiner les uns après les autres.

À présent que le maître du Kremlin a dévoilé son vrai visage en s'alliant au dictateur Hitler, et que les partis communistes staliniens d'Europe, n'osant pas s'en prendre à l'Allemagne, protégée par le pacte, sont devenus des partenaires de la Gestapo, s'attaquant aussi bien aux vrais communistes qu'à l'« impérialisme britannique » seul à poursuivre la guerre, et appelant dans leur presse les citoyens des nations occupées à « tendre la main au brave soldat allemand[1] », il est temps pour d'autres qui sont demeurés trop longtemps silencieux – à cause de leur myopie politique ou pour des raisons de stratégie – de parler. Quelques-uns l'ont fait déjà : Luis de Araquistáin, ancien ambassadeur en France du gouvernement loyaliste, a aidé à désabuser l'opinion publique au sujet du « soutien » apporté par l'URSS à la République espagnole. Francisco Largo Caballero, l'ex-Premier ministre, a parlé lui aussi. André Gide également, qui ne s'est pas laissé duper lors de son voyage à Moscou, et qui à son retour à Paris a publié un récit courageux, quoique incomplet, sur ce sujet.

D'autres doivent parler désormais. L'un d'entre eux est Romain Rolland. La contribution que cet écrivain français renommé a fournie au totalitarisme en recouvrant les abominations de la dictature stalinienne du manteau de son immense prestige, est inestimable. Pendant de nombreuses années, il a correspondu avec Maxime Gorki, le fameux romancier russe. Gorki, à une certaine époque ami de Staline, et qui même fut capable de l'adoucir dans une certaine

1. Voir *L'Humanité* clandestine du 4 juillet 1940 : « Le peuple français veut la paix. Il demande d'énergiques mesures contre ceux qui, par ordre de l'Angleterre impérialiste, voudraient entraîner les Français dans la guerre. » Il s'agit là, naturellement, de l'attitude du PCF et non de celle des nombreux militants qui choisirent à titre individuel de s'engager dès la première heure dans la Résistance.

mesure, a sans nul doute contribué à attirer Romain Rolland dans le camp des « compagnons de route » du communisme, où il rejoignit Henri Barbusse. Au cours des derniers mois de sa vie, cependant, Gorki – qui avait eu le courage, quand le dictateur exigeait de lui un article dans la *Pravda* accablant les accusés du premier procès de Moscou, de répliquer : « Je ne condamne pas seulement le terrorisme individuel, mais aussi le terrorisme d'État » – était devenu virtuellement un prisonnier dans sa maison de campagne. On lui refusait la permission de retourner à l'étranger pour se soigner. Son courrier était censuré, et par ordre spécial les lettres de Romain Rolland étaient interceptées par Stetsky, alors à la tête du secrétariat de Staline, et apportées au cabinet secret où le dictateur rassemblait ses archives, incluant les dénonciations vraies ou fausses dont il comptait user lors de procès futurs. Rolland, inquiet de ne plus recevoir de réponses à ses lettres de la part de son ami, écrivit à un autre proche, assistant directeur au Théâtre de Moscou, demandant ce qu'il se passait. Au troisième procès de Moscou, il fut dit que Gorki, le grand compagnon de Staline, avait été empoisonné par Iagoda. Ce fut le cas en effet, mais sur l'ordre secret du dictateur. En juin 1936, Gorki attendait avec impatience la visite d'André Gide et de Louis Aragon, qui se laissa persuader par son épouse Elsa Triolet, de rester plus longtemps à Leningrad chez sa sœur, Liliya Brik. C'était l'ancienne maîtresse du poète Maïakovsky, lequel s'était suicidé en protestation contre le stalinisme. Liliya Brik vivait désormais avec Vitaly Primakov, chef du district militaire de Leningrad, où ils occupaient un appartement luxueux et étaient la coqueluche de la ville. De son côté, l'auteur et agent soviétique Ilya Ehrenbourg fut chargé de retarder Gide, lui intimant par téléphone l'ordre de ne pas arriver à la datcha de

Gorki avant le 18 juin. Elsa Triolet avait donné la même date à Aragon, qui se trouvait à Moscou depuis le 15. Maxime Gorki mourut le 18 juin au matin vers onze heures. La maison fut aussitôt cernée par un cordon de sécurité d'hommes du NKVD. Son état de santé s'était détérioré subitement après qu'il eut mangé des confiseries que lui avait envoyées Staline. (Les deux infirmiers de service ce jour-là, auxquels le malade avait offert de ces confiseries, moururent peu après.) La *Pravda* du lendemain annonça que Gorki était mort d'une « paralysie du cœur ». Il n'y eut pas d'investigations médico-légales pratiquées sur le cadavre : le rapport d'autopsie avait été établi *avant* sa mort. Staline chargea son ministre de l'Intérieur, Iagoda, de perquisitionner dans la maison de Gorki, où il retrouva le journal que tenait celui-ci et le rapporta au secrétaire général. À l'époque du procès de Iagoda, j'avais déjà fait défection et, dans une interview par l'éminent auteur Boris Souvarine publiée dans *La Flèche* sous l'égide de Gaston Bergery, j'expliquai à l'intention de Romain Rolland pourquoi ses lettres n'étaient jamais parvenues à leur destinataire. Je lui demandai une déclaration publique à propos du fait que ses lettres à Maxime Gorki avaient été interceptées par Staline. Il a préféré garder le silence[1]. Parlera-t-il cette fois, alors que sa patrie est occupée par les hordes hitlériennes avec la bénédiction de Joseph Staline ?

New York, novembre 1940
V. G. Krebnitsky

---

1. Romain Rolland était « contrôlé » de près par sa secrétaire devenue son épouse, la princesse Maria Pavlova Koudatchova, agent soviétique. Sur les circonstances de l'assassinat de Maxime Gorki, voir Nina Berberova, *Histoire de la baronne Boudberg* ; Stephen Koch, *La Fin de l'innocence* ; Roman Brackman, *Staline agent du tsar* ; Birgit Gerland, « Kto otravil Gorkogo », *Sotzialisticheski Vestnik*, n° 6, 1954.

Première partie
La ligne de front

1.

Je suis né à la toute fin du siècle dernier, à Podwoloczyka, près de Lemberg[1], en Galicie orientale, à la frontière entre l'Empire austro-hongrois et l'Empire russe. Mon nom véritable est Shmerl Rubinfeld.

Étudiant à Vienne pendant la Grande Guerre, j'ai rejoint un cercle d'études socialistes. De retour à Podwoloczyka, je fis partager mes idées politiques à mes amis d'enfance, notamment au meilleur d'entre eux, qui se nommait Nathan Ignatz Poretski. Nous étions nés le même jour. Sa mère était une Juive russe et la famille avait choisi d'habiter du côté occidental du fleuve, le père de Nathan étant citoyen de l'Empire austro-hongrois. La Pologne d'alors n'existait pas en tant qu'État : elle fut occupée à partir de 1773 par ses voisins et ne recouvra son indépendance qu'en 1918 à l'issue de la guerre mondiale.

Avec Nathan, nous dévorions tout ce que nous pouvions trouver de littérature et de poésie, et plus spécialement les œuvres qui venaient de France. Depuis cette époque, je me suis toujours intéressé à la littérature de ce pays, qu'elle fût classique ou

1. Lvow en polonais. Aujourd'hui Lviv, en Ukraine.

contemporaine. Un de nos poèmes favoris était de Victor Hugo, dont je me rappelle ces vers que nous répétions souvent :

Nous avons l'ivresse,
L'amour, la jeunesse,
L'éclair dans les yeux,
Des poings effroyables ;
Nous sommes des diables,
Nous sommes des dieux !

Nathan était grand et fort, ses poings pouvaient être considérés comme « effroyables », mais certainement pas les miens. N'importe, il nous plaisait de nous identifier aux deux personnages du poème de Hugo.

En ce temps-là, mon camarade et moi étions amoureux de la même femme, une pharmacienne un peu plus âgée que nous qui se prénommait Rutka. Nous subîmes son influence sur le plan des idées. Germaient en nous les deux éléments fondamentaux de la foi révolutionnaire : l'attrait de l'utopie, et la rébellion contre une société injuste. La chambre de notre amie Rutka servait de lieu de rencontre aux membres du Mouvement des jeunesses socialistes, alors illégal. Rutka était menue et frêle. Elle m'aimait beaucoup et disait toujours que j'étais né coiffé. Il est vrai que je me débrouillais et que, contrairement à Nathan par exemple, je ne fus jamais arrêté par la police. Je suis petit et j'arrivais à me faufiler partout. On prétendait aussi que j'étais particulièrement rusé. Rutka, de santé délicate, est morte en 1928. Son souvenir est resté important pour nous, et plus tard, dans la clandestinité, une manière de le perpétuer fut de signer les messages que Nathan et moi nous adressions l'un à l'autre : « Rutka ». Seul Nathan, sa femme Elsa (elle aussi agent communiste) et moi savions de qui il s'agissait. Cette signature secrète servait à prouver que le message n'était pas une fabrication de nos ennemis et qu'il émanait bien de l'un de nous. Le lecteur apprendra, vers la fin de ce récit, en quelles circonstances tragiques il m'arriva de l'utiliser une dernière fois.

En novembre 1917, la nouvelle du coup d'État des bolcheviks à Leningrad (on disait Petrograd à l'époque) et à Moscou nous parvint en Galicie. Pour moi et mon cercle de camarades, la prise du pouvoir par ce parti qui se présentait comme l'avant-garde du prolétariat était la réponse absolue à tous les problèmes de pauvreté, d'inégalité et d'injustice. Purs et enthousiastes, nous entrâmes dans la révolution bolchevique comme des jeunes filles dans le mois de mai. Nous pensions – et nous n'étions pas seuls – que celle-ci allait désormais se propager à toute l'Europe, telle la flamme sur une traînée de poudre. Elle exigeait de nous le sacrifice de nos facultés critiques, la mise au rebut des critères moraux que nous avaient enseignés nos parents et nos professeurs. Pour une telle cause on avait le droit de voler et de tuer. La révolution valait aussi que l'on mourût pour elle. Qu'importaient nos existences fortuites, négligeables, en regard du bonheur futur de l'humanité ? Nous détruirions le vieux monde, afin de bâtir sur ses ruines noircies le splendide monde à venir. Nathan Poretski et moi-même, déjà inscrits en 1919 au nouveau Parti communiste des ouvriers de Pologne (KPRP), rejoignîmes le Parti communiste de Russie lors de la guerre russo-polonaise de 1920. On nous confia des missions de renseignement et de sabotage sur les arrières des lignes. C'était au temps de la foudroyante percée vers Varsovie du futur maréchal Toukhatchevsky. Le frère aîné de Nathan, engagé dans l'armée polonaise

- celle que mon ami et moi combattions –, périt au cours de cette guerre.

Notre état-major se trouvait à Smolensk. Le travail pour l'Armée rouge s'effectuait en étroite collaboration avec les agents en Pologne du Komintern. La ligne de séparation entre les militaires russes et les « internationaux » n'existait pas encore. Nous étions chargés de créer des diversions, de faire dérailler les trains transportant des fournitures pour l'armée, de saper le moral des troupes polonaises par la propagande et de fournir l'état-major soviétique en informations politiques et militaires. Lors d'une de ces missions, je fis la connaissance d'un jeune Juif biélorusse nommé Leiba Feldbine. Grand, brun, de quatre ou cinq ans mon aîné, et d'une intelligence exceptionnelle, il avait étudié le droit à Moscou avant la révolution, intégré l'Armée rouge pendant la guerre civile, et il s'était retrouvé sur le front polonais en septembre 1920 au sein de la XIIe armée. Nous participâmes ensemble à plusieurs coups de main audacieux et devînmes bons amis, avant de nous perdre de vue pour une longue période. Je reverrais Feldbine beaucoup plus tard et sous un autre nom en Espagne à l'automne 1936. Peu après notre première rencontre, il fut rappelé à Moscou et présenté à Dzerjinski, le chef de la Vétchéka, qui l'enrôla dans ses services de contre-espionnage et l'envoya à Arkhangelsk.

De mon côté, avec l'aide des camarades du parti communiste polonais, j'organisai une grève à Dantzig afin d'empêcher le débarquement de munitions de France destinées à l'armée polonaise. Je voyageai ensuite à Varsovie, Cracovie, Lemberg, puis en Allemagne, en Silésie tchèque et jusqu'à Vienne, toujours dans le but de provoquer des grèves contre l'acheminement d'armes. Je persuadai les cheminots tchèques d'Oderberg de débrayer et de barrer le passage aux munitions des usines Skoda destinées à la Pologne de Pilsudski. « Camarades ouvriers du chemin de fer ! écrivais-je sur nos tracts, vous transportez des fusils destinés au massacre de vos frères de classe, les ouvriers russes... »

À la fin des hostilités, je fus affecté au renseignement militaire de l'Armée rouge. J'appris le combat au corps à corps (cela en dépit de ma petite taille et de ma constitution fragile), le maniement des armes et des explosifs, les procédés d'empoisonnement, la mise en place et l'utilisation d'émetteurs-récepteurs radio à ondes courtes, la cryptographie, la falsification de passeports et autres documents, la photographie et le développement de films, la fabrication de l'encre invisible, et les notions de base telles que les techniques opérationnelles ou les différentes manières de déjouer les filatures et de changer d'aspect. Cet entraînement dura une dizaine de mois.

En 1921 et 1923, j'opérai comme agent clandestin en Allemagne. Au début, ce travail me déplaisait. Je regrettais qu'on ne m'eût pas envoyé dans les combats d'avant-garde du prolétariat. Au lieu de cela, il me fallait demeurer un « illégal » : un membre caché du Parti russe, simple rouage de l'immense organisation qui tissait son réseau à travers toute l'Europe. Mais j'appris à aimer ces travailleurs allemands révolutionnaires avec qui cette activité me mit en contact. Arrivèrent les semaines critiques de 1923 qui devaient conduire à l'insurrection isolée de Hambourg. Je retournai en Russie avec dans ma tête les images de ces ouvriers, de leurs familles sincères et dévouées, tous trahis et massacrés – des centaines de corps gisant sur le pavé dans des flaques de sang, fauchés à la mitrailleuse.

À Moscou, je poursuivis mon apprentissage dans une université communiste. Les cours auxquels j'assistais avaient presque exclusivement trait aux divers aspects de la lutte des classes et au combat en faveur du marxisme-léninisme. Les théories révolutionnaires n'étaient jamais enseignées indépendamment des expériences de la guerre de classes. On analysait les luttes du passé et celles présentes, les insurrections armées, les grèves et les guerres civiles. Tout cet enseignement conduisait à la conception capitale de Lénine d'une société sans classes, état que l'humanité ne pouvait atteindre que par la prise du pouvoir au moyen de la révolution, et l'établissement de la dictature du prolétariat sous la conduite du Parti communiste. Chaque pensée, chaque action, chaque campagne n'avait de justification que si elle constituait un pas en avant vers cette prise du pouvoir. Chaque erreur, scrupule ou faiblesse susceptible de retarder ou de compromettre notre objectif prenait l'allure d'un crime impardonnable.

Je choisis le pseudonyme «Victor Krebnitsky», en hommage au poète Victor Hugo d'une part, et de l'autre en souvenir de Baruch Krebnitsky, le vieux rabbin de ma ville natale. Mon camarade Nathan avait été arrêté en Pologne et condamné à cinq ans de prison, mais il s'évada et me rejoignit à Moscou où il intégra lui aussi le Quatrième bureau. Il ne devait jamais remettre les pieds dans son pays. Nathan adopta le pseudonyme «Ludwig» (c'est ainsi que je l'appellerai désormais). Lui et sa femme, Elsa, une jeune communiste polonaise qu'il avait rencontrée et épousée en Russie, furent envoyés à Vienne où ils rencontrèrent Karl Radek et sa compagne, la poétesse Larissa Reisner. Nos chemins se séparèrent à nouveau pour un temps.

2.

Je vécus principalement à Moscou entre 1924 et 1930, où après avoir achevé mes études j'occupai un poste à l'état-major de l'Armée rouge sous le commandement du général Jan Berzine. Ce vieux bolchevik, né en Lettonie, avait été condamné deux fois à mort avant la révolution d'Octobre et s'était évadé deux fois. Durant la guerre civile il commandait un régiment d'élite composé d'Estoniens et de Lettons, chargé d'assurer la sécurité de Lénine et des membres du gouvernement. Le général Berzine, qui bénéficiait de l'estime générale dans nos services, attachait la plus grande importance à la valeur morale des hommes qu'il recrutait. Je l'entendis souvent dire : « Un agent de renseignements soviétique doit être doté de trois qualités : la tête froide, le cœur chaud, les nerfs de fer. » Ces qualités, que je ne possédais point, je les retrouvai toujours à un degré exceptionnel chez mes deux plus chers camarades dans le service des renseignements à l'étranger : mon ami d'enfance Ludwig, et l'ancien prêtre hongrois Théodore Mally dont il sera question plus tard. Contrairement à l'usage dans ce milieu, Berzine n'abandonnait pas ses hommes en difficulté. Jamais il n'en aurait sacrifié un. Pour lui, les agents étaient avant tout des hommes, et de la plus haute valeur : des communistes. Nous étions des combattants internationaux ne connaissant ni patrie ni frontière. Nous nous voulions des hommes nouveaux. La révolution était notre vie, le Parti notre famille où la fraternité transcendait chacun de nos actes. Le futur de l'humanité était entre nos mains ; nous étions prêts à donner notre vie pour elle.

À l'été 1927, mes chefs m'envoyèrent en Autriche pour assurer la liaison avec nos agents permanents de l'ambassade soviétique à Vienne. La capitale de l'ancien Empire austro-hongrois était à cette époque la plaque tournante de tous les services soviétiques à l'étranger. Ludwig et son épouse y résidaient en toute légalité depuis 1925. Les postes de *rezidents* légaux – c'est-à-dire les agents munis de passeports diplomatiques authentiques – nécessitaient de bons cerveaux, de l'imagination et des nerfs solides, pour ces missions de renseignement sous la couverture d'emplois subalternes de deuxième ou troisième secrétaire d'ambassade ou de délégué du service de presse.

Une ambassade russe était un lieu d'intrigues fascinant à observer. En ce temps-là, Staline ne pouvait ordonner l'exécution de ses rivaux au sein du Parti. On ne fusillait pas encore les bolcheviks, et il devait se contenter d'éloigner des luttes politiques de Moscou les principaux membres de l'opposition dite « de gauche » en les faisant nommer ambassadeurs. C'est ainsi que deux proches de Trotsky, les vétérans de la révolution Christian Rakovsky et Adolf Ioffé, s'étaient retrouvés l'un à Londres puis à Paris et l'autre à Vienne. L'état-major militaire dans les ambassades comptait lui aussi un bon pourcentage d'opposants – Russes, Ukrainiens, ou étrangers russifiés. Censé surveiller ceux de Vienne, le représentant local de l'OGPOu, un géant débonnaire d'une intelligence assez moyenne nommé Ivan Zaporojetz, ancien officier de la cavalerie anarchiste de Nestor Makhno en Ukraine au temps de la guerre civile, s'occupait principalement d'infiltrer les émigrés blancs des armées vaincues du baron Wrangel, lesquels s'étaient disséminés dans les Balkans et tramaient de vagues conspirations, assez inoffensives en réalité, contre la République soviétique. Des années plus tard, ce Zaporojetz devait jouer un rôle clé dans ce qui fut sans doute le coup de maître criminel de Staline – l'opération complexe et machiavélique qui lui permettrait d'éliminer par la suite définitivement tous ses opposants : l'assassinat mystérieux de Sergueï Kirov, dont je reparlerai plus loin.

En mars 1928 je fis un voyage à Bruxelles, chargé d'assister le commando spécial de l'OGPOu qui devait nous débarrasser du baron Wrangel. Ce dernier avait quitté Belgrade pour s'installer dans la capitale belge, où on lui offrait un poste d'ingénieur des mines, en même temps qu'il continuait de diriger la plus importante organisation des émigrés monarchistes en exil, l'Union militaire russe (ROVS). Ce mouvement était la bête noire du régime communiste. L'ancien chef de la guerre civile ne recevait jamais de visiteurs de passage, ayant de bonnes raisons de se méfier de tout le monde. Son ordonnance lui servait également de cuisinier. Nous réussîmes à le corrompre et, sur mes instructions, il expliqua au baron qu'il allait recevoir prochainement la visite de son frère. Le prétendu frère était un tueur de l'OGPOu débarqué à Anvers d'un cargo soviétique où nos services le faisaient voyager comme membre de l'équipage. Il passa un long moment à bavarder avec l'ordonnance dans la cuisine de la villa de Bruxelles. Peu après son départ, le baron tomba gravement malade. J'étais chargé de surveiller la maison. Selon un visiteur qui se confia à la presse, « le général Wrangel était très agité, tantôt il brûlait, tantôt il grelottait, ça lui retournait les tripes ». Les médecins belges, comme leurs confrères français et russes, ne comprenaient rien à cette étrange maladie. Le baron mourut le 25 avril au terme d'une agonie de trente-huit jours dans des souffrances effroyables. Son ordonnance disparut. Lors d'un rendez-vous à Sterrebeek, dans la banlieue de Bruxelles, où il était venu toucher le reste de l'argent promis par nous, je l'abattis d'une balle dans la tempe. Le cadavre fut transporté en camion jusqu'à Anvers, puis à fond de cale d'un bâtiment russe et jeté au large. La disparition du cuisinier mit la puce à l'oreille de la police royale de Belgique. On ordonna une autopsie. Les médecins légistes découvrirent un nombre extraordinaire de bacilles de la tuberculose, dont l'origine récente et extérieure ne faisait aucun doute. Nos services avaient empoisonné Wrangel à la tuberculine, laquelle fait partie de l'arsenal du laboratoire des poisons de la Loubianka.

Ce laboratoire a été créé sur l'ordre de Lénine en 1921. Le Guide de la révolution l'avait baptisé « Cabinet spécial », et le dirigea personnellement en tant que président du Soviet des commissaires du peuple. Il est à peu près certain que sa mort – une troisième hémorragie cérébrale l'avait laissé en fauteuil roulant, incapable de s'exprimer autrement que par des mugissements – fut hâtée par un produit de son propre laboratoire. Le 21 janvier 1924, son état empira tout d'un coup. Il appela son cuisinier, Gavril Volkov, et griffonna sur un bout de papier : « Gavrilouchka, j'ai été empoisonné. Va chercher Nadia [Kroupskaïa, sa femme] tout de suite. Alertez Trotsky, alertez tous ceux que vous pouvez. » Le cuisinier réussit à joindre Maria Oulianova, la sœur de Lénine. Elle trouva celui-ci qui pleurait en silence.

Il mourut le même jour en début de soirée. Le communiqué officiel attribua son décès à l'artériosclérose. L'embaumement, coutume inexistante en Russie et qui rappelait davantage les pharaons d'Égypte, était une idée de Staline, suggérée par lui dès le mois de décembre précédent, qui laissa les autres membres du Politburo, Boukharine et Kamenev en particulier, abasourdis. Cette méthode rendait l'autopsie impossible. Quelque temps plus tard, Staline suggéra devant des membres du Politburo, sur le ton de la plaisanterie, l'élimination de Trotsky au moyen de ce qu'il nommait un « procédé florentin ». L'existence du laboratoire fut révélée en mars 1938 au cours du troisième procès de Moscou, lorsque, dans sa déposition, faisant endosser les crimes de Staline par d'autres, le secrétaire de Iagoda au NKVD, Boulanov, le mentionna à propos de l'assassinat de Maxime Gorki en affirmant que « Iagoda était passionné par les poisons ».

Depuis 1937, le laboratoire secret de produits toxiques, qui dépendait jadis officiellement de l'Institut de biochimie de l'Académie des sciences, est officiellement placé sous le contrôle du NKVD. Il est dirigé par le chef de la section spéciale des techniques opérationnelles de la Loubianka, sous le nom de « laboratoire X ». Ses locaux sont situés au numéro 11 de la rue Varsanofievski, à deux pas du bâtiment de la Loubianka. Celui-ci est relié au laboratoire par un souterrain. Dans les sous-sols de la Loubianka sont exécutés des centaines de condamnés dont les corps sont ensuite transportés, la nuit, par ce souterrain jusqu'à un crématorium. J'ai également entendu parler, lors de mon dernier séjour à Moscou en 1937, d'une « prison interne » créée pour résorber la surpopulation des cellules de la Loubianka. On y aurait installé une annexe du laboratoire, afin d'avoir constamment sous la main de nouveaux cobayes humains sur lesquels tester les poisons. Cette prison se trouverait dans la banlieue de la capitale. Les recherches actuelles du « laboratoire X » se concentrent sur des produits à action instantanée susceptibles d'être utilisés sur des êtres humains sans laisser de traces d'intoxication. Il s'agit de créer des substances insipides solubles dans les boissons et la nourriture sans que le goût ou la couleur des aliments soient altérés. Sont également étudiés des poisons à retardement, dont l'usage ne provoque aucune pathologie visible, de façon à ce que l'autopsie, si elle est pratiquée, ne révèle aucune présence de substance toxique. (Je suis persuadé que Lev Sedov, le fils de Trotsky, a succombé à l'un de ces poisons, en février 1938 dans la clinique parisienne où il se remettait d'une opération de l'appendicite.)

En 1928, je fus affecté de manière temporaire à la sécurité du Kremlin, ce qui me donna l'occasion d'observer de près le secrétaire général du Parti. J'appris à connaître le caractère singulier de cet homme calme et taciturne, d'assez petite taille – il gagne deux ou trois centimètres en portant des bottes fabriquées sur mesure et, pour les parades du Premier Mai et du 7 Novembre, il se tient sur une plaque de bois qui le rehausse de quelques centimètres de plus – et qui se déplace silencieusement tel un chat, chaussé de ses grosses bottes noires et molles de Géorgie. Ses yeux sont d'un curieux brun-jaune, son visage est grêlé par des traces de variole et son bras gauche atrophié des suites de mauvais traitements infligés par son père, un cordonnier ivrogne qui lui reprochait, à tort ou à raison, d'être un « bâtard ».

J'ignorais encore presque tout du Géorgien Iossif Vissarionovitch Staline à l'époque où je pris mon service. Le personnage était beaucoup moins connu que ne l'étaient Trotsky, Zinoviev, Kamenev, Boukharine ou Rykov pour ne citer qu'eux. Dans le privé, le secrétaire général, en dépit de son attitude souvent conciliante, voire servile lorsqu'il est mis en difficulté, est un individu assez désagréable, rusé à l'extrême, d'une dissimulation inouïe, et avant tout extraordinairement rancunier. Sa mémoire des noms et des événements est stupéfiante. Jamais il ne pardonne un acte d'hostilité commis contre lui, ni même la simple manifestation d'un désaccord, et tôt ou tard – parfois *très* tard – il se venge de celui qui l'a contrarié. Un soir de l'automne 1923, dans sa datcha de Zoubalovo, près de Moscou, il confia à Zinoviev, Kamenev et Dzerjinski venus boire du vin chez lui : « Choisir la victime, préparer minutieusement le coup, assouvir une vengeance implacable et ensuite aller se coucher... Il n'y a rien de plus doux au monde. » Staline semble croire systématiquement que quiconque n'est pas avec lui est contre lui. Il passe ses journées à réfléchir à la fidélité de tel ou tel collaborateur et à se demander par qui il serait préférable de le remplacer. Il aime interroger les gens doucement, afin de les mettre mal à l'aise : « Pourquoi ton regard est-il aussi fuyant, aujourd'hui ? » ou bien : « Pourquoi te détournes-tu et évites-tu de me regarder dans les yeux ? » Je l'ai rarement vu en colère. Mais dans ces moments-là, il verdit de rage, devient comme fou et bave de fureur.

Il faut dire à sa décharge que Staline est constamment tourmenté par sa mauvaise santé. Un homme qui souffre en permanence sera naturellement enclin à souhaiter que les autres souffrent plus que lui. Non seulement son bras gauche continue lentement de s'atrophier, mais le secrétaire général est atteint depuis 1926 d'une irritation permanente de l'intestin provoquant de fréquentes diarrhées, ce qui peut poser un problème lors de ses apparitions en public ou lors des séances du Comité central, lesquelles sont en général extrêmement longues, en raison des discours qui se succèdent sans interruption et durent parfois chacun plus d'une heure. Ses séjours en prison et en Sibérie lui ont laissé des séquelles, comme la tuberculose qui a considérablement affecté son poumon droit, collé à la plèvre. Enfin, l'arthrose l'a rendu sujet aux sciatiques et la plupart de ses dents sont gâtées, ce qui lui donne une mauvaise haleine. En 1930, son dentiste, le docteur Shapiro, a été obligé de lui arracher huit dents et de recouvrir celles qui restaient de couronnes. Staline se méfie de tout le monde et, lorsqu'il envoie chercher des remèdes à la pharmacie, l'ordonnance rédigée par le médecin lui a été délivrée sous un faux nom car il craint d'être empoisonné. Son garde du corps doit absorber les médicaments avant lui.

La première femme du secrétaire général, une Géorgienne, Ekaterina Svanidjé, est morte très jeune il y a longtemps en lui laissant un fils, Iakov, dont il ne s'occupe guère. Il a eu deux enfants de la seconde, Nadejda Allilouïeva, qu'il a violée lorsqu'elle était adolescente et épousée par la suite en 1919. Son dossier médical, que j'eus l'occasion de consulter, mentionne dix avortements (à l'époque, cette opération était légale en URSS sur simple demande). Elle a péri en 1932, d'un coup de feu tiré « en plein cœur » à l'aide du petit pistolet de dame que son frère Pavel lui avait donné pour se défendre. Cela se passa le soir du 7 novembre, jour des commémorations du quinzième anniversaire de la révolution, dans sa chambre du Kremlin, au retour d'un dîner où elle s'était disputée en public avec Staline – il lui avait jeté à la figure des bouts de pain, des mégots et des épluchures d'orange. On retrouva son corps le lendemain matin (le couple faisait chambre à part). Staline, à qui elle avait laissé une longue lettre l'accablant de reproches, interdit que l'on pratiquât une autopsie, faisant observer non sans raison : « De toute façon, on pensera que je l'ai tuée. » Ce fut par une notice nécrologique parue dans la presse que le peuple russe apprit l'existence d'une épouse du secrétaire général. Le docteur Boris Zbarsky, qui avait embaumé Lénine, me confia en privé en 1935 qu'il avait été chargé de masquer une blessure à la tempe. Je ne possède cependant aucune preuve que Nadejda Allilouïeva ait été assassinée. À sa mort, Staline se sentit trahi : « Quel genre de femme peut laisser des enfants orphelins ? » se plaignit-il auprès du maréchal Boudienny, ajoutant qu'il avait été un mauvais mari et ne prenait jamais le temps d'emmener Nadejda au cinéma.

N'ayant appris le russe que vers huit ou neuf ans, le secrétaire général parle cette langue avec un accent prononcé. Son style est terne et monotone, mais sa logique simplifiée à l'extrême et son apparent dogmatisme sont suffisamment convaincants pour les conformistes ou pour les gens simples. Sa conversation est émaillée de plaisanteries grossières. Un jour je le vis sortir de son cabinet de travail pour se diriger vers deux de ses collaborateurs, Bajanov[1] et Tovstoukha, qui aussitôt interrompirent leur conversation. Staline s'adressa au second après un moment de silence :

— Tovstoukha, ma mère avait un bouc qui était absolument ton portrait, sauf qu'il ne portait pas de lorgnon.

Puis, enchanté de son esprit, le secrétaire général tourna les talons et rentra dans son bureau, tandis que l'interpellé éclatait d'un rire servile. Voilà pour

1. Boris Georgiévitch Bajanov, secrétaire de Staline, fit défection en 1928, et, passant par la Perse et l'Inde, se réfugia en Angleterre puis en France.

ce qui concerne l'humour, assez limité, de Staline. Il lui arrive de s'enivrer et de chanter des chansons obscènes, même en présence des femmes. Staline apprécie surtout les banquets nocturnes en compagnie de ses amis géorgiens et de ses courtisans les plus proches, où il organise des méchantes petites farces à l'encontre des uns ou des autres. Un de ses tours favoris est de placer des papiers enflammés entre les doigts des membres du Politburo pour voir combien de temps ils résisteront à la douleur.

Son intelligence est des plus communes et son instruction très rudimentaire. Mais il faut lui reconnaître une sorte de gros bon sens paysan qui lui permet de démêler des questions où se sont empêtrés, sans espoir d'en sortir, certains de ses rivaux, pourtant hommes fort doués. C'est ainsi que Staline est l'un des rares chefs communistes qui aient compris exactement ce qu'il fallait faire pour être maître du pouvoir, et le rester. Et dès lors, tournant tous ses efforts vers l'accaparement progressif de l'appareil du Parti, il est arrivé à ses fins. Il est devenu le dictateur de la Russie tandis que des esprits aussi brillants que Trotsky ou Kamenev ne sont jamais parvenus à se faire la moindre idée de ce qu'était le véritable mécanisme du pouvoir. Ils n'ont jamais compris que la victoire restera à celui qui est le maître de l'organisation du Parti, et non à celui qui préside à la politique.

3.

Au printemps de 1930, le Quatrième bureau m'affecta à Berlin en tant que son représentant clandestin. Nous avions en Allemagne un autre *rezident* clandestin ainsi qu'un *rezident* légal, Boris Berman (nom de code : ARTYOM), qui devait devenir plus tard directeur adjoint de l'INO. C'était mon premier poste important en Europe de l'Ouest. Je participai à la préparation des grandes grèves dans les compagnies de navigation allemandes en octobre 1931. Cette vaste opération, qui immobilisa les bateaux allemands dans les ports du monde entier, fut en fin de compte un échec car les armateurs reçurent le soutien des sections d'assaut nazies, qui montèrent sur les bateaux pour remplacer les grévistes. Le Parti communiste allemand (KPD), craignant de voir la marine marchande conquise par les hitlériens, ordonna à ses militants de reprendre le travail. Les tribunaux infligèrent des peines sévères à des centaines de marins pour mutinerie. Ce fut la dernière grande action des communistes en Allemagne avant l'avènement d'Adolf Hitler.

Je secondai également l'OGPOu dans sa traque des agents nazis infiltrés dans nos rangs. En décembre 1931, l'un de ceux-ci fut identifié à Moscou parmi les étudiants de mon ancienne université. Il se suicida dans sa cellule de la Loubianka après avoir révélé sous la torture le nom du chef du service de contre-espionnage nazi en Union soviétique : le professeur Ernst Schwartz, ex-membre du service secret du capitaine Roehm, où il s'occupait des affaires russes. Schwartz, officiellement un dirigeant SS, se faisait passer pour un peintre portraitiste et possédait un appartement à Hambourg ainsi qu'une maison à Frohnau, dans la banlieue de Berlin. Une équipe spéciale fut mise sur pied pour cambrioler la maison et enlever le professeur. Un membre important de l'INO, un Letton maigre et silencieux nommé Schmidt, dont les yeux vagues demeuraient toujours rivés au sol, débarqua clandestinement à Hambourg d'un bâtiment russe pour superviser les opérations contre les nazis. Je le rencontrai à Berlin à la mi-janvier 1932 où il me confia la direction du groupe chargé de pénétrer dans la résidence de Frohnau. Tous les livres, dossiers et documents que nous y trouverions devaient être expédiés à Hambourg, puis vers un port russe par le prochain vapeur soviétique. Le transfert des documents de Berlin jusqu'à Hambourg serait effectué par un groupe sous les ordres de « Hermann », un jeune marin et un de nos agitateurs les plus doués du Komintern.

Le plan définitif fut mis au point dans un restaurant communiste de la Hedemann Strasse. Le soir du 18 janvier, un faux coup de téléphone du bureau du docteur Goebbels (alors chef du parti national-socialiste pour le district de Berlin) éloigna le professeur Schwartz de sa villa. Dès que nous vîmes son auto disparaître au bout de la rue, le groupe investit la résidence. Mes hommes ligotèrent la femme de Schwartz et la domestique. Les deux malles pleines de documents que nous emportâmes furent d'abord entreposées au

34 de la Choriner Strasse, un de nos appartements relais du nord de Berlin.

Un espion infiltré chez nous avait donné cette adresse à ses supérieurs. Des chemises brunes ne tardèrent pas à débarquer, revolver au poing. Les gardes du Front rouge[1] répliquèrent par des coups de feu. À ce moment, la voiture dans laquelle je me trouvais fonçait déjà vers notre repaire principal : une maisonnette du groupe de pavillons et de jardins nommé la « Laubenkolonie », dans le lotissement bon marché de Felseneck, près de la banlieue berlinoise de Reinickendorf. Ce lotissement était devenu une sorte de camp secret de l'organisation militaire communiste. Certaines maisons en particulier servaient de refuge, et de lieu de détention, au Guépéou allemand.

Nos adversaires avaient été rapidement informés par leurs indicateurs. Une petite troupe armée, le professeur Schwartz à sa tête, se dirigeait vers Felseneck. Entre cent et deux cents nazis se répandirent dans les jardins entre les maisons, tandis que retentissaient les cris d'alarme de nos guetteurs. Lorsque j'arrivai, des projecteurs balayaient le lotissement en tous sens, des hommes et des femmes couraient dans la nuit, pendant que des coups de feu claquaient, que des carreaux de fenêtre volaient en éclats. Au milieu des hurlements, des fracas et des détonations, j'entendis les sirènes des camions de la police. Mais ces derniers ne parvenaient pas à se faufiler dans le labyrinthe d'allées étroites. Les combattants finirent par se disperser à la faveur de l'obscurité.

Je regagnai mon appartement au petit matin. J'appris que Schmidt avait quitté la ville. Hermann

1. *Roter Frontkämpferbund*, la puissante organisation paramilitaire du parti communiste allemand, comptant plus de 120 000 militants à la fin des années 1920.

était reparti à Hambourg. La camionnette qui transportait les malles n'avait jamais atteint Felseneck : les camarades qui conduisaient avaient pris peur en découvrant le tumulte et déserté. C'était une grosse déception, car ces documents nous auraient permis de faire tomber l'intégralité du réseau d'espionnage nazi en Union soviétique. Sur le champ de bataille on ramassa de nombreux morts, dont deux policiers. Le cadavre du professeur Schwartz gisait sur le pas de la porte d'un bungalow de Felseneck. On lui avait planté un couteau dans le dos. La police berlinoise arrêta cinquante-quatre SS et douze communistes. Le chef des combattants du Front rouge, Edgard Andree, fut interrogé par la police puis relâché. Il y eut des bagarres violentes à l'université de Berlin entre étudiants communistes et pro-nazis[1].

Un de mes indicateurs m'informa du nom de l'espion de Himmler à Felseneck : un jeune homme de vingt et un ans qui s'appelait Bernhard Wittkowski. Je le suivis un soir, avec mes assistants, dans la banlieue de Berlin. Un camarade le ceintura et le fit rouler sous les buissons. Je lui écrasai la tête à l'aide d'une lourde pierre. Un autre espion nazi fut liquidé à Essen quelques jours plus tard. Hitler offrit publiquement une forte récompense à qui permettrait d'identifier les « tueurs du Guépéou ».

À Berlin à la même époque, je rencontrai dans le bureau de Georgi Dimitrov un envoyé du parti communiste américain. Il était venu chercher de l'argent – des milliers de dollars – auprès de Fritz Heckert, député au Reichstag et trésorier du secrétariat

1. L'épisode de Felseneck est relaté également par Jan Valtin (pseudonyme de Richard Hermann Krebs) dans son autobiographie *Sans patrie ni frontières.*

occidental du Komintern. Ce jeune Juif tiré à quatre épingles, du nom de George Mink, me fit une mauvaise impression. Blond, trapu, il avait un menton fuyant et des dents irrégulières qui saillaient en avant. De son vrai nom Godi Minkowsky, né en Russie, il était arrivé en Amérique en 1912. Ancien chauffeur de taxi, Mink avait vécu de petits trafics sur les docks de Philadelphie avant de monter à New York où il demanda à s'inscrire au parti communiste. Il envoyait, de sa propre initiative, des rapports confidentiels à l'OGPOu de Moscou. Le Centre le fit nommer aux États-Unis à la tête de la Marine Workers Industrial Union, grâce au soutien de son beau-frère Solomon Losovsky, chef du Profintern (l'internationale communiste des syndicats). Je le trouvai cynique, méfiant et arrogant. Mink voyageait beaucoup en Europe pour le compte du Centre. Il trimbalait dans ses poches un jeu de photos pornographiques qu'il exhibait à la moindre occasion. « Les poules aiment ces images-là, me confia-t-il en ricanant. Il n'y a qu'à les leur montrer pour qu'elles se mettent sur le dos. » Quelques mois après notre rencontre, il participa à l'exécution d'un jeune camarade de l'appareil de Hambourg, nommé Hans Wissinger, qui à la suite d'une erreur de sa part ayant causé l'arrestation de trois de nos courriers sur le paquebot *Milwaukee* de la Hambourg America Line avait démissionné du Parti – un membre de l'appareil secret n'a pas le droit de démissionner et Wissinger, convoqué à Moscou, refusa de s'y rendre, ce qui aggrava son cas. Le 22 mai il reçut la visite de Mink et d'un autre tueur de l'OGPOu, Hugo Marx. Wissinger fut retrouvé assassiné dans son lit, à son appartement de la Muehlen Strasse. La police de Hambourg ne parvint pas à identifier les assassins. La presse communiste locale attribua le meurtre à des terroristes nazis. Je devais revoir George Mink en 1936 à Barcelone, dans des circonstances désagréables.

Les élections de mars-avril 1932 redonnèrent le pouvoir au maréchal Hindenburg pour un nouveau mandat de président du Reich. Il avait réuni 53 % des voix – avec le soutien des sociaux-démocrates –; Hitler 36,8 ; et Thaelmann 10,2 pour le parti communiste. Le KPD avait présenté ainsi l'objectif majeur de la « candidature de lutte du camarade Thaelmann » : il s'agissait de « révéler clairement le caractère du SPD, aile modérée du fascisme et frère jumeau du fascisme hitlérien ». Nous n'avions pas oublié la directive de Staline en 1931, selon laquelle le « coup principal de la classe ouvrière » devait être porté contre la social-démocratie.

La vérité est que Staline redoutait surtout une prise du pouvoir à l'Ouest par les communistes. Il s'assurait, par de telles attaques contre le SPD, que la gauche allemande coupée en deux réaliserait des scores inférieurs à ceux de la droite ou de l'extrême droite. Quant aux insurrections armées du début des années 1920, toutes avaient échoué en raison d'une mobilisation insuffisante du prolétariat allemand, sabotées en outre par les atermoiements de Zinoviev à la direction du Komintern à Moscou. Le maître du Kremlin entendait demeurer le chef suprême de la « révolution dans un seul pays » et ne voulait pas d'État révolutionnaire rival – ce que serait automatiquement devenu un pays aussi riche et puissant que l'Allemagne.

La victoire des nazis, à plus ou moins brève échéance, était désormais inéluctable. Hitler succéderait à Bruening au poste de chancelier du Reich. La direction du KPD le savait et nos militants se préparaient à entrer dans la clandestinité.

4.

En 1932 j'effectuai quelques missions à Paris, où je fis la connaissance d'une jolie Russe du nom de Tania Roudneva, employée à la maquette de l'hebdomadaire *Marianne* que venait de lancer l'éditeur Gaston Gallimard. Sur sa première page figuraient des photomontages satiriques réalisés par un Danois appelé Kjeldgaard qui signait ses œuvres de son prénom : Marinus. Le père de Mlle Roudneva, socialiste émigré ayant fui la révolution bolchevique, participait à Paris, en compagnie d'autres membres de l'intelligentsia non communiste, à la revue *Sovremmenïé Zapiski* («Écrits contemporains»). Tania avait des cheveux blonds frisés, une peau remarquablement blanche, des yeux d'un bleu clair extraordinaire et elle marchait de façon un peu raide en se tenant très droite. Dans le gai Paris de ces années-là, elle ne manquait assurément pas de prétendants. La beauté de cette jeune femme me foudroya. Huit années se sont écoulées depuis et je ne comprends toujours pas ce qui lui plut en ma personne : je suis petit, effacé, nerveux et gauche, de treize ans son aîné, et assurément pas très beau. Je manque de courage physique, souffre d'insomnies et connais régulièrement des périodes de profonde dépression. À vrai dire, je suis un homme excessivement tourmenté. Quoi qu'il en soit, nous tombâmes vite amoureux l'un de l'autre, et après que nous nous fûmes mariés je l'emmenai à La Haye (elle était enceinte de notre fils Sacha) lorsque le GROu me nomma au poste de *rezident* clandestin du renseignement militaire en Hollande au début de l'année 1933.

Une de mes premières tâches là-bas, que j'accomplis avec succès, fut de déterrer la biographie du jeune Van der Lubbe, l'incendiaire présumé du Reichstag (un psychopathe débile mental, ancien apprenti plâtrier, valet et serveur de restaurant passé du communisme au national-socialisme et atteint de délire mégalomaniaque) et de mettre en lumière ses relations avec les milieux homosexuels qui gravitaient autour de Roehm, le chef des SA. Mon enquête permit à nos propagandistes basés à Paris, sous la direction du communiste allemand Willi Muenzenberg, d'exposer de façon claire dans leur *Livre brun sur l'incendie du Reichstag et la terreur hitlérienne* le rôle réel des nazis dans l'attentat.

En même temps, le pouvoir stalinien s'était vu forcé de concocter une explication à l'usage de la population soviétique, qui, nourrie de fables à propos de « combats de masses » et de « marées révolutionnaires » chez leurs voisins de l'Ouest, ne s'attendait absolument pas à une victoire de Hitler. La *Pravda* expliqua donc en substance que le triomphe apparent du fascisme en Allemagne n'était au fond qu'une victoire déguisée de la révolution mondiale : l'ultime sursaut du capitalisme, son tressaillement d'agonie. Même avec l'aide des sociaux-démocrates, les capitalistes étaient devenus impuissants devant le mécontentement des classes laborieuses et ils n'avaient plus d'autre choix que de recourir au fascisme et à ses méthodes de terreur.

Mais nous, dans les services secrets, connaissions la réalité des manœuvres de coulisse. En cette année où le parti nazi s'emparait du pouvoir à Berlin, la politique de Staline à l'égard d'Adolf Hitler – comme je l'ai expliqué dans les premiers chapitres d'*Au service de Staline* – fut une politique de conciliation, en dépit des différences idéologiques. Le secrétaire général éprouve le plus profond mépris pour les nations démocratiques « faiblardes », en même temps qu'un respect inné pour les « puissants » États totalitaires. Et il a toujours considéré qu'il valait mieux rechercher un arrangement avec un pouvoir qui vous est supérieur. Cependant, malgré les efforts serviles du Kremlin, le chancelier refusa la main qu'on lui tendait. Pour arriver à ses fins et impressionner le Führer, Staline imagina donc de fortifier la position du pouvoir soviétique, encore fragile et isolé sur le plan international, en effectuant un encerclement de l'Allemagne au moyen d'un vaste « front antifasciste », à la fois du côté russe et de celui des démocraties d'Europe de l'Ouest. Staline mit un terme à ses attaques verbales contre Londres et Paris. Un pacte franco-soviétique fut signé en 1935. Les partis communistes étrangers reçurent du Komintern l'ordre d'opérer une brusque volte-face et de s'allier à leurs ex-ennemis de la social-démocratie (les « sociaux-fascistes » d'hier) par des consignes de vote en leur faveur. Cette nouvelle alliance tactique apporta à la gauche unie des succès en 1936 et l'apparition de « fronts populaires » démocratiquement élus, en Espagne puis en France. Dans le premier de ces deux pays, la soudaine arrivée au pouvoir – après deux années « noires » de répression menée par un gouvernement de droite – d'une coalition républicaine sociale-démocrate modérée, générant un climat de fête révolutionnaire caractérisé par des grèves, des mouvements de collectivisation dans les campagnes, des incendies d'églises et autres débordements de la part des groupes anarchistes, très puissants dans la péninsule Ibérique, déclencha en réaction un putsch militaire.

Ce jour sombre de juillet 1936 où les généraux rebelles Franco, Mola, Cabanellas et Queipo de Llano levèrent l'étendard de la bourgeoisie catholique fascisante, je me trouvais à mon bureau de La Haye. Je m'occupais là-bas d'une petite galerie de peinture. Le métier de marchand de tableaux représente une couverture parfaite pour un *rezident* clandestin et justifiait mes fréquents voyages à l'étranger. J'exposais surtout des artistes juifs de Montparnasse. Avec certains, comme l'Ukrainien Abraham Berline ou le Polonais de Galicie Léon Weissberg[1], je nouai des relations amicales. Muni de faux documents d'identité, je me faisais passer aux Pays-Bas et en France pour un Juif de nationalité autrichienne, le docteur Martin Lessner. Cela expliquait mon accent, et le fait que je ne parlais pas le hollandais et guère mieux l'anglais. Les locaux de la galerie appartenaient à un antiquaire d'Amsterdam, agent du Komintern. L'inspecteur des impôts hollandais qui me louait un petit appartement dans le « quartier des colonies » (toutes les rues y portaient le nom de possessions néerlandaises d'outre-mer) était lui aussi communiste. Je lui versais soixante-cinq florins à la fin de chaque mois pour le loyer. Dès que je fus averti du coup de force des généraux, je pris mon téléphone et, en langage codé, dépêchai un de mes agents à Hendaye, à la frontière avec la France, et un autre à Lisbonne (mon réseau aux Pays-Bas ne disposait pas de contact direct sur le territoire espagnol, et la

1. Le premier, déporté en 1942, a péri assassiné par les nazis à Auschwitz, le second à Maïdanek en 1943.

République soviétique, en dépit d'une reconnaissance mutuelle, n'avait pas encore nommé d'ambassadeur à Madrid). Ensuite je demandai à ma secrétaire, Matilda Westerbroek, une communiste hollandaise, de me préparer un mémorandum sur la situation en Espagne.

Je travaillai jusqu'à une heure du matin en fumant dans mon bureau. Les premières instructions de Moscou, arrivées sous la forme d'un long télégramme codé, concernaient à la fois un soutien au gouvernement légal du Front populaire et le projet de « mesures préventives » contre les « tentatives putschistes des anarchistes », dont l'activité était censée dissimuler la main des fascistes – ce à quoi je ne croyais guère. Je laissai néanmoins des ordres pour que le télégramme fût retransmis dès le lendemain à notre agent de Hendaye, qui en informerait le Komintern à Madrid. Ma galerie de La Haye fonctionnait comme une sorte de plaque tournante par laquelle transitaient les directives du Centre et les rapports que lui envoyaient les agents du GROu ou de l'INO stationnés en Europe de l'Ouest. Je retournai au 32, Celebesstraat où mon épouse et moi vivions avec notre fils. La lumière brillait encore dans la chambre à coucher. Tania posa le livre qu'elle lisait lorsque j'entrai dans la pièce. L'enfant dormait dans la petite chambre voisine. Je mis ma femme au courant de la situation. Elle s'inquiéta :

— Ne me dis pas qu'ils vont t'envoyer en *komandirovka* en Espagne !

Ce mot signifie, en russe, « mission officielle ». Et, dans une économie étatisée et hiérarchisée comme celle de l'Union soviétique, tout individu, même de rang subalterne, est à la fois fonctionnaire et officiel. Je comprenais la réaction de Tania mais répondis que je n'avais aucun pouvoir de décision en la matière. Ma femme, je le savais, était épouvantée par ce qui se préparait au même moment en Russie.

Zinoviev et Kamenev allaient de nouveau passer en jugement, accusés cette fois de participation directe dans l'assassinat de Kirov. Ils seraient jugés en compagnie d'Evdokimov, ex-secrétaire du Comité central ; de Bakaïev, ancien chef du NKVD de Leningrad ; de Smirnov, héros de la révolution de 1905 et de la guerre civile ; de Mratchkovsky, autre héros bolchevik, arrêté pour avoir dirigé l'imprimerie clandestine de Trotsky en 1927 ; de l'Arménien Ter-Vaganian, qui avait mené l'assaut contre le Kremlin pendant la révolution ; et d'autres personnages de moindre importance – dont quelques agents provocateurs du NKVD placés parmi eux pour surveiller leurs « confessions ». Les seize inculpés comparaissaient pour avoir prétendument conspiré en vue d'assassiner Kirov, Staline, Ordjonikidzé, Vorochilov, Kaganovitch, Kossior, Postychev et Jdanov, tout cela avec la complicité de Léon Trotsky. Fait connu des Russes, mais pas toujours des diplomates occidentaux ou des représentants de la presse internationale, certains parmi les seize ne pouvaient physiquement avoir commis les crimes qu'on leur reprochait, étant à l'époque de leur prétendue conspiration soit en prison à l'« isolateur », soit en lointain exil sous la surveillance du NKVD et des fonctionnaires du Goulag.

— Voilà qui est nouveau, observa mon épouse, jusqu'à présent on avait toujours considéré la vieille garde léniniste comme plus ou moins protégée. On pouvait bannir certains de ses membres, les dénoncer ou les accuser de crimes terribles, mais leur vie n'était jamais menacée. Même dans le cas de Trotsky, le Parti s'est borné à le déporter en Asie centrale puis à l'expulser en Turquie. Or, maintenant on juge Zinoviev !

L'ancien chef du Komintern ! Le procureur de l'État soviétique va demander sa condamnation à mort !

En vérité, comme c'était d'ailleurs le cas pour la majorité du peuple russe qui se souciait assez peu de cette nouvelle querelle de famille divisant ses nouveaux maîtres, le sort personnel de Zinoviev laissait Tania indifférente. Ce qui la plongeait dans une profonde angoisse, c'étaient les dangers que faisait planer cette nouvelle situation sur la vie même de son mari.

— Un cyclone va se déchaîner, me prédit-elle. Tu verras, il dévastera le Parti tout entier pour accumuler sur son passage les cadavres et les ruines !

J'hésitai à lui montrer la lettre que j'avais reçue dernièrement. Adressée à tous les membres du Parti communiste de l'URSS, dont on vérifiait le bien-fondé de l'appartenance au Parti, y compris à l'étranger, elle disait (je la reconstitue de mémoire) :

Il est maintenant prouvé que les monstres trotskystes et zinoviévistes se sont unis aux espions étrangers, aux provocateurs, aux koulaks[1], *aux déviationnistes, aux saboteurs, aux Blancs et aux agents du capitalisme pour lutter contre le gouvernement soviétique... Tout membre du Parti comprendra aisément que le moment est venu de redoubler de vigilance, et tous les vrais bolcheviks auront à cœur de démasquer et de dénoncer impitoyablement tous les ennemis du peuple qui s'abritaient encore derrière leur carte du Parti... Ce n'est plus le moment d'afficher une sensiblerie de bourgeois ni un libéralisme de pourris...*

« Vigilance » était devenu le maître mot. Son corollaire, la dénonciation, était vivement encouragé. La

1. Paysans aisés. Cibles principales du parti communiste lors des campagnes de collectivisation forcée qui firent des millions de victimes dans les provinces russes.

méfiance s'installa entre les camarades. Depuis 1935, nos correspondances privées envoyées par les canaux « officiels » étaient ouvertes par le Centre. Les seules personnes à qui je pouvais parler librement étaient Ludwig et sa femme, Elsa. Mon vieil ami, ayant démissionné du GROu et quitté son poste aux Pays-Bas où je lui avais succédé, avait, après un passage à Moscou à la section polonaise du Komintern, été nommé *rezident* de l'INO à Paris. En dépit des consignes interdisant aux résidents clandestins de se rencontrer, je lui rendais visite environ une fois par mois. Paris était un poste envié. Les services secrets soviétiques comptaient de nombreux agents clandestins dans la capitale française, le principal étant alors Boris Bazarov, *rezident* du NKVD après avoir jadis travaillé à la mission commerciale soviétique de Vienne. Il bénéficiait encore en ce temps-là de puissants appuis à Moscou. En 1936 il fut envoyé aux États-Unis afin d'y monter un réseau d'espionnage. C'était un homme tranquille, aux cheveux et aux cils roux, qui souffrait d'une maladie chronique du foie. Il ne se montrait jamais intransigeant sur rien et sa réplique favorite semblait être : « Tu sais, ce sont des choses qui arrivent. » Néanmoins, nous prenions garde à ne pas manifester d'opinions personnelles devant lui ou son épouse, Nadia.

Ma femme, à la différence de celles de Ludwig ou de Bazarov, ne fut jamais communiste. Si elle m'avait donné l'impression, à Paris lors de nos premières rencontres, de s'intéresser à mes idées, c'était par amour pour son futur mari en même temps que par défi à l'égard de son père, socialiste farouchement antibolchevik qui n'avait jamais pardonné à Lénine d'avoir supprimé l'Assemblée constituante dans la foulée de la révolution d'Octobre. Je n'informai Tania qu'après notre mariage de la nature véritable des mes activités, et naturellement sans rentrer dans les détails.

Le GROu, l'OGPOu et certains services spéciaux du Komintern étaient officieusement chargés de faire à l'étranger le « sale boulot de la révolution ». L'exemple que le Parti nous avait inculqué était celui du premier chef historique de la Tchéka, Félix Dzerjinski : un ascète particulièrement sensible et intelligent, dont le visage ressemblait de manière frappante à celui du Christ. Dans sa jeunesse il avait été détenu politique dans la prison de Paviak, à Varsovie. Il s'y était porté volontaire pour nettoyer les latrines. Car Dzerjinski jugeait être du devoir de l'individu le plus développé dans une communauté humaine d'assumer les tâches les plus basses, à titre d'exemple pour ses compagnons moins instruits. La plupart des communistes qui se sont enrôlés dans les tchékas, au lendemain de la révolution d'Octobre, étaient eux aussi des purs. Le Parti les considérait comme des croisés de la révolution. (Par malheur on trouvait également, surtout dans les localités de province, des brutes, des êtres primitifs attirés par le sadisme et la violence. Dzerjinski lui-même devait remarquer : « Seuls les saints et les crapules peuvent servir dans le Guépéou. ») Mais pour ce qui concernait les hommes du Quatrième bureau, l'Armée rouge les recrutait sur une base exclusivement idéologique. Cela explique à la fois la qualité de notre travail et la liberté d'action dont nous jouissions. Mon ami Ludwig était un être entièrement pur. Les vrais communistes sont des croyants. Mais nous ne croyions ni en Dieu ni en l'humanité. À notre insu, nous fabriquions des dieux nouveaux – Lénine, Staline – dans le but de transformer l'homme. Nous croyions à l'ordre. Nous pensions créer un univers à notre image, sans faiblesse, où l'être humain débarrassé des lambeaux du christianisme ou autres superstitions atteindrait sa grandeur cosmique dans la culmination suprême de l'espèce. Nous ne combattions ni pour le pouvoir personnel ni pour les richesses. Nous nous considérions, avec une froideur parfaitement scientifique, comme les simples instruments du destin.

5.

Je racontais tout cela à ma femme. Elle faisait semblant d'y croire, parce qu'elle m'aimait sincèrement. Je ne lui parlai jamais en revanche de mon rôle dans certaines liquidations d'« ennemis du peuple ». Lorsqu'elle découvrit par hasard le revolver Rast und Gasser 8 mm que je rangeais dans un tiroir de mon bureau, je prétendis que c'était pour nous protéger d'une attaque éventuelle des fascistes. Cela ne la rassura guère, mais au moins Tania n'eut pas à se demander si l'homme qu'elle avait épousé, et qui lui avait donné un fils, pouvait avoir du sang sur les mains.

Mes deux principaux collaborateurs, eux, étaient au courant de tout. Le premier, le jeune Hans Bruesse, né à Rotterdam, venait d'une famille d'auteurs et de journalistes bien connue. Il me servait officiellement de chauffeur. C'est un garçon aux hanches larges, au teint blafard et aux yeux saillants. Toujours vêtu avec élégance, il se prétend écrivain mais n'a jamais écrit une ligne valable. Hans Bruesse possédait d'autres talents (de serrurier, en particulier, et de photographe), mais j'eus à souffrir de son tempérament hautain et insolent d'enfant gâté. Son ancien employeur, Philips Co., avait dû se passer de ses services d'agent commercial après que Bruesse eut démoli une automobile de la société et le lendemain refusé de se rendre au travail. Il louait le dernier étage d'une pension située sur Juliana-van-Stolberglaan, où il organisait des fêtes à toute heure du jour et de la nuit. Hans venait d'épouser Noor Jongert, surnommée Nora, une fille d'artiste aux allures de garçon manqué, communiste elle aussi, qui portait des pantalons et des chaussures de sport et collectionnait les paires de gants. Tous deux parlaient couramment l'anglais. Pour les opérations spéciales, je faisais toujours appel à Hans. Il travaillait en équipe avec deux autres de mes agents : Paparov, un petit Bulgare brun doté d'un nez minuscule, qui voyageait avec un passeport uruguayen, et Ivan Kral, un jeune Bosniaque, ancien étudiant communiste en Yougoslavie, grand et maigre avec un visage allongé ressemblant à celui du roi déchu d'Espagne Alphonse XIII – nous le taquinions à ce sujet.

Ces hommes étaient experts dans l'usage des armes de poing comme dans celui des armes blanches. Le jeune Bruesse affectionnait tout spécialement l'automatique tchécoslovaque vz. 27, à calibre 9 mm court et plaque de crosse en bois, une arme qui manque un peu de précision mais que l'on démonte et nettoie avec la plus grande facilité. Il s'en servait en général à bout portant. Le Bulgare et le Yougoslave utilisaient respectivement un Browning 1922 de fabrication belge et le petit Walther PPK 7,65 mm de 1931. Lorsque Bruesse, Paparov et Kral (je les accompagnais rarement) partaient « s'occuper » de quelqu'un, nazi, monarchiste russe blanc, nationaliste ukrainien, informateur de la police ou autre, je savais que son cadavre ne serait jamais retrouvé. Devant La Haye, la mer du Nord garde ses secrets soigneusement lestés de ciment ou de plomb.

Mon second collaborateur était ma secrétaire, Matilda Westerbroek, âgée d'une quarantaine d'années, une célibataire frêle et sensible au visage fin et à l'allure aristocratique, qu'un séjour de trois mois en Russie en 1927 avait convertie au communisme. Matilda travailla d'abord comme courrier du Komintern. Je l'avais rencontrée une ou deux fois à Paris et recrutée en arrivant à La Haye. Outre le hollandais, elle parlait le français, l'anglais et l'allemand ainsi qu'un peu d'italien. Elle me devint vite indispensable, s'occupant de la correspondance officielle ou clandestine, organisant mes rendez-vous, répondant au téléphone, effectuant les réservations dans les hôtels ou les agences de voyages. Sa dactylographie était rapide et parfaite. Matilda détestait Hans et sa femme mais semblait éprouver de la sympathie pour Kral. Le matin du 19 juillet, elle me présenta son mémorandum, clair et précis comme toujours, sur la situation en Espagne :

— La révolte est partie de Tétouan et de Melilla, au Maroc espagnol. On ignore encore si elle s'étendra dans la péninsule. Les fascistes ont besoin d'avions de transport pour acheminer leurs troupes d'élite, légionnaires et Maures, sur le continent. Le putsch militaire était en préparation depuis plusieurs mois. En Andalousie, Cadix, Séville et Cordoue sont susceptibles de tomber aux mains des insurgés mais les villes ouvrières résisteront, permettant sans doute au gouvernement légal de garder le contrôle sur le Sud. La nouvelle garde d'assaut, composée d'éléments socialistes, sera fidèle au gouvernement, de même que beaucoup de simples soldats de l'armée. La chute de Madrid, Valence ou Barcelone apparaît comme très improbable.

Je lui demandai quelles étaient nos forces politiques là-bas. Mes agents n'avaient pas encore envoyé leurs rapports.

— Le Parti communiste espagnol, interdit sous la dictature de Primo de Rivera, est devenu semi-légal à partir de 1931 avec la chute de la monarchie. Il ne participe pas directement au gouvernement actuel du Front populaire issu des élections de février. Ses militants sont encore malheureusement peu nombreux, quelques milliers à peine. Le secrétaire général du Parti, José Diaz, obéit aux ordres de Vittorio Codovilla, alias « Luis », un camarade argentin délégué par le Komintern. La social-démocratie, représentée par le Parti socialiste des ouvriers d'Espagne, est au pouvoir, alliée à divers partis républicains de gauche et du centre. Les anarchistes constituent une force considérable, cas exceptionnel en Europe. La Fédération anarchiste ibérique, qu'on appelle la FAI, est théoriquement distincte de la Confédération nationale du travail, mais la direction de ce syndicat est presque exclusivement anarchiste. L'autre grand syndicat, l'Union générale des travailleurs, qui regroupe des socialistes, des communistes et des sans-parti, pourra être assez facilement dominé par nos camarades. Les places fortes des anarchistes sont la Catalogne, l'Aragon, l'Andalousie, et les régions de Valence et d'Alicante. La CNT comptait six cent mille membres au congrès anarchiste de Saragosse au mois de mai, et ses effectifs sont en constante augmentation.

— Notre problème en Espagne n'est pas limité aux anarchistes, fis-je remarquer. Parlez-moi du POUM.

— Des groupes d'exclus du Parti, qui représentent des tendances assez influentes de l'extrême gauche opposée à la direction actuelle du Comité central. L'an dernier, la Gauche communiste d'Espagne, principalement composée de partisans ou ex-partisans de Trotsky, dirigée par son ancien collaborateur et secrétaire de l'Internationale syndicale rouge, Andrés Nin, et le Bloc ouvrier et paysan conduit par Joaquín

Maurín, ont fusionné pour constituer ce « Parti ouvrier d'unification marxiste ». Le POUM est extrêmement actif en Catalogne, qui est une province riche et semi-indépendante avec son propre gouvernement, la « Généralité », mais insignifiant ailleurs. Trotsky lui-même ne soutient pas les décisions de Nin et de Maurín. Et il a refusé leur invitation à venir se réfugier à Barcelone. Cela n'empêchera pas les nôtres de traiter le POUM de secte trotskyste contre-révolutionnaire et d'allié objectif des fascistes...

— De toute façon, on peut s'attendre à ce que le Centre nous ordonne, tôt ou tard, d'entreprendre des actions contre ce parti en Catalogne. Quant aux anarchistes...

— Le télégramme de Moscou du 17 juillet suggère, en accord avec la plate-forme de front commun décidée en 1935 et imposant l'union des communistes avec toutes les forces de gauche à l'exception des trotskystes, une fusion de l'UGT avec la CNT. En ajoutant que si les anarchistes refusent la fusion (ce qui est évident), nous devrons alors les dénoncer comme des saboteurs de la lutte du prolétariat contre le fascisme.

Elle sourit à ces derniers mots. Matilda avait un sens aigu de la politique. Elle aurait pu militer dans les hautes sphères du parti communiste aux Pays-Bas. Mais ma secrétaire n'aimait pas les communistes hollandais, qu'elle jugeait plus hollandais que nature – par exemple dans leur intérêt, absurde et choquant à son avis, pour la famille royale et en particulier la princesse Juliana, qu'ils gratifiaient du diminutif familier de « Juliantje ». Il nous était interdit en principe d'avoir des contacts avec ces camarades, pour la raison que les partis communistes européens sont forcément surveillés et infiltrés par les organes locaux de police ou de contre-espionnage. Ceux-ci ne devaient absolument pas connaître l'identité du *rezident* clandestin. La seule ambition de Matilda Westerbroek était de me servir avec fidélité et efficacité, et de participer de cette manière au combat pour la révolution mondiale.

Deux jours plus tard, nous reçûmes le message suivant de Madrid à transmettre au Centre :

RIGOUREUSEMENT CONFIDENTIEL
DE : Espagne DATE : 21 juillet 1936
À : Moscou
N° : 267-270
DIOS et MAYOR.

Madrid est entièrement aux mains des milices et des forces gouvernementales. Dans le reste du pays, elles sont en train de réduire les dernières forces de la rébellion. Les milices populaires s'arment à travers toute l'Espagne. Celles-ci, en conjonction avec les forces loyales au gouvernement, constituent l'armée de défense de la république démocratique. Les milices sont considérées comme des organisations officielles et leurs hommes perçoivent des salaires. Diverses colonnes de miliciens ont quitté Madrid pour attaquer les armées fascistes de Tolède, Saragosse, Valladolid et Burgos.

Dans la majorité des cas elles appliquent déjà la loi révolutionnaire et confisquent les biens ennemis.

Les forces du Front populaire et du gouvernement sont étroitement unies et l'enthousiasme du peuple est énorme.

Nous sommes convaincus d'écraser l'ennemi de façon décisive, et que ceci sera le premier pas dans la réalisation du programme démocratique révolutionnaire.

Le seul point noir est les anarchistes qui pillent et brûlent. Ils ont été avertis de cesser immédiatement ce type de comportement, mais s'ils persistent dans des actes de provocation, la loi révolutionnaire sera appliquée.

LUIS et DIAZ

Le 25 juillet, quatre petits partis de la gauche catalane, incluant le parti communiste local, se rassemblèrent au sein du « Parti socialiste unifié de Catalogne » (PSUC). Quelques jours plus tard, ce nouveau parti rejoignait la IIIe Internationale. Les communistes catalans entendaient réunir le plus possible de partis de gauche dans la province afin de lutter contre le POUM et les anarchistes, mais ils avaient agi en désobéissant aux ordres de la direction du PCE de Madrid. Cependant, en raison de l'adhésion du PSUC au Komintern, ils se retrouvèrent automatiquement sous le contrôle de Moscou et purent agir, de fait, comme le bras armé des communistes en Catalogne.

L'histoire de l'intervention soviétique demeure, à ce jour, le mystère majeur de cette guerre civile. Le monde ignore de quelle façon Staline intervint en Espagne, comment ses opérations furent conduites, qui étaient les agents responsables, ce que le maître du Kremlin comptait y gagner et comment l'aventure se termina.

Il se trouve qu'à l'étranger je suis le seul survivant du groupe d'officiels soviétiques ayant eu un rôle direct dans l'organisation de l'intervention russe, et le seul libre d'exposer ce chapitre dramatique de l'histoire contemporaine. J'étais tenu au courant de chaque mesure prise par le Kremlin concernant l'Espagne, et le poste de haut niveau que j'occupais depuis de nombreuses années en Europe me gardait en contact constant avec la politique étrangère de Staline, politique dont cette guerre civile et les opportunités qu'elle offrait constituaient un élément primordial.

L'idée du secrétaire général, dont la position ne souffrait plus guère de contestation dans son pays mais demeurait faible et isolée internationalement, était d'inclure l'Espagne dans la sphère d'influence du Kremlin. Cette stratégie était bien connue de nous tous qui travaillions pour lui. Une telle domination renforcerait les liens de Moscou avec Paris et Londres, placés devant le fait accompli, mais surtout fortifierait Staline dans son chantage vis-à-vis de Hitler – le seul allié qui l'intéressât vraiment. Devenu maître de l'Espagne, pays d'importance stratégique vitale pour la France et le Royaume-Uni, Staline serait une force avec laquelle on devrait compter, un allié convoité. Le monde s'imagine que les actions de l'URSS en Espagne étaient liées d'une manière ou d'une autre à la révolution mondiale. Mais ce n'est pas vrai. Le problème de la révolution mondiale avait depuis longtemps perdu toute réalité pour le secrétaire général du Parti. C'était uniquement une question de politique étrangère russe.

L'Allemagne nazie et l'Italie fasciste ont admis officiellement et effrontément l'action de leurs forces expéditionnaires en Espagne, exagérant leurs exploits militaires plutôt que de s'en cacher. Staline, tout au contraire, avança ses pions avec prudence. Non seulement il ne se vanta pas de son intervention, mais au début il la dissimula entièrement. Cette opération soviétique aurait pu être décisive à certaines phases de la guerre civile, si Staline avait pris autant de risques du côté des loyalistes que Mussolini ou Hitler du côté franquiste. Le secrétaire général a toujours voulu éviter d'entraîner l'Union soviétique dans un conflit majeur. Le slogan secret sous lequel nous partîmes en Espagne, nous les « conseillers » du grand pays frère, les professionnels de la révolution, fut : « Tenez-vous en dehors du champ de l'artillerie ennemie ! »

6.

Le 19 août 1936, devant le tribunal du Collège militaire de la Cour suprême et une assistance composée d'environ cent cinquante policiers en civil et fonctionnaires subalternes sélectionnés par le NKVD, et d'une trentaine de journalistes et de diplomates étrangers, s'ouvrit sous la présidence de Vassili Ulrikh (ancien officier du département de contre-espionnage de la Tchéka) le procès public des « monstres trotskystes et zinoviévistes ». Les prisonniers furent escortés jusqu'à leurs bancs par des soldats du NKVD armés de fusils et de baïonnettes. Les seize accusés avaient « volontairement » renoncé au soutien d'un avocat. Il n'y avait pas de jury. Et, dans l'assistance, ils ne reconnaissaient personne. Ils n'apercevaient que des têtes d'inconnus hostiles et butés. Pas un seul de leurs camarades du Parti. Pas un seul membre de leurs familles. Arrêtées et retenues en otage, celles-ci devaient assurer la docilité des accusés lors de la lecture de leurs confessions. Leurs enfants ou petits-enfants étaient également menacés : Iéjov, secrétaire du Comité central et nouveau président de la Commission centrale de contrôle du Parti, avait annoncé aux interrogateurs du NKVD que sur ordre de Staline chacun d'eux devait conserver en permanence sur son bureau le texte de la loi du 7 avril 1935, autorisant l'application de la peine de mort aux enfants de douze ans et plus.

Trois jours durant, le procureur Andreï Vychinsky – un individu trapu, à petite moustache grise et lunettes sans monture, qui faisait immanquablement penser à un rat et sur qui Staline possédait un volumineux dossier concernant son ancienne appartenance au Parti menchevik – exposa en détail à la Cour les plans ourdis par les conspirateurs. Fait curieux, ni l'accusation ni les accusés ne furent en mesure de citer *un seul* résultat concret de ce vaste complot terroriste, sauf l'assassinat, très réel celui-là, de Kirov. Beaucoup de gens, dont moi-même, savaient ou se doutaient que ce crime avait été manigancé par Staline. Il avait bénéficié de la complicité de Genrikh Iagoda, commissaire du peuple aux Affaires intérieures, de Filip Medved, le chef du NKVD de Leningrad, et de son adjoint Ivan Zaporojetz, l'ancien représentant de l'OGPOu à l'ambassade soviétique de Vienne.

Disséminés dans le public, des groupes d'agents du NKVD se tenaient prêts à bondir sur un signe du procureur, au cas où un des inculpés révélerait soudain l'imposture des fausses confessions, et à noyer leurs paroles sous un torrent de cris et d'injures. Prenant prétexte du tumulte, le président suspendrait alors la séance, et le rebelle, bâillonné, serait évacué définitivement. Mais la précaution se révéla inutile.

«Je demande, s'écria Vychinsky en conclusion de son réquisitoire, que ces chiens enragés soient abattus. Tous sans exception!» Dans leurs dernières déclarations, les accusés, à qui Staline avait promis la vie sauve en présence de son secrétaire Iéjov et du commissaire à la Guerre Vorochilov – et non du Politburo dans son ensemble, comme l'avaient demandé Kamenev et Zinoviev –, s'accablèrent pour la plupart, notamment

Zinoviev qui s'écria : « Mon bolchevisme défaillant se transforma en antibolchevisme et, par l'intermédiaire du trotskysme, j'en vins au fascisme. Le trotskysme est une forme de fascisme et le zinoviévisme est aussi une forme de trotskysme... »

Le verdict avait été préparé par Iagoda sous la dictée de Staline. Le 24 août, le président Ulrikh déclara les accusés coupables sur tous les points. Ils étaient tous condamnés à mort (y compris les agents provocateurs placés parmi eux). Les hommes du NKVD, dans la salle comme sur le banc des accusés, s'attendaient à ce que la condamnation soit alors suivie des mots : « Mais, prenant en considération l'héroïque passé révolutionnaire des condamnés, la Cour a décidé de commuer la peine de mort en... » Ces mots ne furent pas prononcés. Le public et les accusés stupéfaits prirent soudain conscience que la condamnation était définitive. Après avoir entendu le verdict, qui tomba dans un silence de plomb, l'un des accusés, Lourié, hurla : « Vive la cause de Marx, d'Engels, de Lénine et de Staline ! »

Les gardes les reconduisirent à leurs cellules de la Loubianka. Les condamnés avaient soixante-douze heures pour faire appel. Kroupskaïa, la veuve de Lénine, mendia à genoux devant Staline la vie des seize condamnés. Il l'injuria et lui ordonna de signer une déclaration publique traitant les vieux compagnons de Lénine de contre-révolutionnaires, d'espions et de chiens enragés. Elle signa. La presse annonça l'exécution vingt-quatre heures après la lecture du verdict. Zinoviev, malade du cœur, grelottait de fièvre. On l'informa qu'il allait être transféré dans une autre cellule, mais voyant arriver les gardes il comprit immédiatement. Il s'écroula dans le couloir, appelant Staline d'une voix aiguë et le suppliant de respecter sa promesse de lui accorder la vie sauve.

On l'attacha sur un brancard, où il continuait de hurler. Le lieutenant chargé de l'exécution craignit l'effet que la scène pouvait produire sur les autres condamnés si elle se prolongeait. Il poussa Zinoviev à l'intérieur d'une cellule et l'abattit d'une balle dans la tête. Plus tard, cet officier fut décoré pour la présence d'esprit dont il avait fait preuve en ces circonstances. Kamenev, qui paraissait anéanti, se laissa emmener sans réagir jusqu'à la salle d'exécution. Il fut abattu par un lieutenant hystérique qui bourra le cadavre de coups de pied et le cribla de balles en hurlant des injures. Nikolaï Iéjov, futur chef du NKVD, récupéra quatre projectiles et enveloppa ces souvenirs dans des bouts de papier, portant chacun la mention du nom du condamné dont la balle avait perforé le corps (un pour Kamenev et Zinoviev, deux pour Smirnov). Les seize cadavres furent jetés dans une fosse commune des champs de Kodynka. Celle-là même où, quarante ans plus tôt, avaient été inhumées les centaines de victimes mortes piétinées lors des fêtes du couronnement du tsar.

À la fin de la dernière journée du procès, le procureur Vychinsky avait déclaré : «J'estime nécessaire d'informer la Cour que j'ai donné, hier, l'ordre de procéder à une enquête relative aux dépositions des accusés concernant Tomsky, Rykov, Boukharine, Ouglanov, Radek et Piatakov, et que, suivant les résultats de cette enquête, le bureau du procureur général entamera la procédure légale qui s'impose. En ce qui concerne Serebriakov et Sokolnikov, les autorités compétentes sont déjà en possession d'un certain nombre de documents prouvant qu'ils sont coupables de délits contre-révolutionnaires. En conséquence, un procès en action criminelle est intenté contre eux... »

Tous les bolcheviks nommés par Vychinsky ont été fusillés depuis ou ont disparu sans laisser de traces, à l'exception de Tomsky qui se suicida après que Staline lui rendit visite à sa datcha de Bolchevo, près de Moscou. Je reviendrai plus loin sur cette mort car elle se trouve liée au « complot des généraux » et au plus terrible secret de Staline. Quant à Sokolnikov, il mourut au Goulag en 1939 ; Radek serait encore détenu quelque part dans un camp de Sibérie[1].

Après le procès, Staline prit ses vacances d'été à Sotchi, sur la mer Noire, en compagnie de Iagoda, de Jdanov et de Pauker, le chef de ses gardes du corps. Afin d'éviter toute possibilité d'attentat contre sa personne il avait donné l'ordre, comme chaque année, de préparer à la fois son train spécial à Moscou et son yacht à vapeur dans la cité de Gorki. Le secrétaire général pouvait voyager directement par chemin de fer jusque dans le Caucase, ou bien descendre la Volga en vapeur jusqu'à Stalingrad où il prendrait le train jusqu'à Sotchi. Nul ne connaissait à l'avance l'itinéraire, ni la date du voyage. Le train et le yacht demeuraient prêts plusieurs jours d'affilée. La décision n'était annoncée que quelques heures avant le départ. À l'avant et à l'arrière du train blindé circulaient deux autres convois, transportant des détachements de gardes du NKVD. Celui de Staline était équipé de manière à pouvoir supporter un siège de deux semaines. En cas d'alarme, les fenêtres des voitures étaient automatiquement obturées par des volets de métal.

Avant de partir, le secrétaire général avait donné l'ordre à Iagoda et à Iéjov de sélectionner cinq mille membres parmi les plus actifs de l'opposition, actuellement dans les camps ou en exil, et de les liquider

1. Karl Radek disparut lui aussi au Goulag, vers 1939, officiellement lynché par des jeunes détenus au cours d'une rixe, mais en réalité abattu par un agent du NKVD sur l'ordre de Staline ou de Béria.

secrètement. Ce fut le premier cas dans l'histoire de l'URSS d'une exécution de masse pratiquée sur des communistes sans que ceux-ci fussent passés devant une quelconque commission ou un tribunal. Au cours de l'été 1937, Staline ordonna à Iéjov, qui avait pris la place de Iagoda à la tête du NKVD, de préparer une nouvelle liste de cinq mille opposants et de les fusiller de la même façon. J'ignore aujourd'hui, en 1940, combien de fois l'ordre fut répété depuis – probablement autant que nécessaire pour anéantir l'opposition jusqu'au dernier homme.

Quelques jours après l'exécution de Zinoviev et de Kamenev, j'avais rendez-vous à Rotterdam dans un restaurant près du port avec N., un de nos courriers que je connaissais depuis l'époque de Berlin. Il me parla en confiance, sans rien cacher de ses sentiments. La confiance était une denrée de plus en plus rare.

— Moscou est en pleine panique, et ça ne va pas mieux à Leningrad, paraît-il. On arrête les gens par milliers et on ne prend même plus la peine de le faire avec discrétion. On vient chercher les citoyens jusque dans leurs bureaux et on les embarque devant tout le monde. Des membres connus du Parti ont disparu mystérieusement. Le NKVD semble frapper haut et s'attaquer aux personnages d'importance : des commissaires, des dirigeants de trusts, et jusqu'à des fonctionnaires du Kremlin... Les gens sont à moitié morts de peur. Chez nous, S. et B. (il nomma deux de ses supérieurs du Quatrième bureau) me conseillent gentiment de ne plus contacter untel ou untel. De toute façon, si je leur téléphonais, je tomberais sur une voix inconnue répondant qu'ils ne sont « pas là », qu'on ne peut me dire quand ils reviendront. On ne les reverra plus. C'est comme s'ils n'avaient jamais existé. Pourtant, la plupart étaient des communistes sincères, et des fonctionnaires consciencieux.

Je lui demandai quelles seraient à son avis les prochaines cibles dans nos services.

— Je ne sais pas, mais je crois que bien peu d'entre nous échapperont à la nouvelle « super-purge » annoncée. Et, depuis que le principe de la confession a été établi dans les procès publics, le NKVD se croit obligé d'appliquer la torture systématiquement. Les agents capables d'obtenir des aveux sont considérés comme des auxiliaires efficaces. Les autres ne doivent pas s'attendre à vivre très longtemps... Ils en savent trop, les uns comme les autres.

— Dzerjinski, lui rappelai-je, avait écrit au sujet des ennemis du pouvoir bolchevik : « Lorsqu'ils sont mis devant l'évidence, les criminels, dans la plupart des cas, font des aveux complets. Et quelle preuve peut avoir un plus grand poids que la confession d'un criminel ! »

N. sourit amèrement.

— Il importait peu à Dzerjinski de quelle manière la confession était obtenue. Quant à Vychinsky, il recommande aux magistrats instructeurs de faire en sorte qu'elle soit rédigée par l'accusé lui-même, afin de donner une apparence maximale de spontanéité. Il affirme préférer une confession partielle écrite de la main de l'accusé à une confession complète rédigée par le juge d'instruction. Mais quoi qu'il en soit, on n'y peut rien, tout cela ce sont les ordres du *Vlast*.

Il avait instinctivement baissé la voix en prononçant ce dernier mot et jeté un regard nerveux aux autres consommateurs à la terrasse du restaurant. Le mot *vlast*, en russe, veut dire « pouvoir ». C'est-à-dire le gouvernement, l'autorité suprême. Mais il désigne également Staline, et, en vrac, le Politburo, la police secrète ou les favoris du dictateur. La vie humaine compte peu pour ces gens-là. Ils se considèrent comme des êtres à part. Au Kremlin, à la Loubianka ou dans les autres ministères, ils vivent dans un univers qui leur est propre et qui les dispense de se conformer à la morale et aux sentiments ordinaires, qu'ils qualifient avec mépris de « préjugés bourgeois » et de « libéralisme pourri ».

C'était la dernière fois que je vis l'agent de liaison. Le mois suivant, N. avait été remplacé par un autre courrier – petit fonctionnaire mieux adapté à ces nouvelles années de « vigilance », un jeune homme taciturne à l'air sournois. La *Pravda* du 27 septembre venait d'annoncer que le commissaire du peuple aux Affaires intérieures Iagoda était destitué, et remplacé par Iéjov : un nabot à l'intelligence limitée, disait-on, le nouveau favori de Staline et qui avait supervisé sous le contrôle direct de celui-ci les interrogatoires des accusés lors de la préparation du procès de la « clique zinoviévo-trotskyste ». Iagoda fut nommé commissaire du peuple aux Communications : un poste précédemment occupé par Rykov et réservé, selon toute apparence, à ceux pour qui l'étape suivante était une cellule à la Loubianka.

Le 24 août, dans la nuit qui suivit le verdict du procès de Moscou, alors que je me trouvais en mission à Genève, j'avais reçu un coup de téléphone de Ludwig depuis la Tchécoslovaquie. Lui et Elsa passaient leurs vacances chez des amis allemands, les Massing. Sa voix et ses paroles rapides en polonais trahissaient son anxiété. Il voulait me rencontrer de toute urgence. Nous nous retrouvâmes quelques jours plus tard à Paris. Il m'annonça brutalement qu'il avait décidé de faire défection et me proposa de l'imiter. Je regardai mon vieux camarade avec stupeur. Je lui demandai s'il avait perdu l'esprit.

— On ne peut pas laisser passer l'exécution des vieux bolcheviks, répondit-il. Kamenev, Zinoviev, Smirnov... Notre rupture doit être publique, en protestation contre ce crime. Au fond de toi, Shmerl, je sais que tu es de mon avis ! Staline est le fossoyeur de la révolution. Il a détruit les partis communistes du monde entier, les partis mêmes qui auraient pu sauver la révolution en Russie. Le Komintern n'est qu'un instrument du secrétaire général. Au lieu d'aider ces partis, il n'a fait qu'y susciter des luttes fractionnelles qui entraînent des changements de direction constants, suivant les lubies de Staline. Cela continuera jusqu'à ce que chaque parti à l'étranger soit dirigé par un abruti comme Thaelmann. J'espérais que Staline serait balayé. Mais le prestige ahurissant dont il bénéficie parvient à contraindre les hommes de bonne volonté dans le monde entier de considérer la loyauté envers l'URSS comme leur premier devoir. Lui seul pouvait forcer les accusés du procès de Moscou à se couvrir de boue, à avouer des crimes qu'ils n'ont jamais commis. Cependant notre appel peut atteindre les partis ouvriers du monde, alerter l'opinion publique, réveiller la conscience des communistes ! Nous devons signer tous les deux une protestation contre l'exécution des compagnons de Lénine et un appel aux travailleurs à se dresser contre le stalinisme.

J'affirmai avec vigueur mon désaccord :

— Ce type d'action n'aurait que des conséquences négatives. Si la République espagnole triomphe, et elle triomphera si elle reçoit de l'aide, cela peut sauver ce qui reste en Union soviétique de la révolution d'Octobre. Staline sera balayé tôt ou tard. L'aide aux camarades espagnols a plus d'importance qu'un geste de solidarité avec les condamnés. D'autre part, tu le sais, et nous en avons déjà discuté : il est *techniquement* impossible de rompre.

Ludwig secoua la tête en signe de dénégation. Mon vieux frère d'armes commençait à prendre du ventre, son front se dégarnissait, le bas de son visage s'était empâté mais il conservait les « poings formidables » du poème de Hugo.

— J'y ai longuement réfléchi, et je pense avoir trouvé la solution.

— Il n'y en a pas, répétai-je. S'adresser aux services de renseignements de l'Ouest en échange de leur protection, comme l'ont fait Bajanov, Bessedovsky et Aroutyounov, serait une trahison de nos idéaux. Ni toi ni moi n'avons cessé d'être des communistes ! Il n'est pas question non plus de nous tourner vers Trotsky : cela déclencherait aussitôt une chasse à l'homme, le NKVD enverrait ses tueurs nous abattre comme des chiens. En plus, cela compromettrait Trotsky. Quoi de plus aisé que d'accuser deux inconnus se prétendant des agents soviétiques d'être des fascistes ou des nazis ? La propagande stalinienne, selon laquelle Trotsky est un « ultra-fasciste », s'en trouverait justifiée auprès des communistes du monde entier... D'ailleurs, l'entourage de Trotsky se méfierait de nous, sauf si nous lui étions présentés par des socialistes ou des membres connus de l'opposition. Or nous n'en connaissons aucun personnellement...

Je vis que mes arguments portaient. Ludwig baissa les yeux. Nous décidâmes d'attendre de voir comment la situation en Espagne évoluerait. Mon train m'attendait à la gare du Nord. Je retournai à La Haye, à Tania et à Sacha, en essayant de ne pas penser au futur des uns et des autres.

7.

Peu avant de tomber en disgrâce, Iagoda avait reçu l'ordre de Staline d'établir en Espagne une branche de la police secrète soviétique. À la fin du mois d'août, il convoqua une conférence extraordinaire au siège du commissariat aux Affaires intérieures. Étaient présents Frinovsky, commandant les forces armées du NKVD ; Sloutsky, chef de l'INO ; le général Ouritsky, nouveau chef du service des renseignements de l'Armée rouge ; et Nikolsky, vétéran du NKVD, nommé colonel de la Sécurité d'État et chargé de diriger la police secrète en Espagne. J'appris les détails par Sloutsky lorsque je le vis à Paris le mois suivant.

Une des principales décisions annoncées par le commissaire aux Affaires intérieures durant la conférence fut que cette police secrète serait également en charge des opérations du Komintern en Espagne. Ce qui revenait à placer les activités du Parti communiste espagnol sous le contrôle direct du NKVD plutôt que du seul Komintern comme ç'avait été le cas jusqu'alors. Il fut aussi décidé de donner aux services secrets russes à l'étranger la mainmise sur le recrutement des volontaires internationaux qui affluaient pour défendre la République contre le fascisme. Il importait en effet à Staline que ces idéalistes, convergeant par dizaines de milliers des quatre coins du monde afin de lutter pour la cause de la liberté, ne rejoignissent pas les rangs des trotskystes, anarchistes ou autres combattants non staliniens. La possibilité d'une révolution « trotskyste » en Espagne représentait pour Staline le pire des cauchemars.

Un courrier arriva en Hollande par avion pour me transmettre un message de la plus haute priorité. Comme tous ceux d'importance extrême, il était dissimulé dans un petit rouleau de pellicule photographique que Hans Bruesse développa pour moi dans la salle de bains de son appartement de Juliana-van-Stolberglaan. Il émanait de l'état-major et était signé par le commissaire du peuple à la Guerre, Kliment Vorochilov – un ancien sous-officier de l'armée, obtus et alcoolique, devenu le complice de Staline dans toutes les bourdes militaires de la guerre civile. Je demandai à Hans de me laisser le lire seul, car c'était un document confidentiel réservé au *rezident* en titre.

TOP SECRET
DE : Moscou
À : rezidentura La Haye (VALENTIN)
7 septembre 1936
N° 64 SS

Urgent

L'URSS a décidé avec bienveillance de subvenir aux besoins du gouvernement espagnol et de répondre rapidement et dans la mesure du possible à ses demandes de fournitures d'armes et d'autres ressources militaires.

En conséquence : étendez immédiatement vos opérations afin de couvrir la guerre en Espagne. Mobilisez tous les hommes et moyens disponibles pour l'élaboration rapide d'un système permettant d'acquérir et de transporter des armes jusqu'au territoire espagnol en zone républicaine. Un agent spécial est envoyé à Paris pour vous seconder dans cette tâche. Il vous contactera là-bas et agira sous votre supervision. Vous et vos hommes devrez obéir expressément à tout ordre du NKVD. Vous serez tenu pour personnellement responsable de cette opération.

IMPORTANT : Tous les bureaux d'achat d'armes à l'étranger pour le compte du gouvernement espagnol et de recrutement de volontaires seront placés sous le contrôle du NKVD. Ordre est donné à nos agents de ne fournir que le matériel indispensable pour tenir les fronts. Interdiction absolue, jusqu'à nouvel ordre, de livrer des armes à la Catalogne. Privilégier les ports de Valence, d'Alicante et de Carthagène. Vous devrez également apporter tout votre soutien aux camarades du Profintern chargés du sabotage des cargos transportant du matériel militaire en provenance d'Allemagne et transitant dans les ports hollandais.

K. Vorochilov
Iz. 7/9/36

Bien qu'il soulignât que ma propre existence était en jeu, puisque je serais tenu pour « personnellement responsable » du succès de ma mission, cet ordre m'apporta un grand réconfort. Le récent procès de Moscou avait créé un effet désastreux chez nos sympathisants européens, tandis que la neutralité affichée jusqu'à présent en Espagne par l'URSS plongeait dans l'embarras ses soutiens les plus fidèles. Certains, parmi nos camarades, doutaient de la culpabilité des vieux bolcheviks et de la véracité de leurs confessions. Mais cette fois, l'intervention russe était lancée. Même si une phrase me troublait, au milieu des instructions de Vorochilov : « ne fournir que le matériel indispensable pour tenir les fronts », ainsi que mon placement d'office sous l'autorité du NKVD, l'essentiel était là : guidée par Staline, la République soviétique, patrie de la révolution, à laquelle je croyais toujours, se plaçait en défenseur du prolétariat agressé par les réactionnaires fascistes. Certes le Géorgien avait comme à son habitude manœuvré avec lenteur et précaution, mais les choses se clarifiaient. Nous étions tous de nouveau rassemblés du bon côté de la barricade. Lorsque je retournai à la galerie, les yeux de Matilda rayonnaient de fierté retrouvée. *Notre mission était une mission de guerre.* Et cette guerre, nous savions que l'URSS disposait des moyens matériels de la gagner. L'exemple d'une République espagnole victorieusement dressée contre Hitler et Mussolini indiquerait aux gouvernements pusillanimes de France et d'Angleterre le chemin à suivre. Pour la première fois, nos ennemis risquaient de subir une défaite politique et militaire aux yeux du monde entier. Leurs projets expansionnistes mis en échec, fascistes et nazis hésiteraient désormais à attaquer à l'Est comme à l'Ouest. Avec la résistance de l'Espagne, les hommes libres possédaient leur chance ultime de retenir la nuit de l'Ordre noir avant que celle-ci ne s'abatte définitivement sur l'Europe.

Je rappelai un de mes plus importants collaborateurs de Londres[1], un autre de Stockholm, un troisième de Genève. Nous devions nous retrouver à Paris en présence de Ludwig et de l'« agent spécial » annoncé par Vorochilov. Il s'agissait de Zimine, un expert en munitions, qui appartenait à la branche militaire du NKVD. Mon équipe devait créer un vaste réseau de sociétés d'import-export indépendantes de Moscou, du moins en apparence, afin d'acheminer discrètement des quantités d'armes en Espagne. Les chars et le matériel lourd arriveraient par bateau des

1. Quoique non nommé dans le manuscrit, cet agent semble être le peintre hollandais Henri Pieck (nom de code : COOPER). Voir Nigel West et Oleg Tsarev, *The Crown Jewels. The British Secrets at the Heart of the KGB Archives.*

ports soviétiques de la mer Noire, mais il nous fallait tracer d'autres circuits, plus compliqués, pour les armes légères et l'aviation. Au bout d'une dizaine de jours, grâce à nos sympathisants communistes de divers pays, nous fûmes en mesure d'établir des compagnies, et d'en reprendre d'autres sous un nouveau nom, à Paris, Londres, Copenhague, Amsterdam, Zurich, Varsovie, Prague, Bruxelles et d'autres cités européennes. Une de nos recrues les plus efficaces fut Edouard Weissblatt de la firme Aero-Marine Engines Limited à Londres, qui obtint des licences d'exportation du gouvernement français. Dans chacune de nos sociétés nouvelles, un agent du NKVD réglait les factures et conservait la trace des transactions, dont il répondait sur sa tête vis-à-vis du Centre. Les achats que nous supervisions étaient négociés par toutes sortes de personnages. Ainsi l'officier espagnol Enrique Mannessier, qui traitait avec Prague ; le Grec Mylanos, qui traitait avec Gdynia ; et le colonel aviateur Pastor, dont les bureaux étaient situés avenue Victor-Emmanuel-III à Paris et dont les associés étaient domiciliés l'un à Clermont-Ferrand et l'autre à Londres.

L'autre problème était de trouver des compagnies maritimes acceptant des transports à destination de l'Espagne, et d'obtenir des papiers auprès de consulats de pays d'outre-mer certifiant que les armes étaient acquises par leurs gouvernements respectifs. Les compagnies scandinaves se montrèrent coopératives, et les consulats d'Amérique latine, d'Europe de l'Est et d'Extrême-Orient fournirent les certificats nécessaires. Munis de ces documents, nos envoyés achetèrent des armes en France, en Pologne, en Tchécoslovaquie et jusqu'en Allemagne nazie. Mon agent de Londres, par l'intermédiaire d'un banquier grec, obtint du gouvernement d'Athènes une cinquantaine d'avions, à vingt mille dollars l'unité, prétendument destinés à la Chine, qui arrivèrent sur la côte est de l'Espagne à la fin du mois d'octobre à bord d'un cargo norvégien. Ils furent déchargés à Alicante en dépit du blocus organisé autour de ce port par les vaisseaux franquistes. Il eût été plus facile de les décharger à Barcelone, mais j'avais reçu l'ordre strict de ne rien fournir à la Catalogne qui risquât de conduire à des succès militaires des communistes du POUM ou des anarchistes de Durruti, renforçant ainsi le prestige des milices hostiles au stalinisme.

À vrai dire, ces avions – à la différence des petits chasseurs Polikarpov que Staline envoya directement d'URSS –, de même qu'une grande partie du matériel de guerre que se procuraient mes hommes ici ou là, étaient obsolètes. Les fusils dataient souvent d'avant la Grande Guerre. Quant aux balles des mitrailleuses, elles n'étaient pas toujours du bon calibre. De surcroît, nos achats nous revenaient plus cher que leur valeur réelle, car il ne manqua jamais d'intermédiaires ni d'escrocs, politiciens ou marchands d'armes, pour se remplir les poches au passage. Mais nous disposions de tout l'argent nécessaire. À Paris, un compte fut ouvert à la Chase National Bank pour l'achat d'armes et la propagande. Ce fut la République espagnole qui paya tout cela au prix fort et fut le dindon de la farce. Toujours est-il que ma hiérarchie ne me reprocha jamais la qualité médiocre des équipements que je livrai à l'Espagne. La raison, je le savais, se trouvait dans la phrase ambiguë du camarade Vorochilov : ne fournir que le matériel indispensable pour tenir les fronts.

Nouer hors de France les contacts nécessaires avec d'autres gouvernements ou des firmes privées s'avérait une tâche dangereuse, car les nazis surveillaient étroitement toute tentative soviétique de fournir des armes contre Franco, allant parfois jusqu'à enlever nos agents. Ceux-ci se retrouvaient en Allemagne où la Gestapo les torturait et essayait de les retourner. Ironiquement, nous devions bénéficier malgré tout de fournitures allemandes grâce à deux intermédiaires : un agent de la compagnie d'assurances La Concorde, qui en 1938 proposa huit millions de francs de matériel, et l'industriel grec Catsouropoulos, qui offrit par l'entremise de la société Sud-Marine de Marseille cent avions Fokker, douze bombardiers Amiot, de la poudre et des fusils livrables par Marseille ou Rotterdam, sous couvert d'expéditions destinées à la Chine. Je n'agissais plus pour l'URSS à ce moment mais j'en entendis parler. Le maréchal Goering eut connaissance de ces marchés et les couvrit à condition de recevoir pour lui-même une commission d'une livre sterling par fusil. Des Grecs et des Turcs servirent d'hommes de paille pour ces envois, tels les actionnaires de la société Fuat Baban-Mavrocartado-Tarik, liée aux maisons Schneider, Skoda et Hotchkiss. Fuat Baban, d'origine kurde, précédemment arrêté pour trafic de stupéfiants, habitait à Paris au 15, avenue Raymond-Poincaré. Quant à Tarik, c'était un ressortissant turc d'origine juive marié à une Grecque. Ses agents et ceux de Fuat Baban étaient alors le docteur Lokast, agent permanent de la section étrangère du NKVD, le Turc Ventoura, qui résidait dans un hôtel de l'avenue de Friedland dont le propriétaire travaillait comme lui pour le GROu, l'agent Sternberg, alias Rocca, Juif allemand domicilié à Paris à l'hôtel Windsor, le Polonais Bronski et le Juif galicien Geismann qui assurait depuis la Suisse la liaison entre Prague, Ankara, Athènes et Paris.

La façon honteuse dont le gouvernement de Léon Blum avait trahi la République espagnole et cédé aux pressions de l'Angleterre, qui soutenait en secret

Franco, fut dénoncée vigoureusement à la Chambre des députés par Gabriel Péri, rédacteur en chef de *L'Humanité*. Il insista avec raison sur le fait que la prétendue politique de non-intervention était en réalité hostile au gouvernement légal de l'Espagne en contrevenant au traité d'assistance réciproque entre les deux pays, signé en 1935. Le romancier et poète Jean Cassou rappela les propos du président Azaña : dans les premières semaines de la rébellion, il n'aurait eu besoin que de cinquante avions, mais la France avait refusé de les lui vendre. Cependant des communistes et démocrates français contribuèrent à sauver l'honneur de leur nation. L'Espagne bénéficia très vite du soutien efficace de trois des nôtres au sein du gouvernement du Front populaire : le ministre de l'Air Pierre Cot – que j'avais pour tâche de « contrôler »[1] –, son chef de cabinet Jean Moulin, et celui de Daladier au ministère de la Guerre, Édouard Pfeiffer[2], ainsi que des initiatives d'André Malraux. Déjà membre actif du Comité contre la guerre et le fascisme, puis du Rassemblement universel pour la paix (une création de nos agents autour du propagandiste du Komintern Willi Muenzenberg, installé à Paris où il avait fondé un trust de maisons d'édition situé boulevard du Montparnasse), l'écrivain et aventurier joua un rôle crucial dans la formation d'une aviation internationale au service de la République espagnole. À la fois organisateur, administrateur et commandant de l'opération, Malraux recruta dès la fin de juillet 1936

1. Pierre Cot rompit avec Moscou après la signature du pacte germano-soviétique, mais fut recruté de nouveau en 1941 aux États-Unis par le *rezident* Vassili Zaroubine, sous le nom de code DAEDALUS.

2. Pfeiffer, qui faisait partie du « homintern », actif dans le mouvement scout et émissaire de Daladier auprès de l'extrême droite française, était un proche de Guy Burgess, membre du fameux réseau d'espionnage des « cinq de Cambridge ».

des mercenaires, pilotes et mécaniciens, avec l'aide de l'ambassade d'Espagne à Paris, et servit d'intermédiaire entre les deux gouvernements. Il partit également acheter des avions avec de l'argent espagnol en Tchécoslovaquie, en Belgique et en France. Malheureusement, ces avions aussi étaient des modèles vétustes, à l'exception de deux chasseurs Dewoitine et d'un bombardier Bloch 210. Les aviateurs mercenaires de l'escadrille España étaient d'anciens combattants de la Grande Guerre ou des pilotes de réserve de l'armée française. Les avions, notamment les grands Potez 540 de bombardement, non armés, durent être équipés de mitrailleuses après leur arrivée en Espagne. Le chef de l'escadrille était le jeune Français Abel Guides qui trouva la mort quand l'avion sanitaire qu'il pilotait fut abattu par les franquistes. J'ai lu ici, en Amérique, une édition française du roman de Malraux *L'Espoir*, où il décrit avec une puissance d'évocation remarquable la guerre d'Espagne que je n'ai pas connue – celle des combats en première ligne. Mon travail me fit visiter plutôt l'envers du décor : les chambres des hôtels de luxe transformées en bureaux d'ambassade où se prenaient les véritables décisions, et des lieux plus sombres où nos services se débarrassaient de ceux qui gênaient nos plans.

Un autre personnage clé du trafic clandestin d'armes à travers la France était Gaston Cusin, missionné par les syndicats auprès du cabinet de Vincent Auriol. Je le rencontrai plusieurs fois à Paris. Syndicaliste CGT et receveur des Douanes, Cusin fut chargé de régler tous les problèmes d'importation déguisée, de transit et de transport sous douane d'armes et de matériel venus de l'étranger. Maurice Thorez et Jacques Duclos, dirigeants du Parti communiste français, présentèrent Cusin à Giulio Ceretti (alias Pierre Allard), cadre du Parti communiste italien, avec qui je collaborais de mon côté au sein des filières d'aide à l'Espagne républicaine. Le Komintern devait le placer à la tête de France-Navigation, la compagnie que nous avions créée pour le transport des armes soviétiques. En quelques semaines, cette société put acquérir ou affréter plusieurs dizaines de cargos. France-Navigation enfanta ensuite des « filiales » : la Mid-Atlantic Shipping à Londres, l'Entreprise Maritime à Marseille, les sociétés britanniques Howard Tenens Limited, Burlington Steam Ship, Karsife Company Limited, et d'autres encore. Certains partis communistes nationaux bénéficièrent largement de ce système que nous contrôlions avec de l'argent du gouvernement espagnol. Le Parti communiste français, par exemple, en sus de l'acquisition des bâtiments marchands de France-Navigation, fut en mesure d'acheter sa « maison du parti », des automobiles pour ses dirigeants, de créer des journaux comme *Ce soir*, tout cela avec les fonds destinés aux achats d'armes, que le ministre espagnol des Finances, le docteur Juan Negrín, avait fait déposer entre les mains des communistes français – un montant d'environ deux milliards et demi de francs[1].

À Paris, je vis plusieurs fois lors de rendez-vous discrets, dans un petit café près de la Bastille, Abraham Sloutsky, qui dirigeait l'INO, la section étrangère du NKVD. La quarantaine (il avait été nommé général à trente-six ans), court et corpulent, le crâne presque chauve, Sloutsky était un personnage à la fois aimable et froid. Personne n'arrivait jamais à savoir ce qu'il pensait en réalité. Il racontait une histoire un jour

1. On retrouve ces informations chez Julián Gorkin, *Les Communistes contre la révolution espagnole*, et Jésus Hernandez, *La Grande Trahison.*

et son contraire le lendemain. Il avait travaillé dans l'espionnage industriel et reçu une décoration pour avoir réussi à voler aux Suédois un procédé de fabrication de roulement à billes. Ses services avaient fait liquider en 1934 un de leurs propres agents, Valentin Markine, alias OSCAR, à New York où on le retrouva à l'extérieur d'un bar de la 52e Rue, le crâne fracassé. Nous autres du GROu méprisions ces types de l'INO, que nous appelions « le voisin ». Leur département manquait de gens capables, cultivés, d'esprit européen, sachant parler plusieurs langues comme nous, les « vieux » *rezidents* du renseignement militaire. C'est pourquoi ils s'efforçaient de nous recruter. De notre côté, nous les considérions comme des Russes mal dégrossis. Et comme des tueurs – il était imprudent de leur faire confiance. Ludwig avait accepté à contrecœur de travailler pour l'INO. Si mon camarade leur avait cédé, c'était parce que le Quatrième bureau lui-même changeait inexorablement : les postes de direction étaient pris l'un après l'autre par les Géorgiens, protégés du général Taïrov, lui aussi un compatriote de Staline. De nouvelles purges s'annonçaient, le Quatrième bureau était menacé de disparaître dans la tempête prochaine, seul le NKVD avait une chance de survivre. Moi-même, je me trouvais désormais sous ses ordres, depuis que Vorochilov m'en avait informé dans son message secret. La guerre d'Espagne, me confirma Sloutsky, était *leur* affaire. Elle n'allait pas tarder à être placée, à son tour – et que les démocrates combattant là-bas le veuillent ou non, car de toute façon on ne leur demanderait pas leur avis –, sous la direction du NKVD.

8.

J'arrivai à Barcelone en avion depuis Marseille, aux derniers jours de novembre 1936 par un temps froid et pluvieux. Le gouvernement légal du Premier ministre socialiste Francisco Largo Caballero, président du PSOE et de l'UGT, avait fui la capitale assiégée et bombardée pour se replier à Valence, contre l'avis des ministres anarchistes. Au-dessus de Madrid, les aviateurs allemands de la légion Condor concentraient leurs bombardements incendiaires sur les hôpitaux et sur le central téléphonique. L'artillerie franquiste tirait depuis les hauteurs du mont Garabitas. La ligne de front avait atteint Madrid même, on se battait à la cité universitaire et dans les parcs de la périphérie. Les fascistes étaient parvenus à franchir le Manzanares et à établir une tête de pont à la faculté d'architecture. Les bataillons anarchistes déplacés du front d'Aragon avaient été mis en pièces par l'artillerie et les balles de mitrailleuse, Durruti était mort, frappé par une balle peut-être tirée dans le dos. Les faubourgs de Madrid étaient devenus un dédale de barricades. Les bombardements se succédaient sans interruption, il y eut des milliers de victimes dans la population civile. Quinze mille réfugiés par semaine étaient évacués vers la province du

Levant. La ville était pratiquement coupée du reste du monde.

Assis près de moi dans l'avion de Barcelone se trouvait un quinquagénaire italien à fine moustache noire, dont le visage noble et intelligent éveillait la sympathie immédiate. Il me dit se nommer Guido Picelli et commença à bavarder avec amabilité. À mesure qu'il parlait, je compris que c'était l'homme à propos duquel j'avais récemment lu deux rapports concordants, transmis par nos espions dans la délégation parisienne de la Généralité de Catalogne. Ancien député antifasciste de la région de Parme lorsque Mussolini avait pris le pouvoir, Picelli s'était exilé à Moscou où on l'avait nommé capitaine instructeur de l'Armée rouge. Il n'appréciait guère Staline, surtout depuis qu'avaient commencé les grandes purges. L'Italien venait offrir ses services au gouvernement catalan et comptait organiser au sein du POUM un bataillon de choc. Le comité exécutif de ce parti l'envoyait sur le front de Saragosse auprès du commandant Rovira, chef des milices du POUM, avec rang de capitaine. Picelli me racontait tout cela en confiance. Il ignorait que les rapports que j'avais lus, et contresignés sans trop y réfléchir, étaient déjà partis à la direction du NKVD. Je ne m'inquiétai pas outre mesure pour lui. J'ignorais à l'époque le danger que représentait pour un communiste ce genre de dépêches.

Une Hispano-Suiza avec chauffeur, munie d'un fanion rouge, vint me chercher à l'aérodrome pour me conduire à l'hôtel Colón, place de Catalogne, où était installé désormais le Comité central du PSUC. Les funérailles de Durruti avaient eu lieu quelques jours plus tôt à Barcelone devant une foule immense. Il nous fallut ralentir à plusieurs points de contrôle tenus par des miliciens casqués. Les banlieues que nous traversions me semblèrent sinistres. Ce que j'apercevais de la grande ville par la fenêtre de la voiture était surprenant et déconcertant, pour un voyageur arrivant de cités riches et policées comme La Haye ou Paris. La quasi-totalité des murs s'ornait de marteaux et de faucilles, de sigles divers de partis politiques ou d'organisations d'extrême gauche, et surtout d'une multitude d'affiches aux couleurs vives à présent trempées par la pluie. Je notai dans certains quartiers des portraits de Staline, collés par les militants du PSUC. Tramways surchargés et taxis étaient peints en rouge et noir, de même que la plupart des véhicules privés, rares au demeurant car ils avaient été réquisitionnés. Presque tous portaient le sigle CNT-FAI. Les drapeaux rouges du PSUC et du POUM, et ceux rouge et noir des anarchistes, flottaient sur les immeubles des sociétés saisies par les ouvriers et transformées en coopératives. Il ne restait pas une seule église debout à l'exception de la cathédrale. Des fragments de murs noircis se dressaient au milieu d'équipes d'ouvriers qui achevaient de les démolir. L'intérieur des lieux de culte avait brûlé, en même temps que – du moins le croyais-je – les œuvres d'art et les trésors baroques qu'ils renfermaient naguère. Les passants, hommes et femmes, étaient généralement vêtus de bleus de travail, de salopettes, ou d'uniformes des milices. Les classes riches paraissaient ne plus exister. Sur les *ramblas* et les autres artères principales de Barcelone, des haut-parleurs diffusaient en permanence des chants révolutionnaires.

Nous croisions parfois, roulant à vive allure, des camions de la CNT remplis d'hommes qui brandissaient des fusils. Les badauds applaudissaient. Les poings se levaient, le bras replié et les phalanges touchant la tempe. Des enfants déguenillés couraient dans les rues, des mendiants exhibaient leurs moignons et leurs plaies, des vendeurs itinérants traversaient la chaussée devant nous. Je voyais partout des chats et des chiens efflanqués. Mon chauffeur, qui parlait français, m'apprit que la viande était rare, qu'il était presque impossible de se procurer du lait. On commençait à manquer de charbon, de sucre et d'essence. Les vitrines des magasins étaient à moitié vides, les files d'attente s'allongeaient devant les boulangeries. Barcelone était pauvre, crue, négligée, lugubre et émouvante à la fois. Mon cœur battait au rythme entraînant des chansons qui résonnaient des haut-parleurs. Mes yeux se mouillèrent. Pour la première fois de ma vie, je découvrais une capitale où le prolétariat venait de s'emparer du pouvoir. En dépit des difficultés, les gens pour la plupart souriaient en marchant la tête haute. Ma génération avait échoué à mener à terme la révolution en Allemagne, en Hongrie, en Autriche ou en Pologne, trop jeune je n'avais pu assister à sa naissance en Russie... et voilà que cette révolution se déroulait là, sous mes yeux, à travers la vitre constellée de pluie d'une Hispano-Suiza conduite par un chauffeur travaillant pour la police secrète. Il me déposa devant l'hôtel, à la façade traversée à mi-hauteur par une interminable banderole : PARTIT SOCIALISTA UNIFICAT DE CATALUNYA.

Protégé par des murets de sacs de terre et par des militants armés postés à presque tous ses balcons, l'hôtel Colón ressemblait à une forteresse. Le canon d'une mitrailleuse, qui émergeait d'une mansarde du toit, bénéficiant d'un large angle de tir permettant de balayer toute la place, traversait en son centre le « O » central du nom de l'hôtel. Les murs de celui-ci étaient criblés d'impacts de balles tirées le 19 juillet lors du contre-soulèvement. Des militants du PSUC bardés de cartouchières, grenades à la ceinture, me fouillèrent à l'entrée, examinèrent mon faux passeport autrichien. Je voyageais sous l'identité du docteur Eugen Muehlen, historien d'art. Il régnait une effervescence considérable dans le hall : jamais je n'avais vu dans un grand hôtel de luxe une clientèle aussi dense, véhémente, bourdonnante. Des miliciens de retour du front déjeunaient sur une longue table en bois blanc, leurs fusils entreposés sur un sofa par une jeune Espagnole, nœud rouge dans les cheveux. Un Allemand affublé d'un prénom ibérique vint me chercher pour me conduire dans les étages auprès du camarade « Pedro ». Les escaliers et les couloirs étaient des lieux de va-et-vient continuel. On y parlait toutes les langues, l'espagnole ou la catalane n'étant pas les plus employées. L'homme mince à la coiffure en brosse et aux yeux d'acier qui m'attendait dans son bureau dont la porte était gardée par deux agents soviétiques armés, je l'avais croisé jadis à Paris sous le nom de Singer. C'était un Hongrois, Ernö Gerö. Il commandait à présent le NKVD pour l'ensemble de la Catalogne. Le but de ma mission était de placer mes agents clandestins disséminés en territoire franquiste sous les ordres de Gerrö et de Nikolsky, son supérieur immédiat, le nouveau *rezident* des services secrets soviétiques pour toute l'Espagne républicaine. Ce dernier avait pris récemment le pseudonyme « Alexandre Mikhaïlovitch Orlov ». J'avais entendu parler, sous le nom de code SHVED, de ce spécialiste à la fois de la guérilla et de l'espionnage économique et industriel, à l'époque où il dirigea brièvement notre *rezidentura* de Londres de 1934 à 1935. Je pensais ne l'avoir jamais vu, mais je me trompais. Gerö, qui se servait en Espagne des surnoms « Guéré » et « Pedro », me posa des questions précises au sujet de la carrière, du profil politique et des caractéristiques personnelles des agents dont je lui confiais la direction. Puis il développa les objectifs qu'il nous fallait atteindre dans ce pays.

— Le plus urgent est de faire en sorte que le Parti communiste espagnol parvienne à contrôler le pouvoir d'État, afin que la République obéisse au doigt et à l'œil aux instructions de Moscou. Seules nos méthodes « à nous » pourront lui permettre d'atteindre un tel objectif. Le problème de base est que la majorité de la classe ouvrière espagnole est soit anarchiste, soit syndicaliste. Le PCE n'est qu'un petit parti minable. As-tu lu le rapport du camarade Ercoli ?

Je répondis par l'affirmative. Ercoli était le pseudonyme de l'Italien Palmiro Togliatti, délégué par le Komintern en Espagne avec son compatriote Luigi Longo (alias Gallo) et les Français André Marty, l'ancien mutin de la flotte de la mer Noire, et Jacques Duclos. Le camarade Togliatti avait une réputation de faux-jeton et d'observateur politique particulièrement avisé.

— Ercoli a défini les caractères originaux de cette guerre civile, poursuivit le Hongrois. Il la qualifie de « guerre nationale révolutionnaire ». La révolution espagnole, populaire, nationale et antifasciste, nous impose, à nous communistes, de nouvelles tâches. Entre autres, identifier clairement les ennemis de *notre* conception de la révolution espagnole : ces ennemis sont les dirigeants républicains, ce qui inclut ceux du parti socialiste et, de l'autre côté, les trotsko-fascistes du POUM et les éléments irresponsables qui sous le couvert des principes de l'anarchisme affaiblissent l'unité et la cohésion du front populaire par des projets prématurés de « collectivisation » forcée. Nous pouvons, et nous *devons,* réaliser l'hégémonie communiste grâce à un front unique réunissant les deux partis principaux de la gauche, communiste et socialiste, pour en fin de compte absorber ce dernier ;

et grâce à la création d'une organisation unique de la jeunesse travailleuse. Exemple de cette unification, en Catalogne qui est en quelque sorte notre « laboratoire », le PSUC doit concentrer le pouvoir entre ses mains, ce qui signifie la liquidation, à court ou moyen terme, du POUM, et la mise au pas de la CNT-FAI. Quant au Parti communiste espagnol lui-même, il nous faut arriver à le transformer en un grand parti de masse. L'arrivée des armes en provenance d'Union soviétique a fait beaucoup pour rehausser la popularité du PCE, dont les effectifs augmentent de jour en jour...

Gerrö m'invita à le suivre dans les couloirs de l'hôtel. Nous devions déjeuner au consulat d'Union soviétique avec le consul général Antonov-Ovseïenko et rencontrer l'homme clé de la politique de Staline en Espagne : le Polonais Arthur Stachevski, un officier du GROu que je connaissais bien et que l'on venait de nommer attaché commercial auprès du gouvernement. Auparavant, « Pedro » fit prendre ma valise par un garde, puisque je logerais dans l'hôtel. Tous les clients bourgeois en avaient été expulsés depuis le contre-soulèvement de juillet et l'occupation des lieux par les loyalistes. Il me conduisit à la chambre 340 où se trouvait ce que le Hongrois nommait, en riant, le « *servicio* Hertz » :

— C'est le *servicio extranjero*, notre bureau des passeports. On y contrôle tous les communistes étrangers désireux de combattre en Espagne. Le Centre nous a envoyé un camarade parfaitement apte au travail de tri et d'« élimination ». Depuis son arrivée, le camarade Alfredo Hertz a pris la direction du contrôle des passeports, et donc des entrées et des sorties du territoire, au *Cuerpo de investigación y vigilancia* du gouvernement de la Généralité. Alfredo est habilité à utiliser les gardes d'assaut. En même temps, il est en train de créer son propre service ici à l'hôtel Colón, où il centralise toutes les informations que nous recevons sur les membres des autres organisations, le POUM, les anarchistes, etc. Il les transmet à la Sécurité : le *Departemento de estado* que dirige le camarade Victorio Sala. L'équipe mobile du *servicio* Hertz intervient ensuite dans les cas sérieux. Lorsque les liquidations se déroulent ici même, il nous est possible d'utiliser les chaudières de l'hôtel pour nous débarrasser des corps des fascistes...

La chambre 340 de l'hôtel Colón était aussi bien gardée que le bureau du Hongrois. Lorsque j'y entrai, je me trouvai face à face avec George Mink.

9.

Depuis notre dernière rencontre au début de l'année 1932 dans les bureaux du Komintern de Berlin, j'avais entendu dire que l'ex-chauffeur de taxi de Philadelphie s'était fait coffrer en février 1935 par la police danoise, à l'hôtel Nordland de Copenhague où il avait tenté de violer une femme de ménage. Les policiers trouvèrent dans sa chambre de faux passeports, des adresses chiffrées et des codes secrets. En conséquence, Mink et deux membres de son réseau, Alexandre Oulanovsky (qui se faisait appeler Nicholas Sherman) et Léon Josephson, furent condamnés pour espionnage. Oulanovsky, un ex-anarchiste juif né en Bessarabie, avait travaillé pour le GROu en Amérique au début des années 1930. George Mink, qui bénéficia d'une remise de peine, se rendit en Russie à sa sortie de prison en juillet 1936. Il raconta que la femme de ménage était un agent de la Gestapo déguisé qui avait réussi à le piéger. Au lieu de l'exécuter pour son comportement imprudent au Danemark, le Centre lui confia un faux passeport au nom de Alfred Hertz et l'expédia à Barcelone afin d'y prendre en charge les liquidations par le NKVD. Je n'avais pas oublié comment Mink et son complice Hugo Marx avaient abattu le malheureux Wissinger dans son lit à Hambourg.

Le petit Juif blond et trapu me fit un large sourire de ses dents saillantes. Il ne me serra pas la main.

— Tiens, le camarade Krebnitsky. On m'avait informé de ta visite. Je dois te donner un sauf-conduit pour ton séjour, mais il faut d'abord que tu me remettes ton faux passeport.

Mink s'était exprimé en allemand. Il feuilleta le passeport autrichien de « Eugen Muehlen ». Il répéta ce nom à voix haute, avec un gloussement.

— Ta femme s'occupait d'illustrations de presse, à Paris en 1931 ou 1932... Tania Roudneva, fille d'un contre-révolutionnaire menchevik émigré. Elle n'est même pas inscrite au Parti, je trouve cela curieux pour l'épouse d'un *rezident*. Tu devrais lui dire d'y songer. J'ai vu sa photo.

Il fit une plaisanterie salace et je me rappelai les clichés pornographiques que Mink m'avait complaisamment montrés à Berlin. Je fis un effort pour masquer ma répugnance. Il m'observa de biais, glissa le passeport dans un tiroir de son bureau avant d'établir mon sauf-conduit. Ses acolytes me donnaient l'impression d'appartenir à la pire espèce des tueurs du NKVD. Je fus soulagé de retrouver les couloirs de l'hôtel. Gerö me fit monter dans une luxueuse berline Lincoln et s'installa à mes côtés. Il donna l'ordre au chauffeur de nous conduire au consulat soviétique, situé sur le boulevard Tibidabo.

— Je connaissais déjà votre « Hertz », fis-je observer.

— Grâce à lui nous avons mis fin aux activités d'une antenne du Deuxième bureau français et photographié déjà six mille documents secrets. Alfredo a pris la main sur l'attribution par l'administration catalane des sauf-conduits, ainsi que des divers papiers nécessaires aux étrangers transitant par Barcelone et désirant voyager dans l'Espagne républicaine. La ville grouille d'espions de tous les pays, pas seulement la

« cinquième colonne » franquiste. Il est possible que tu aies déjà été photographié, méfie-toi. Réduis tes déplacements au strict nécessaire. Reste à l'hôtel Colón autant que possible. On y mange bien, il y a de la musique. Alfredo et ses hommes ont déjà repéré de nombreux agents fascistes en Catalogne, allemands et italiens. Ceux que nous avons arrêtés sont dans nos prisons à nous, comme celles de la Puerta del Angel ou de la Calle Corcega, où on les interroge avant de les remettre aux autorités catalanes. Nous dénichons des fascistes infiltrés même parmi les combattants, que ce soit dans les milices ou dans les Brigades internationales. C'est le camarade Marty qui contrôle les brigadistes, à Albacete. Il en fait fusiller beaucoup pour l'exemple, parfois il les abat de ses propres mains[1]. Nous devons montrer une poigne de fer.

Au consulat général russe, des domestiques en livrée nous servirent à déjeuner des asperges et du champagne de Crimée. La façon dont Gerrö et Stachevski, l'envoyé économique de Staline, rudoyaient notre hôte, Antonov-Ovseïenko, me heurta. Cela augurait mal de son avenir. Le vieux consul était pourtant le héros de l'assaut contre le palais d'Hiver à Leningrad en octobre 1917, et son nom sonnait pour moi de façon magique au temps de mes études à Vienne. Il avait pris ses fonctions à Barcelone le 1er octobre. De son côté, Stachevski se déclara

1. André Marty, surnommé le « boucher d'Albacete », apparaît dans *Pour qui sonne le glas* d'Ernest Hemingway comme un chef militaire incapable doublé d'un fou sadique, abusant de son pouvoir d'inspecteur général des Brigades internationales – sous son vrai nom dans l'édition originale américaine du roman, et sous celui de André Massart dans les éditions françaises. Voir aussi le témoignage du brigadiste Sygmunt Stein, *Ma guerre d'Espagne. Brigades internationales : la fin d'un mythe*, Seuil, 2012. Marty, dont l'épouse travaillait pour le NKVD, fut exclu du PCF en 1952 à l'issue d'un procès interne.

enchanté de la mission que le Parti lui avait confiée en Espagne. Il aimait ce pays et ses habitants, il avait l'impression de revivre la révolution russe ici, en Europe. La rumeur circulait chez nous que Stachevski s'était occupé de faire transférer de Carthagène à Odessa une quantité énorme d'or des réserves de la Banque d'Espagne en échange des armes que l'URSS fournissait au gouvernement de la République. Le docteur Juan Negrín, ministre des Finances, avait couvert toute l'opération, qui s'était déroulée dans le plus grand secret. Le peuple s'imaginait que l'aide de la Russie était gratuite, en signe de fraternité révolutionnaire. En réalité, seul le gouvernement mexicain avait fait cadeau d'armes à la révolution espagnole.

— Negrín sera le prochain Premier ministre, affirma Stachevski. Plus obéissant que ce vieux fou de Largo Caballero, qui n'arrête pas de ruer dans les brancards et de se disputer avec Rosenberg.

Marcel Rosenberg, qui avait représenté l'URSS à la Société des Nations, était notre nouvel ambassadeur. Dans mon esprit je traduisis « vieux fou » par « authentique socialiste ». J'avais appris à connaître le fonctionnement de la pensée de mes camarades. Je fus néanmoins stupéfait d'entendre à quel point les « conseillers » soviétiques annonçaient clairement leur intention d'exercer leur contrôle sur les instances dirigeantes d'un grand pays d'Europe de l'Ouest. Je me demandai si les Espagnols, connus pour leur fierté, se laisseraient faire. Mais dans nos relations avec eux nous possédions un levier puissant, celui précisément dont je m'occupais : les fournitures d'armes. Ainsi que la présence de plus en plus visible de nos chefs militaires, sous le commandement de mon ancien supérieur du GROu, le général Jan Berzine, qui défendait héroïquement Madrid. La prédiction de Stachevski concernant la nomination de

Juan Negrín se réalisa moins de six mois plus tard. Le consul général Antonov-Ovseïenko fut rappelé à Moscou l'année suivante et disparut. Je suppose que Staline l'a fait exécuter en secret. Stachevski, rappelé en Russie lui aussi, disparut de même ainsi que sa femme, Regina, une Française pleine de vivacité, et leur fille de dix-neuf ans, surnommée Lolotte, qui travaillait au pavillon soviétique de l'Exposition universelle de Paris en 1937[1].

L'après-midi je me promenai sur les *ramblas,* où flottaient encore çà et là de vagues odeurs de brûlé montant des églises en ruine. Les palmiers paraissaient souffreteux et poussiéreux. Le champagne du consulat m'avait donné mal à la tête. Vers le bas de la célèbre avenue, trois automitrailleuses de fabrication locale, marquées des initiales de la CNT-FAI, montaient la garde près du port. Elles ressemblaient à des accessoires en carton-pâte dans un film expressionniste allemand. Je remontai lentement la chaussée en direction de la place de Catalogne. Il y eut une alerte aérienne, qui précipita la foule dans les escaliers d'une station de métro, sous le cri strident des sirènes. Mais je n'entendis pas d'explosions. Les avions franquistes se contentaient peut-être de survoler la banlieue. Le soir, suivant les conseils du camarade Gerö, je dînai dans un des salons de l'hôtel Colón transformé en vaste réfectoire, à la table d'envoyés tchèques et autrichiens du Komintern. Il régnait une atmosphère de caserne, de soupe populaire ou de

1. Antonov-Ovseïenko fut exécuté fin 1938 ou début 1939. Ses dernières paroles en prison furent : «Je supplie ceux d'entre vous qui pourront recouvrer la liberté de dire au peuple qu'Antonov-Ovseïenko est un bolchevik et qu'il l'est resté jusqu'à sa dernière heure.» Le quatrième convive, Ernö Gerö, devait après la Seconde Guerre mondiale devenir un des maîtres de la République socialiste de Hongrie, jusqu'au soulèvement de 1956 où il fut limogé.

centre de réfugiés. Les serveurs se distinguaient par leur chemisette de jersey rouge à manches courtes. Ils circulaient avec aisance de table en table, transportant d'immenses marmites. J'appris qu'on avait gardé les anciens garçons de l'hôtel, et que seuls la tenue et le style de cuisine avaient changé. Dans la salle voisine, des musiciens sud-américains jouaient des rumbas langoureuses alternant avec des chansons révolutionnaires mexicaines, qu'une partie de l'assistance reprenait en chœur. Après dîner je m'attardai au bar en fumant mes cigarettes à la chaîne et en buvant de l'eau minérale. Une banderole était tendue au-dessus de l'orchestre : « *No pasarán ! El fascismo quieré conquistar Madrid – Madrid sera la tumba del fascismo.* » La salle était remplie d'un public extraordinairement mélangé. Des femmes en robe du soir (ce qui un ou deux mois plus tôt eût été impensable, m'apprit-on) côtoyaient les ouvrières et miliciennes en bleu de travail, et des infirmières russes en uniforme et voile blancs. Espagnols ou Catalans semblaient en minorité. On dansait, vin rouge et champagne coulaient à flots. À neuf heures, fatigué, je montai dans ma chambre. Je constatai que ma valise avait été fouillée.

Environ une heure plus tard je fus tiré du lit par une série de coups frappés à ma porte. C'était George Mink. Trois types l'accompagnaient : un grand blond aux yeux bleus et aux larges épaules, déjà aperçu au service des passeports, un quinquagénaire de taille moyenne au visage rougeaud et au nez proéminent, et un brun d'une trentaine d'années à qui manquaient presque toutes les dents de la mâchoire supérieure. Mink me les présenta sous les noms de Karl, Anton et Harry. Les deux premiers étaient allemands, et le troisième, un Hongrois, parlait plusieurs langues. Mink ajouta que c'était utile pour tirer les vers du nez des espions franquistes. D'un ton rogue, il m'invita à le suivre.

Je demandai où. Je n'avais qu'une envie, c'était de dormir.

— À la *checa* de Puerta del Angel. J'ai ordre de te faire visiter. Nous interrogeons les fascistes la nuit.

Sa façon de parler n'admettait pas la discussion. Je haussai les épaules et m'habillai. L'orchestre, en bas, jouait *La Cucaracha.* Une chanteuse brune aux épaules nues se trémoussait derrière son microphone, tandis que dans la salle une farandole se formait, circulant entre les tables. Les quatre hommes me firent monter avec eux dans une lourde Daimler-Benz noire et poussiéreuse réquisitionnée au consulat général d'Allemagne. J'avais la main dans la poche où se trouvait mon revolver. Il tombait un léger crachin sur la place de Catalogne voilée de brume. Le grand Allemand aux cheveux blonds s'assit derrière le volant et démarra en faisant hurler les pneus.

10.

Les *ramblas*, la nuit, présentaient un aspect insolite et inquiétant. Le vide s'y était fait, lugubre en comparaison avec l'effervescence joyeuse du jour. L'éclairage municipal était réduit au minimum par crainte des bombardements aériens. Les cafés étaient fermés, les marchands de fleurs avaient plié bagage et les tramways ne roulaient plus. Je distinguai des silhouettes louches, ombres furtives se glissant le long des immeubles. Les volets fermés respiraient la peur. La Daimler s'arrêta au numéro 24 de la Puerta del Angel, devant ce qui ressemblait à une espèce de palais un peu délabré. Nous entrâmes dans une cour, puis dans un couloir latéral qui menait à une pièce intérieure ayant toutes les apparences d'un lieu de détention. Les portes étaient grillagées ; sur une table je remarquai des livres et brochures de propagande soviétique, les journaux *Frente Rojo* et *Mundo Obrero*. Un portrait de Staline décorait le mur du fond. Une jeune femme entra, très brune et fortement charpentée. La crosse d'une arme de poing dépassait de son étui de ceinture. Saluant Mink avec respect, elle demanda ensuite, en espagnol, d'un ton sévère, à voir mon sauf-conduit. Deux gardes, un Russe et un Allemand, arrivèrent ensuite pour nous conduire au deuxième sous-sol. Une odeur pestilentielle imprégnait les lieux, dépourvus de la moindre ventilation.

— La tuyauterie des WC traverse les cellules, m'expliqua le chef du *servicio* Hertz. Les canalisations sont trouées, cela aide à parfumer la résidence des fascistes. Peut-être ainsi avouent-ils plus vite. Mais la plupart sont têtus, comme tu verras.

Sur un signe de Mink, un des gardes déverrouilla une porte. Il braqua sa torche électrique. La pièce était dépourvue de fenêtre. C'était pire que les cachots de la Loubianka, et beaucoup plus sale. J'avais l'impression de visiter une prison de l'Inquisition espagnole. Un homme était suspendu par les pieds, les chevilles entravées par des anneaux de fer attachés au plafond. Le visage de l'homme était rouge et congestionné, son regard fixe, ses yeux protubérants. De la salive coulait de ses lèvres.

Harry, le Hongrois, le saisit par le menton et tourna son visage vers nous.

— Celui-ci ?

Mink secoua la tête.

Le prisonnier, un quadragénaire maigre et blond, murmura en allemand :

— Misérables... Misérables...

Je demandai qui il était. L'ex-chauffeur de taxi ricana.

— Le capitaine d'un cargo danois. Nous avons été le chercher dans le port.

— Un agent de l'Abwehr ? demandai-je.

Je vis Mink hausser les épaules.

— Il finira par avouer. Je déteste les marins, et les Danois. Une sale race.

Un souvenir me revint en mémoire. Hermann, l'agitateur de Hambourg en compagnie de qui je m'étais battu à Felseneck contre les nazis en janvier 1932, me l'avait raconté : George Mink, la bête noire des marins communistes depuis l'exécution de Wissinger, avait été surpris avec un appareil photo tandis qu'il espionnait Albert Walter, le chef de l'intersyndicale des marins et dockers. Thaelmann, dirigeant du KPD, jalousait Walter et voulait monter un dossier contre lui. Tout appareil photographique était strictement interdit dans des bureaux communistes d'importance internationale. Le vieux Walter ordonna à ses hommes de rosser Mink, « à le laisser sur le carreau ». Ils l'étendirent sur une table et le frappèrent à coups de trique jusqu'à ce qu'il perdît connaissance. Puis ils le jetèrent au bas des escaliers. Quant à la haine de Mink envers les Danois, je suppose qu'elle remontait à sa détention après son procès à Copenhague pour espionnage et tentative de viol sur la personne de la femme de chambre.

Le geôlier referma la porte de la cellule et passa à la suivante. Un deuxième prisonnier, plus jeune que l'officier de marine, était suspendu par les pieds. Il paraissait évanoui.

— Sortez-le, grogna Mink.

« Alfredo » et ses assistants du NKVD me conduisirent dans un bureau du premier sous-sol, loin des odeurs d'excréments, où travaillait un homme d'une trentaine d'années, grand, à la calvitie naissante, qui se leva pour me serrer la main. Il se présenta courtoisement en allemand sous le nom de Mathias Bresser. On m'informa que ce natif de Franconie, fils d'aristocrate converti au communisme à Berlin, envoyé en Espagne par Willi Muenzenberg, avait été commissaire politique du bataillon Thaelmann mais que, souffrant d'arythmie cardiaque, il venait d'être réformé. Mink, rencontré par hasard à Barcelone, l'avait embauché comme interrogateur pour le service de contrôle des étrangers. Emprisonné par la Gestapo après l'incendie du Reichstag, Bresser avait eu l'occasion d'observer les techniques policières des nazis.

— Tu feras le troisième de la « troïka », m'annonça Mink en indiquant le meuble-bureau et sa lampe dont il commença à manipuler l'abat-jour en métal.

On appelait « troïkas » les tribunaux spéciaux de la Tchéka, depuis l'époque de la guerre civile en Russie, composés toujours de trois juges. La pièce, aux murs jaunes et nus, à l'exception d'un autre portrait de Staline, était meublée de façon sommaire : le bureau, trois chaises et un large sofa recouvert de velours cramoisi, déchiré par endroits et marqué de brûlures de cigarette. Karl, Anton et Harry attendaient debout près de la porte. Tous trois portaient des automatiques à la ceinture. Mink braqua la lampe de bureau, de forte puissance, vers le sofa puis il éteignit le plafonnier. Les deux gardes de la *checa* introduisirent le jeune homme que j'avais vu suspendu dans sa cellule quelques instants plus tôt. Ils étaient obligés de le soutenir sous les aisselles. Pieds nus, le prisonnier était vêtu d'un pantalon de velours côtelé et d'une chemise kaki en lambeaux, tout ce qui restait de sa tenue de milicien. Je vis sur ses chevilles les traces sanglantes qu'avaient imprimées les anneaux de fer dans les chairs. Sa poitrine portait des marques rouges et violacées de coups et de brûlures. Son visage aux traits creusés, que dévorait une barbe de plusieurs jours, paraissait avoir reçu des coups de crosse. La pommette gauche, éclatée, saignait et l'œil gauche demeurait à demi fermé. Les gardes jetèrent le jeune homme sur le sofa, puis regagnèrent le corridor.

Anton et Harry, encadrant le détenu, l'aidèrent à se redresser, placèrent son visage dans le faisceau de la lampe de bureau braquée sur lui. Karl s'adossa à la porte fermée et croisa les bras. L'Allemand à la calvitie, Mathias Bresser, prit la chaise du milieu derrière le bureau. Mink et moi nous assîmes de chaque côté. J'avais déjà participé, sans plaisir particulier, à des interrogatoires de ce genre dans des bureaux de la Loubianka à Moscou.

Bresser s'adressa au prisonnier en anglais teinté d'accent allemand, d'une voix dure et métallique très différente de celle que je lui avais entendue précédemment.

— J'espère que tu seras plus communicatif aujourd'hui, Boyle. Dis-nous qui tu es et d'où tu viens !

Je parlais mal l'anglais, et presque pas un mot d'espagnol, mais je comprenais le sens général de ce qui se disait. Le jeune homme secoua la tête. Il gémit :

— Je vous l'ai déjà raconté cent fois...

Sa voix était déformée par la perte de plusieurs dents et par ses lèvres gonflées. Sur sa gauche, Anton, le quinquagénaire au nez rouge, sortit de sa veste une espèce de long coutelas et commença à jouer avec, en passant son index sur la pointe. Bresser cria :

— Ce ne sera que la cent unième ! Nous t'interrogerons sans relâche jusqu'à ce que tu avoues tes crimes de salopard fasciste ! Un camarade très important est venu spécialement de Paris pour t'écouter. Alors je répète : qui es-tu et qu'es-tu venu faire à Barcelone ?

L'Anglais obtempéra.

— Je m'appelle Timothy Boyle... Je suis mécanicien à Manchester, inscrit à l'Independant Labour Party. Lorsque les généraux ont déclenché la rébellion de juillet, j'ai abandonné mon travail pour venir aider le peuple espagnol à lutter contre les fascistes. J'ai pris le bateau pour la France avec deux copains de mon quartier de Manchester. Nous avons changé de train à Paris et sommes arrivés à Perpignan. Après un déjeuner à la terrasse du café Continental, devant la station d'autocars, il ne nous restait plus beaucoup d'argent. Un chauffeur catalan assis à la table voisine nous a offert de monter avec lui et nous avons franchi les Pyrénées dans son camion. Il transportait des téléphones de campagne pour l'armée républicaine. Les douaniers français ont fait tout un tas d'histoires, mais après, au poste-frontière espagnol, nous avons été accueillis par des miliciens qui nous ont salués le poing levé. Nous avons atteint Gérone tard dans la nuit. C'était la fin du mois d'août, il faisait très chaud et mes copains et moi avons dormi dans un parc public pour économiser l'hôtel. Le lendemain après-midi nous étions à Barcelone. Nous avons entendu dire que pour s'engager dans les milices du POUM, il fallait aller à la caserne Lénine et intégrer la 29e division. On nous a mis dans une centurie qui était en train de se former. Après dix jours d'entraînement nous avons pris le train pour le plateau d'Aragon, on nous a fait descendre avant Barbastro et monter dans des camions qui roulaient jusqu'à Sietamo devant Huesca, où les anarchistes se sont battus durement. Nous avons reçu un contrordre et mon bataillon a été déplacé vers le secteur du Monte Oscuro, en vue de Saragosse. Pour faire de la guerre de tranchées dans les montagnes. Nous manquions de fusils. Ceux qui redescendaient du front nous passaient leurs armes. Il y a eu des combats violents au début, ensuite le front s'est stabilisé. Un de mes copains de Manchester a été blessé tout de suite, parce que la culasse du fusil qu'on lui avait donné a éclaté. Un Mauser allemand qui datait de 1896...

Il s'interrompit, à bout de souffle. Je ne saisissais pas bien les raisons de sa détention dans cette *checa* de Barcelone. C'était de toute évidence un de ces milliers de jeunes prolétaires communistes sincères venus se mettre au service de la révolution espagnole. Il me rappelait ma jeunesse en Pologne avec Ludwig et les autres. Le problème résidait sans doute dans son appartenance à l'Independant Labour Party plutôt qu'au Parti communiste de Grande-Bretagne. À côté de moi, Bresser confirma cette hypothèse.

— Pourquoi t'es-tu enrôlé dans les milices du POUM ?

— Le POUM nous semblait plus proche des idées de notre propre parti. Il y a aussi beaucoup d'anarchistes à Barcelone, mais je ne suis pas anarchiste.

— Non, tu es simplement un sale espion fasciste, grinça Mink en anglais avec son accent mi-russe mi-yankee.

Aveuglé par la lampe, le jeune homme secoua la tête, avec un sourire incrédule.

— Vous ne savez pas de quoi vous parlez... Je suis venu ici avec mes copains pour combattre les fascistes. Là-haut, dans les montagnes, on se fiche de l'appartenance à tel ou tel parti. Entre miliciens, on ne se dispute jamais pour la politique. Anarchistes, poumistes ou combattants du PSUC, nous sommes tous frères et nous bâtissons une société sans classes. Les officiers sont au même niveau que les simples soldats. Les paysans d'Aragon ont collectivisé leurs terres. Vous devriez me laisser repartir au front au lieu de me garder ici et de me torturer. Je n'ai pas mangé depuis cinq jours. Je demande à ce qu'on prévienne le consulat de Grande-Bretagne...

Bresser tapa du poing sur la table.

— Ne fais pas le malin ! Ça va très mal pour toi. Il y a eu un mort, un camarade membre du PSUC assassiné. Tes complices ont avoué. Tu sais que nous pouvons faire ce que nous voulons ici. Tu comprends, espèce de sale vermine hitlérienne, que tu ne sortiras jamais vivant de ce bâtiment !

— Je ne suis pas hitlérien. Je hais les nazis. Et je n'ai tué personne à Barcelone. Je n'ai même pas vu ce type avant qu'il soit mort. C'est vous, à mon avis, qui vous comportez comme des fascistes !

Harry lui balança un coup sur l'oreille. Mink sortit de sous sa veste un revolver Colt 38 Special Navy qu'il plaqua violemment sur le bureau. Il posa ensuite, avec une lenteur calculée, six cartouches sur le plateau, avant de basculer le barillet et de commencer à le charger.

J'avais pitié du jeune homme sur le sofa. Je demandai à Bresser de quoi on l'accusait.

— Cet espion infiltré à la colonne Lénine est revenu à Barcelone il y a huit jours, soi-disant en permission, en réalité pour surveiller et tuer des révolutionnaires. Lui et ses complices étaient en train de boire au café Moka, situé juste à côté du siège des trotsko-fascistes du POUM, et ont provoqué une bagarre. On a relevé un mort, tué d'un coup de couteau dans le dos. Un milicien du PSUC. Plusieurs témoins dignes de foi ont affirmé que c'est Boyle qui a porté le coup.

— C'est faux ! hurla le prisonnier. Moi et mes copains, on n'a rien à voir avec cette bagarre. Ça se passait à l'autre bout de la salle. Tout le monde criait, les gens étaient debout et je ne voyais pas ce qui se passait... Quand on est sortis, des gars que je ne connaissais pas nous sont tombés dessus et m'ont embarqué. Vos témoins sont forcément des menteurs ! Où sont-ils ? Faites-les venir !

L'Américain avait fini de remplir le barillet du Colt 38. Il posa son coude sur le bureau et pointa le canon vers le visage du jeune milicien.

11.

— Moi, je suis partisan d'en finir tout de suite. Après on balancera son corps sur la Rabassada.

Mink faisait allusion à un endroit dont j'avais entendu parler le soir même, à la table des Autrichiens et Tchèques du Komintern. La Rabassada est une route de campagne isolée, à la sortie de Barcelone, près du mont Tibidabo dans la direction de Sant Cugat. C'était là que les membres des divers partis emmenaient les gens pour une dernière promenade en voiture. Des tas d'autres endroits autour de la ville auraient aussi bien pu jouer ce rôle, et la mer était proche où l'on pouvait aisément faire disparaître les cadavres. Mais les Espagnols, poussés par une sorte de superstition mystique, allaient presque toujours se débarrasser de leurs victimes à la Rabassada. Chaque matin on y ramassait de nouveaux corps, parfois affreusement mutilés. Les habitants de Barcelone affirmaient que la moyenne était de cinquante à soixante par jour, mais les gens du Sud ayant tendance à exagérer, mon voisin de table à l'hôtel prétendait que l'on pouvait retirer un zéro. Je lisais la terreur dans l'œil écarquillé du jeune Anglais sous le faisceau de la lampe. Je dis à Mink :

— Si je suis juge de ta troïka, je dois pouvoir consulter les témoignages réunis contre ce garçon, et les aveux de ses complices. Qu'il soit déclaré comme trotskyste, anarchiste ou membre du parti communiste n'entre pas en ligne de compte. Avons-nous des preuves qu'il soit un nazi infiltré ?

— Bien sûr. Ce gars est inscrit à la 29e division, composée de miliciens du POUM. Or, nous avons entre les mains des documents qui démontrent les contacts secrets du POUM avec la Phalange. Les trotskystes sont une bande de contre-révolutionnaires et d'agents de l'ennemi. Je m'étonne que tu n'aies pas l'air au courant, camarade. Plus nous en liquiderons et mieux ça vaudra. Nous ne faisons que commencer.

— En URSS, objectai-je, la propagande peut présenter les trotskystes comme des agents de Franco sans que personne y trouve à redire. Les citoyens soviétiques ne savent que peu de choses de la situation ici. Par contre, en Espagne, je crains que ce genre d'accusation ne soit pas pris au sérieux.

Mink agita son revolver :

— Mais le POUM est furieusement antisoviétique ! Leur journal *La Batalla* est rempli d'insultes contre Staline. Ils se comportent objectivement comme des ennemis de la République espagnole. Donc, comme des alliés du fascisme. Nous n'allons pas tarder à interdire ce torchon et arrêter les dirigeants de ce parti de traîtres ! Agir efficacement contre le trotskysme est aussi vital pour nous que de liquider les fascistes et les nazis.

Il ne parlait plus du crime qui s'était produit au café Moka. Je me doutais que l'affaire n'était qu'un prétexte. Mathias Bresser reprit la parole, s'adressant au prisonnier dans sa langue.

— Notre camarade de Paris semble tenté de croire à ta version des faits. Après tout, il a peut-être raison. Tu me parais un gars sincère, mais naïf. Un communiste candide qui a été trompé par les mensonges de ces canailles trotsko-fascistes de l'ILP et du POUM. Tu ne veux pas continuer à les défendre. Viens avec nous. Si ton désir est de te battre sérieusement contre les franquistes, on te versera dans une Brigade internationale. C'est nous qui sommes les véritables antifascistes. Tu dois comprendre qu'il est nécessaire pour les communistes de gagner cette guerre. Nous avons toujours besoin de jeunes gens courageux et dévoués. Nous allons te libérer...

Un mélange d'espoir et de doute apparut sur le visage meurtri qu'aveuglait la lampe. Je fus triste de nouveau car je connaissais la méthode dont usait Bresser. J'étais d'ailleurs à peu près sûr qu'elle ne servirait à rien dans le cas de cet Anglais.

— En échange, tu n'auras qu'un simple petit travail à faire. Tu te promèneras dans Barcelone... accompagné par un de nos camarades, naturellement, Karl ou Anton par exemple... et chaque fois que tu en verras un, tu lui désigneras discrètement les membres du POUM.

Il ouvrit un tiroir, et posa sur le bureau deux revues communistes dans leur édition anglaise.

— Tiens, voilà *L'Internationale*, et *La Correspondance internationale*. Nous allons te transférer dans une cellule plus confortable. Lis tout ça, et tu comprendras beaucoup de choses...

Boyle poussa la tête en avant, et cracha. La salive n'atteignit pas le visage de Bresser. Une partie coula sur le menton du jeune milicien. Harry le tira vers l'arrière, pendant qu'Anton posait la lame du coutelas contre sa gorge.

Je décidai d'intervenir.

— Attendez un peu, leur dis-je en allemand. Pour moi, sa réaction prouve qu'il est sincère. Un espion nazi aurait fait semblant d'accepter, dans l'espoir de nous échapper plus tard à l'occasion de ces promenades dans Barcelone...

Mink ricana, en rangeant son arme.

— Bien vu, camarade.

Il se renversa contre le dossier de sa chaise, et tira de sa poche un papier plié.

— À vrai dire, cela fait trois jours que j'ai reçu cet ordre de libération signé par le *Departemento de estado*...

Il déplia la feuille, la montra à Timothy Boyle.

— Je suis forcé de respecter cet ordre, bien que cela m'aurait fait plaisir de te régler ton compte. Nous allons te libérer dès ce soir. De nouveaux témoignages recueillis au café Moka t'ont innocenté. On ramassera tes affaires en sortant.

Le jeune homme paraissait stupéfait. J'étais moi-même surpris du revirement de Mink, que je tenais pour un sale type et un sadique. Sur un signe de leur chef, Anton et Harry remirent le garçon debout et l'aidèrent à marcher dans le corridor. Mathias Bresser me salua en me serrant vigoureusement la main, et demeura dans le bureau. Je suivis le groupe jusqu'à l'entrée où nous retrouvâmes l'Espagnole au revolver. Elle était membre des JSU, l'Union des jeunesses du PSUC. Mink se fit remettre un paquet d'affaires appartenant à Boyle. Il y avait un blouson en toile de couleur rouille délavé, une paire d'espadrilles noires et un ceinturon. L'Anglais s'habilla, demanda à récupérer son portefeuille et son passeport. La femme eut une mimique d'ignorance. Mink expliqua que ces objets-là avaient disparu au cours de la bagarre à la sortie du café.

— Je les avais en arrivant ici, protesta Boyle.

— N'abuse pas de ta chance, camarade, gronda Mink en posant la main sur la poignée de son revolver. Tu n'es pas encore sorti de Puerta del Angel.

Je lançai un regard d'avertissement au jeune homme. Il comprit et baissa la tête. Quant à moi, je savais que nos services accumulaient le plus possible de passeports étrangers : ils allaient servir aux déplacements de nos agents dans divers pays, que ce fût au service du GROu, de l'INO ou de l'OMS, le service des renseignements du Komintern. Les bureaux de recrutement des Brigades internationales, tenus par la police secrète soviétique, gardaient les passeports de tous les engagés. Nous calculions qu'environ vingt-cinq pour cent d'entre eux laisseraient leur peau en Espagne. Quant à ceux qui, au retour, demanderaient à récupérer leur passeport, il suffisait de répondre que celui-ci avait été malencontreusement égaré. L'opération rapporta quelques milliers de passeports authentiques de divers pays au NKVD. Ces documents voyageaient vers le commissariat aux Affaires intérieures à Moscou dans les valises de nos diplomates.

Je profite de l'occasion pour ouvrir une parenthèse au sujet des Brigades internationales : Moscou jugeait de la plus haute importance de les contrôler pour mieux peser sur le gouvernement de Largo Caballero à travers la conduite de la guerre. Le noyau de ce qu'on appelait au tout début les « colonnes internationales » fut les cinq ou six cents communistes étrangers réfugiés en Russie dont Staline souhaitait se débarrasser. Aucun Russe ne figurait parmi les brigadistes, même plus tard, lorsque les effectifs se portèrent à plusieurs dizaines de milliers de volontaires. En revanche, les généraux qui les commandaient étaient des cadres de l'Armée rouge qui avaient changé leur nom. Dans chaque pays étranger, y compris les États-Unis, les agences de recrutement de volontaires pour l'Espagne étaient dans leur grande majorité organisées par les partis communistes locaux ou leurs agences auxiliaires. Lorsqu'un candidat se présentait, on le dirigeait vers un bureau de recrutement secret où il remplissait un questionnaire imprimé. On lui disait d'attendre une notification ultérieure. Dans l'intervalle, nos services examinaient ses antécédents politiques. S'il passait l'épreuve, on le faisait revenir afin de subir un interrogatoire par un de nos agents étrangers du NKVD. Dans les pays anglo-saxons, cette étape était légère et informelle. Restait un examen médical, pratiqué par un médecin communiste ou sympathisant de la cause. Enfin, le volontaire pour les Brigades était informé d'une adresse dans une grande cité européenne où il devait se présenter. Nous avions improvisé en Europe de nombreux points de contrôle, où chaque postulant était de nouveau interrogé, de manière approfondie cette fois, par un communiste étranger fiable ou par un agent opérant à l'abri d'une organisation mise sur pied par les communistes, comme le Secours rouge international, les Amis de l'Espagne républicaine et autres. Le contrôle par le NKVD de ces volontaires considérés dignes de sacrifier leur vie dans ce qu'ils croyaient être la cause de la République, se poursuivait en Espagne où des informateurs étaient placés parmi eux pour détecter les espions, éliminer les hommes dont les opinions politiques n'étaient pas strictement orthodoxes, et superviser leurs lectures et sujets de conversation. Pratiquement tous les commissaires politiques des Brigades internationales étaient des communistes endurcis et d'irréprochables staliniens.

L'Espagnole sortit une feuille de papier et la donna à signer au jeune homme. C'était sa levée d'écrou. Il dut également écrire quelques mots pour certifier qu'il avait été bien traité. Mink empocha les deux feuilles en souriant. Harry s'approcha de Boyle pour lui bander les yeux.

Le prisonnier s'inquiéta.

— Simple précaution, commenta Mink. Nous ne voulons pas que tout le monde connaisse les adresses des *checas* de Barcelone...

La pluie avait cessé. Nous montâmes à six dans la Daimler, l'Américain prenant le siège à côté du chauffeur. Je dus m'asseoir sur la banquette arrière tout contre le jeune homme. Il puait la sueur et les excréments. Nous étions encadrés par Anton et Harry. De nous quatre, seul l'Allemand était corpulent. Mink alluma une cigarette. Harry, sur ma droite, sentit le revolver dans la poche de mon imperméable.

— Donne-moi ça. On est serrés comme des sardines, pas la peine d'en rajouter.

Sa voix sifflait un peu, à cause des dents qui manquaient à sa mâchoire supérieure. Je me séparai à regret du Rast und Gasser. Le Hongrois le posa sur ses genoux, gardant sa main sur la poignée, avec le doigt posé sur la détente et le canon pointé dans ma direction. Je me demandai si tout cela n'était pas une opération tordue visant à me liquider. Mon tour était peut-être venu dans l'ordre des purges. Karl tourna la clé de contact.

— Où m'emmenez-vous ? questionna Boyle à côté de moi.

— On te déposera en chemin sur la route de Valence, répondit Mink. Tu n'auras qu'à rentrer à pied, ou essayer d'arrêter une auto ou un camion. Ou alors tu restes avec nous et tu t'engages dans les Brigades internationales.

Je fis observer que j'aimerais être reconduit le plus vite possible à mon hôtel. Je tombais de sommeil, ayant quitté la France très tôt le matin. Mink souffla la fumée de sa cigarette.

— Non, tu nous accompagnes jusqu'à Valence. Tu pourras te reposer dans l'auto pendant le voyage.

Je n'avais rien à faire là-bas, répondis-je, décontenancé. Mon retour était prévu avec le vol Barcelone-Toulouse du surlendemain puis la correspondance pour Paris. Je ne comprenais rien à cette histoire. D'autre part il me fallait téléphoner à Tania, sinon elle s'inquiéterait. Mink se remit à ricaner :

— Un très vieil ami t'attend à Valence. Il m'a ordonné de te conduire chez lui à l'heure du petit déjeuner, à son hôtel. À ta place je dormirais et j'arrêterais de poser des questions.

Je comprenais qu'on ne m'en dirait pas plus. Il était inutile de s'insurger. Le courrier secret de Vorochilov me plaçait sous les ordres du NKVD et visiblement Mink avait atteint un échelon assez élevé dans sa hiérarchie. Ce rendez-vous nouveau faisait peut-être partie de ma mission en Espagne. Je haussai les épaules et me tus. La Daimler traversait la banlieue sud de Barcelone. La prochaine agglomération était Sitges. Nous prîmes une route qui longeait la mer ainsi que la voie ferrée Barcelone-Valence. Le jeune Anglais s'endormit le premier, sa tête retombant sur mon épaule. Il avait connu des jours et des nuits d'interrogatoires selon la méthode « sèche », qui consistait à priver le détenu de sommeil en le questionnant des heures d'affilée, les tortionnaires se relayant comme on le faisait aussi à la Loubianka, répétant toujours les mêmes choses : « Confessez », « Déclarez que », « Reconnaissez », « C'est mieux pour vous de », le tout ponctué d'insultes, de menaces, de coups. Peu à peu, la fatigue physique terrasse le prisonnier, obligé de rester debout sous une lumière aveuglante. Le corps s'alourdit de plus en plus, les vertèbres cervicales se refusent à soutenir la tête. Toute l'épine dorsale fait mal comme si on la cisaillait en morceaux. Après des semaines de ce traitement, l'absence de sommeil émousse les sens, la volonté s'effrite, on ne sait plus distinguer la fiction du réel, et l'interrogé signera n'importe quelle confession afin que tout cela s'arrête et qu'on le laisse tranquille. Quand la « sèche » ne suffisait pas, on passait à la méthode dite « de fermeté ». En Espagne, dans les cas sérieux, écorcher le prisonnier vivant faisait partie des procédés utilisés en dernier ressort. Nous traversâmes Tarragone et poursuivîmes notre chemin vers Tortosa. La nuit était noire. Les paroles de l'une des rumbas entendues à l'hôtel Colón, *Dime adiós*, tournaient et retournaient sans cesse dans ma tête sans que j'en comprisse le sens. Anton et Karl conversaient en allemand. J'aperçus une série d'éclats lumineux dans le lointain, près de la ligne d'horizon où la mer se confondait avec le ciel. Je pensai que ce devait être un combat naval entre vaisseaux républicains et franquistes. Le puissant moteur de la Daimler tournait avec une parfaite régularité, le murmure de mes voisins résonnait vaguement sous mon crâne, phrases confuses, semées de termes allemands ou hongrois dont je ne retrouvais plus la signification. La route était longue jusqu'à Valence. En dépit de mes inquiétudes, je cédai au sommeil.

Je fus réveillé par le brusque silence du moteur. Nous étions arrêtés sur l'accotement. Une voix anxieuse résonna. C'était celle de Boyle.

— Qu'est-ce que vous faites ?

La place sur ma gauche était vide. Je me penchai pour voir ce qui se passait dehors.

— Toi, le trotskyste, tu vas rester ici, entendis-je grogner Mink en anglais. Nous, on continue.

L'Anglais se tenait debout, les yeux bandés, encadré par Anton et par Harry qui lui enfonçait entre les côtes le canon de mon revolver. La lune apparaissait par intermittence entre les nuages.

— Vous avez promis de me libérer, hein ? balbutia Boyle. J'ai signé ma levée d'écrou.

— Bien sûr, dit Mink calmement. On va juste t'indiquer le chemin.

La bouche du jeune homme tremblait.

— Laissez-moi partir, je vous en supplie. Je suis un communiste, tout comme vous. Si je suis venu ici, c'est uniquement pour me battre contre les franquistes... Je... Vous comprenez, le jour où j'ai quitté Manchester, ma fiancée...

— Comment s'appelle-t-elle ? fit Mink, intéressé.

Le milicien dit un prénom et un patronyme.

— Ce jour-là, reprit-il, elle m'a fait promettre...

Boyle s'interrompit. J'étais sorti à mon tour de la voiture. Je l'entendis qui commençait à pleurer.

— Elle m'a fait lui promettre, répéta-t-il, que... que... que je reviendrais d'Espagne vivant.

Mink lui tapota l'épaule.

— Allez, viens. On t'accompagne jusqu'au bout du champ là-bas...

Je voulus dire quelque chose, mais l'Américain se tourna vers moi, soudain furieux, et m'ordonna de me mêler de mes affaires. Harry demeura debout à mes côtés. Karl avait baissé la vitre et fumait derrière son volant. Les silhouettes de Mink, de Boyle et d'Anton s'éloignèrent dans l'obscurité. Je n'avais pas fumé depuis notre entrée à Puerta del Angel et mon paquet était vide. Je demandai une cigarette au chauffeur.

Celle-ci était à moitié consumée lorsqu'un grand cri s'éleva dans la nuit. C'est le cri le plus horrible que j'aie entendu de toute mon existence. Mon sang se figea dans mes veines. Le cri résonna longtemps et finit par s'éteindre. Mes doigts tremblaient sur ma cigarette. Puis il y eut deux éclairs et deux coups de feu.

Mink et Anton revinrent seuls quelques minutes plus tard. L'Allemand tenait encore à la main son long couteau. La lame en était rouge jusqu'à la garde, il se pencha pour l'essuyer entre des feuilles qu'il arracha aux branches d'un arbuste dans la lueur des phares. Harry me fit asseoir de nouveau sur la banquette arrière et s'installa à côté de moi. Il y avait plus d'espace mais l'odeur du prisonnier continuait de flotter dans l'habitacle. Anton avait rangé son couteau. Les portières de la Daimler claquèrent et nous repartîmes dans la direction du sud.

12.

Il était un peu plus de neuf heures du matin lorsque nous arrivâmes à Valence. Nous avions été arrêtés plusieurs fois en chemin par des barrages aux points de contrôle tenus par les anarchistes. Ceux-ci n'apprécièrent ni les documents ni le sauf-conduit que Mink leur présenta, signés par le chef de la sécurité de Barcelone. Et ils n'aimaient pas non plus notre aspect en général. Les discussions duraient chaque fois assez longtemps, menaçaient de s'envenimer. De chaque côté on sortait les armes de poing sans aller jusqu'à échanger des coups de feu. Je dormis très mal sur la banquette de la Daimler. À Valence, l'automobile fit halte devant l'hôtel Metropol. C'était un établissement moderne et élégant de huit étages, de construction récente, situé tout près des arènes de tauromachie, face à la gare du chemin de fer. Des hommes blonds et bronzés, en uniforme de brigadistes internationaux, bavardaient en fumant dans des voitures de tourisme garées devant l'hôtel. Un petit groupe de Serbes montait la garde à l'entrée. Mink et Harry m'accompagnèrent à la réception, derrière laquelle des hommes en civil aux yeux vigilants encadraient les employés espagnols. Le hall grouillait de brigadistes armés parlant en langues diverses.

Toute la jeunesse européenne de gauche semblait s'être donné rendez-vous dans ce grand hôtel de Valence. L'Américain présenta nos sauf-conduits et précisa que nous étions attendus par le camarade Orlov. Un des hommes en civil passa un coup de téléphone en russe, puis désigna deux de ses acolytes pour nous accompagner. Je pris l'ascenseur avec eux et George Mink. Nous suivîmes un couloir du sixième étage jusqu'à un appartement gardé par deux Allemands en large pantalon noir et chemise kaki, portant un automatique dans leur holster de poitrine. Un homme était assis sur une banquette à côté d'eux dans le couloir. Je reconnus l'Italien qui avait voyagé avec moi en avion depuis Marseille. Le capitaine Picelli contemplait le sol, l'air sombre et déprimé. Il s'étonna de me voir :

— Professeur Muehlen ! Ils vous ont arrêté, vous aussi ?

Je fus pris au dépourvu. L'ancien député de Parme ignorait naturellement mon appartenance au NKVD. Il m'expliqua, en français, qu'à Barcelone au moment où il montait en voiture, sortant du siège du POUM, un inconnu l'avait accosté et prié de lui accorder quelques instants.

— J'ai commis l'erreur de le suivre. Nous avons marché vers l'hôtel Colón, situé un peu plus loin. Des types que je ne connaissais pas nous ont entourés et entraînés à l'intérieur de l'hôtel. On m'a informé que je devais me rendre au bureau des passeports. C'est, paraît-il, la procédure pour les étrangers de passage à Barcelone. J'ai été interrogé par ce monsieur. (Il désigna Mink.) Il a gardé mes papiers et l'on m'a conduit à Valence. Je n'ai pas été autorisé à prévenir le POUM. Il paraît que le camarade Marty veut me questionner personnellement, à la base des Brigades internationales d'Albacete...

Mink me saisit le bras. Un des gardes ouvrit la porte pour m'introduire dans la suite, tandis que l'Américain demeurait dans le corridor à parler avec Picelli. À l'intérieur je croisai une adolescente mince et élancée, vêtue d'une robe bleue qui descendait à peine sous ses genoux. Les cheveux clairs coiffés mi-court, elle avait quinze ans tout au plus et l'on eût dit quelque collégienne de bonne famille. Son visage étroit au nez finement retroussé, son regard déterminé avaient quelque chose de touchant qui me fit me retourner tandis qu'elle gagnait le couloir. J'entrevis un des Allemands la saluer respectueusement.

La pièce sentait le café. Une voix retentit, en russe, venant de la chambre voisine.

— Krebnitsky? Entre. Je suis en train de prendre mon petit déjeuner.

Celui qui avait parlé m'attendait assis derrière une table à roulettes recouverte d'une nappe et somptueusement garnie. La chambre était vaste, le lit défait. Le colonel Orlov portait une robe de chambre en soie rouge foncé sur une chemise blanche impeccablement repassée, dont le col était ouvert. Son visage massif, au front très large, s'ornait d'une courte moustache brune sous un nez droit à l'arête légèrement aplatie. Ses cheveux bruns étaient coupés court et presque rasés sur les côtés. Il semblait un peu plus âgé que moi et sentait très fort l'eau de Cologne. Une montre-bracelet de grand luxe brillait à son poignet gauche. Lorsqu'il se leva pour me serrer la main, je vis qu'il me dépassait de plus d'une tête. Je remarquai également, sous la robe de chambre, un Walther 7,65 automatique dont la crosse dépassait de son étui de ceinture, sur un pantalon de flanelle. L'officier du NKVD m'adressa un sourire de sa petite bouche aux lèvres minces.

— Tu ne me remets pas, mon petit Shmerl ? J'ai tellement changé ? Depuis la guerre contre les Polonais en 1920...

C'est alors que je l'identifiai. Ses épaules s'étaient épaissies et les yeux, surtout, étaient différents. Ils étaient devenus durs et froids, même lorsque l'homme souriait avec amabilité tout en me jaugeant des pieds à la tête. Je me tenais devant mon ancien camarade de guérilla en Pologne : le Juif biélorusse Leiba Feldbine.

Le colonel me désigna une chaise et m'invita à m'asseoir en face de lui. Puis il se carra de nouveau dans son fauteuil, se servit une tasse de café et entreprit de beurrer une tartine rôtie. M'examinant par en dessous, il commença par me dire qu'il était marié.

— Maria Vladislavna est née à Kiev. J'ai fait sa connaissance pendant la guerre civile et nous nous sommes revus à Arkhangelsk en 1921. Une très belle femme, plus jeune que moi. Elle est mon agent de liaison sous le nom de code JEANNE. Une vraie communiste, qui a rejoint le Parti à seize ans. Trois ans de plus que ma fille – que tu viens de croiser. Son prénom est Veronika mais nous l'appelons Vera. Une vraie communiste, elle aussi.

Il hésita un bref instant.

— Je crains qu'il ne lui reste plus beaucoup de temps à vivre. Enfant, notre petite Vera a souffert d'un rhume mal soigné qui a dégénéré en une fièvre rhumatismale, provoquant des lésions du cœur. Les médecins de Moscou affirment qu'elle est condamnée. J'ai choisi la section étrangère du Guépéou car je me suis dit que le fait d'habiter dans les grandes capitales de l'Ouest nous donnerait plus de chances de trouver les meilleurs docteurs. En connais-tu à La Haye ? La médecine cardiaque est-elle d'un bon niveau en Hollande ? Nous avons déjà vu des spécialistes à

Londres et à Paris. Ils ne se sont pas montrés optimistes.

Orlov parlait d'un ton égal sans jamais hausser la voix. Sa maîtrise de soi m'avait toujours impressionné, et ce trait de caractère semblait s'être affirmé depuis l'époque où nous participions ensemble à des opérations de guérilla derrière les lignes polonaises. Il évoquait la maladie cardiaque de sa fille avec désinvolture. Je lui citai quelques noms d'hôpitaux réputés aux Pays-Bas. Il hocha la tête, tout en étalant de la confiture sur sa tartine. Ceux qui travaillent dans les services secrets ont une mémoire bien entraînée, et mon ancien camarade n'avait pas besoin de prendre de notes.

Il me raconta en peu de mots quelques épisodes de sa carrière jusqu'à sa récente affectation en Espagne. Ses études de droit lui avaient valu, après la guerre en Pologne et son séjour à Arkhangelsk, un poste de procureur adjoint auprès de la Cour suprême, et il était rentré à Moscou. Sa fille y était née en 1923. Les affaires qu'Orlov – ou Lev Lazarevitch Nikolsky, comme il s'appelait à l'époque – avait à traiter étaient principalement des affaires de corruption. Dzerjinski, impressionné par la qualité de son travail, le fit venir à la direction économique du Guépéou, avant de l'envoyer deux ans plus tard en Géorgie comme chef des gardes-frontières pour la Transcaucasie. En 1926, on l'avait nommé *rezident* légal à l'ambassade soviétique de Paris où il demeura deux ans avec sa famille sous le pseudonyme « Léon Nikolaïev ». Il servit ensuite trois années à Berlin à notre mission commerciale, chargé de l'espionnage économique et industriel, tout en voyageant beaucoup en Europe puis aux États-Unis. Il y avait perfectionné son anglais dans les salles de cinéma, visionnant en moyenne trois films par jour. À Londres, de l'été 1934 à l'automne 1935,

Orlov dirigeait, sous la couverture d'une société américaine de vente de réfrigérateurs, le recrutement de nos futures sources dans l'administration publique britannique : des jeunes gens de Cambridge et d'Oxford issus de la haute société et promis à un brillant avenir. Ce réseau était déjà en voie de formation grâce à l'agent de l'INO Arnold Deutsch, un de nos recruteurs les plus efficaces. Orlov dut quitter précipitamment l'Angleterre à cause de passeports autrichiens obtenus pour sa famille à l'aide de faux extraits de naissance. Peu après, je fus pressenti pour le remplacer – j'ignorais que Nikolsky, alias SHVED, et Feldbine ne faisaient qu'un –, mais mon maniement approximatif de l'anglais m'amena vite à renoncer à ce poste; je retournai à La Haye. Mon camarade Théodore Mally prit la suite de nos opérations à Londres, sous le nom de code MANN. La plus étonnante réussite d'Orlov en Espagne avait été d'expédier secrètement vers Odessa le trésor de la République exigé par Staline en contrepartie de l'aide militaire russe. J'avais entendu certaines rumeurs et l'interrogeai à ce propos, mais il secoua la tête.

— Il existe des sujets que l'on fait mieux de ne pas aborder. Pour notre santé à tous les deux.

13.

Le colonel parla d'autre chose et je ne devais pas apprendre la vérité ce jour-là sur le transfert de l'or espagnol. Mais je suis aujourd'hui en mesure de dévoiler en détail au public des démocraties occidentales ce que fut cette extraordinaire opération, que l'on pourrait sans peur d'exagérer appeler le plus grand hold-up du XXe siècle. Les confidences de collègues avec qui je pus m'entretenir loin des microphones et des oreilles indiscrètes m'ont permis de reconstituer l'histoire de ce transfert, dont six personnages officiels seulement connurent de près le déroulement : le colonel Orlov, l'ambassadeur Rosenberg, l'envoyé économique Stachevski, le consul général Antonov-Ovseïenko, le ministre des Finances – et futur Premier ministre – Negrín, et le président du Conseil Largo Caballero. Le président de la République Azaña et le ministre de la Marine et de l'Air Prieto, un socialiste de droite hostile aux communistes, ne furent que partiellement informés.

Au début du mois d'octobre 1936, Orlov, en poste à Madrid depuis peu, reçut dans son bureau de la mission soviétique, à l'hôtel Gaylord, un message de la catégorie « absolument secret » à décoder immédiatement et par lui seul. L'expéditeur en était Iéjov, le nouveau commissaire aux Affaires intérieures, qui transmettait des instructions d'« Ivan Vassiliévitch », pseudonyme confidentiel de Staline que seuls les plus hauts fonctionnaires du NKVD avaient le privilège de connaître. Les ordres étaient les suivants :

Arrangez avec le chef du gouvernement espagnol, Caballero, le transport des réserves d'or d'Espagne en Union soviétique. Utilisez un vapeur russe. Gardez le secret le plus absolu. Si les Espagnols vous demandent un récépissé, refusez – je répète, refusez de signer quoi que ce soit. Dites-leur qu'un document officiel leur sera délivré à Moscou par la banque d'État. Je vous tiens personnellement responsable de cette opération. Rosenberg a reçu des instructions en conséquence. Signé : Ivan Vassiliévitch.

L'ambassadeur Rosenberg, dans le bureau voisin, venait de déchiffrer un texte similaire. Le colonel le rejoignit pour discuter de la marche à suivre. Rosenberg et Orlov doutaient que le Premier ministre Caballero, socialiste et patriote, acceptât de céder aux exigences de Staline. Ce trésor avait été transféré à Carthagène au milieu du mois de septembre sous prétexte de le protéger de l'avancée des troupes franquistes vers Madrid. Il était entreposé dans des grottes. Les deux Russes convoquèrent d'abord le ministre des Finances. Le docteur Negrín, à leur grande surprise, accepta sans difficulté de laisser partir l'or en Russie. Il semblait d'ailleurs déjà au courant, et offrit l'assistance de l'armée espagnole pour effectuer le transport en camion depuis les montagnes au-dessus de Carthagène jusqu'à la base navale, située à environ huit kilomètres. Orlov préféra des troupes russes, et enrôla des tankistes de l'Armée rouge arrivés en Espagne avec les chars soviétiques. Il se fit préparer un sauf-conduit par Negrín au nom de

Blackstone, citoyen américain, pour le cas où des anarchistes voudraient s'opposer au départ de l'or : on leur répondrait que celui-ci partait pour l'Amérique où il serait plus en sécurité, et non en Russie. L'embarquement devait être supervisé pour le gouvernement espagnol par le secrétaire au Trésor, Méndez Aspe. Afin de diminuer les risques de perte s'il se produisait un affrontement naval avec des vaisseaux ennemis en Méditerranée, Orlov choisit de répartir la cargaison entre quatre bâtiments soviétiques. Les capitaines qui faisaient route vers Alicante reçurent l'ordre de rejoindre Carthagène.

Le débarquement préalable des fournitures militaires s'effectua sous un intense bombardement aérien par l'aviation allemande. Les vingt chauffeurs de camion étaient commandés par le commissaire du NKVD Savtchenko. L'attaché naval russe, Kouznetsov, fut informé que le « matériel stratégique » que l'on chargerait à bord des cargos était du minerai de nickel en provenance des mines espagnoles. Il ordonna au commandant de la base navale de Carthagène, le capitaine Ramirez de Togorès, de fournir soixante sous-mariniers afin de garder les grottes pendant cinq jours.

Lorsqu'on leur ouvrit les portes en bois des entrées percées à flanc de colline, Orlov et ses hommes découvrirent, sous un éclairage électrique déficient et dans un clair-obscur qui évoquait un film de gangsters américain, des milliers de caisses en bois toutes de même taille, et des milliers de sacs. Les caisses contenaient les lingots et les pièces d'or, et les sacs les pièces d'argent. Les réserves de la Banque d'Espagne au 1er juillet 1936, soit moins de trois semaines avant le début de la guerre civile, étaient officiellement évaluées à cinq milliards deux cent quarante millions de pesetas[1]. Une telle somme correspondait, selon le *New York Times*, à la valeur de six cent trente-cinq tonnes d'or fin. Le trésor entreposé dans les grottes représentait un peu plus de soixante-dix pour cent du total, une partie ayant déjà rejoint les coffres de la Banque de France. Je sus par Stachevski, lorsque je le revis à Moscou en avril 1937, qu'il avait contacté Negrín dès septembre, sur ordre de Staline – qui faisait en quelque sorte préemption sur l'or espagnol avant d'organiser ses livraisons d'armes (la première arriva sur la côte du Levant le 28 octobre). Un décret du gouvernement espagnol fut signé à cet effet le 13 du mois précédent par le président Azaña, autorisant le transport jusqu'aux grottes de Carthagène sans préciser la destination finale. Le docteur Negrín, personnage dépourvu de charisme et de popularité, fut toujours une marionnette entre nos mains. En échange, nous lui avions garanti le poste de président du Conseil après l'éviction prochaine de Largo Caballero, laquelle eut lieu en mai de l'année suivante. La position de chef du gouvernement ne manquait pas d'attrait en ce temps-là, où une victoire des Républicains paraissait probable, particulièrement au début de 1937 grâce à la grande victoire de Guadalajara sur les Italiens. Staline, qui rêvait d'un État communiste à sa botte en Europe de l'Ouest, n'avait pas encore décidé d'interrompre ses livraisons d'armes et de saboter l'effort de guerre.

Cinquante caisses d'or furent chargées sur chaque camion afin de faciliter le comptage. Les sacs de pièces d'argent étaient entassés dans des caisses dépourvues de couvercle. Lorsqu'un camion franchissait les portes, un officiel du Trésor espagnol et un homme du NKVD vérifiaient le chargement et

1. Environ neuf milliards de dollars actuels.

notaient la quantité de caisses. Les camions voyagèrent en convoi de dix. Chaque aller-retour entre les grottes et les docks de Carthagène prenait deux heures. L'opération avait commencé à sept heures du soir et se termina à dix heures le lendemain matin. Elle fut répétée les deux nuits suivantes. La zone était plongée dans le noir en raison des risques de bombardement. Quatre camions se perdirent, les convois circulant tous feux éteints, et ne furent retrouvés qu'à l'aube. Le matin du troisième jour il y eut un nouveau bombardement allemand. Un cargo espagnol fut touché mais les bâtiments soviétiques ne subirent pas de dommages. Orlov décida de terminer l'opération. Sept mille huit cents caisses se trouvaient à bord, selon le comptage du secrétaire au Trésor Méndez Aspe. Le colonel en avait compté cent de plus, et le signala plus tard dans son rapport au Centre. Conformément aux instructions, Orlov refusa de signer le reçu que lui demandait Méndez Aspe. En contrepartie, il suggéra d'embarquer quatre fonctionnaires du Trésor pour accompagner le chargement jusqu'en Union soviétique. Le secrétaire n'ayant que deux assistants à sa disposition, il fallut chercher à la dernière minute deux volontaires dans les hôtels du port afin de compléter le nombre. Les quatre bâtiments quittèrent la rade de Carthagène le 25 octobre 1936 vers midi à destination d'Odessa. En réponse à son rapport au Centre, Orlov reçut la consigne de Iéjov de ne parler à personne de la différence entre les nombres de caisses. C'est ainsi que les Russes gagnèrent quelque huit tonnes supplémentaires d'or dont ils n'eurent pas à rendre compte au gouvernement espagnol.

Au printemps suivant, dans la presse moscovite, je trouvai une liste de fonctionnaires du NKVD à qui l'on avait décerné la médaille de l'ordre du Drapeau rouge, et remarquai quelques noms que je connaissais. Je demandai à Sloutsky quel service distingué leur avait valu cette décoration. Il éclata de rire :

— Ce sont les chefs d'un détachement spécial d'une trentaine d'officiers triés sur le volet par Iéjov en personne, qui ont été dépêchés à Odessa au début de novembre pour y travailler comme... dockers !

Il me raconta qu'une quantité gigantesque d'or était arrivée d'Espagne. Le secrétaire général avait tellement peur que l'affaire se sache qu'il décida de confier la manutention des caisses à des officiers de haut rang de la police secrète. L'opération de débarquement avait été menée avec une telle discrétion que j'en entendais parler pour la première fois. Un collègue qui avait fait partie du détachement me décrivit plus tard la scène. Les docks d'Odessa avaient été entièrement interdits, entourés par un cordon de troupes. L'espace était dégagé depuis les quais jusqu'aux voies de chemin de fer. Les officiers du NKVD portaient les caisses sur leurs épaules. Des jours d'affilée, cette trentaine d'hommes porta le fardeau d'or et chargea les caisses dans des wagons de marchandises. Le tout fut acheminé vers Moscou sur des convois ferroviaires puissamment armés. Mon camarade et moi traversions la place Rouge pendant qu'il me racontait l'histoire du transport. Il indiqua l'étendue de la place autour de nous, écartant les bras :

— Si toutes les caisses d'or que nous avons empilées sur les quais de chemin de fer d'Odessa étaient posées côte à côte ici sur la place Rouge, elles la recouvriraient d'une extrémité à l'autre !

Mikhaïl Koltsov, le fameux journaliste de la *Pravda*, qui fut correspondant en Espagne, figurait parmi les invités du banquet que Staline offrit à ses plus proches associés le soir de l'arrivée de l'or à Moscou. La vodka coulait à flots, tout le monde était ivre, y compris le secrétaire général. Staline leva son verre et déclara, citant un vieux proverbe russe devant ses courtisans hilares : « Les Espagnols ne reverront jamais leur or, de même qu'ils ne peuvent pas voir leurs propres oreilles ! »

Celui qui rapporta la scène, le journaliste favori du dictateur, fut arrêté en décembre 1938 et disparut à la Loubianka. Mikhaïl Koltsov, cet homme talentueux, ami de nombreux intellectuels occidentaux, savait beaucoup trop de choses et travaillait pour le NKVD. Il avait, à son insu, mécontenté Staline à trois reprises au moins. Or celui-ci n'oublie jamais, ne pardonne jamais. En 1923, Koltsov publia dans sa revue *Ogoniok* un photo montage intitulé « Un jour dans la vie de Trotsky ». Lorsqu'en 1935 il organisa à Paris le Congrès des écrivains pour la défense de la culture, réuni au palais de la Mutualité, vaste opération de propagande dont il supervisa le financement secret par Moscou, Koltsov insista auprès de Staline pour y envoyer de vrais écrivains, Isaac Babel et Boris Pasternak, et non des seconds couteaux inféodés au Parti – sans quoi la délégation française se retirerait. Le secrétaire général céda au chantage mais n'oublia pas l'humiliation. Enfin Koltsov, ami d'André Malraux, et qui avait invité André Gide en Russie, échoua à empêcher ce dernier de publier ensuite son *Retour de l'URSS*, fortement critique à l'encontre du régime. Koltsov fut accueilli à bras ouverts par Staline lorsqu'il revint d'Espagne au printemps 1938 pour les cérémonies du Premier Mai, et invité à discuter au Kremlin de la situation là-bas, politique et militaire, en présence de Iéjov et de Vorochilov – le chef des services secrets et celui de l'armée. Kaganovitch et Molotov étaient également présents. À un moment donné, Staline regarda Koltsov en plissant les yeux, ce qui était généralement mauvais signe. Au sortir de la réunion, qui avait duré plus de trois heures, il mit la main sur son cœur et s'inclina devant le journaliste, lui demandant ironiquement :

— Comment faut-il vous appeler en espagnol ? On dit Miguel, n'est-ce pas ?

— Miguel, en effet, camarade Staline, répondit Koltsov.

— Bon, alors, don Miguel. Nous, nobles espagnols, nous vous remercions sincèrement pour votre intéressant rapport. Au revoir, don Miguel. Bonne chance.

— Je sers l'Union soviétique, camarade Staline.

Koltsov se dirigeait vers la porte. Staline le rappela.

— Tu possèdes un revolver, camarade Koltsov ?

Le journaliste, interloqué, répondit par l'affirmative.

— Tu n'envisages pas de te suicider avec ?

— Bien sûr que non, camarade Staline. L'idée ne m'en est jamais venue à l'esprit.

— Eh bien, c'est parfait, absolument parfait ! Encore une fois, merci, camarade Koltsov. Au revoir, don Miguel.

Koltsov rentra chez lui très inquiet et raconta l'histoire à son frère, le caricaturiste stalinien Boris Efimov. Il ajouta : « Sais-tu ce que j'ai lu dans les yeux du patron quand il me suivait du regard ? “Trop dégourdi”. » Durant la réunion, Koltsov s'était montré un excellent connaisseur de la situation espagnole. Sa compétence a irrité Staline, qui nourrissait déjà des griefs à son encontre. Ce ton espiègle et railleur, assez inhabituel chez lui, signifiait qu'il était en réalité piqué au vif. Staline le suivit silencieusement du regard tandis qu'il s'en allait. Je pense que la décision fut prise à ce moment-là. C'était souvent ainsi que le secrétaire général déterminait le sort des individus : non pas en les regardant de face, mais en les suivant des yeux au moment où ils lui tournaient le dos. L'arrestation de Koltsov sept mois plus tard causa une vive surprise en Union soviétique ainsi qu'à l'étranger. Je doute qu'il soit encore vivant aujourd'hui[1].

1. Sous la torture, Koltsov « confessa » ses liens avec le « traître » Karl Radek et les transfuges Victor Krebnitsky et Alexandre Orlov, dénonça cinq ambassadeurs soviétiques ainsi qu'André Malraux comme « espions fascistes », et impliqua dans ses confessions le grand metteur en scène Vsevolod Meyerhold, directeur du théâtre Stanislavsky. Jugé le 1er février 1940, Koltsov rétracta ses aveux. Il fut abattu le lendemain par Vassili Blokhine, l'exécuteur en chef de la Loubianka, en compagnie de Meyerhold (dont on avait brisé le poignet et les jambes), d'Isaac Babel et de Mikhaïl Trilisser, dit Moskvine, ancien chef de la section étrangère de l'OGPOu, et leurs cendres furent jetées dans la fosse commune n° 1 du cimetière du monastère Donskoïé. Koltsov apparaît sous les traits du journaliste Karkov dans *Pour qui sonne le glas*.

14.

Dans sa chambre de l'hôtel Metropol, je demandai à Orlov ce qu'il comptait faire du capitaine Picelli. Le colonel fronça les sourcils.

— De qui parles-tu ?

— Du député socialiste italien qui attend dans le couloir. Les services d'Alfredo Hertz l'ont intercepté à Barcelone et conduit ici contre sa volonté. Nous avons voyagé ensemble dans l'avion de Marseille, j'ai eu l'occasion de lui parler longuement et je peux te garantir que c'est un révolutionnaire sincère. Il partait se battre sur le front d'Aragon.

Orlov alla prendre un dossier sur son bureau. Il feuilleta négligemment les premières pages.

— Je l'envoie chez Marty, à Albacete. J'ai dit à Vera que j'interrogerai le prisonnier demain avant son départ – elle a prévenu les gardes. Il passera la nuit à la *checa*. Nous ne lui ferons rien. On l'incorporera dans une Brigade internationale.

— Et s'il n'est pas d'accord ? Picelli était attendu par le commandant Rovira...

Il referma le dossier.

— Pas question de renforcer les milices du POUM. La liquidation des trotsko-fascistes est déjà programmée en haut lieu. Ce Picelli sera incorporé chez nous de gré ou de force. Nous avons d'ailleurs un moyen de pression sur lui. L'an dernier, en vacances sur la mer Noire, il a rencontré une jeune Russe, étudiante dans un institut scientifique de Moscou. Les vacances sont toujours propices aux liaisons, n'est-ce pas ? La Russe a rompu sa relation avec Picelli avant qu'il ne parte pour l'Espagne, mais nos services ont conservé son nom et son adresse dans le dossier. Les Italiens sont chevaleresques envers les femmes en général. Il ne voudra pas que sa jeune amie finisse à la Kolyma ou au Kazakhstan. Quant au capitaine, nous lui réservons une mort héroïque. Je suis certain que c'est ce qu'il recherchait, au bout du compte.

Abasourdi, je regardai Orlov.

— Une *mort héroïque* ?

Il fit un geste du menton en direction de la porte.

— Tu connais déjà George Mink. Lui et ses amis s'amusent beaucoup de ce petit jeu. Ils se font enrôler pour un temps dans une brigade. Nous leur avons désigné d'avance les camarades dont les opinions politiques ne sont pas très sûres, ou qui font part de leurs doutes ou de leurs désillusions dans les lettres qu'ils envoient chez eux, et que nous ouvrons, bien entendu. Cela se passe la plupart du temps à l'occasion d'un assaut contre les franquistes. Une « balle perdue » tirée dans le dos. Puis, pour les morts les plus fameux, des funérailles grandioses à Valence ou à Barcelone. Ton Picelli y aura droit, c'est bon pour la propagande et pour le moral à l'arrière. Et sa jeune amie finira dans un camp. Nous n'encourageons pas la fréquentation des étrangers.

Orlov se rassit derrière la table et se resservit du café noir.

— Assez parlé du POUM. Je ne t'ai pas fait venir pour ça. Tu quittes Valence tout à l'heure en automobile, direction Paris. Ma fille part avec toi, sa mère l'attend dans les Pyrénées au col du Portillon. Il s'agit d'une « lettre spéciale ». Le Patron y attache la plus grande importance. Te rappelles-tu cette crapule d'Arménien, Gueorgui Sergueïevitch Aroutyounov ? Qui nous a donné tant de fil à retordre...

Il souleva un couvre-plat et attaqua ses œufs au jambon. J'étais affamé mais je mis un point d'honneur à ne pas le montrer. L'expression *liternoïé delo*, c'est-à-dire « lettre spéciale », signifiait dans le jargon du NKVD une liquidation. Quant au renégat Aroutyounov[1], tout le monde dans nos services avait entendu parler de l'histoire.

C'était notre *rezident* du Guépéou à Téhéran en 1928 à l'époque de la défection de Boris Bajanov, l'ancien secrétaire de Staline, et il fut impuissant à empêcher sa fuite jusqu'aux Indes où Bajanov se plaça sous la protection des Anglais. En octobre 1929, Aroutyounov (son véritable nom de famille était Ovsepian) fut convoqué par Trilisser, alors chef de l'INO, pour une « lettre spéciale » à Paris, cette fois l'élimination d'un autre transfuge, Bessedovsky. Mais l'attentat fut remis à plus tard et Aroutyounov envoyé à la fin de ce même mois d'octobre à Constantinople, pour y prendre le poste de *rezident*, où il remplacerait Iakov Blumkine, arrêté et fusillé en décembre 1929 à Moscou, accusé d'avoir porté une lettre de Trotsky – alors exilé dans l'île de Prinkipo – à ses amis de l'« opposition de gauche » (je devais apprendre plus tard la vérité sur cette affaire rocambolesque, liée au plus mortel secret de Staline).

À Constantinople où il débarqua sous la fausse identité de Gueorgui Agabekov, officiellement pour diriger une compagnie de bicyclettes soviétiques, l'agent tomba éperdument amoureux d'une Anglaise

1. Plus connu en Occident sous le nom d'Agabekov.

de vingt ans nommée Isabel Streater, qui avait répondu à sa petite annonce pour des cours de langue à domicile. Le coup de foudre fut réciproque en dépit d'une notable différence d'âge et de la laideur du bonhomme, accentuée par un strabisme divergent. Plus rien ne comptait désormais pour Aroutyounov que cette passion insensée qui le conduisit à avouer à la jeune Anglaise ses activités dans les services secrets communistes, et à faire défection dans le but de l'épouser et de fuir à Londres avec elle. Notre agent se rendit à l'ambassade britannique et demanda à rencontrer l'attaché militaire à qui il répéta sa confession. Les Anglais ne le crurent pas, voyant plutôt dans son récit une tentative de pénétration d'un agent soviétique ayant manipulé une naïve demoiselle, laquelle travaillait parfois avec sa sœur aînée, dactylographe à l'ambassade. Aroutyounov dut également affronter l'opposition tenace du père d'Isabel, employé en Turquie de la compagnie maritime Blair and Campbell. Il séquestra sa fille et lui confisqua son passeport. La suite de l'affaire, où le romantique côtoie en permanence le cocasse ou l'absurde, et qui se prolongea durant plusieurs années, mériterait qu'on lui consacre un volume entier et je ne la développerai pas ici. Il suffit de savoir qu'au début de 1931, grâce aux efforts conjugués des services de contre-espionnage belges et britanniques – revenus de leurs préventions initiales –, M. et Mme Aroutyounov entamèrent une nouvelle existence à Bruxelles. Leurs problèmes n'en étaient pas résolus pour autant.

— Il a causé beaucoup de dégâts, dit Orlov. Tous les agents ayant été en contact avec lui ont dû être rappelés à Moscou et recevoir de nouvelles affectations. Outre des dizaines de noms, Aroutyounov a révélé aux services anglais, français et belges la manière dont nous avions accès aux correspondances secrètes des ambassades. Le mal était fait, mais Staline a tout de même donné l'ordre de le liquider à titre d'exemple. Comme tu le sais sans doute, une opération assez complexe a été montée en 1932 pour attirer l'Arménien au port roumain de Constanza et l'embarquer de force sur un cargo grec à destination d'Odessa.

Le bâtiment s'appelait l'*Helena Philomena*, la presse occidentale avait beaucoup parlé de cette histoire. Orlov eut une grimace de mépris.

— Le coup a échoué lamentablement. Aroutyounov se méfiait et la police de Constanza a arrêté tous nos hommes y compris deux tueurs bulgares pourtant expérimentés. Ce fut un sérieux revers pour l'OGPOu. Mais nous ne renonçons jamais, comme tu sais. Le bras du *Vlast* s'étend partout. J'ai eu récemment des nouvelles de l'Arménien. Entre-temps sa femme l'a quitté et elle est retournée à Londres. Aroutyounov, expulsé de Belgique après l'incident du *Philomena*, a tenté de vendre ses services d'informateur et d'agent antibolchevik aux Anglais, aux nazis, aux Roumains, avec des succès variables, et s'est mêlé de petits trafics de bijoux un peu sordides tout en spéculant et perdant à la Bourse. Aux dernières nouvelles il était à Paris, complètement à court de ressources. Maintenant, je dois t'expliquer une chose. Tu gardes cela pour toi, mon petit Shmerl. Si le monde l'apprenait, toute notre opération en Espagne serait compromise.

Le colonel posa sa fourchette et se pencha en avant.

— Depuis notre arrivée, nous avons organisé un système extrêmement lucratif, à un point que tu ne saurais imaginer. Les Espagnols, les anarchistes surtout, ont la manie de mettre le feu aux églises et aux monastères. Ils jouent aussi à déterrer les prêtres et les nonnes dans les cimetières des couvents. Les journaux capitalistes ne se sont pas privés de publier quelques photos assez macabres que tu as dû voir. Le sentiment antireligieux est très fort ici. Hier encore, près de Valence, des miliciens ont fusillé onze carmélites. Et en ville un religieux de l'ordre des Hospitaliers y est passé aussi, il avait soixante-quinze ans. Enfin, chaque fois qu'une église, un monastère, ou un château tombe entre les mains républicaines, nos services spéciaux débarquent avant que ne brûlent les antiquités. À ceux qui protestent, on raconte que c'est pour les transférer dans des musées : patrimoine national, éducation du peuple, ce genre d'arguments. Le pays contient une quantité extraordinaire d'œuvres religieuses dont beaucoup remontent au Moyen Âge. Leur valeur est parfois inestimable. Personnellement, je collectionne plutôt les montres (il agita son poignet gauche), cette Duchêne Peyrot par exemple, et les dagues mauresques depuis que je suis ici. Une belle dague ancienne produit beaucoup d'effet lors des interrogatoires et me fait gagner du temps – les fascistes me croient sur parole lorsque je leur explique à quel point la peau se détache avec facilité, comme si je pelais une poire bien mûre. Je reviens à mon système : nous entreposons à Valence dans un lieu discret le butin des églises et des châteaux. Tous les quinze jours environ, un convoi de camions franchit les Pyrénées. Les gardes-frontières espagnols sont avec nous politiquement, et les Français payés pour fermer les yeux, ou alors ce sont des communistes qui croient à des passages d'armes. Les sculptures, tableaux, etc., sont mis aux enchères à l'hôtel Drouot et dans d'autres salles de ventes en Europe. Les bijoux partent en Hollande. Un agent du NKVD nommé Zelinsky dirige l'opération depuis Bruxelles. Cela lui a donné l'idée de reprendre contact avec Aroutyounov. Notre traître s'est un peu méfié au début mais l'appât du gain a été le plus fort. L'Arménien refuse de mettre les pieds en Espagne, il n'est pas fou, mais veut bien s'occuper du transport depuis la frontière française près de Bagnères-de-Luchon, jusqu'à la banlieue de Paris. Nous le payons grassement. Il a déjà supervisé deux voyages. Comme nous l'avons laissé tranquille ces fois-là, sa méfiance a nettement diminué. Demain, ma femme l'accompagnera jusqu'au point de rendez-vous au col du Portillon. Le lieu est assez sauvage, en pleine forêt. Ce sera alors à toi de jouer, mon petit Shmerl. Et pour ma chère Vera, la leçon devrait être intéressante : comment les vrais communistes appliquent le châtiment que nous réservons aux traîtres fascistes. Veille à ce qu'elle y assiste, mais de loin.

Le chef du NKVD avait achevé ses œufs au jambon. Il déchira l'extrémité d'un croissant pour éponger les derniers restes de jaune d'œuf sur son assiette, puis il alluma une Lucky Strike. Comme pour réparer un oubli il me tendit son paquet. Je pris une cigarette, j'en avais besoin. Mais mon vieil ami ne m'avait toujours pas offert de café. Je sortis de la suite quelques minutes plus tard. Il ne me raccompagna pas jusqu'à la porte. Le Hongrois édenté m'attendait dans le couloir pour me rendre mon Rast und Gasser ainsi que mon passeport. Le capitaine Picelli n'était plus là, et je n'eus pas à le regarder dans les yeux.

15.

Un certain Loreto Apellániz vint à ma rencontre dans le hall du Metropol. Le Hongrois me le présenta comme un membre important du comité du parti communiste de Valence, et l'homme de confiance du colonel Orlov et du camarade Pedro. Je lui trouvai une tête de tueur. Il nous fit monter dans une Hispano-Suiza à fanion rouge pour nous conduire au bar de l'hôtel Victoria. Ma valise, récupérée à l'hôtel Colón, se trouvait dans le coffre de l'Hispano. Je fus impressionné : les services du NKVD en Espagne pensaient à tout.

La ville, grouillante de monde en cette fin de matinée – la population avait paraît-il triplé depuis l'arrivée des fonctionnaires du gouvernement madrilène –, paraissait plus petite que Barcelone. Cafés, cinémas et magasins étaient pleins à craquer. Les ruelles étaient bordées de gros palmiers devant les jardins des maisons peintes de couleurs vives, sous le ciel bleu. Ici au sud, l'automne ressemblait à un second printemps. Sous la chaleur du soleil l'air embaumait du parfum des lilas, des violettes, des œillets. Je vis des géraniums bleus ramper le long des murs. Les arbres avaient encore leurs feuilles, il soufflait un vent assez fort et notre conducteur expliqua qu'en cette saison il pleuvait souvent, que des tempêtes éclataient sur les montagnes et sur la mer. Les églises demeuraient intactes, qui évoquaient la gloire passée du royaume. Mais l'atmosphère générale, lourde et policée, les visages graves, me firent vaguement regretter l'ambiance hystérique de Barcelone, et ses filles brunes aux robes multicolores arpentant les *ramblas.* Valence était la capitale de l'Espagne républicaine, cependant la révolution semblait plus éloignée que jamais. Même les anarchistes que nous aperçûmes dans la foule, jouant les matamores, la poitrine ornée de médailles, en uniforme d'officier avec épaulettes, képi ou calot brodés d'or, me donnèrent l'impression d'avoir oublié leurs convictions. Au Victoria, que hantait une faune cosmopolite, de mauvais pressentiments m'envahirent : je me persuadai que je ne reverrais ni ma femme ni mon fils. La mâchoire supérieure sans dents de Harry, les petits yeux noirs d'assassin d'Apellániz, pendant que mes compagnons buvaient verre après verre de Xerès et moi de l'eau minérale, semblaient augurer de ma fin prochaine. À Moscou ou ailleurs, mon nom figurait sur quelque liste d'agents à liquider discrètement, le récit d'Orlov et la prétendue exécution de l'Arménien n'étaient qu'un de leurs traquenards absurdement compliqués – on m'abattrait d'une balle dans la nuque au bord d'une route de montagne avant même d'atteindre la frontière française. J'achetai un paquet au bar et fumai plusieurs cigarettes d'affilée, essayant de suivre, tous mes sens en éveil, la conversation à voix basse du Hongrois et de l'Espagnol.

Nous repartîmes pour la banlieue ouest de la ville et un garage au store de métal baissé devant lequel était garée une Opel noire. J'aperçus, de profil, assise à l'arrière, la fille du colonel Orlov. Le chauffeur fumait debout à côté de l'automobile. Il portait un gros pistolet à la ceinture. C'était un jeune Espagnol souple et musclé, aux cheveux blonds lissés en arrière. Apellániz fit halte devant l'Opel, le long du trottoir baigné de soleil. Le chauffeur mit ses doigts entre ses lèvres pour lancer un long coup de sifflet. Un mécanicien sortit du garage par une petite porte et se pencha pour relever le store.

Un gros camion bâché attendait à l'intérieur, gardé par cinq jeunes gens à l'expression décidée, équipés de fusils-mitrailleurs Holek vz.29 fabriqués en Tchécoslovaquie, et de Federov russes de 1916. Je m'étais servi d'un de ces derniers en Pologne, aux côtés du colonel Orlov quand il s'appelait encore Leiba Feldbine. Ils tiraient des balles japonaises Meiji de 6,5. Le Hongrois me présenta à ces hommes : c'étaient tous de jeunes Allemands du KPD, membres d'une Brigade internationale. Ils appartenaient à la garde privée d'Orlov, de toute évidence des combattants triés sur le volet. Certains avaient déjà participé à des actions de guérilla derrière les lignes franquistes. J'ignorais si l'on me présentait à mes propres exécuteurs ou à ceux de l'Arménien Aroutyounov. Harry monta avec l'un d'eux dans la cabine, les autres contournèrent le véhicule pour grimper sous la bâche. Le chauffeur de l'Opel me fit asseoir à côté de lui. La fille du colonel m'examina sans un mot. Je la saluai et refermai la portière. Lorsque j'allumai une cigarette, elle me pria sèchement, en français, avec sa petite voix aussi nette que sa personne, de ne pas fumer dans la voiture. Je me rappelai que Vera Orlova avait une santé fragile – en fait, qu'elle était condamnée par les médecins – et jetai ma cigarette par la fenêtre en m'excusant.

Notre convoi longea la côte du Levant jusqu'à Castellón de la Plana, où nous obliquâmes vers le nord en direction d'Alcañiz. Le front de Teruel se rapprochait : j'entendais le canon tonner au loin, par-delà les montagnes arides. Les barrages et points de contrôle étaient nombreux, mais le sauf-conduit qu'exhibait le jeune Espagnol blond, portant la signature du général Miaja, et concernant un détachement en « mission spéciale », réglait le problème presque à chaque fois. Lorsque des anarchistes faisaient des difficultés, les communistes allemands sautaient à terre, le regard farouche, la mâchoire serrée et braquaient leurs fusils-mitrailleurs. Nos chauffeurs rangeaient les documents et dégainaient leurs pistolets avec des sourires froids. Nous n'eûmes pas à tirer un seul coup de feu. Je saisissais mal cependant les raisons de cet itinéraire compliqué, alors qu'il eût été plus simple de suivre la route côtière jusqu'en Catalogne. Orlov devait avoir une idée derrière la tête. S'il voulait se débarrasser de moi, la chose était peut-être plus aisée à proximité du front. Mais, dans l'Espagne en guerre, la mort, rapide ou lente, rôdait partout et personne ne semblait se soucier des détails.

On s'arrêta pour déjeuner à Caspe, avant de franchir l'Èbre. À Lérida, où nous passâmes la nuit au Grand Hôtel, se trouvait un hôpital de campagne auprès duquel affluaient les blessés, en attente d'un transport pour les hôpitaux de Barcelone ou de Tarragone. Lérida est construite sur un rocher à pic, dont on aperçoit de loin les pierres rouges, couronné par un château et une gigantesque cathédrale. Ruelles et maisons semblaient s'appuyer les unes aux autres, entre les églises de style gothico-mauresque évoquant des mosquées ou des synagogues. Nous tombâmes au milieu d'une cohue indescriptible d'où s'élevaient jurons, cris et plaintes. Les blessés gisaient entassés sur les plateaux de camions, dans les charrettes tirées par des ânes ou des chevaux, sur les sièges des autos peinturlurées de slogans ou dans les rares ambulances. À travers la vitre de l'Opel, dans la lumière dorée de la fin du jour, la jeune Vera observait en silence les emplâtres imbibés de sang, les chairs déchiquetées, les membres brisés, les visages en bouillie, les moignons emmaillotés de bandages rouges. Me retournant, je vis les larmes sur ses joues pâles aux pommettes hautes. Un blessé leva le poing pour le salut républicain, au passage de notre voiture. La fille du colonel lui répondit en levant son poing d'enfant, les phalanges appuyées contre la tempe. Elle tourna la tête et suivit l'homme des yeux longtemps après que notre automobile l'eut dépassé, le chauffeur klaxonnant pour se dégager de la mêlée. À l'hôtel, les Allemands se relayèrent pour monter la garde autour du camion. Harry prit une chambre pour lui et moi. La jeune fille eut droit à une chambre individuelle au dernier étage. Le chauffeur s'assit devant sa porte, pistolet à la ceinture, et je pense qu'il resta éveillé toute la nuit. Il gardait la fille d'Orlov tel un chien fidèle.

Au petit déjeuner, elle mangeait seule lorsque j'entrai dans la salle de restaurant. Le jeune Espagnol blond s'était installé à une autre table avec deux des brigadistes du KPD. Je demandai à Vera Orlova la permission de m'asseoir à sa table. Elle hocha la tête. Je la fis parler un peu, car elle m'intriguait.

La jeune fille était née en 1923 ; assez vite, je compris que j'avais affaire à une de ces communistes endurcies de la nouvelle génération, à qui l'on avait inculqué une vision extrêmement simple du monde. Outre une haine résolue des nazis et des fascistes, et un profond mépris pour les bourgeoisies occidentales, Vera Orlova tenait avec certitude pour un ennemi mortel de l'État soviétique tout individu dont on mettait en doute le loyalisme vis-à-vis du gouvernement ou des chefs du Parti, comme Staline et Vorochilov. Ses arguments paraissaient sortir tout droit de *L'ABC du communisme* de Boukharine. La propriété collective entraînait l'édification d'une société éprise de justice où tous seraient égaux, et les représentants des classes paysanne et ouvrière dirigeraient le pays dans l'intérêt du peuple et non dans celui des propriétaires. Les moyens d'action, dans le droit fil de sa logique marxiste-léniniste, pouvaient être aussi sévères que possible, l'essentiel demeurant le but final, aussi lointain fût-il, qui était le bonheur de tous. *La fin justifie les moyens.* J'y avais cru longtemps moi aussi : je n'étais pas si différent de Vera, juste un peu plus vieux. Trotsky y croyait également, ce dogmatique têtu qui ne personnifiait en réalité qu'une version un peu sophistiquée de Lénine ou de Staline. Dieu seul sait ce que Trotsky eût fait s'il avait pris le pouvoir en URSS. N'avait-il pas présidé à l'écrasement de la révolte des marins de Cronstadt ? Et plus tard au cours des années 1920, n'avait-il pas proposé au Parti de « militariser » le travail ? Tout récemment, aux États-Unis, je discutai avec un intellectuel de gauche américain qui s'était rendu en Espagne en 1937. Il avait publié un roman sur la question, roman massacré par la critique sous l'influence du parti communiste américain. Je compris lors de notre conversation pourquoi ce genre de raisonnement à propos de la fin et des moyens nous entraînait automatiquement – comme il l'a toujours fait, du reste, au long des siècles de l'histoire humaine – sur la pente du crime, du mensonge, de la trahison. La seule solution viable, selon cet Américain, est d'*inverser* la proposition. Les moyens sont plus importants que la fin. Car ce sont les moyens qui façonnent nos institutions, le cadre dans lequel nous devons vivre... tandis que la fin, nulle vie humaine ne la verra jamais[1].

---

1. Il se pourrait que l'« intellectuel de gauche » fût le romancier John Dos Passos, qui vécut des expériences contradictoires en

La conversation prit un tour plus personnel lorsque nous en vînmes à parler de Paris. À l'époque où son père occupait le poste de *rezident* légal, Vera habitait à l'ambassade soviétique, rue de Grenelle, et son passe-temps de prédilection était de monter sur les petits chevaux des jardins du Luxembourg. Je me rappelais en effet ces petits chevaux. Elle me sourit, pour la première fois depuis notre rencontre, la veille, à l'hôtel Metropol.

— C'était le 1er septembre 1926. L'anniversaire de mes trois ans. Pour l'occasion, mes parents m'ont emmenée déjeuner au parc des Buttes-Chaumont. Nous nous sommes promenés avant de manger au restaurant du parc. Après déjeuner je suis montée dans une carriole tirée par un petit âne. Enfin, mon père a eu l'idée d'une excursion en barque sur le lac. Je me souviens encore d'avoir admiré les cygnes... Soudain le ciel s'est obscurci et il y a eu une violente averse. Mon père a ramé tant qu'il a pu, mais en accostant nous étions trempés jusqu'aux os. Au retour à l'ambassade j'avais la fièvre. Des semaines après, je souffris d'un sévère mal de gorge. Et j'étais constamment fatiguée. Mes parents ont consulté des spécialistes. Il s'est avéré que j'avais contracté une forme rare de fièvre rhumatismale, qui attaque le cœur. Le dommage est lent mais irréversible. Je ne vivrai pas aussi longtemps que les autres personnes. Mais, si je veux vivre, c'est pour mes parents, qui seront tellement tristes quand je serai morte. N'ayez pas l'air si navré, camarade Muehlen. Qu'importe ma petite existence, en regard de la révolution mondiale ? du bonheur de l'humanité ? Regardez cette guerre

---

Espagne au printemps 1937, et plus tard développa dans son roman *Aventures d'un jeune homme*, sur un volontaire américain de la guerre civile, des idées très semblables à celles que cite Krebnitsky.

autour de nous. Les hommes courageux viennent ici du monde entier, à l'appel du grand Staline et de la révolution espagnole, risquer leur vie dans le combat décisif contre le fascisme. Avez-vous vu ce blessé, hier, qui levait le poing? *Nous allons gagner!*

Nous bavardions en russe, mais la fille du colonel pratiquait sans difficulté le français et l'allemand, appris au cours des affectations successives de son père aux ambassades soviétiques de Paris et de Berlin. Elle y avait profité de l'éducation réservée aux enfants de diplomates. La religion l'intéressait peu. Son père était juif, sa mère venait d'une famille chrétienne orthodoxe d'Ukraine. Vera se passionnait pour la littérature. Comme beaucoup d'adolescentes, je crois qu'elle cachait une nature ardente et romantique sous des dehors réservés et froids. Je sursautai lorsqu'elle tira de sa ceinture une petite dague effilée.

— Mon père me l'a donnée. Cette arme appartenait à une princesse maure, il y a très, très longtemps. Je dois m'en servir si les fascistes tentent de m'enlever. Il ne me l'a pas dit pour ne pas m'inquiéter, mais c'est évident. Le camarade Staline a confié à mon père une mission de la plus haute importance en Espagne. Les franquistes de la cinquième colonne pourraient me prendre en otage. Ou les gardes blancs...

Je souris à mon tour. La vie ressemblait pour elle à une version moderne d'un de ces romans d'Alexandre Dumas qu'elle avait pour livres de chevet. En y réfléchissant, les seules personnes qui pourraient effectivement la kidnapper, si un jour son père menaçait de faire défection comme Aroutyounov, Bajanov ou Bessedovsky, étaient les communistes du NKVD. Le colonel Orlov y songeait-il et, en conséquence, redoutait-il pareille éventualité? Avait-il donné une arme à sa fille pour cette raison? Et ordonné à son fidèle chauffeur de coucher devant sa porte? La poignée de la dague était incrustée de pierres précieuses – une pièce maîtresse de la collection d'Orlov. Je rendis l'arme à Vera. Son garde du corps venait vers nous. Il fallait partir si nous voulions arriver à temps au rendez-vous dans les Pyrénées.

À Artesa de Segre, notre convoi obliqua vers le nord. Une dizaine de kilomètres plus loin, l'Opel tomba en panne suite à la rupture d'un ressort de soupape. Il fallut attacher la berline derrière le camion. Nous perdîmes deux heures à attendre dans un garage que la réparation fût effectuée. En début d'après-midi, nous déjeunions au restaurant coopératif de la bourgade de Salas. C'était la « cuisine populaire » du comité antifasciste local. L'église avait brûlé, le drapeau rouge et noir était hissé sur les décombres. On nous servit, à la table commune, du jambon et de grands morceaux de pain avec de l'huile d'olive en guise de beurre, des bouteilles de vin rouge à volonté, et des amandes rôties en dessert. Lorsqu'ils apprirent que la jeune fille qui nous accompagnait était russe, les volontaires du restaurant coopératif la pressèrent de questions enthousiastes, auxquelles Vera répondait en français. Nous chantâmes ensemble *L'Internationale* en plusieurs langues, chacun dans la sienne. Un des brigadistes allemands, ancien ouvrier métallurgiste en Westphalie, évadé d'un camp de concentration, avait été arrêté par la Gestapo et torturé pendant des semaines. Il ne livra jamais les noms de ses camarades. À la table de la cuisine populaire, il écarta de ses deux mains ses lèvres pour nous montrer les mâchoires supérieure et inférieure. Nous ne vîmes que des dents et pas de gencives. Les nazis les avaient découpées avec un couteau chauffé à blanc.

Nous repartîmes en direction des montagnes, traversant de petits villages protégés par des barricades de sacs de terre ou de sable, et où chaque église, sous le drapeau rouge et noir, se réduisait à un monceau de pierres noircies. Il pleuvait légèrement lorsque notre convoi atteignit Bosost. Nous avions trois quarts d'heure de retard sur l'horaire prévu. Il faisait très froid dans les Pyrénées, la brume voilait les pins sur les pentes de la montagne en direction du col. La route s'élevait en lacets très serrés. Le chauffeur, qui se prénommait Pablo, m'avait donné une carte que je dépliai sur mes genoux. Il indiqua le point où la femme du colonel Orlov devait nous attendre, un peu avant la frontière. Il ralentit en apercevant la Citroën noire garée sur le côté de la route. En face, un espace dégagé entre les arbres nous permettrait de faire reculer le camion. Une femme aux cheveux blond foncé, élégamment vêtue et coiffée d'un petit chapeau gris bordé de fourrure incliné sur le côté, se tenait près de l'automobile. J'apercevais vaguement un homme assis sur le siège du passager. Je descendis de l'Opel. Mon revolver était dans une poche de ma veste, sous mon imperméable. La bruine continuait de tomber doucement. La femme blonde s'approcha, et Vera quitta l'Opel à son tour pour se jeter dans les bras de sa mère.

L'épouse du colonel Orlov était plus grande que moi. Sa beauté me frappa, en particulier l'intensité extraordinaire de ses yeux. Je n'ai jamais vu des yeux pareils, ni avant ni après ce jour. La mère était beaucoup plus impressionnante que la fille. Elle écarta cette dernière et s'avança dans ma direction.

— Professeur Muehlen ? Je suis Maria.

Nous échangeâmes une poignée de main. C'était très formel, de même que mon titre de « professeur », mais tout cela faisait partie du plan. Le passager de la Citroën ouvrit sa portière et vint vers nous. Il portait un long manteau brun clair à chevrons, et un chapeau de feutre noir. Sa cravate, trop serrée, était nouée de travers. Maria Orlova me présenta l'Arménien, un petit homme très laid, sous le nom de « M. Egorov ». Son visage avait nettement le type oriental. Les yeux de l'ancien agent de l'OGPOu, affligés d'un curieux strabisme, paraissaient surveiller en même temps sa gauche et sa droite. La poignée de main d'Aroutyounov était glissante, sa paume chaude et humide. Je le sentis terrifié. De mon côté j'étais un paquet de nerfs. L'homme était certainement armé. Tout le monde était armé ici, même l'adolescente avec sa dague mauresque. Et la mère dissimulait sans aucun doute un petit automatique dans son sac à main. Le prétendu Egorov me demanda en allemand, d'une voix rauque, si j'étais citoyen soviétique. Je répondis que j'avais la nationalité autrichienne mais que j'étais né en Pologne, près de Lemberg, de parents originaires d'Allemagne. Il ne parut qu'à moitié rassuré.

— Mme Feldbiene me dit que vous êtes un spécialiste de la sculpture baroque...

J'acquiesçai en désignant le camion, dont le chauffeur fumait une cigarette derrière son volant. Harry était descendu et, à une vingtaine de mètres de distance, nous tournant le dos, urinait contre un tronc d'arbre.

— Vous désirez jeter un coup d'œil à la cargaison ? Je vous en prie.

Il me suivit en grommelant jusqu'à l'arrière du véhicule. En même temps je surveillais le Hongrois du coin de l'œil. Arrivé à l'angle du hayon, j'attendis qu'Aroutyounov m'eût dépassé et se fût positionné bien en face. Il écarta les jambes, ouvrit son manteau, dévoilant la crosse de l'automatique enfoncé dans la ceinture du pantalon.

— Faites voir, mais vite. Je ne voulais pas passer la frontière. J'ai l'impression d'être sur un volcan, ici.

Ça grouille de Russes même dans les montagnes. Ils font la chasse aux déserteurs des Brigades internationales. On regardera plus tranquillement une fois arrivés à Paris... Et pas de blagues, je suis armé.

Je soulevai la bâche, pour aussitôt bondir sur le côté. Je dérapai sur la terre détrempée et manquai perdre l'équilibre. Les fusils-mitrailleurs Holek et Federov se mirent à crépiter tous en même temps depuis la plate-forme. Le chapeau d'Aroutyounov vola. Son propriétaire parut soulevé par la grêle de projectiles, qui dictèrent à son corps une bizarre danse de sauvage. L'Arménien n'eut jamais le temps de saisir son pistolet. Il recula, dansant sous les balles, glissa, tomba assis le dos contre un tronc. Les brigadistes maintenaient l'index pressé sur la détente, avec un bruit infernal. Des fragments d'écorce jaillissaient du tronc de l'arbre. Le sang aussi giclait. Je fis quelques pas de plus en arrière. Le corps de l'Arménien, même assis, poursuivait ses soubresauts puis il bascula sur le côté. Harry s'approchait, un gros automatique dans la main droite. Je tirai mon arme, prêt à faire feu dans sa direction. Mes mains tremblaient et j'étais certain de manquer ma cible. Le crépitement des fusils s'arrêta net.

Aroutyounov gisait les bras le long du corps, les jambes repliées, agitées de mouvements spasmodiques. Du sang coulait de sa bouche ouverte et de ses narines. L'œil droit avait été crevé par une balle de petit calibre. Gilet, chemise, manches, pantalon, étaient criblés de trous rouges, le tissu arraché par endroits, et de la fumée s'élevait dans l'air humide qui sentait la cordite et les excréments. Je me penchai et, de la main gauche, attrapai la crosse de l'automatique. C'était un petit Beretta modèle 1931. Je le fourrai dans la poche de mon imperméable. Harry ricana, découvrant ses gencives édentées. Il pointa le canon de son pistolet en direction du visage de l'Arménien. Le sang jaillissait par saccades de la bouche. Le type n'en finissait pas de mourir. Les jeunes Allemands sautèrent de la plate-forme, tenant leurs fusils brûlants et poussant de brèves exclamations. J'armai le Rast und Gasser, m'agenouillai et posai le canon sur la tempe gauche de notre ex-agent de Constantinople. Le coup partit. La boîte crânienne s'ouvrit du côté opposé, projetant des fragments de cervelle sur le sol semé d'aiguilles de conifères.

J'entendis un cri aigu, et me retournai. C'était Vera.

16.

Harry fouilla les poches d'Aroutyounov et en retira tout ce qui pourrait faciliter son identification par la police. Il garda les billets de banque pour lui, avant de tendre le portefeuille à la soi-disant Mme Feldbiene. Maria Orlova se dégagea avec douceur des bras de sa fille et, après un bref examen des papiers qu'il contenait, glissa l'objet dans son sac à main. Les brigadistes du KPD s'emparèrent du corps ballant, traversèrent la chaussée pour le jeter de l'autre côté, où il dévala les pentes broussailleuses entre les troncs d'arbres. Pablo m'expliqua que les cadavres anonymes étaient relativement nombreux dans les forêts au voisinage des cols. Il se produisait des escarmouches entre internationalistes et combattants carlistes. Et les Rouges, comme l'avait mentionné le mort, tiraient les déserteurs comme des lapins. Les déçus chez les engagés volontaires ne s'étaient pas attendus à la discipline de fer appliquée par les généraux russes et les commissaires politiques du Komintern.

L'Opel fit demi-tour, les Allemands serrés à l'intérieur avec leurs fusils. Pablo les reconduisait à Valence. Ayant porté ma valise d'un coffre à l'autre, je montai dans la Citroën pour m'installer sur le siège encore tiède du passager. La femme du colonel prit le volant et tourna la clé de contact. Vera était assise derrière nous, silencieuse, habituée aux banquettes des puissantes conduites intérieures. Le camion redémarra de son côté, le chauffeur et Harry dans sa cabine, et manœuvra pour quitter l'abri des arbres. Il bruinait toujours. Maria Orlova mit les essuie-glaces en marche.

Ma « lettre spéciale » s'était déroulée comme prévu en dépit de mes funestes pressentiments. Le Centre pouvait barrer un nom sur la longue liste des hommes à abattre. Je serais connu à la Loubianka comme l'agent qui avait eu la peau d'Aroutyounov – sept années après son coup de folie en Turquie – et l'on m'accorderait peut-être une médaille. Le *Vlast* ne pardonnait jamais, n'oubliait jamais. Son bras s'étendait dans tous les pays et il ne fallait même pas songer à lui échapper. C'était ce que je comptais dire à Ludwig. Je me retournai pendant que notre voiture reprenait la route du col du Portillon. Le lieu de l'exécution s'éloignait, il disparut de ma vue au prochain virage. Outre un cadavre au creux des broussailles, nous laissions là-bas des flaques de sang, des centaines d'étuis de cartouches et un chapeau noir.

La frontière du côté espagnol était gardée par cinq ou six miliciens républicains de l'UGT équipés de vieux fusils. Le laissez-passer que leur tendit Maria Orlova dut leur paraître remarquablement convaincant : ils levèrent le poing avec des cris de joie, des « *No pasarán !* » et des vœux de bonne route. C'est tout juste si, dans leur enthousiasme, ils ne tirèrent pas en l'air. Les douaniers français nous adressèrent des clins d'œil et des sourires entendus, soulagés de n'avoir pas à sortir de leur cahute sous la pluie. J'ignore si ceux-là étaient achetés ou communistes. À la nuit tombée nous arrivâmes à Toulouse, où la femme du colonel avait retenu des chambres dans le meilleur hôtel et d'où je pus téléphoner à Tania. Le lendemain dans l'après-midi nous atteignîmes Paris. La conductrice connaissait parfaitement son chemin, nous menant vers un décor maussade de banlieue du côté d'Aubervilliers. Dans le garage d'une haute maison solitaire aux fenêtres murées de briques, située le long d'un canal, nous attendaient un Français moustachu, dont je ne me rappelle plus le nom, et un jeune Anglais à l'allure efféminée.

En dépit de ma constitution fragile, je dus prêter main-forte aux autres pour descendre les colis du camion. L'Anglais, qui me fut présenté sous le nom de Tony, semblait un expert en art – il s'y connaissait en tout cas beaucoup mieux que le faux Muehlen. Ce jeune homme examinait d'un air avide tout ce qui surgissait de sous les tissus et les bâches au cours de notre grand déballage. Avec un canif, il gratta la peinture ocre recouvrant les pierres serties dans la décoration d'une paire de panneaux de bois à la peinture écaillée, représentant Saint-Louis et Blanche de Castille. Il émit un petit gloussement : c'étaient de simples pierres fines, turquoises, améthystes et autres, sur de la peinture provinciale naïve de la fin du XVIIe. Un candélabre noirci éveilla son intérêt. Haussant les épaules, le Français décréta que ce n'était que du fer.

— *Que du fer ?* répéta le camarade Tony, de sa voix haut perchée. Seigneur, c'est du pur travail catalan du XVe siècle ! Regardez, pas de rivets, tout est soudé et modelé sous le marteau... Cela vaut une fortune !

Vera se promenait parmi les saints et les vierges, les peintures et les crucifix, excitée comme une gamine ayant découvert une vieille malle au fond du grenier. Sa mère lui expliqua que le produit de la vente de ces objets irait aux caisses de la révolution, pour aider le peuple espagnol. Ce sont les anarchistes qui brûlent les églises, pas nous, les communistes (nous nous contentions, en effet, de les piller), le Parti reprend aux curés, complices de Franco, les trésors qui appartiennent au peuple, et les utilise au mieux pour assurer la victoire finale du prolétariat... Le discours m'était connu, en revanche le jeune Anglais m'intriguait. J'avais entendu déjà ce nom de Tony, à quelle occasion ? Était-ce dans mon bureau de La Haye ? Il fallait que je demande à Matilda en rentrant si cela lui rappelait quelque chose. Avions-nous recruté en 1935 ou 1936 un agent du nom de Tony ? Peut-être un de ces étudiants de Cambridge ou d'Oxford... Le fait qu'il fût de toute évidence homosexuel me rappelait une théorie qu'Orlov avait développée durant notre entrevue au Metropol : lorsqu'il était *rezident* à Londres, les jeunes invertis avec qui il entrait en contact dans les universités anglaises – en dépit du dégoût que lui inspirait ce type de perversion – faisaient preuve d'un sens de la considération mutuelle et de réelle loyauté qui les qualifiaient tout particulièrement pour les activités de renseignement au service de l'URSS. En même temps, ils possédaient déjà une expérience considérable des rencontres clandestines, de la communication par messages secrets, bref d'une atmosphère générale de conspiration et de « cercle privé », l'homosexualité étant illégale au Royaume-Uni. Qualités supplémentaires, les membres de cette espèce de franc-maçonnerie intellectuelle étaient intelligents, fins, sociables et cultivés : leur charme naturel pouvait se révéler utile pour recruter de nouveaux sympathisants de l'Union soviétique ou de l'antifascisme en général. Dernier point, nous savions pouvoir bénéficier d'un puissant moyen de pression sur eux en cas de problème : la menace de révéler leurs habitudes sexuelles interdites et de briser ainsi à la fois leur famille (car ils finissaient souvent par se marier par respect des convenances avec une fille de la haute société) et leur carrière. Comme toujours, on trouvait de très nombreux homosexuels dans les milieux diplomatiques des démocraties de l'Ouest, et là aussi nos agents purent nouer de fructueux contacts grâce à cette forme de chantage qui fonctionnait remarquablement auprès des Américains et des Anglais.

Nous dînâmes tous les sept dans un petit restaurant populaire dont le patron et son épouse appartenaient à la cellule locale du parti. Au cours du repas, Tony, ayant appris que je m'occupais d'une galerie de tableaux en Hollande, parla de peinture, son sujet de prédilection. Il admirait plus que tout l'artiste français Nicolas Poussin. Les tendances actuelles de l'art ne lui inspiraient que du dégoût et une condamnation politique : je l'entendis critiquer le surréalisme comme une phase pendant laquelle l'art, sous le capitalisme, se détruit lui-même graduellement à mesure que les contradictions du système social deviennent plus aiguës. Le prolétariat, selon Tony, avait besoin d'une forte dose de réalisme socialiste, dont il loua les représentants au Mexique, Diego Rivera et José Orozco.

— Dans un siècle ou deux, affirma-t-il, le communisme aura produit son Raphaël. Mais l'art de celui-ci traitera des problèmes sociaux du jour, un art plus intimement connecté à la vie qu'il ne l'a été depuis le Moyen Âge...

Me faisant l'avocat du diable, je lui demandai comment l'individualisme fondamental des artistes pouvait faire bon ménage avec la dictature du prolétariat. Les peintres juifs que j'exposais à La Haye, par exemple, étaient de merveilleux individualistes. Et l'Allemagne de Hitler traitait leurs œuvres d'« art dégénéré ». Tony m'observa d'un œil torve. Il avait bu pas mal de vin rouge.

— Cette remarque me surprend de la part d'un camarade comme vous. C'est la vieille vision libérale des choses. Mais la monstrueuse tyrannie des nazis n'a rien à voir avec la dictature exercée sur les artistes en URSS. Staline a vu juste en interdisant l'art abstrait et en le traitant de « bourgeois ». C'est d'une logique admirable : le rôle de l'art abstrait était de détruire l'idéologie bourgeoise. Bien. Mais comme il n'y a plus d'idéologie bourgeoise en Union soviétique, l'art abstrait devient inutile. Et ce qui est inutile est du gaspillage et par conséquent ne saurait être toléré.

Tony me toisa avec une expression satisfaite, puis se gratta le nez.

— Mais, au fond, camarade Muehlen, la sensibilité esthétique et le goût sont quelque chose de très personnel. Une question de *background*, en réalité. Le milieu, l'éducation, tout ça. Malheureusement nous n'avons pas tous la capacité nécessaire...

Il me sourit, et j'acquiesçai en souriant à mon tour avant de changer de sujet. Tony ignorait mon rang dans l'appareil, sinon il n'aurait jamais parlé de cette manière. Je réprimai une sérieuse envie de lui casser ses dents de lapin et son nez pointu d'un coup de crosse de mon Rast und Gasser. Ce jeune Anglais efféminé venait, en quelques mots choisis, de me remettre à ma place : celle d'un petit youpin sorti de son *shtetl*, une bourgade pouilleuse de la lisière orientale de la Pologne. Mon regard croisa un bref instant le regard de Maria Orlova, née à Kiev. J'avais l'impression – et peut-être elle aussi, bien qu'elle n'eût guère participé à la discussion sur l'art – d'avoir été victime de la part de Tony non d'un snobisme intellectuel, mais d'un snobisme social.

17.

Abraham Sloutsky, le chef de la section étrangère du NKVD, avait reçu l'ordre du Centre d'inspecter notre police politique en Espagne. Il arriva là-bas le surlendemain de mon départ et y resta une dizaine de jours. Dans la première semaine de décembre, un courrier se présenta à La Haye avec un message urgent de mon supérieur. Comme d'habitude dans ces cas, le message était reproduit sur un petit rouleau de film, photographié à l'aide d'un appareil spécial. Développé dans la chambre noire par Hans Bruesse, le texte correspondait à peu près à ceci (je le reproduis de mémoire) :

Sélectionnez dans votre personnel deux hommes aptes à jouer le rôle d'officiers allemands. Leur apparence doit être suffisamment impressionnante pour les faire passer pour des attachés militaires, il faut qu'ils sachent parler à la façon de soldats expérimentés, et ils doivent être exceptionnellement audacieux et dignes de confiance. Envoyez-les-moi sans délai. C'est d'une importance extraordinaire. Je compte vous voir à Paris dans quelques jours.

Cette demande du NKVD m'ennuyait beaucoup. Ma réponse à Sloutsky, portée par le même courrier qui reprit aussitôt l'avion de Valence, lui faisait comprendre ma contrariété de devoir désorganiser mes services en Allemagne par le retrait d'hommes d'élite de leurs postes. J'accédai cependant à sa demande et envoyai des instructions appropriées.

Deux jours plus tard, je prenais le train pour Paris où je descendis à l'hôtel Palace. Mon chef voyageait avec un passeport diplomatique au nom de Tchernigovsky. Il logeait, avec son assistant Partine, dans un petit hôtel de la rue du Bac, à proximité de l'ambassade soviétique. Ma secrétaire m'arrangea un rendez-vous avec Sloutsky au café Viel. De là, nous nous rendîmes à pied à un restaurant persan du côté de l'Opéra. Sloutsky était un fonctionnaire paresseux, coquet, obséquieux à l'égard des chefs. Il avait un tempérament doux et hypocrite. Doué d'une riche imagination, c'était un redoutable simulateur, apte à jouer n'importe quel rôle. Ses petits yeux amicaux, son comportement cordial et empreint de chaleur humaine, donnaient à son jeu une telle apparence de sincérité que même les camarades qui le connaissaient depuis longtemps se faisaient avoir. Je l'aimais bien, mais je demeurais toujours sur mes gardes avec lui. En chemin, je demandai à Sloutsky les dernières nouvelles de notre politique extérieure secrète.

— Nous nous dirigeons comme prévu vers un arrangement avec Hitler. Les négociations sont entamées. Kandelaki, l'envoyé du Patron, va rencontrer le docteur Hjalmar Schacht le mois prochain. Cela avance favorablement.

— En dépit de tout ce qui se passe en Espagne? m'étonnai-je.

Bien qu'étant au courant des projets de Staline concernant un pacte avec Hitler, je pensais que la guerre civile et l'intervention militaire italo-allemande, sans parler de l'aide russe aux républicains, avaient relégué toute l'affaire au second plan.

Lorsque nous fûmes assis, Sloutsky amorça la conversation en m'annonçant que Iéjov appréciait beaucoup mon travail, et il me transmit les félicitations personnelles du commissaire du peuple aux Affaires intérieures, le nouveau favori de Staline, pour l'élimination d'Aroutyounov. Je savais que par l'intermédiaire de son ministre, c'était le maître du Kremlin lui-même qui me félicitait.

— Ce que tu as fait est bien, poursuivit Sloutsky. Mais à partir de maintenant, tu dois mettre un terme à nos opérations en Allemagne.

Je m'exclamai, surpris :

— Vous ne voulez pas dire, camarade, que nous en sommes déjà là avec les nazis !

— C'est précisément ce que je veux dire.

Sloutsky ajouta avec un ricanement :

— Il n'y a rien d'intéressant pour nous dans ce corps en décomposition qu'est la France, avec son Front populaire !

— On vous a donné des instructions pour que je cesse tout travail en Allemagne ?

J'étais catastrophé car je prévoyais qu'un jour il nous faudrait tout reprendre à zéro de ce côté, et au moment où cela deviendrait urgent : lorsque la Reischswehr serait sur le point d'envahir l'Union soviétique. C'était une éventualité que nous ne pouvions nous permettre de laisser de côté. L'idéologie nazie ne cesserait jamais d'être notre plus mortelle ennemie, négociations ou pas. Staline faisait peut-être la cour à Hitler... mais la réciproque n'était pas forcément vraie.

Mon chef insista avec emphase :

— Cette fois, c'est sérieux. Il ne s'écoulera pas plus de trois ou quatre mois avant que nous ne soyons parvenus à un accord avec Berlin. Le camarade secrétaire général l'a dit à Iéjov, ce sont ses propres termes. Bon, tu n'es pas obligé de tout arrêter, simplement n'en fais pas trop. Mets certains de tes agents en Allemagne de côté. Sauve-les. Transfère-les dans d'autres pays. Fais-leur subir un entraînement pour qu'ils ne se rouillent pas. Mais prépare-toi au renversement total de notre politique.

Il ajouta, afin que les choses fussent claires :

— C'est la décision prise au Politburo.

Le Politburo, depuis quelques années, était devenu synonyme de Staline. Tout le monde en Russie savait qu'une décision du Politburo était irrévocable.

Il n'y avait plus rien à dire sur le sujet. Nous mangeâmes en silence. Puis je discutai de nouveau la requête inhabituelle de mon chef, de lui fournir deux hommes capables de jouer le rôle d'attachés militaires allemands.

— Qu'est-ce que vous avez derrière la tête ? demandai-je. Vous vous rendez compte, camarade Sloutsky, que les agents d'élite me sont utiles à d'autres tâches... et qu'ils sont au service du GROu, pas du commissariat aux Affaires intérieures. Ce sont des militaires et non des policiers.

— Bien sûr que je m'en rends compte. Mais il ne s'agit pas d'une mission de routine. Elle concerne un cas d'une importance tellement colossale que j'ai dû tout laisser tomber pour venir à Paris voir cela avec toi.

Mes agents allemands, donc, ne seraient pas envoyés en Espagne comme je l'avais cru tout d'abord. Apparemment, on avait besoin d'eux pour un travail exceptionnel de ce côté-ci de la frontière. J'étais néanmoins très réticent à l'idée de les céder au NKVD.

— Si tu veux savoir, finit par s'énerver mon interlocuteur, l'ordre vient directement de Iéjov. (Ce qui signifiait : Staline.) Il me faut ces deux officiers nazis tout de suite. Ce boulot est si important que plus rien d'autre ne compte !

Avec un soupir, je lui annonçai que j'avais déjà contacté deux de mes meilleurs agents en Allemagne. Ils seraient à Paris d'un jour à l'autre. L'un d'entre eux, K., était un ancien militant du parti national-socialiste, qui avait rompu avec Hitler. Le gros homme chauve sourit et me considéra presque avec affection. Nous parlâmes d'autres choses, y compris des ragots de Moscou, jusqu'aux premières lueurs de l'aube. Ce que mon supérieur me raconta de sa visite d'inspection en Espagne me déprima. Je ne voulais plus penser à ce que j'avais vu derrière les Pyrénées.

— Le camarade Orlov, en plus de l'école de guérilla qu'il a créée à Benimámet près de Valence[1], a réalisé des progrès spectaculaires dans la mise sur pied d'un service performant pour supprimer les gêneurs, poumistes, anarchistes et autres ennemis de l'URSS. Ces prisons que les Espagnols surnomment les *checas* se multiplient sur le territoire de la République. Notre Sécurité d'État a fait venir Stanislav Alekseïevitch Vaupchasov...

Le nom me disait quelque chose. Je demandai si ce n'était pas le chef de cette unité spéciale de tueurs de l'OGPOu qui menaient des raids contre les villages frontière de Lituanie ou de Pologne, déguisés en soldats de ces pays, dans les années 1920.

— Exact. On l'a condamné à dix ans de camp pour avoir abattu un collègue, mais Vaupchasov a eu droit à une remise de peine. C'est un de nos meilleurs exécuteurs. En Espagne, il fait construire un crématorium

1. Orlov en personne fit visiter cette base à Ernest Hemingway, permettant au romancier de réunir des informations utiles pour son personnage du guérillero Robert Jordan dans *Pour qui sonne le glas*.

secret qui permettra au NKVD de se débarrasser des corps de façon définitive. On lui a donné un assistant espagnol, José Pacheco, un communiste de Salamanque recruté par l'adjoint d'Orlov, Eitingon, qui se fait appeler « Kotov » là-bas. L'idée de Vaupchasov est d'attirer à l'intérieur du bâtiment les individus à liquider et de les exécuter sur place. Ce crématorium sera utile pour l'élimination de la catégorie de gens qu'il est impossible de juger car nous ne trouverons jamais rien de convaincant à leur reprocher. Comme cet universitaire espagnol enseignant aux États-Unis, qui est venu se mettre au service des loyalistes. Il n'était pas membre du PCE et on a commis la bourde de l'employer comme interprète de notre conseiller militaire Gorev, au ministère de la Guerre. Le type en sait trop maintenant, nous ne pouvions prendre le risque de le laisser dans la nature. Il est actuellement en prison à Madrid, mais nous le ferons disparaître dès que possible[1]... Quant à Gorev et Berzine, leurs relations avec Orlov sont exécrables, nous allons devoir trouver une solution au problème. À mon avis, ils ne vont pas tarder à être rappelés à Moscou...

Nous longions les grilles du jardin des Tuileries. Sloutsky affirma, avec de l'épouvante dans la voix, que les jeunes communistes de Leningrad que l'on fusillait mouraient en criant : « Vive Trotsky ! » Il me raconta également que le fils du général Poutna, l'attaché militaire soviétique à Londres, avait été interné, depuis l'arrestation de son père, dans un camp pour délinquants juvéniles.

1. Il s'agit vraisemblablement du traducteur et dessinateur José Robles Pasos, arrêté à Valence au début de décembre 1936 et dont on n'eut plus jamais de nouvelles. John Dos Passos, dont il était l'ami, et qui cherchait à le retrouver, se brouilla avec Ernest Hemingway à ce sujet.

— Ils auront ta peau, ils auront ma peau, me dit-il, mais pourquoi donc mon père et mon fils devraient-ils payer eux aussi pour moi ?

Puis, il ajouta sombrement :

— Nous sommes vieux, tu sais, camarade Victor. (En 1936, il n'avait même pas quarante ans !) Ils nous prendront, comme ils ont pris les autres. Nous appartenons à la génération qui doit périr. Staline a répété que l'entière génération d'avant la révolution et de la guerre civile doit être détruite, car elle représente une pierre attachée au cou de la révolution. Mais à présent on fusille même les jeunes...

Sloutsky soupira en reprenant sa marche le long des grilles. Perdus dans nos pensées, nous gardions le silence. Les premières autos traversaient la place de la Concorde sous les feux encore allumés des réverbères. Mon chef me serra le bras, en un geste particulièrement affectueux. Il paraissait avoir mis de côté ses sinistres prédictions. Sloutsky était un être très changeant de nature (à moins que cela aussi ne fût par calcul ; on ne savait jamais avec lui). Il m'annonça en souriant que je recevrais bientôt une décoration pour services émérites rendus à l'Union soviétique. Nous partîmes en taxi chacun dans une direction différente. Sloutsky restait à Paris, où il se tenait prêt à regagner l'Espagne, tandis que je rentrais à La Haye.

Il me tardait de retrouver Tania et Sacha qui aurait bientôt quatre ans. L'année 1936 touchait à sa fin. La France sortait de sa période de grèves, le travail reprenait partout. Trotsky, depuis son refuge en Norvège, avait appelé à la création de conseils ouvriers. Cet homme, décidément, me frappait par sa naïveté incurable. Pourquoi les travailleurs français eussent-ils élu des soviets ? Le gouvernement Blum imposait aux patrons une discussion nationale sur les salaires où il donnait systématiquement une conclusion favorable aux revendications du prolétariat. Ces ouvriers n'avaient aucune envie d'administrer ni de gérer. Thorez le savait, qui écrivit dans *L'Humanité* : « Il faut savoir terminer une grève. » Ce journal disposait d'un réseau d'informateurs attitrés, les rabcors (abréviation du russe « travailleurs-correspondants »), dans des centaines d'entreprises françaises. Déjà au nombre de quatre mille en 1934, ils envoyaient des reportages sur les conditions de travail et les luttes au sein des entreprises. Pour les usines travaillant pour la Défense nationale, les rapports, plus confidentiels, prenaient la direction de Moscou, grâce à notre attaché militaire à l'ambassade. Les grèves avaient donné au parti communiste l'occasion d'implanter son organisation dans les usines au détriment des socialistes et des réformistes. Sur l'injonction du Komintern, nos camarades français avaient formé des centaines de militants disciplinés recrutés dans la classe ouvrière, qui ne servirent pas à faire la révolution mais à construire des syndicats. Dans certaines fabriques qui étaient de véritables bagnes issus du XIXe siècle, les patrons durent signer des conventions collectives augmentant les salaires de moitié. L'inquiétude commençait à gagner les milieux politiques : on voyait des gardes mobiles armés aux points stratégiques des centres industriels. Les intellectuels et les bourgeois de gauche parisiens se passionnaient pour la Russie qu'ils connaissaient si mal. Le quotidien *Ce soir* atteignait des tirages de trois cent mille exemplaires. Son directeur, le surréaliste Aragon – dont l'épouse travaillait pour nous –, était passé de la position d'écrivain d'avant-garde à celle de personnalité littéraire de premier plan.

Quand j'arrivai en Hollande, tout le monde faisait ses préparatifs pour Noël. L'Europe du Nord et ses grandes cités se paraient de lumières scintillantes. Nous oubliâmes pour un temps les conflits et les révolutions : les geôles de l'Espagne ou les tribunaux de Moscou semblaient loin, pendant qu'assis le soir près de la cheminée de notre appartement rue des Célèbes je contemplais avec tendresse ma femme et mon petit garçon. Sacha apprenait à lire, sous la direction de Tania qui lui coloriait des grandes lettres de l'alphabet, ornées de silhouettes cocasses. Observant ce tableau de bonheur familial – un bonheur que je me sentais toujours peu doué pour partager –, je songeais avec mélancolie que ma double personnalité était devenue le fondement de mon caractère, ainsi que le pivot de toute ma vie. Il me fallait cependant m'y résigner, tourner le dos aux remords inutiles. Car seul importait de sauver ce qui pouvait encore être sauvé. L'innocence engendrait le mal, les illusions entraînaient des dizaines de milliers de victimes dans leur sillage. L'immense patrie du prolétariat révolutionnaire en laquelle j'avais cru, pour la victoire de laquelle je luttais, que représentait-elle désormais? Je n'en savais plus rien. J'étais un individu rusé, mais faible, en réalité. Néanmoins, *et c'était la seule conviction qui me restait*, je ferais tout mon possible afin de protéger les deux âmes innocentes dont j'avais la garde. Je ressentis brusquement l'infinité de ma solitude. Je mourrais seul, loin d'eux, la perspective m'en frappait par son évidence. Dans la cheminée se tordaient les flammes, les bûches craquaient comme des corps brisés. À l'extérieur, des larges flocons blancs tourbillonnaient derrière les carreaux. De mon fauteuil j'entendais aux carrefours les chorales de l'Armée du salut chanter des cantiques promettant aux hommes la paix éternelle, tandis que les rues tapissées de neige résonnaient des cris joyeux des enfants collés devant les vitrines.

Deuxième partie

Les renégats

18.

En janvier 1937, le monde fut frappé de stupeur en apprenant l'ouverture d'un nouveau grand procès à Moscou. Cette fois Piatakov, Radek, Sokolnikov et Serebriakov venaient en tête d'un groupe de dix-sept accusés. Et de nouveau, Trotsky fut dépeint comme le cerveau qui dirigeait depuis son lieu d'exil les activités contre-révolutionnaires de ce « centre de réserve trotskyste antisoviétique ». Le deuxième procès, tout de même plus subtil que le précédent, cherchait à susciter une réaction patriotique : l'accusation laissait entrevoir l'existence d'un complot destiné à saboter l'industrie de l'URSS au profit de l'Allemagne et du Japon. Les accusés n'avaient pas limité leurs activités à des actes de terrorisme, ils étaient responsables aussi de nombreux accidents survenus dans tous les secteurs de l'industrie. C'était une explication commode aux non-réalisations ou aux désastres dus à l'insuffisance de la planification et de la direction, au non-respect des règles élémentaires de sécurité dans les usines en raison des cadences infernales imposées par le bureau politique du Parti, tout cela ayant coûté des milliers de vies humaines, ce qui rendait les accusés d'autant plus odieux aux yeux du public.

En ce mois de janvier j'étais très occupé à démanteler, conformément aux instructions reçues, de larges secteurs de mon réseau de renseignements en Allemagne. La presse de Moscou imprimait des comptes-rendus journaliers du déroulement du procès. J'étais à la maison, en famille, lisant le témoignage délivré au soir du 24 janvier par l'accusé Karl Radek, quand un passage de sa confession rédigée en prison me stupéfia. Radek y rapportait que le général Poutna, ex-attaché militaire soviétique en Grande-Bretagne et détenu dans une cellule du NKVD depuis plusieurs mois, était venu en 1935 lui porter une demande du maréchal Toukhatchevsky, premier vice-commissaire à la Guerre. Reprenant ce point particulier de la confession, le procureur Vychinsky interrogea Radek :

Vychinsky : Je veux savoir pourquoi vous avez mentionné le nom de Toukhatchevsky.

Radek : Toukhatchevsky avait reçu l'ordre du gouvernement d'accomplir une tâche pour laquelle il ne trouvait pas le matériel nécessaire. Toukhatchevsky n'était absolument pas au courant des activités criminelles de Poutna ni des miennes.

Vychinsky : Alors Poutna est venu vous voir, en 1935, envoyé par Toukhatchevsky à propos d'une affaire officielle n'ayant aucun rapport avec vos activités, puisque lui, Toukhatchevsky, n'y était mêlé d'aucune manière ?

Radek : Toukhatchevsky n'y a jamais été mêlé.

Vychinsky : Si je vous comprends bien, Poutna était lié aux membres de votre organisation trotskyste clandestine, et votre référence à Toukhatchevsky était en rapport avec le fait que Poutna est venu vous voir pour une affaire officielle sur les ordres de Toukhatchevsky ?

Radek : Je le confirme, et je déclare ne pas avoir, et n'avoir jamais eu, de liens avec Toukhatchevsky concernant des activités contre-révolutionnaires, pour la simple raison que je savais l'attitude de Toukhatchevsky à l'égard du Parti et du gouvernement celle d'un homme absolument dévoué.

Lisant ces lignes, je dus avoir l'air profondément choqué, car Tania qui, dans notre salon, dessinait des caricatures pour un journal satirique hollandais, me demanda ce qu'il s'était passé. Je lui tendis le journal en ajoutant ce commentaire :

— Toukhatchevsky est un homme mort !

Elle lut l'article, mais demeura calme.

— Je ne vois pas ce qui te tracasse. Radek n'a cessé de disculper le maréchal Toukhatchevsky de tout lien avec la conspiration...

— C'est justement cela. Pourquoi le héros de l'Armée rouge Toukhatchevsky aurait-il besoin de l'absolution d'un bouffon comme Radek ? Imagines-tu un seul instant que Radek oserait, de sa propre initiative, introduire le nom de Toukhatchevsky dans ce procès ? Non, c'est Vychinsky qui a mis le nom de Toukhatchevsky dans la bouche de Radek. Les confessions sont dictées par le procureur durant l'instruction. Et c'est le Patron qui l'a dicté à Vychinsky. Ne comprends-tu pas que Radek parle pour Vychinsky qui parle pour Staline ? Je te dis que Toukhatchevsky est condamné.

Le nom du maréchal apparaissait en tout onze fois au cours de l'échange entre Radek et Vychinsky. Pour qui était un tant soit peu au courant des méthodes de la police politique, cela ne pouvait avoir qu'une signification. Staline et Iéjov resserraient un nouvel étau autour de Toukhatchevsky et, peut-être, d'autres chefs de l'état-major de l'armée. Tout cela s'effectuait en sous-main et n'était que le début d'un processus. J'étudiai de plus près l'acte d'accusation, et constatai que la « confession » de Radek datait de décembre. C'était le mois où Sloutsky avait débarqué de toute urgence à Paris pour me demander deux « officiers allemands ». Or ces deux agents m'avaient, depuis, envoyé leurs rapports : on les avait gardés une quinzaine de jours inactifs dans la capitale, avant de les congédier avec l'explication laconique que le « boulot » était remis à plus tard. À l'époque, lisant ces rapports dans mon bureau de la galerie de La Haye, Matilda et moi en avions conclu qu'il s'était produit quelque contretemps inattendu, comme souvent dans notre activité, ou bien que le Centre avait brusquement modifié ses plans. La coïncidence ne laissait cependant pas de me troubler.

Le 28 janvier, le procureur Vychinsky entama son réquisitoire, dont je lus de larges extraits dans la *Pravda* :

> C'est un abîme de dégradation ! C'est la limite extrême, la dernière frontière de la déchéance morale et politique ! C'est le crime dans toute son horreur !
>
> Le trotskysme est devenu le point de ralliement de toutes les forces hostiles au socialisme, un nid de bandits, d'espions, d'assassins qui se sont mis à la disposition des services secrets étrangers et se sont définitivement et irrémédiablement transformés en laquais et en restaurateurs du capitalisme dans notre pays.
>
> Ils font sauter des mines, ils incendient des ateliers, ils font dérailler des trains, ils mutilent et tuent par centaines les meilleurs des nôtres, les fils de notre sol.
>
> Je ne me dresse pas seul ici ! Les victimes peuvent bien être dans leurs cercueils mais je les sens à mes côtés, vous désignant, vous, accusés, de leurs bras mutilés qui tomberont en poussière dans la tombe où vous les avez précipités !
>
> Je ne suis pas seul à vous accuser : notre peuple tout entier se joint à moi ! J'accuse ces odieux criminels qui ne méritent qu'un seul châtiment : la mort !

Le verdict fut prononcé le 30 janvier à quinze heures. Tous les accusés étaient condamnés à la peine capitale, à l'exception de quatre hommes : Arnold, Sokolnikov, Stroïlov... et Karl Radek.

Dès l'annonce du jugement, une foule de deux cent mille personnes envahit la place Rouge, sous des températures sibériennes, brandissant des pancartes qui réclamaient l'exécution immédiate des condamnés. Les autorités s'empressèrent d'accéder à ce désir « spontané ».

Je désire à présent ouvrir une parenthèse à l'intention des lecteurs occidentaux – en particulier des Français, que je connais bien, et des Américains, que j'apprends à connaître. En lisant ce compte-rendu d'un procès de Moscou, avec ses conditions indignes, ses injustices criantes, les incohérences de l'accusation et la phraséologie monstrueuse employée par le procureur Vychinsky, ils seront probablement partagés, à moins d'être des fidèles de Staline, entre la révolte, le rire et l'horreur. Pareille chose ne pourrait se produire dans leur pays, se diront-ils. Et cependant... nombre de leurs meilleurs écrivains, poètes, journalistes, les champions de la démocratie en Occident, ont applaudi à ces procès, vilipendé les renégats trotskystes « complices de Hitler » et loué la sagesse du merveilleux « Père des peuples ». J'en recopie ci-dessous une liste sans doute très incomplète, que je soumets à leur réflexion :

Louis Aragon, Jean-Richard Bloch, Bertolt Brecht, Louis Budenz, Georges Cogniot, Malcolm Cowley, Joseph E. Davies, Stuart Davies, Paul De Kruif, Walter Duranty, Lion Feuchtwanger, Louis Fischer, Dashiell Hammett, Lillian Hellman, Granville Hicks, Langston Hughes, Rockwell Kent, Corliss Lamont, Harold Laski, Owen Lattimore, Heinrich Mann, Ludwig Marcuse, Sir John Maynard, Clifford Odets, Sir Bernard Pares,

Dorothy Parker, Samuel Putnam, Wallingford Riegger, Irwin Shaw, Upton Sinclair, Elsa Triolet, Paul Vaillant-Couturier, Sidney et Beatrice Webb, Nathanael West, André Wurmser. Tous ont professé publiquement leur foi – avec certaines réticences dans le cas de Paul Nizan[1] ou de Romain Rolland. Plus tard, seuls quelques-uns, comme Malcolm Cowley, Louis Fischer et Upton Sinclair, l'ont apparemment perdue. Jean Guéhenno croyait aux aveux des condamnés tout en les jugeant invraisemblables, et dans un article de la revue *Vendredi* demanda que s'arrêtât l'effusion de sang. Charles Rappoport, un des fondateurs du parti, démissionna du Parti communiste français en 1938 pour protester contre le procès et l'exécution de Boukharine.

En 1936, l'ancien surréaliste Louis Aragon écrivit : « Qu'ils se taisent donc, les scandaleux avocats de Trotsky et de ses complices ! Ou qu'ils sachent bien que vouloir innocenter ces hommes, c'est reprendre la thèse hitlérienne par tous ses points... » De son côté, André Wurmser publia un essai intitulé *Variations sur le renégat*, couvrant toutes les trahisons depuis Judas Iscariote jusqu'à Léon Trotsky.

Trois jours avant l'exécution, le 27 janvier, la *Pravda* chantait la gloire de Iéjov, le nain dont les petits bras tremperaient bientôt dans le sang jusqu'aux coudes, et annonçait que celui-ci venait d'être

1. Nizan démissionna du parti après la signature du pacte germano-soviétique. Mobilisé, il fut tué à Dunkerque en 1940. Dans un article publié dans *Die Welt* en mars 1940, Maurice Thorez l'avait traité d'informateur de la police. Dix ans plus tard, Aragon dans son roman *Les Communistes* présente Nizan, sous les traits du personnage Patrice Orfilat, comme un être méprisable, lâche et vaniteux qui cherche une situation au gouvernement afin d'échapper à la guerre. Et Jean-Paul Sartre dénonce clairement une liquidation politique par le PCF dans sa préface de 1960 à la réédition d'*Aden Arabie*.

promu au poste nouvellement créé de commissaire général de la Sécurité d'État.

À ce moment, je n'étais plus à La Haye. Une tâche inattendue me rappelait à Paris : espionner un colonel du NKVD.

19.

Paris, dans cette seconde moitié des années 1930, avait détrôné Vienne en tant que centre de l'espionnage européen. Plusieurs de nos services y menaient leurs activités en parallèle, souvent à l'insu les uns des autres. On pouvait y reconnaître les agents soviétiques à leur costume de serge bleue aux épaules carrées, cousu sur mesure par quelque émigré russe du Quartier latin. Dans les hôtels j'apercevais souvent des visages de camarades venus à Paris dans le cadre des achats d'armes pour l'Espagne. On faisait mine de ne pas se connaître. Mais, venant du renseignement militaire, je n'étais pas tenu au courant des activités les plus secrètes de la section étrangère du NKVD, département qui ne m'employait que de fraîche date et ne m'accordait pas encore sa confiance, en dépit des rapports cordiaux que j'entretenais avec son chef Sloutsky. Les hommes du NKVD à Paris faisaient partie de ceux que Ludwig, Elsa, Théodore Mally et moi surnommions «les leurs» – ceux à qui le Centre confiait certaines missions que les communistes européens n'accomplissaient pas en général, ceux sur qui Staline comptait pour les cambriolages, les enlèvements et les meurtres, ceux qui organisaient à présent une section spéciale, particulièrement redoutable, d'officiers blancs (j'y reviendrai). En dehors du NKVD, personne n'avait entendu parler de cette section, dont les membres étaient recrutés et encadrés par les « hommes de confiance » de Moscou. Depuis plusieurs années, le chef de ces opérations ultra-clandestines à Paris était un officier supérieur du NKVD, un homme de réputation impitoyable dont je ne connaissais alors que le diminutif : « Yasha ». Pour en savoir davantage, il fallait être « des leurs ». Mes vieux compagnons et moi-même n'avions pas grand-chose en commun, culturellement et moralement, avec cette catégorie d'individus. Le Centre savait fort bien, par exemple, qu'aucune pression ne pourrait jamais nous convaincre, nous les vieux résidents issus du GROu – des bolcheviks à l'idéologie sans faille, qui se considéraient comme les soldats de première ligne de la révolution mondiale –, de nous allier à nos ennemis mortels, les monarchistes russes, pour ces actions sinistres dont nous soupçonnions naturellement l'existence. Les sous-entendus de Sloutsky, ainsi que quelques faits divers macabres et inexpliqués, relatés dans la presse française, m'avaient cependant fait pressentir qu'un jour ou l'autre je finirais par y être mêlé... ne serait-ce que sous forme de test afin d'éprouver mon obéissance au Parti. Dans les derniers jours du mois de janvier, je reçus une convocation urgente de Spiegelglass, le directeur adjoint de l'INO. Il m'attendait à la Closerie des Lilas, boulevard du Montparnasse. Assise à côté de lui se trouvait une femme que je n'avais jamais rencontrée auparavant.

Sergueï Spiegelglass, qui apparaissait dans nos communications secrètes sous les noms de code DUCHE ou DOUGLAS, possédait une grande expérience des pays étrangers. Fils d'un comptable juif de Biélorussie, il avait exercé des activités clandestines aussi bien en Chine qu'en Europe occidentale. À

Paris quelques années plus tôt, il tenait, en guise de couverture pour son travail d'espionnage, une poissonnerie de luxe située derrière le boulevard Montmartre, avec pour spécialité les langoustes. Il avait également écrit un ouvrage consacré à Sir William Wickham, chef de l'espionnage britannique en 1795, qui provoqua la perte du général français Pichegru. Ce Spiegelglass était un petit homme gras et blond aux yeux saillants, dont la fidélité absolue au Centre était garantie par la situation de son épouse et de sa fille retenues en otages en URSS. Il venait d'effectuer plusieurs visites en Espagne, parfois en compagnie de Sloutsky. Je crois qu'un poste là-bas auprès d'Orlov lui aurait plu, le tenant éloigné pour un temps de l'atmosphère délétère de Moscou en cette période de procès et d'arrestations. Il enviait les *rezidents* permanents à l'étranger comme moi.

Ce matin à la Closerie des Lilas, Spiegelglass était accompagné d'une femme d'environ quarante ans, maigre, aux cheveux châtains, avec des lunettes à monture d'écaille qui la faisaient ressembler à une enseignante un peu sévère. Vêtue d'un tailleur gris, elle portait son bras gauche en écharpe. Spiegelglass me la présenta comme une citoyenne américaine nommée Margaret Browder. C'était la sœur cadette d'Earl Browder (nom de code : HELMSMAN), l'ancien réparateur de machines à écrire originaire du Kansas qui depuis 1930 occupait la fonction de secrétaire général du Parti communiste des États-Unis. Browder était en même temps membre suppléant du présidium du Comité exécutif du Komintern et membre de son secrétariat politique. Sa sœur avait séjourné quelques années à Moscou et voyageait en tant que correspondante de l'agence Tass, munie d'un passeport américain au nom de Jean Montgomery, journaliste. Il existait réellement une journaliste appelée ainsi, mais ce n'était pas elle. Son autre frère, William Browder, avait exécuté lui-même la fausse signature sur le passeport.

Je m'enquis de la cause de sa blessure au bras. Avec un petit sourire, la prétendue journaliste répondit évasivement en russe – elle le parlait assez bien, en dépit d'un fort accent – que cela faisait partie des risques de son métier. Nous poursuivîmes la conversation dans cette langue. Spiegelglass me demanda ce que je pensais d'Alexandre Orlov. Je répondis, sans trop m'engager, qu'autant que j'aie pu le constater il faisait un travail efficace en Espagne. Mon supérieur approuva.

— Orlov a été décoré de l'ordre de Lénine pour un grand service rendu récemment à la Russie. Le camarade Sloutsky l'apprécie beaucoup et s'est débrouillé pour le nommer à Madrid après une vilaine affaire...

Miss Browder précisa qu'Orlov venait de vivre une histoire d'amour tragique avec une de ses amies, Galina Voïtova, jeune employée du NKVD à Moscou, qui s'était suicidée en face de la Loubianka parce que le colonel l'avait quittée et refusait de se séparer de son épouse.

— Galina a voulu me montrer Orlov un jour, mais de loin, pendant qu'elle et lui prenaient un verre au café Sport. Je connais donc Orlov de vue ; je le déteste, mais lui ne me connaît pas. C'est la raison de mon bras cassé.

Spiegelglass éclata de rire devant mon expression perplexe.

— Prenez patience, camarade Krebnitsky. Il faut d'abord que vous sachiez que Berzine et Gorev, qui sont des militaires et n'apprécient pas les policiers à leur juste valeur, ont envoyé à Moscou des rapports défavorables au sujet d'Orlov, l'accusant de trop de zèle dans les liquidations. Ce n'est pas là le problème, en fait, puisque l'éradication des trotsko-fascistes est une chose décidée depuis longtemps en haut lieu. On ne reprochera jamais ce genre de zèle à Orlov. Mais le camarade Eitingon, que nous avons placé auprès de lui pour le surveiller, et George Mink, qui nous informe régulièrement, ont tous deux signalé des anomalies dans l'expédition des œuvres d'art religieux depuis l'Espagne. Il semblerait que l'agent JEANNE, qui est la femme d'Orlov, se soit arrangée auprès de commissaires-priseurs parisiens et de joailliers d'Amsterdam et d'Anvers afin de toucher directement une partie du produit des ventes. Certains convois ne sont pas enregistrés. Maria Orlova a ouvert des comptes à son nom dans plusieurs banques européennes pour y effectuer des dépôts considérables.

Je restai éberlué, tandis que Spiegelglass poursuivait :

— Cet argent, il leur serait impossible de le faire rentrer en URSS. Je soupçonne donc Orlov et sa femme de se préparer à faire défection. Or, voici dix jours, le colonel a eu un sérieux accident de voiture sur une route près de Valence. Son chauffeur se serait endormi au volant. L'homme est indemne mais le colonel souffre de deux vertèbres écrasées. L'hôpital de Valence ne dispose pas d'assez bons spécialistes et ils sont débordés de toute façon. J'y ai vu une occasion intéressante et, suivant mes instructions, notre ambassade de Paris a suggéré à la mission soviétique en Espagne, qui nous demandait conseil, une clinique d'Auteuil que dirige un chirurgien orthopédiste renommé, le professeur Bergeret. Le camarade Orlov sera opéré cet après-midi. Il se réveillera dans une nouvelle chambre, spécialement aménagée...

L'adjoint de Sloutsky fit un clin d'œil à miss Browder.

— Depuis trois jours, me dit-elle, je me rends à la clinique Bergeret avec ce bras dans le plâtre. Personne ne fait attention à moi, on me prend pour une patiente ordinaire venue passer des radios. Je suis même entrée une fois dans la chambre d'Orlov, prétendant m'être trompée de porte. Il est gardé en permanence par de jeunes Allemands qui cachent des armes sous leur veste. Le type à l'entrée de la chambre m'a rattrapée et fait sortir assez brutalement. Je ne sais pas s'ils se méfient des franquistes ou des communistes... Peut-être des deux.

L'Américaine vida sa tasse de café. Spiegelglass m'expliqua que le NKVD avait réussi à placer la nouvelle chambre du colonel sur écoute. Le directeur de la clinique était le beau-frère d'un aristocrate russe émigré, que nos services avaient contacté par l'intermédiaire du cercle Goutchkov de Berlin, où nous disposions d'un réseau d'indicateurs qui s'étendait jusqu'à la capitale française. Le cercle avait été fondé par Alexandre Goutchkov, un député important de la Douma et le chef du Comité des industries militaires au temps du tsar. Dans sa jeunesse, Goutchkov avait commandé une brigade de volontaires russes en Afrique pendant la guerre des Boers contre les Anglais. À la chute de la monarchie, il fut nommé ministre de la Guerre dans le gouvernement menchevik. Après la révolution d'Octobre, Goutchkov créa son organisation à l'étranger, maintenant des liens avec le général Bredow, chef du renseignement allemand. Quand ce dernier fut exécuté par Hitler lors de la purge de 1934, ce département et tous ses réseaux extérieurs tombèrent sous la coupe de la Gestapo. Goutchkov lui-même était mort en 1935, un peu aidé par nous, disait-on. Mais, Spiegelglass me l'apprenait, le NKVD avait infiltré le cercle Goutchkov, dont la fille, prénommée Vera, était un de nos agents. Quoi qu'il en soit, le directeur de la clinique Bergeret avait aussitôt commandé des travaux de remise à neuf de la chambre destinée à recevoir le colonel Orlov après son opération, réalisés par une équipe de peintres et d'électriciens tous membres du Parti communiste français, à qui l'on avait raconté qu'il s'agissait de surveiller un agent nazi. Sous la direction de Margaret Browder, ils avaient truffé la pièce de micros, impossibles à repérer à moins de percer des trous dans les murs. La surveillance des conversations d'Orlov pendant le temps que durerait son séjour à la clinique, c'est-à-dire de trois à quatre semaines selon le chirurgien, serait confiée dans la plus grande discrétion à l'Américaine et à moi-même.

Notre travail débuta le lendemain. Spiegelglass avait loué à cet effet un appartement dans un immeuble bourgeois attenant à la clinique Bergeret, mais auquel on accédait par une autre rue. Il était en effet essentiel que les visiteurs d'Orlov – sa famille, ses gardes du corps et les fonctionnaires de notre ambassade de la rue de Grenelle – n'eussent jamais l'occasion de me reconnaître. J'évitais aussi la station de métro la plus proche de la clinique et, pour plus de sûreté, me grimai à l'aide d'une fausse moustache et teignis mes cheveux en roux. Je quittai mon hôtel pour m'installer dans l'appartement. Le quartier d'Auteuil me plaisait avec ses allures de village cossu, ses villas tranquilles entourées de jardins et son atmosphère désuète. J'assurais la surveillance dans la matinée tandis que l'Américaine, qui à Paris descendait toujours au Lutetia, venait me relayer aux écouteurs dans l'après-midi, parfois après avoir fait un tour à la clinique afin d'observer les éventuels changements de situation du côté d'Orlov. Pendant qu'elle notait ce qui se disait dans la chambre du colonel, je lisais en fumant une cigarette ou descendais faire des courses. Une quinzaine de jours passèrent de cette manière. Margaret Browder, dont le nom de code était GIN, avait cinq ou six ans de plus que moi. Deux fois divorcée, dactylographe dans une organisation du parti communiste américain, elle fut recrutée en 1931 par l'agent Abraham Einhorn de l'INO (qu'elle finit par épouser, à une époque où il usait du pseudonyme « James Meadows »). Après avoir travaillé à Moscou pour le Profintern, elle avait suivi des cours de radio dans une de nos écoles d'espionnage puis assuré des transmissions depuis la *rezidentura* de Berlin où elle collaborait avec le couple Zaroubine. J'avais des conversations politiques intéressantes avec Margaret, notamment à propos de la question sociale en Amérique sous l'administration Roosevelt. Il me sembla que son engagement était sincère et mûrement réfléchi. Bien entendu je ne lui fis jamais part, du moins en ce temps-là, de mes doutes concernant l'évolution de la situation à Moscou, ni de ce que j'avais vu en Espagne ; la jeune femme travaillant pour le NKVD, je ne doutais pas qu'elle rendît des rapports sur moi destinés à Spiegelglass et au Centre.

Chaque jour, un fonctionnaire de l'ambassade venait apporter à Orlov les communications en provenance d'Espagne ou de Moscou, puis le colonel dictait ses réponses à une secrétaire. Il demeurait en contact avec son état-major de l'hôtel Metropol à Valence par téléphone (ces conversations-là étaient écoutées sur place). Sa femme et sa fille avaient quitté provisoirement leur villa de Batera pour résider dans un petit hôtel proche de la clinique, et passaient une partie de leurs journées dans la chambre du blessé. Nikolaï Smirnov (Stanislav Glinsky, nom de code : PYOTR), notre *rezident* légal à l'ambassade, venait assez régulièrement. J'eus un jour la surprise d'entendre la voix de Sloutsky. Il rentrait d'une nouvelle inspection en Espagne, et se trouvait précédemment en Tchécoslovaquie. Je m'interrogeai : le chef de l'INO savait-il la chambre sur écoute, ou était-ce une initiative de son adjoint Spiegelglass ? Ou, plus grave, un ordre secret de Iéjov à celui-ci ? Si Sloutsky n'était pas au courant, cela pouvait signifier que ses jours à lui également étaient comptés. Il rejoindrait une cellule de la Loubianka tandis que Spiegelglass lui succéderait. Je l'entendis annoncer à Orlov la création, sur l'ordre du commissaire aux Affaires intérieures et donc de Staline, d'un nouveau service, les « groupes mobiles » du NKVD. Il s'agissait de petites équipes de tueurs spécialisés qui seraient envoyés à l'étranger séparément, munis de faux passeports, pour effectuer les liquidations d'opposants trotskystes, anarchistes, ou de transfuges du genre de feu Aroutyounov. Ces agents venus de Russie, au nombre de trois ou quatre pour chacune des « lettres spéciales », se retrouveraient sur place quelques jours seulement avant l'action, feraient disparaître la cible selon des modalités de leur choix en fonction des circonstances, et quitteraient ensuite le pays au plus vite. Ils ne devaient en aucun cas rencontrer de membres locaux des partis communistes afin de ne pas les compromettre. Les opérations, dans leur ligne générale, seraient planifiées longtemps à l'avance, parfois des années. De soi-disant sympathisants de l'opposition trotskyste ou anarchiste, se présentant comme des déçus du stalinisme, seraient préalablement implantés auprès des victimes désignées, gagnant progressivement leur confiance – jusqu'à leur servir de secrétaire, par exemple – et ensuite faciliteraient la liquidation tout en restant dans l'ombre. Sloutsky ne doutait pas que nous aurions finalement ainsi la peau de Trotsky au

Mexique, où le vieux révolutionnaire était arrivé le 7 janvier. Cette opération-là était, en fait, déjà lancée. L'anarcho-syndicaliste italien Carlo Tresca, réfugié à New York, figurait également sur la liste noire. Pour renforcer ce département des groupes mobiles, Iéjov, au mois de décembre, avait fait venir deux cents de ses hommes, auparavant employés dans les services du Comité central du Parti, et les avait nommés au NKVD. Je jugeai cette intrusion assez inquiétante : cela ne pouvait qu'annoncer de nouvelles purges, nos actuels officiers se trouvant automatiquement menacés pour avoir servi sous Genrikh Iagoda, lui-même en disgrâce depuis septembre dernier.

Avant de quitter la chambre, Sloutsky livra à Orlov une information qui me laissa ébahi.

— Les deux Allemands que nous a fournis Krebnitsky ont parfaitement rempli leur mission. On leur avait confié un rouleau de film décrivant de prétendus plans d'attaque de Hitler contre la Tchécoslovaquie, pour les transmettre à un fonctionnaire soviétique qu'ils rencontreraient dans un café de Prague. J'ai donné l'ordre à Israïlovitch, notre *rezident* légal adjoint à l'ambassade là-bas, de retrouver dans ce café des « officiers importants de l'état-major allemand ». Parallèlement, d'un coup de téléphone anonyme, j'informai la police tchécoslovaque de ce « rendez-vous secret entre espions nazis ». Les Tchèques ont débarqué et les ont coffrés tous les trois. Sur mes instructions, Israïlovitch a tergiversé puis « avoué » que ses contacts dans l'état-major allemand étaient venus lui remettre des documents secrets. Il a été relâché après avoir signé une déposition en ce sens. Les Tchèques ont également laissé repartir les faux officiers.

— Je connais Israïlovitch, c'est un type plutôt nerveux et indécis, observa Orlov. Mais je ne comprends pas bien l'intérêt de cette mise en scène ?

Il me sembla presque voir Sloutsky se rengorger.

— C'est une idée très subtile du Patron. Vois-tu, Israïlovitch devait déclarer avoir agi pour le compte du maréchal Toukhatchevsky. Le chef de la police tchécoslovaque a naturellement averti le président Beneš des résultats des interrogatoires. Et celui-ci a fait prévenir le camarade Staline, par l'entremise de l'ambassadeur tchèque à Moscou, que son maréchal le plus populaire entretenait des rapports suspects avec les nazis. Staline l'a remercié chaleureusement. Les Tchèques lui fournissaient ainsi la première pièce du dossier qu'il est en train de monter contre Toukhatchevsky... En même temps, à Prague en décembre, j'ai apporté une valise contenant des faux passeports, une photographie truquée de Trotsky en compagnie d'un groupe d'officiers allemands, des documents portant la signature de Toukhatchevsky, et la formule pour confectionner l'encre invisible. J'ai chargé un de nos indicateurs d'introduire la valise dans l'appartement d'un trotskyste local, Grilevitch. Puis j'ai informé anonymement la police tchèque que le trotskyste était un espion allemand. Mais ces abrutis de flics n'ont rien fait. Depuis, Iéjov me bombarde de télégrammes disant qu'Ivan Vassiliévitch s'impatiente, que le Patron veut connaître le résultat de l'opération... Ah, ces Tchèques, si on leur avait dit que Grilevitch cachait de la vodka clandestine, ils seraient accourus, mais quand on leur donne une affaire politique sérieuse, ils restent là comme des mouches endormies !

Quelqu'un entra dans la chambre, apparemment une infirmière, et le chef de l'INO sortit sans avoir achevé son histoire. Mais j'en avais déjà appris beaucoup. Notamment que mes agents m'avaient envoyé, sur ordre du Centre, de faux rapports sur leur prétendue inactivité à Paris. Et mes appréhensions concernant l'avenir du maréchal Toukhatchevsky se trouvaient justifiées. Je commençais à comprendre la nature du « cas d'une importance colossale » mentionné par Sloutsky en décembre dans le restaurant près de l'Opéra. Staline espérait se débarrasser d'un officier supérieur qu'il détestait, et peut-être du même coup décapiter l'état-major entier, qui demeurait un foyer toujours possible d'opposition. En cas de guerre, le groupe des meilleurs généraux, réunis autour de Toukhatchevsky, acquerrait immédiatement une importance primordiale pour la défense du pays et, haïssant Staline depuis longtemps ainsi que les nullités du point de vue militaire qui l'entouraient, pourrait céder à la tentation du coup d'État. La perspective d'une guerre avec l'Allemagne s'éloignerait grâce au pacte avec Hitler. Le secrétaire général pouvait, pensait-il, se permettre d'affaiblir momentanément l'Armée rouge le temps de remplacer ses cadres par des hommes plus jeunes, ignorant son passé. Le pari était risqué et les enjeux effectivement colossaux.

Le 15 février, j'entendis le téléphone sonner dans la chambre d'Orlov. Je crus comprendre que son correspondant était Smirnov, de l'ambassade. Le colonel eut une exclamation :

— Mais oui, passez-le-moi !

Le nouvel interlocuteur, que le colonel appelait, d'une voix extrêmement cordiale, Zinovy Borissovitch, semblait une vieille connaissance. Orlov, stupéfait de sa présence à Paris, l'invitait à lui rendre visite le plus tôt possible, l'après-midi même, à la clinique Bergeret. J'entrevis une chance d'apprendre quelque chose de neuf à transmettre à Spiegelglass. Jusqu'à présent, l'Américaine et moi n'avions retranscrit que des conversations techniques sans intérêt particulier. La femme d'Orlov, décidément très intelligente, se gardait soigneusement de toute allusion aux opérations de transport ou de vente d'objets précieux.

Lorsque miss Browder entra dans l'appartement, je lui ordonnai de retourner en vitesse à la clinique pour observer l'invité d'Orlov et si possible le photographier. Lors de ses visites, Margaret dissimulait dans l'écharpe soutenant son bras plâtré un petit appareil espion camouflé en étui à cigarettes. Une vingtaine de minutes plus tard, deux Russes entraient chez le colonel. Je reconnus la voix de l'un d'entre eux, c'était Smirnov. L'autre personnage, le prénommé Zinovy, expliqua joyeusement que, de passage rue de Grenelle, il avait eu la surprise d'apprendre que son cousin Leiba se trouvait ici et non en Espagne. Lui-même venait d'être nommé par Iéjov au NKVD à Moscou, qui l'avait expédié à Paris en mission auprès de deux de nos agents, dont un monarchiste émigré ukrainien. Cela me rappela le cercle Goutchkov. L'émigré en question avait été en contact à Berlin avec Alfred Rosenberg, conseiller de Hitler pour les affaires étrangères, à propos d'un projet de centre d'entraînement de jeunes Ukrainiens en vue de leur incorporation comme officiers dans l'armée allemande.

Au bout d'un certain temps, je pris conscience du caractère forcé de la gaieté du cousin Zinovy. Le rythme de la conversation ralentissait et les répliques manquaient de naturel. Je comprenais que la présence du fonctionnaire de l'ambassade contrariait ce Zinovy Borissovitch dont je ne connaissais toujours pas le nom de famille[1]... Smirnov finit par annoncer

1. « Borissovitch » signifie simplement que le père de Zinovy se prénommait Boris.

que du travail l'attendait, et s'éclipsa. Il y eut un intervalle de silence, comme si les deux occupants de la pièce voulaient être parfaitement assurés de son départ.

— Dommage qu'il ait été là, déclara brusquement Zinovy. J'aurais préféré que personne ne soit au courant de notre entrevue. Cet imbécile est capable de faire son rapport au NKVD.

— Mais je *suis* le NKVD, fit observer ironiquement le colonel. Et tu en fais partie toi aussi.

— Certes, Leiba, mais tu es avant tout mon cousin et mon plus cher ami d'enfance. Lorsque nous étions étudiants à l'université de Moscou nous partagions une chambre chez ta mère. Je sais que tu ne me dénonceras jamais.

Après un silence, Orlov demanda :

— Et de quoi devrais-je te dénoncer ?

— De conspirer contre l'architraître qui se trouve actuellement à la tête du Politburo. Écoute, c'est une histoire incroyable...

20.

Dans mon bureau de l'appartement d'Auteuil, je me concentrais pour ne pas perdre une miette des paroles de Zinovy, tout en jetant des notes sur une feuille de papier. Le cousin d'Orlov expliquait :

— Vers la fin du mois de mai dernier, à l'époque où il préparait l'instruction du procès Kamenev-Zinoviev, le commissaire Iagoda avait demandé à Isaac Shtein, l'assistant de Moltchanov à la direction de la section politique secrète du NKVD, de chercher à retrouver dans les archives encore existantes de l'Okhrana des dossiers établis par d'anciens officiers de la police du tsar. L'idée était d'utiliser certains de ces dossiers et de les falsifier en vue de prouver que Kamenev et Zinoviev auraient été jadis des traîtres à la solde de cette police. Iagoda a envoyé Shtein examiner les papiers de Menjinski, son ancien patron à la Loubianka, dans le vieux bureau qui avait été fermé et scellé après sa mort en 1934. Le bureau devait être bientôt rénové à l'usage de Iéjov, qui s'occupait aussi de l'organisation du procès et faisait de nombreux allers et retours entre le Kremlin et la Loubianka. La tâche du camarade Shtein était de trier ces vieux papiers avant de les expédier aux archives centrales du NKVD. Et voilà qu'il tombe sur un très ancien dossier marqué « ultra-secret », au nom de Iossif Vissarionovitch Djougachvili... Le dossier était revêtu du cachet : « Ne peut être lu sans l'autorisation de l'autorité suprême », c'est-à-dire du tsar.

— L'archive de l'Okhrana concernant le secrétaire général du temps où il était un conspirateur bolchevik ? s'exclama Orlov. Une pièce historique, quelle trouvaille ! On la croyait perdue dans la tourmente de la révolution...

— Attends. Il y avait d'abord quelques photographies de Staline jeune, émanant du service anthropométrique d'une prison. Et divers documents à propos de son passé d'agent communiste et de déporté politique en Sibérie. Shtein était fou de joie. Réagissant comme toi à l'instant, il a failli téléphoner aussitôt pour annoncer la bonne nouvelle à Iagoda. Un trésor exceptionnel pour les historiens de la révolution, et pour la gloire du génial camarade Staline, le Père des peuples ! Mais Shtein s'est ravisé et a préféré continuer de lire le dossier, qui était assez volumineux... Et au fur et à mesure qu'il lisait, sa joie s'est muée lentement en horreur... Plusieurs pièces démontraient, *sans l'ombre d'un doute*, qu'à une certaine époque Staline avait été un agent provocateur de l'Okhrana.

Il y eut un nouveau silence dans la chambre du colonel. J'attendis, retenant mon souffle. Il me semblait presque entendre Orlov réfléchir.

— Tu es sûr ? fit-il, toujours très calme, mais je percevais la tension dans sa voix.

— J'ai moi-même vu ces preuves. Elles sont accablantes. Deux documents en particulier. Le premier est une courte note récapitulative au sujet du travail de l'informateur Iossif Djougachvili et de sa carrière d'« agent de la section de l'Okhrana de

Saint-Pétersbourg » après son arrestation à Tiflis[1] en 1906, date de sa première collaboration avec la police, établie par le colonel Eremine, ancien officier de l'Okhrana dans le Caucase et directeur de la section spéciale. Le second consiste en une lettre obséquieuse de l'agent provocateur Iossif Djougachvili envoyée directement à Zolotarev, vice-ministre de l'Intérieur, rappelant d'abord qu'il avait eu l'honneur de déjeuner avec lui dans un restaurant de Moscou, puis accusant le député Malinovsky, autre homme de l'Okhrana, d'être un agent double qui pencherait en fait du côté des bolcheviks. L'agent Djougachvili offrait de le remplacer comme espion principal auprès de Lénine. Le caractère perfide du signataire de la lettre apparaît clairement, et Zolotarev ne semble pas avoir été dupe de cette tentative grossière. Dans la marge figure une annotation de la main du vice-ministre : « Cet agent devrait être déporté en Sibérie pour de bon. Il l'a cherché. » En conséquence, le rapport a été ensuite transmis à Vissarionov, vice-directeur de la police et l'officier de liaison de Djougachvili. Peu après, le 23 février 1913, Staline était arrêté – sur dénonciation de Malinovsky –, jugé à huis clos et assigné à résidence dans le village de Touroukhansk au nord du cercle arctique, pour quatre ans. Il n'en est revenu qu'en 1917, à l'occasion de la révolution de février. Le quartier général de la police à Leningrad a été assailli par la foule, dans laquelle, comme tu le sais, se trouvaient des agents et indicateurs venus détruire les preuves de leur collaboration avec l'Okhrana. De nombreux dossiers ont brûlé ou disparu. Mais le dossier Djougachvili – où figurait aussi son nom de code, VASSILI – était placé dans la chambre forte, qui contenait les documents

1. Aujourd'hui Tbilissi, capitale de la Géorgie.

les plus importants. Celle-ci est demeurée intacte. Quant à Vissarionov, il a été jugé et fusillé en 1918 comme beaucoup d'officiers de police de l'ancien régime.

Zinovy se tut. J'entendis Orlov questionner :

— Eh bien ? Qu'a fait Shtein après avoir lu le dossier du secrétaire général ?

La réponse de son cousin trahissait une intense émotion.

— Notre camarade Shtein, en examinant ces pièces, a tout compris, vois-tu, de ce qui s'est passé récemment à Moscou... Les purges, les procès, les exécutions... Les vrais bolcheviks, les fidèles compagnons de Lénine, s'accusant des pires crimes, sous la torture ou pour sauver leur famille... Staline n'a pas de pitié. Pourquoi en aurait-il ? Ces communistes qu'il a fait massacrer sont ses ennemis... puisque lui-même n'est qu'un vil indic, un espion, un agent provocateur au service de la police du tsar !

— Prends garde à ce que tu dis, Zinovy...

L'autre continuait sur sa lancée.

— Shtein ne pouvait révéler sa découverte à Iagoda ou à Moltchanov. Il a pensé alors à ses vieux amis de Kiev : Balitsky, qui dirige le NKVD d'Ukraine, et moi. Tous trois, nous avions travaillé jadis au Guépéou de Kharkov. Dès que possible, Shtein a pris le train et nous a apporté le dossier. Nous sommes tous des policiers, nous savons comment distinguer les vrais documents des faux. Nous avons donc effectué des analyses chimiques afin de dater les papiers et les encres. Nous avons comparé l'écriture des rapports et des lettres de l'indicateur avec tous les échantillons que nous pouvions nous procurer des écrits du secrétaire général. Nous avons effectué des recherches historiques minutieuses afin de vérifier la cohérence des informations sur les débuts du parti bolchevik, et des moindres faits mentionnés dans les nombreux rapports de l'agent provocateur Djougachvili. Tout concordait, Leiba ! Il ne s'agissait pas d'une manipulation. Nous n'avions plus *aucun doute* sur l'authenticité des documents et sur la trahison de Staline !

— Et alors ? soupira Orlov. Je veux bien te croire. Mais le NKVD de Moscou est à ses ordres. Tu joues un jeu dangereux, Zinovy. Quelle idée de venir me raconter ça ? Il pourrait y avoir des micros dans la chambre...

— Dans une clinique parisienne ? Nous ne sommes pas en Union soviétique, ici !

— N'en sois pas si sûr. Je n'aime pas cette odeur de peinture fraîche.

Le cousin Zinovy se mit à rire, mais je le sentis un peu effrayé.

— Enfin, quoi qu'il en soit, Leiba, les dés sont jetés. Nous avons fait des photostats des pièces principales du dossier et les avons montrés à Iakir et à Kossior...

J'écoutais, abasourdi. L'affaire prenait des proportions invraisemblables. Le général Iona Iakir, héros de la guerre civile, commandait les forces armées en Ukraine, tandis que Stanislav Kossior, membre du Politburo, occupait les fonctions de secrétaire général du parti communiste ukrainien...

— Iakir a pris l'avion pour Moscou. Tu sais qu'il est très proche de Toukhatchevsky... Il a eu une conférence privée avec le maréchal...

— Vous êtes complètement fous, coupa Orlov. Tu n'as pas lu la *Pravda* pendant le procès ? Radek et Vychinsky ont cité à plusieurs reprises le nom de Toukhatchevsky, en relation avec Poutna qui est déjà en prison. Tout le monde chez nous a compris ce que ça veut dire. Son arrestation n'est qu'une question de semaines... Personne ne voudra plus se ranger de son côté.

— Détrompe-toi. Le nom du maréchal bénéficie encore d'un prestige immense. Je peux déjà te dire que Gamarnik, Feldman et d'autres généraux sont avec nous. Le groupe rassemble ses forces, rien n'est encore décidé précisément, mais l'idée du maréchal est la suivante...

Zinovy avait progressivement baissé le ton de sa voix et je dus faire des efforts pour tout saisir. Il était question de convoquer une conférence au plus haut niveau avec Staline et Vorochilov. Les commandants militaires de la région de Moscou, de la Biélorussie et de l'Ukraine y assisteraient avec leurs officiers d'état-major. Deux régiments d'élite de l'Armée rouge barreraient l'accès au Kremlin, empêchant l'intervention des forces du NKVD. Toukhatchevsky procéderait à l'arrestation de Staline et de Vorochilov et proclamerait un nouveau gouvernement, composé en majorité de militaires. Le coup d'État pouvait ainsi se dérouler sans effusion de sang, à l'intérieur même des murailles du Kremlin.

— Que ferez-vous de Staline ? demanda le colonel.

— Feldman et la plupart des généraux sont d'avis de l'abattre sur place, de réunir une session plénière extraordinaire du Comité central et d'y présenter son dossier secret de l'Okhrana. En revanche, Toukhatchevsky et Gamarnik préfèrent qu'il soit jugé par un tribunal secret du Parti avant d'être exécuté. Et les non-militaires, comme Kossior et Balitsky, et moi-même, pensent qu'un procès public serait préférable.

Orlov ne répondit pas. Je me perdais en conjectures sur ce qui se passait en ce moment dans son cerveau. Personnellement, je jugeais le plan des conjurés tout à fait insensé. De plus, ceux-ci me paraissaient trop nombreux – ce qui multipliait les dangers d'indiscrétions –, trop lents – la découverte des documents datait de plus de six mois – et trop divisés sur la marche à suivre. Le NKVD était probablement au courant, grâce à ses agents infiltrés au plus haut niveau de l'armée, où déjà le général Poutna était accusé de complicité avec le prétendu « centre de réserve trotskyste antisoviétique ». Cela pouvait même expliquer pourquoi Staline avait chargé Sloutsky, en décembre, de monter un dossier contre Toukhatchevsky par l'intermédiaire des Tchèques. Et je ne revenais pas du fait que Zinovy, pourtant un fonctionnaire de la police secrète, osât divulguer pareille conspiration dans la chambre du colonel, même si les probabilités d'écoute lui paraissaient nulles. En principe, c'était le genre de propos qu'on ne pouvait tenir qu'à l'extérieur, loin des oreilles indiscrètes. Un officier du GROu n'aurait jamais pris un pareil risque. J'entendis grincer une chaise. Le cousin d'Orlov reprit la parole.

— Je vais partir, Leiba. Réfléchis, tu peux te joindre à nous si tu le veux. Il y aura des postes importants à pourvoir. Tu pourrais prendre la place de Sloutsky à la tête de l'INO.

— Non. Je n'ai rien entendu de ce que tu m'as raconté, Zinovy. À vrai dire, je ne crois même pas que tu sois venu dans cette clinique. Et si j'étais toi je renoncerais à ces bêtises. Sollicite une nouvelle affectation en Ukraine, tu y seras moins menacé qu'à Moscou.

— Merci du conseil. Il me reste une faveur à te demander, Leiba...

La voix de Zinovy devint confuse. Je plaquai les écouteurs contre mes oreilles.

— ... si nous échouons, si Elena et moi sommes exécutés, accepterais-tu de t'occuper de notre petite fille ? Tu as une fille toi aussi... Je ferais pareil pour ta chère Vera.

— Bien sûr. Mais ce ne sera pas nécessaire. Le danger que vous soyez trahis est faible. Qui oserait aller annoncer au secrétaire général que son dossier d'ancien agent du tsar a été découvert ? La première chose que ferait Staline serait d'exécuter le porteur de la nouvelle...

Zinovy éclata de rire.

— Tu as raison !

Les deux hommes s'embrassèrent en se disant adieu. Le ton d'Orlov s'était fait plus léger, comme pour rassurer son ami d'enfance, mais je n'y croyais pas une seconde. J'entendis s'ouvrir et se refermer la porte de la chambre. Je retirai les écouteurs. J'étais baigné de transpiration. J'ajoutai quelques lignes à mes notes, pliai la feuille et la rangeai dans la poche de ma veste. Je repris ma place devant le bureau. Il n'y avait plus aucun bruit en provenance de la clinique Bergeret. Au bout d'une dizaine de minutes, Margaret Browder rentrait dans l'appartement avec son appareil photo miniature. Elle m'annonça avoir pris quelques clichés du visiteur du colonel Orlov.

21.

Abandonnant le poste d'écoute à l'Américaine, je sortis dans la rue. En attendant de pouvoir jeter un coup d'œil aux photos, j'appelai Matilda à La Haye depuis une cabine d'un bureau de poste du quartier. Je demandai à ma secrétaire de rassembler des informations sur un fonctionnaire du NKVD ayant travaillé au Guépéou de Kharkov puis à Kiev sous les ordres de Balitsky, et dont le nom commençait par Zinovy Borissovitch. J'ajoutai que cet officier de la police politique était probablement natif de Biélorussie ou d'Ukraine, qu'il avait étudié à l'université de Moscou, que sa femme se prénommait Elena et qu'ils étaient parents d'une petite fille.

Le surlendemain, 17 février, Sloutsky réapparut dans la chambre. Le chef du département étranger revenait d'Espagne et d'une visite d'inspection de la base d'entraînement de guérilla qu'Orlov avait installée à Benimámet. Sloutsky, dont le surnom là-bas était « Marcos », s'était ensuite rendu sur le front de Madrid en compagnie d'Eitingon où il avait manqué de peu d'être atteint par un shrapnell, dont il avait d'ailleurs rapporté un fragment en souvenir. Excité, il ajouta avant de sortir de la pièce qu'il avait hâte de raconter cette « expérience de guerre » à ses collègues de la Loubianka. Je pense que c'était la dernière fois qu'Orlov voyait Sloutsky – je raconterai plus tard comment ce dernier périt de mort violente en 1938. Quant au colonel, il quitta la clinique peu de temps après et retourna à Valence sans que Margaret et moi ayons pu surprendre la moindre indication sur des détournements d'art religieux en provenance d'Espagne. Spiegelglass en fut pour ses frais. Nous lui rendîmes notre rapport d'écoute, qui contenait notamment deux photographies mal cadrées où l'on apercevait le cousin d'Orlov. Je priai l'adjoint de Sloutsky de transférer la journaliste américaine dans mon réseau, car nous nous entendions bien et elle était un agent efficace. Avant de prendre le train pour La Haye, je contactai mon vieux camarade Ludwig. Je le rejoignis dans un petit café derrière la gare du Nord, loin de l'ambassade soviétique. Elsa était partie passer les fêtes de Noël et du jour de l'An à Moscou, et son séjour se prolongeait. Ludwig se faisait du mauvais sang pour sa femme. Je lui demandai s'il avait entendu parler d'une histoire selon laquelle Staline aurait été un provocateur de l'Okhrana.

Il jeta un coup d'œil alentour. Nous parlions en polonais.

— À vrai dire, oui. Celui qui m'a raconté cela, à Berlin il y a une dizaine d'années, était un rédacteur du journal menchevik *Sotzialisticheski Vestnik*. Il réside à présent à New York, où il garde encore des contacts avec l'opposition antistaliniste en Europe. L'administration centrale des Archives s'était occupée depuis 1918 du transfert à Moscou des dossiers de l'Okhrana et de la commission d'enquête Mouraviev. Ces dossiers étaient empilés dans des boîtes, parfois même des sacs, et rangés n'importe comment. Le déménagement et le tri ont pris des années. Au début de 1925, Riazanov, alors président de cette administration, a fait transporter la totalité des archives, y compris les « archives historiques révolutionnaires », jadis partiellement entreposées au musée Pouchkine et à la gare de Leningrad, dans un bâtiment de Moscou spécialement réservé à leur classement. Au cours de l'inventaire des derniers lots, en juillet 1926, un employé est tombé sur le dossier du secrétaire général du temps où il s'appelait encore Djougachvili. Le dossier semblait prouver que Staline travaillait pour l'Okhrana depuis 1906.

— Et qu'a fait l'employé de ce dossier ?

— Il l'a transmis à Dzerjinski, chef du Guépéou.

Je fronçai les sourcils.

— En juillet 1926 ? Mais Dzerjinski est mort d'une crise cardiaque le 20 juillet !

— Il s'est effondré en prononçant un discours devant les délégués au plénum du Comité central. La rumeur a couru que Dzerjinski avait été empoisonné. Indice troublant, il a été aussitôt transporté à son domicile où l'on a prétendu qu'il était mort de causes naturelles, ce qui évitait d'avoir à pratiquer une autopsie. Dzerjinski était très agité et on lui a rempli plusieurs fois son verre d'eau tandis qu'il parlait. Cela pourrait avoir un rapport... Mais il était cardiaque, à bout de nerfs, souffrait depuis longtemps de tuberculose, de malnutrition, de surmenage. Son agitation pendant le discours ne prouve rien, Dzerjinski étant notoirement sujet aux crises d'hystérie et aux dépressions nerveuses...

— Où est passé le dossier de Staline ?

En réalité, je connaissais la réponse : il avait dormi sous une pile de documents à la Loubianka dans le bureau de Menjinski, qui avait succédé à Dzerjinski à la tête du Guépéou. Mais c'était un peu plus compliqué que cela.

— Tu te souviens de Blumkine ?

Je me souvenais de lui, naturellement. J'avais connu Iakov Grigoriévitch Blumkine à Moscou dans la seconde moitié des années 1920. Ancien terroriste socialiste-révolutionnaire, membre de la Tchéka, il avait participé à l'âge de dix-neuf ans à l'assassinat de l'ambassadeur allemand, le comte von Mirbach, en juin 1918. Les socialistes-révolutionnaires entendaient ainsi dénoncer l'armistice de Brest-Litovsk et provoquer une nouvelle entrée en guerre contre l'Allemagne. Trotsky lui ayant évité le peloton d'exécution, Blumkine se rangea du côté des bolcheviks et devint un des meilleurs agents de la Tchéka. Ce grand gaillard osseux, au type israélite très prononcé, demeurait célibataire et, entre deux missions à l'étranger, organisait régulièrement des soirées dans son confortable appartement de Moscou. C'était un séducteur accompli qui aimait se donner en spectacle et se vanter de ses liaisons. Il brandissait souvent son pistolet ; une nuit, devant moi, il menaça Mandelstam, un artiste fragile et inoffensif. Les jeunes poètes russes de l'époque fréquentaient les tchékistes, dont la réputation de saints de la révolution, de mystiques vengeurs en même temps que de criminels les fascinait. L'OGPOu, en 1929, envoya Blumkine à Constantinople vendre des manuscrits hassidiques de grande valeur en provenance de la Bibliothèque centrale de Moscou. Les sommes récoltées devaient permettre de financer des opérations clandestines au Moyen-Orient. Blumkine avait également pour instructions de rendre visite à Trotsky exilé sur l'île de Prinkipo et, sous prétexte de renouer leurs anciens liens d'amitié, de lui suggérer le recours à une garde privée afin de le protéger d'éventuels attentats de la part de Russes blancs réfugiés en Turquie.

— Sa mission était en réalité d'enquêter sur les possibilités de surveiller de près Trotsky, voire de l'éliminer. Le Vieux n'imagine toujours pas à quel point il est menacé, non par les Blancs mais par Staline... En 1925, Kamenev l'avait pourtant prévenu : « Vous croyez que Staline se soucie de répliquer à vos arguments. Rien de tel. Il se demande comment vous liquider sans en faire les frais. »

Cela me rappela les informations de Sloutsky au sujet des nouveaux « groupes mobiles » du NKVD et des listes noires. Ludwig poursuivit :

— Trotsky a accueilli Blumkine comme un vieux camarade révolutionnaire. Il a refusé les gardes, et lui a confié une lettre pour Riazanov, à l'Institut Marx-Engels. Un document parfaitement anodin, que le Guépéou a utilisé plus tard pour justifier l'arrestation de Blumkine. À son retour à Moscou, celui-ci a fait son rapport à Menjinski et à Mikhaïl Trilisser qui était le chef de l'INO à l'époque. On l'a félicité et lui a ordonné de se préparer pour un nouveau voyage à l'étranger. En même temps, on le faisait surveiller de peur qu'il ne fût contaminé par le trotskysme. Une opération de séduction fut confiée à Lisa Gorskaïa qui avait été sa maîtresse et le redevint, sur ordre, pendant trois semaines. Tu la connais, elle est maintenant mariée à Vassia Zaroubine. Et à Vienne en 1925 elle était la secrétaire de Zaporojets à l'ambassade... Son nom de famille était Rosenzweig.

Je me méfiais, comme Ludwig et Elsa, du couple Zaroubine, *rezidents* clandestins du NKVD à Berlin où ils recrutaient des informateurs dans les services du Reich, et que nous voyions parfois à Paris. Ils étaient typiquement « des leurs », trempant depuis longtemps dans les opérations machiavéliques de la police secrète. Je n'avais aucun mal à imaginer Lisa Zaroubina, une belle personne avec sa haute taille et ses yeux bruns de Juive de Bessarabie, dans ce rôle d'informatrice auprès de Blumkine en 1929.

— La suite de l'histoire, je la tiens de Raïssa Labas, la poétesse et la première femme du peintre Robert Falk[1]. Elle aussi avait eu une liaison avec Blumkine. Et, dans les derniers jours de décembre, en l'absence de Falk – tous deux possédaient des passeports car ils revenaient d'un long séjour en France –, Raïssa voit débarquer Blumkine chez elle, une mallette en cuir à la main, dans le bâtiment des collectifs des ateliers artistiques et techniques, au 21 rue Miasnitskaïa devant la vieille poste. Il s'écria, fou de terreur : «Je suis perdu si tu ne me prêtes pas le passeport de ton mari. Mon visage et le sien se ressemblent un peu. Le Guépéou me suit, Radek m'a dénoncé, j'ai réussi à les semer mais ils connaissent le nom sur le faux passeport qu'ils m'ont donné pour ma mission... Il m'en faut un autre, sinon je serai arrêté à la frontière.» Raïssa a commencé par refuser, car elle et son mari risquaient d'être arrêtés eux aussi. Blumkine a désigné du doigt la mallette : «Regarde, Raïssa, j'ai là-dedans le dossier de l'Okhrana sur Staline, prouvant qu'il était un agent de la police tsariste... C'est Rabinovitch, le chef adjoint du département politique secret, qui l'a découvert dans les papiers de Dzerjinski destinés aux archives générales et me l'a confié afin que je le transmette à l'opposition. J'ai fait la bêtise d'en parler à Radek, et ce petit salopard a vu l'occasion de rentrer en grâce auprès du secrétaire général. Il a téléphoné au Guépéou... Maintenant, ma seule chance est de sortir le dossier de Russie. Toi et Robert ne courez aucun danger, le régime de Staline s'écroulera vingt-quatre heures après que j'aurai passé la frontière!» Il s'est assis sur le divan et il a ajouté, se

1. Raïssa Falk, née Raïssa Veniaminovna Idelsohn (1894-1972), élève de Marc Chagall, se remaria en 1931 avec le peintre Alexandre Arkadievitch Labas (1900-1983).

prenant la tête dans les mains : «Je suis comme une souris prise au piège. Je veux vivre. De n'importe quelle façon, je veux vivre ! » Mais Raïssa Falk a persisté dans son refus de céder le passeport. Blumkine est alors reparti en lui confiant la mallette. Par la fenêtre, Raïssa a vu des agents en civil s'emparer du fugitif et le pousser dans une voiture qui a démarré en direction de la Loubianka. D'autres agents sont montés chez les Falk et ont cogné à la porte, demandant si Blumkine était venu à l'appartement 36. Raïssa a jugé plus sage de répondre oui. Le chef des hommes du Guépéou voulait savoir s'il avait laissé quelque chose. Elle a indiqué la mallette. L'homme en a fracturé la serrure et a vu des liasses de billets de banque. Tu sais, l'argent qu'on nous donne lorsque nous partons en mission. Le policier a conclu que Blumkine essayait de sortir des devises illégalement du pays. Il est reparti avec la mallette sans même jeter un coup d'œil au dossier. Voilà.

Mon camarade sourit avec amertume.

— Blumkine, comme nous le savons toi et moi, après un interrogatoire poussé a été fusillé en secret sur ordre de Staline. Dans les couloirs de la Loubianka, quand on le menait à l'exécution, il a croisé Lisa Gorskaïa et compris qu'elle l'avait trahi. Il est mort paraît-il en criant : « Vive Trotsky ! » Blumkine est connu aujourd'hui comme le premier bolchevik fusillé pour « trotskysme », mais il faudrait plutôt chercher la raison du côté du dossier découvert dans les archives. Son ami Rabinovitch a été exécuté également, en même temps qu'un journaliste du nom de Silov.

Je voulus en savoir davantage sur le dossier de Staline. Maintenant qu'il était un peu « des leurs », Ludwig avait accès à des informations qui demeuraient hors de ma portée. Il hésita, l'air contrarié, puis :

— Le dossier a refait surface l'année dernière.

— C'est peu vraisemblable. Staline ne l'a-t-il pas récupéré et détruit à l'issue de l'arrestation de Blumkine ?

— Je ne pense pas. Réfléchis : l'officier de police, suivant les instructions reçues, aura porté directement à Menjinski, chef du Guépéou, la mallette trouvée chez Raïssa Falk. Menjinski prend connaissance du dossier et réalise à quel point son contenu incrimine le secrétaire général. Que crois-tu qu'il a fait à ce moment ? Téléphoner à Staline pour lui annoncer qu'il venait de recevoir les preuves de son ancienne appartenance à l'Okhrana ? C'eût été signer son propre arrêt de mort.

J'acquiesçai :

— Ça l'arrangeait donc que Blumkine et Rabinovitch fussent liquidés tout de suite et qu'on n'en parle plus...

— Oui. Raïssa Falk fut convoquée à la Loubianka et mise en présence d'un homme courtois et mystérieux qui se tenait assis dans l'ombre. Tu te souviens que Menjinski souffrait d'une maladie dégénérative des articulations qui l'obligeait à demeurer assis ou couché durant les interrogatoires. Il la questionna longuement, sans insister sur la mallette trouvée chez elle, puis l'autorisa à partir, ce que Raïssa se dépêcha de faire, trop heureuse de s'en tirer à si bon compte. Blumkine n'avait donc rien dit à son sujet pendant qu'on le torturait. De son côté, Menjinski aura prétendu auprès de Staline que la mallette ne contenait que des billets de banque et des papiers concernant la prétendue mission à l'étranger, ajoutant que si l'accusé avait détenu les pièces compromettantes dont parlait Radek, il les avait sans doute déjà transmises à l'opposition de gauche... ou brûlées avant d'être arrêté. Menjinski, polonais d'origine, était un homme subtil et d'une intelligence supérieure, que Lénine appelait familièrement son « neurasthénique décadent ». Plutôt que de faire disparaître le dossier, il se réservait la possibilité d'en user un jour pour sauver sa peau, au cas où il se considérerait menacé, lui ainsi que sa famille. Ou peut-être rêvait-il de monter un complot contre Staline. En tout cas il aura dissimulé ces preuves quelque part. Peut-être tout simplement dans son bureau à la Loubianka, sous des piles d'autres dossiers...

C'était en effet là que Shtein avait retrouvé les documents, vers la fin de mai 1936 à en croire le cousin d'Orlov, donc deux années après la mort de Menjinski. Les engrenages de l'affaire du dossier de l'Okhrana continuaient de s'emboîter d'une manière parfaite.

— Staline a ensuite fait liquider Menjinski, m'apprit Ludwig. Déjà, il avait manœuvré en manipulant le XVIIe Congrès du Parti pour l'éliminer du Comité central. Deux assistants de Iagoda, Boulanov et Savolaïnen, ont répandu pendant des semaines un mélange de mercure et d'un poison spécial sur les tentures du bureau de Menjinski. Il a fini par succomber en mai 1934. C'est pourquoi le bureau est resté condamné pendant deux ans. D'autre part, un de mes contacts à Moscou m'a signalé en juillet dernier que Tomsky, le patron des syndicats, avait reçu chez lui des copies de pièces très gênantes pour Staline, découvertes dans un ancien dossier des archives du NKVD.

— Tomsky ? Il s'est suicidé le mois suivant... Le 23 août si je ne me trompe, le dernier soir du procès Kamenez-Zinoviev. En apprenant que le procureur l'avait mis en cause...

Mon ami fit un geste de la main.

— Voilà. C'est précisément cela, et je me demande si ce n'est pas ma faute.

Je le fixai avec ahurissement.

— Comment pourrais-tu être responsable du suicide de Tomsky? Tu étais à Prague à l'époque du procès. Tu m'as téléphoné à mon hôtel en Suisse et nous nous sommes vus à Paris quelques jours plus tard... Je t'ai convaincu de ne pas bouger pour le moment.

Comme l'autre fois, il baissa la tête.

— Et tu m'as fait remarquer que nous ne connaissions personne parmi les trotskystes ici. Exact, mais... j'étais informé de l'adresse de Lev Sedov, le fils de Trotsky. Au 26 rue Lacretelle, dans le quinzième arrondissement. Un peu plus tôt, fin juillet, je lui ai donc envoyé une lettre anonyme où j'expliquais que Tomsky avait en sa possession des preuves accablantes contre Staline et qu'il fallait le contacter afin de les sortir d'URSS. J'ai agi sur une impulsion, je n'ai pas réfléchi...

Je complétai :

— ... au fait que Lev Sedov était peut-être surveillé de très près à Paris par le NKVD, qui a infiltré son entourage.

— Donc, en lisant ou entendant parler du contenu de ma lettre, cet espion aura immédiatement informé le Centre. Écoute, voilà ce que j'ai appris par la suite : le 23 août au soir, Staline s'est rendu chez Tomsky à sa datcha de Bolchevo, avec une bouteille de vin. Peut-être espérait-il que l'alcool lui délierait la langue. Tomsky et le secrétaire général se sont entretenus longtemps, dans le bureau au premier étage. Le fils de Tomsky a vu la porte s'ouvrir brusquement, Staline est sorti, suivi par Tomsky qui lui criait des injures. Le secrétaire général est remonté dans sa voiture, escorté par ses gardes, et il est reparti. Quelques minutes plus tard, un coup de feu a retenti dans le bureau. Tomsky était mort. Il paraît qu'ensuite Staline, de façon totalement cynique, a passé un savon à Iagoda pour n'avoir pas su empêcher le suicide de Tomsky. Nul doute qu'il eût préféré le voir interrogé longuement dans une cellule de la Loubianka...

Je posai la main sur le bras de Ludwig.

— Inutile de te tourmenter. Tomsky a peut-être été trahi par quelqu'un à Moscou. Ou bien sa mort n'a rien à voir avec le dossier secret.

— Ordjonikidzé, commissaire du peuple à l'Industrie lourde, a fini de façon assez similaire il y a une semaine. Pourtant c'était un vieux compagnon de jeunesse de Staline. Ça n'a pas empêché celui-ci d'envoyer Poskrebichev, le chef de son secrétariat personnel, porteur d'un revolver et accompagné d'un médecin et de trois gardes du NKVD, dans l'appartement de « Sergo » au Kremlin. Il lui a offert le choix entre le suicide et l'exécution. J'ignore ce qu'Ordjonikidzé a choisi, mais en tout cas sa femme a entendu un coup de feu, s'est rendue dans le bureau de son mari et l'a trouvé mort. Elle a regardé par la fenêtre et vu un homme qui courait sur la pelouse. L'appartement de Staline était proche, elle lui a téléphoné. Tu sais ce que Staline a répondu ? « Quelle maladie sournoise ! Un homme s'étend pour se reposer dans son bureau et voilà qu'il a une attaque ! » Staline lui en voulait d'avoir protesté contre l'inculpation de son adjoint Piatakov, et de s'être plaint des perquisitions dont lui-même était l'objet. Son frère aîné se trouvait déjà dans une prison du NKVD. On dit qu'Ordjonikidzé était occupé à rédiger un rapport détaillé sur tout ce qu'il savait des manœuvres secrètes du secrétaire général depuis 1922. Après le coup de fil de Zinaïda Ordjonikidzé, Staline est arrivé accompagné de Molotov et de Jdanov. Puis ont débarqué Iéjov, Kaganovitch et Béria. La femme de « Sergo » a voulu garder les papiers restés sur le bureau, mais Staline les lui a arrachés des mains pour les donner à

Béria. Zinaïda a giflé ce dernier en le traitant de gangster. Staline a grogné : « Tais-toi, idiote. » C'est Béria qui l'a raconté à Sloutsky, lequel comme tu sais est un type bavard. Les médecins ont signé un procès-verbal tout préparé. Le certificat de décès déclare que la cause de la mort est une « paralysie du cœur »... Quelle abomination, Shmerl. Ils disparaissent les uns après les autres ! Staline est une bête ivre de sang... Sa folie paranoïaque ne connaît plus de bornes. Il a décidé d'exterminer tous les bolcheviks. C'est une grande vague de sang qui se lève, si nous ne faisons rien elle nous emportera tous. Nous, nos femmes, nos enfants... Shmerl, prends courage. Attendons le retour d'Elsa et faisons défection tous les deux ensemble ! Proclamons cette décision publiquement !

Encore une fois, je tergiversai. Je remarquai qu'il nous fallait d'abord préparer l'avenir puisque nous nous trouverions en exil et sans ressources. Et puis, le moment était mal choisi : la guerre d'Espagne, quelle que fût la façon dont nous la menions, accaparait toute l'attention de la presse internationale. Notre geste serait salué triomphalement par les journalistes de droite, ces ignobles porte-parole de Franco en Europe – alors que la priorité était d'aider coûte que coûte la République espagnole. Nous travaillions en ce moment tous deux à lui envoyer des armes. En faisant défection, nous apparaîtrions aux yeux de tous nos camarades comme une paire de déserteurs. Ludwig céda une fois de plus à mes arguments. Il se contenterait d'envoyer une deuxième lettre anonyme au fils de Trotsky : « Prenez garde, le Guépéou a pris à Moscou la décision de détruire dans le monde entier et par tous les moyens les communistes oppositionnels les plus marquants qui luttent contre la trahison de Staline... »

Ayant esquissé ce message sur une feuille de papier, il quitta le café et je restai seul. Mon train pour la Hollande ne partait pas avant le soir. Je réfléchissais, en fumant une cigarette après l'autre. De nouveau je sombrais dans un de mes abîmes périodiques de dépression. L'angoisse et le sentiment de culpabilité me taraudaient. Mes pensées se tournaient vers le passé. Remuant le couteau dans la plaie, je me remémorai Iakov Blumkine, les soirées dans son appartement de Moscou, les filles russes aux mœurs libres, les jeunes poètes et ses amis tchékistes ivres de vodka et de sang. Certains d'entre eux écrivaient eux-mêmes des vers, Alexandre Eidouk, par exemple : « Il n'est de plus grande joie, de plus belle musique / Que le craquement des vies brisées et des os. » Un invité l'accompagnait en plaquant sur le piano du salon des accords sauvages, pendant que Blumkine jouait avec son pistolet.

Le temps s'écoulait au ralenti dans ce café bruyant, entre les exclamations, les rires des clients, les sifflements des percolateurs et le tintement des verres et des tasses. Ma dépression s'accentuait. Je ne voyais plus d'issue. L'Espagne se transformait en charnier, la Russie gémissait sous la terreur, l'opposition trotskyste représentait l'hérésie, et les services secrets de l'Ouest l'inacceptable trahison. La voie que préconisait Ludwig m'était barrée. Mon fils n'avait que trois ans, je ne désirais pas lui imposer une vie de fugitif. Il y avait aussi d'autres raisons. Un instant je songeai à tout raconter à Margaret Browder et à l'interroger sur ce qu'elle ferait à ma place. Quoi de plus absurde. Cela équivalait à délivrer mon propre rapport au NKVD sur ma position objective d'ennemi de la classe ouvrière et de traître potentiel à la cause... et à dénoncer Ludwig. Je me sentis coupable envers Tania, envers Sacha. Tôt ou tard le poids de mes erreurs retomberait sur leurs têtes innocentes. L'injustice de la situation me paralysait. Je continuai de me ronger les sangs, assis immobile au fond du café à fumer devant mon verre d'eau minérale. Au bout d'un certain temps, je me levai pour aller chercher un jeton de téléphone à la caisse. Je formai sur le cadran le numéro de Sergueï Spiegelglass. J'eus l'ancien marchand de langoustes au bout du fil. Il ne s'attendait pas à mon appel et encore moins à ma demande d'envoyer une requête au Centre : je voulais retourner, de ma propre initiative, à Moscou.

22.

Trois semaines plus tard, j'étais de nouveau à Paris où je disposais de quelques jours pour préparer mon voyage vers l'URSS. Le Centre avait donné son accord. Margaret Browder s'occupait des billets de train et d'avion. De son côté, Matilda avait réussi à trouver le nom du cousin d'Orlov : Zinovy Borissovitch Kastnelson. C'était l'ex-adjoint de Balitsky, chef du NKVD de Kiev. Le 16 mars 1937, veille de mon départ, l'épouse de Ludwig me téléphona. Elsa Poretski arrivait tout juste de Leningrad, par la Finlande, le Danemark et Amsterdam. Sa sortie de l'Union soviétique avait été difficile. Elle m'invita à la rejoindre au café des Deux-Magots, devant l'église Saint-Germain-des-Prés.

Elsa était une grande femme vêtue d'étoffes lourdes, un peu masculine, avec un visage rond et plein, des yeux gris-bleu qui vous fixaient d'un air obstiné, une bouche au pli amer. Je me sentais extrêmement nerveux lors de ce rendez-vous qui contrariait mes plans. L'ambassade d'Union soviétique se trouvait tout près, le quartier grouillait d'hommes du NKVD, de propagandistes du Komintern et de sympathisants staliniens français ou étrangers. L'un de nous, Elsa ou moi, était certainement surveillé, sinon nous deux. J'ignorais ce que la femme de Ludwig avait pu dire, et à qui, durant son séjour. Peut-être figurait-elle déjà sur leurs listes comme un agent dont la fidélité au Parti devenait douteuse. Un de mes objectifs, en sollicitant ce voyage à Moscou, était de faire bonne impression auprès de mes chefs en devançant l'appel. Rencontrer dans un café parisien, le jour précédant mon départ, une camarade suspecte pouvait réduire mes efforts à néant. On m'attendrait – c'était arrivé à d'autres – à la descente du train et je finirais dans une salle d'exécution au sous-sol de la Loubianka, une balle dans la nuque.

Elsa, excitée et volubile, voulait m'entretenir de nos anciens camarades du renseignement de l'Armée rouge qu'elle avait revus à Moscou. Je dus lui paraître insensible car j'écoutai à peine ses récits les concernant. Tout ce qui m'intéressait était de savoir comment, dans quelles circonstances « ils » l'avaient laissée repartir, et de comprendre pourquoi.

À Moscou, les dernières semaines, Elsa ne quittait plus sa chambre de l'hôtel Savoy. Elle lisait des heures d'affilée, ne recevait aucune lettre de l'étranger et n'en écrivait pas. Là-bas, il est impossible de n'être ni surveillé ni suivi. Le vide réservé à ceux que l'on n'ose plus contacter parce qu'ils sont suspects l'entourait. Elsa voyait souvent F., un ami d'enfance de Ludwig et de moi, un peu plus âgé, membre de la vieille bande de Podwoloczyka. Ils discutaient dans la luxueuse chambre d'Elsa au Savoy, plutôt que dans les grands cafés si déserts l'hiver que l'on s'y sent nu et sans abri. Dehors, il gelait. Elsa et F. étaient persuadés, sans le savoir vraiment, que des micros étaient posés dans la chambre.

— Que le NKVD ait ou non branché des micros, précisa-t-elle de sa voix rauque, les gens le croient et cela suffit pour que chacun sente l'omniprésence des yeux et des oreilles vigilants de la Sécurité d'État. Nos discussions restaient donc inoffensives...

Les jours traînaient ainsi. Plus personne à part F. ne venait la voir, plus personne ne lui envoyait de billets de théâtre, du reste difficiles à obtenir. Vers la fin de février elle apprit en téléphonant à un proche ami, polonais comme elle, Félix Gorski, haut fonctionnaire du NKVD, que Sloutsky était rentré de l'étranger.

— Son retour signifiait pour moi que quelque chose allait enfin se passer... Ou bien Sloutsky me laisserait repartir, ou bien il rappellerait Ludwig. Je me sentis mieux, tout était préférable à cette horrible incertitude. Quelques jours plus tard, on m'a téléphoné : le camarade Sloutsky est désolé, il vous présente ses respects mais ne peut vous rencontrer. Il vous reverra à l'étranger... J'ai lu entre les lignes : Sloutsky ne désirait pas vraiment me revoir, ni ne repartait lui-même bientôt à l'étranger, mais il était pressé de me voir quitter le pays pour mon propre bien. J'ai compris cela lorsque G., mon correspondant, a ajouté qu'il m'apporterait mon passeport à l'hôtel le jour suivant.

G. lui avait également donné un billet pour la frontière finlandaise et des dollars destinés à acheter des billets de train et d'avion pour Paris. Il lui restait vingt-quatre heures pour dire adieu à nos camarades les plus chers. G. affirma qu'il la reverrait en Amérique, où Ludwig serait probablement nommé en remplacement de Bazarov. Le haut fonctionnaire du NKVD, Gorski, accompagna Elsa à la gare.

— Il ne nous restait que quelques minutes avant le départ du train. Lorsqu'il m'a prise dans ses bras pour me dire adieu, il a chuchoté : « Dis à Ludwig de revenir ici. Au diable son poste aux États-Unis. Que ce soit votre dernier voyage. Revenez tous ! »

Elsa me regarda dans les yeux :

— Tu comprends, Félix était sincère. Il sait fort bien les conséquences qu'un refus de rentrer de la part de Ludwig entraînera pour nous.

À Leningrad, elle avait eu l'intention de passer voir son amie Galina Klinger.

— La ville était noyée dans un brouillard glacé. J'ai descendu l'ancienne perspective Nevsky et suis entrée dans ce qui était jadis un immeuble somptueux, aujourd'hui misérable, où Galina louait un petit meublé. La sonnette ne fonctionnait pas. Je cognai à la porte, une femme a fini par répondre. « Elle n'est pas ici. — Savez-vous où elle se trouve ? — Non. » J'ai pris un autobus pour l'Académie de médecine militaire. Je pensais aller saluer notre vieil ami l'ancien directeur, le docteur K. J'ai eu droit au même style de réponse : « Pas ici », « On ne sait pas ». Découragée, je me suis rappelé que Leningrad est l'endroit idéal pour arrêter ceux qu'il paraît malavisé de coffrer à Moscou et qu'il est facile d'accuser de liens avec l'opposition zinoviéviste[1]. J'ai commencé à avoir très peur. Je me suis réfugiée dans un café en attendant l'heure de partir à la gare de Finlande. Mais cette fois je ne suis pas montée dans la « Flèche rouge », j'ai préféré voyager jusqu'à la frontière dans un omnibus de banlieue, rempli de paysans avec leurs paquets. Il s'est vidé progressivement, j'ai fini par croire que j'étais la seule voyageuse pour la Finlande, quand j'ai remarqué un jeune homme qui regardait par la fenêtre. Nous sommes tous les deux passés sans incident. Lorsqu'il a tendu ses documents au douanier finlandais, j'ai constaté que comme moi il voyageait avec un passeport tchèque. J'ai vu partout ce jeune homme dans les jours qui suivirent : sur le port d'Helsingfors pris par les glaces, dans les gares, sur le ferry-boat, au

1. Zinoviev avait dirigé le soviet de Petrograd, future Leningrad.

Royal Palace de Stockholm, à l'agence de voyages où nous prîmes tous les deux un billet pour Paris. Je l'ai perdu de vue peu avant d'arriver à Copenhague. Je suis montée dans l'avion pour Amsterdam. Épuisée, je me suis endormie. Comme le soleil se levait, l'hôtesse me montra Heligoland que nous survolions. Tournant la tête, je remarquai la présence de Justina, l'ex-femme de Félix, mariée maintenant à Gorkić, secrétaire du PC yougoslave[1]. Aussi surprise que moi, elle vint s'asseoir sur le siège voisin, et me désigna du doigt un passager assis un peu plus loin devant nous : le jeune homme au passeport tchèque. Jusqu'à ce moment, je ne l'avais pas repéré. Justina devait le rencontrer : c'était son « contact » de l'INO pour sa mission en Europe. Nous nous sommes quittées à Amsterdam car elle prenait le train de Berlin.

Le récit d'Elsa me déprima complètement. Je voulais partir. Mais ce n'était pas fini :

— Une autre chose m'inquiète, Victor : à Moscou, peu après mon arrivée, Grigori Grafpen est venu me voir, habillé d'un uniforme du NKVD, ce qui n'est pas dans ses habitudes. Il revenait de la Loubianka, où il faisait partie des officiers qui se relayaient pour interroger Radek « à la chaîne » lors de la préparation du procès. Grafpen m'a posé des questions très précises sur Gerda Frankfurter, la réfugiée allemande qui travaille à Paris pour Ludwig. Il savait énormément de choses sur elle. Il semblait désireux de faire venir Gerda à Moscou. Ça, je ne pense pas qu'il en ait le pouvoir, mais je me demandais comment il était si bien renseigné sur nos gens. Grafpen m'a fourni lui-même

1. Le siège du KPJ avait été déplacé de Vienne à Paris. Rappelé à Moscou au mois de juin, Milan Gorkić, ancien protégé de Boukharine, fut exécuté en novembre 1937.

la réponse. Il a évoqué une « excellente organisation d'émigrés blancs qui se trouve à Paris »...

Je la regardai avec angoisse. Grafpen voulait sans doute parler du cercle Goutchkov. Elsa était folle de me donner rendez-vous ici. Je me levai. Elle étendit le bras pour me retenir.

— Victor !... « Ils » veulent éliminer tous ceux, chez nous, qui étaient liés au PC polonais... Nos amis disparaissent les uns après les autres. L'avant-dernière fois que j'ai vu Félix Gorski, il jouait avec son revolver en déclarant : « Ne t'inquiète pas, ils ne m'auront pas vivant. » Et F., à mon hôtel, qui me racontait qu'il ponctionnait son maigre livret de Caisse d'épargne pour que ses enfants puissent manger après son arrestation... Tous unis par la terreur ! J'ai encore plus peur ici qu'à Moscou. Et sais-tu ce que m'a dit Ludwig hier, quand je lui ai raconté tout ça ? « Qui peut imaginer comment Félix se conduira dans ces circonstances ? Un revolver chargé ne suffit pas, il faut le temps de se tuer. » Ludwig ne sait pas si on laissera ce temps à Félix. Et comment doit-on se conduire *devant les siens* – sa femme, ses enfants, ceux pour qui on était prêt à perdre la liberté et la vie ? Cela non plus il ne le sait pas. Ludwig ne sait qu'une chose, c'est qu'il ne pourrait vivre dans une prison soviétique. Mais aura-t-il la force de jouer leur jeu ? Et toi, Victor ? Serais-tu prêt à te faire éclater la cervelle devant Tania et ton petit garçon ?

— Je dois partir, Elsa.

Sa main agrippait toujours mon bras. Les gens à côté nous regardaient. J'étais certain que quelque part dans le café se trouvait au moins un agent du NKVD... ou un Russe blanc du cercle Goutchkov.

— Encore un instant, Victor. J'ai acheté un manteau de bonne qualité pour le fils de F. Pourrais-tu l'emporter à Moscou et le lui donner ?

J'acceptai la suggestion d'Elsa de me passer le manteau le lendemain matin à mon hôtel, ce qu'elle fit. L'épouse de Ludwig ne comprenait toujours pas pourquoi j'acceptais de retourner à Moscou (je lui avais menti en disant que j'avais reçu l'ordre de Sloutsky de rentrer). Ce matin-là, dans ma chambre, elle fit remarquer pendant que je faisais ma valise :

— Retourner en URSS maintenant pour y être fusillé, cela me fait penser aux soldats qui périrent, lors de la guerre, une heure avant que ne sonne le clairon de l'armistice.

— C'est vrai, lui répondis-je. Mais il y en eut qui périrent au cours de cette dernière heure.

Je voyageai sous mon identité habituelle : le docteur Martin Lessner, citoyen autrichien, gérant d'une galerie d'art à La Haye. Il me fallait transiter par la Scandinavie, ainsi qu'Elsa l'avait fait à son retour, car la voie traditionnelle par l'Allemagne et la Lituanie était déconseillée à tous nos agents juifs : la Gestapo arrêtait les voyageurs au type sémite. Les agents polonais devaient en outre changer de train à Berlin pour éviter de traverser la Pologne, dont les gardes-frontières, des anticommunistes enragés, s'amusaient de temps en temps à abattre à coups de carabine leurs compatriotes se rendant en Russie avant qu'ils n'aient atteint le poste soviétique. Je pris l'avion pour Stockholm. Là-bas, je me rendis à l'ambassade pour retirer mon ancien passeport, celui avec lequel j'avais quitté l'URSS lors de ma visite précédente en 1935. Le document était établi au nom de Eduard Miller, ingénieur autrichien. Je ne m'en servais qu'entre la Suède et l'Union soviétique. Nous évitions de marquer du visa de celle-ci – évidemment suspect – les précieux passeports que nous utilisions dans les démocraties bourgeoises. Ces passeports autrichiens, les meilleurs pour nos missions clandestines, étaient obtenus de façon semi-légale, sur la base d'un faux, le plus souvent un certificat de naissance fabriqué à Moscou. Des camarades autrichiens travaillant pour l'INO ou le GROu visitaient des communautés sûres et versaient des pots-de-vin pour acquérir la citoyenneté autrichienne en échange d'un don. Mais ce genre d'opération devint de plus en plus difficile, et au cours des années 1930 nous utilisions plutôt des passeports tchèques comme ceux d'Elsa ou de son « compagnon de voyage », d'obtention aisée en raison du nombre d'agents du Komintern et de communistes allemands qui avaient émigré en Tchécoslovaquie lorsque Hitler avait pris le pouvoir. De plus, le parti communiste local était légal et assez populaire. Il était facile d'y rafler cartes d'identité, permis de séjour et autres documents que le Komintern distribuait à tous nos services.

J'arrivai à Helsingfors, où je pris le train pour Leningrad. De nouveau, les craintes m'assaillirent. Demander à rentrer en Union soviétique était, pour un agent à l'étranger, une initiative à double tranchant : on risquait de passer aux yeux de ses supérieurs comme à bout de nerfs et envahi par la peur de risquer sa peau – pour ceux qui travaillaient en Allemagne nazie, par exemple. Ou bien encore comme las de se battre ou même démoralisé. Je n'avais pas d'idée précise de la situation en Russie, mais le peu que m'en avait dit Elsa laissait présager le pire. De toute façon il était trop tard pour changer d'avis. Une fois la demande faite, on pouvait différer la date du voyage de quelques semaines sous un prétexte quelconque, mais non l'annuler.

À cette époque de purges, l'URSS délivrait peu de visas d'entrée sur son territoire, et le trafic à ses frontières se trouvait considérablement réduit. Les seuls autres passagers étaient trois Américains. Comme ils étaient munis de passeports diplomatiques, leurs bagages ne furent pas fouillés. Il s'agissait d'un couple d'âge moyen et d'un jeune homme blond d'une trentaine d'années, coiffé d'une chapka noire en fourrure. Il parlait russe et semblait appartenir au personnel de l'ambassade des États-Unis à Moscou. Le volume important des bagages diplomatiques provoqua des discussions assez longues. À Bielo-Ostrov, la frontière était toujours décorée de l'arc en bois où se détachait l'inscription : « Prolétaires de tous les pays, unissez-vous ! » Mes bagages furent inspectés avec détachement par les policiers, qu'un télégramme du ministère avait prévenus de mon passage, comme cela se faisait en règle générale lors du retour d'un de nos agents. À Leningrad, devant le comptoir de vente des billets de chemin de fer, je tombai sur un vieil ami et camarade. Je lui demandai comment allaient les choses. Jetant un coup d'œil furtif alentour, il répondit à voix basse :

— Des arrestations, rien que des arrestations. Dans le seul secteur de Leningrad, ils ont arrêté plus de 70 % des directeurs d'usine, y compris ceux des fabriques de munitions. Je n'invente pas, c'est l'information officielle qui nous a été donnée par le comité du Parti. Personne n'est en sécurité. Personne ne fait confiance à personne.

Une jeune employée du NKVD m'attendait sur le quai de la gare de Moscou. Il faisait déjà nuit. Elle m'accompagna jusqu'à une berline Zis noire dont le chauffeur me déposa devant l'hôtel Savoy qu'Elsa avait quitté quelques jours plus tôt. Dans le corridor qui menait à ma chambre, je croisai un ami proche et pur staliniste, Max Maximov-Unschlicht, dont l'oncle était vice-commissaire à la Guerre. Le hasard faisait que cet ami et son épouse occupaient la chambre voisine de la mienne. Max s'était marié récemment avec une fille de province, peintre de talent venue étudier l'art à Moscou. Son prénom était Regina. Je demandai à Max la permission de laisser quelques papiers personnels chez eux.

Au moment où j'ouvrais la porte de ma chambre, le téléphone sonna.

— Camarade Krebnitsky ? Venez immédiatement à mon bureau.

C'était Sloutsky. Sans prendre le temps de me demander si mon voyage s'était bien passé, le chef de l'INO me convoquait – voix tendue, souffle court, et me vouvoyant – à la réunion extraordinaire qui devait s'ouvrir dans une heure au club du NKVD, dans la nouvelle annexe de la Loubianka. Une réunion en présence de l'homme le plus redouté en Union soviétique après Staline, successeur de Iagoda tombé en disgrâce : le « nain » Nikolaï Iéjov, secrétaire du Comité central, chef de la Commission de contrôle du Parti, commissaire général de la Sécurité d'État et nouveau commissaire du peuple aux Affaires intérieures, qu'on surnommait aussi le « hérisson ».

23.

La Loubianka, place Dzerjinski, à l'angle de la rue Dzerjinksi et de la rue Kirov, se trouve à peu de distance de l'hôtel Savoy. Sloutsky me reçut habillé de l'uniforme bleu du NKVD. Le visage du gros homme était blême, je ne l'avais jamais vu dans un pareil état. Il me tendit mon passe et m'ordonna de l'accompagner. En silence, nous enfilâmes une longue succession de couloirs gardés par des sentinelles environ tous les vingt mètres, jusqu'au club des officiers. Y étaient rassemblés déjà plusieurs dizaines de membres du NKVD, parmi lesquels je reconnus des vétérans de la Tchéka qui servaient dans la police politique depuis vingt ans. Tout le monde avait revêtu son uniforme, je me sentais mal à l'aise avec mes vêtements civils. Les regards étaient fuyants, l'atmosphère compassée. On attendait l'arrivée de Iéjov qui devait prononcer sa première allocution à ses subordonnés en tant que chef de l'ex-OGPOu, à présent intégré au commissariat aux Affaires intérieures. Je prévoyais que le ministre en profiterait pour enfoncer davantage son prédécesseur Iagoda.

Iéjov fit son entrée vers dix heures et demie entouré de ses gardes du corps, des hommes au faciès brutal que je n'avais jamais vus auparavant. Il me sembla que c'étaient des Géorgiens, détachés du NKVD de Transcaucasie. Le surnom du « nain » n'était pas usurpé. Botté et sanglé de cuir, coiffé d'une casquette plate à visière noire, un pistolet dans son étui de ceinture, le petit homme se dandinait dans un uniforme trop grand pour lui, tout en nous observant avec une expression indéchiffrable. Dans son visage anguleux, les yeux d'un bleu très clair sous des paupières aux cils longs avaient un je-ne-sais-quoi d'ambigu me rappelant les multiples liaisons, masculines et féminines, que l'on prêtait à Iéjov. De notoriété publique il s'adonnait également à la boisson. Ses pommettes rougies étaient celles d'un tuberculeux. Le commissaire grimpa sur l'estrade et prit la parole au milieu d'un silence de mort. Il commença par déclarer sèchement que ce n'était pas à lui de démontrer les erreurs de Iagoda.

— J'irai droit à l'essentiel. Nous les bolcheviks, nous avons l'habitude de parler vrai. De dire ce que l'on pense, ce que l'on sait, sans fioritures. Si Iagoda avait été un ferme et honnête bolchevik, il n'aurait jamais perdu la confiance de notre bien-aimé secrétaire général. Les racines des erreurs de cet individu plongent dans des profondeurs que nous ne soupçonnions pas... dans un abîme profond d'effroyable trahison. Voici des faits éloquents. *Iagoda a servi la police du tsar!* Ce serpent criminel était agent de l'Okhrana depuis 1907 !

Je fis un rapide calcul : à cette époque, l'ancien commissaire aux Affaires intérieures avait environ seize ans... Son successeur se mit brusquement à hurler :

— Mais ce n'est pas tout ! Les Allemands, eux aussi, ont su détecter la perversité de son véritable caractère, et ils ont introduit Iagoda dans la Tchéka de Dzerjinski *dès les premiers jours de la révolution.* Durant toute l'existence de l'État soviétique, Iagoda a été l'espion des Allemands ! Iagoda est un agent de Hitler ! Cette hyène sournoise, ce monstre d'hypocrisie et de dissimulation, en a profité pour placer ses complices à tous les postes clés de l'OGPOu !

Le petit homme pointa le doigt en direction des officiers effarés.

— Oui, même les chefs de département de l'OGPOu, Moltchanov, Gorb, Gay, Volovitch... Tous des espions !

La main sur la crosse de son pistolet, il hurla :

— Et je vais le prouver ! Je prouverai que Iagoda et ses complices sont des bandits de droit commun, et je le prouverai sans qu'il puisse subsister le moindre doute ! Iagoda n'a-t-il pas nommé Lourié chef de la section de construction de l'OGPOu ? Et qui est Lourié... sinon la courroie de transmission entre Iagoda et les services d'espionnage étrangers ?

J'étais stupéfait. Voilà ce qui représentait une « preuve » pour notre nouveau chef de la police secrète ! Je me fis également la réflexion que – contrairement à Iéjov et à Staline lui-même dont l'antisémitisme était bien connu – Lourié et Iagoda, comme du reste une forte proportion de camarades du renseignement de l'armée et de la police secrète, russes, polonais ou autres, étaient juifs.

Le nain poursuivait :

— Est-ce que vous avez su bien viser ? Est-ce que vous avez déraciné la contre-révolution avec la totalité de ses racines ? Eh bien je dois vous dire que non. Vous avez mal fait votre travail. Pendant des années, ces deux voleurs ont trompé impunément le pays et le Parti ! Iagoda et Lourié ont creusé des canaux, tracé des routes et construit des bâtiments à des coûts extravagants, et cependant maintenu le chiffre des dépenses à un total très bas. Mais comment, je vous le demande, camarades, ces deux scélérats ont-ils pu y arriver ? *Je vous le demande, comment ?*

Les uns après les autres, Iéjov fixa droit dans les yeux les spectateurs pétrifiés. Il ricana :

— Eh bien, très simplement ! Le budget du commissariat aux Affaires intérieures n'est pas soumis à contrôle. C'est de ce budget, le budget de son propre ministère, que Iagoda a détourné les sommes qui lui ont permis de construire des immeubles extrêmement coûteux à des prix très « bas »... Et pourquoi Iagoda et Lourié ont-ils construit des bâtiments ? Tracé des routes ? Ils l'ont fait dans une course à la popularité, à la notoriété, aux médailles ! Mais comment un traître peut-il se satisfaire de ces choses ? Pourquoi Iagoda désirait-il tant être populaire ? Il en avait besoin, parce qu'en réalité il conduisait une politique à la Fouché.

L'assistance était abasourdie. Non seulement Iagoda était un informateur de l'Okhrana à l'âge de seize ans, un bandit, un voleur assoiffé de notoriété, mais en plus il apparaissait que cet espion, cet agent provocateur, ce voleur, cherchait également à rivaliser avec le ministre de la police de Napoléon Ier !

Sans rire, le minuscule commissaire aux Affaires intérieures suivait le fil de son raisonnement loufoque :

— C'est une question véritablement très sérieuse, camarades. Le Parti a dû pendant toutes ces années se garder attentivement de la montée du fouchéisme parmi nous. Cela n'a pas été facile. Oui, camarades, il est de mon devoir de vous le dire, et chacun d'entre vous doit le garder précieusement à l'esprit : même Félix Edmoundovitch Dzerjinski a faibli dans sa défense de la révolution. Le fondateur de la Tchéka s'est montré trop indulgent ! Ce dont nous avons besoin, c'est de purges, de purges, et encore de purges ! Moi, Nikolaï Iéjov, je n'aurai pas de doute, d'hésitation, de faiblesse ! S'il est possible de questionner la valeur du grand Dzerjinski, alors pourquoi devrions-nous respecter la réputation des plus anciens, les plus expérimentés des tchékistes eux-mêmes ?

Ainsi désignés comme les prochaines victimes des purges, les vieux officiers d'état-major de l'ex-OGPOu, vétérans de la révolution et de la guerre civile, se tenaient impassibles, visages livides, luisants de transpiration. Le silence dans la pièce avait atteint un niveau presque incroyable. Pas le moindre grincement de botte. Pas le moindre gémissement de lame de parquet. Il régnait une atmosphère d'horreur et de terreur quasi animales. Nous nous retenions de tousser, de bouger et même de respirer. À la fin de la péroraison du nabot en uniforme, ils applaudirent. J'applaudis moi aussi. Tous ensemble, nous applaudîmes longuement. Nous applaudîmes à tout rompre, pendant une bonne dizaine de minutes, affichant un air placide et réjoui en dépit de notre pâleur, comme si rien de tout cela ne nous menaçait en particulier. Nous applaudissions afin que nul ne doutât de notre enthousiasme bolchevik. Nous applaudissions pour prouver notre dévotion. Qui sait ? Une confession délivrée à temps nous épargnerait peut-être la balle dans la nuque. On pouvait être arrêté, interrogé, battu, torturé puis déporté au Goulag et cependant ensuite réhabilité, retrouver son poste au bout de quelques années... En nous confessant, nous obtiendrions peut-être le droit de vivre en trahissant nos plus proches amis. Je me souvins des mots de Iakov Blumkine, effondré sur le divan de l'atelier de Raïssa Falk : « Je suis comme une souris prise au piège. Je veux vivre. De n'importe quelle façon, je veux vivre ! » Cependant, une fois pris, Blumkine ne s'était pas confessé à ses interrogateurs. Il n'avait pas dénoncé la femme de Robert Falk. Il était tombé sous les balles en criant : « Vive Trotsky ! » Il était plus fort que moi, que nous. Arthur Artouzov prit la parole. Celui-là était le chef de la section du contre-espionnage, membre du Parti depuis 1917 après une carrière avortée de chanteur d'opéra. Ce personnage rondouillard aux cheveux blancs taillés en brosse, au menton orné d'un petit bouc de poils grisonnants, avait succédé à Trilisser et dirigé l'INO jusqu'en mai 1935, avec pour adjoint Sloutsky. C'était un malin, il avait réfléchi au moyen de sauver sa peau. Son bouc tremblait à l'extrémité de son menton :

— Camarades, commença-t-il, debout sur l'estrade où Iéjov lui avait cédé sa place. Camarades... Notre guide immortel, Lénine, aux jours les plus critiques de la révolution, nomma le meilleur des bolcheviks, Félix Edmoundovitch Dzerjinski, à la tête de la Tchéka. Dans une période encore plus critique que celle-là, notre grand, vénéré Staline, ce génie infaillible, ce soleil de la patrie socialiste, a nommé chef du commissariat aux Affaires intérieures Nikolaï Ivanovitch Iéjov, son meilleur et plus vigilant disciple. Camarades ! Nous, bolcheviks, avons appris à être sans pitié envers non seulement nos ennemis, mais envers nous-mêmes. Oui, c'est exact, Iagoda voulait jouer le rôle de Fouché. Il a essayé de dresser l'OGPOu contre le Parti. Et en raison de notre aveuglement, nous avons sans le vouloir participé à son diabolique projet...

La belle voix de baryton d'Artouzov devenait plus ferme à mesure qu'il reprenait confiance.

— En 1930, camarades, lorsque le Parti remarqua cette tendance pour la première fois, et, pour y mettre un terme, plaça le vieux bolchevik Akoulov à l'OGPOu, quelle a été notre manière d'aider Akoulov ? Nous lui avons opposé une violente hostilité ! Iagoda a fait tout ce qu'il pouvait pour lui compliquer la tâche. Et nous, camarades, non seulement nous avons soutenu le sabotage de Iagoda, mais nous avons été plus loin. Je dois admettre franchement que l'entière organisation du Parti au sein de l'OGPOu était dévouée au sabotage de la mission d'Akoulov.

Je vis les yeux pâles de notre chef du contre-espionnage quêter nerveusement un signe d'approbation dans la petite figure anguleuse de Iéjov. Il sembla y trouver la confirmation que le moment était venu de passer à l'offensive, dans sa manœuvre astucieuse pour détourner les soupçons de lui-même et les renvoyer sur un autre :

— Eh bien, je vous le demande, *qui* était le chef de l'organisation du Parti dans l'OGPOu en ce temps-là ? Et *qui*, en récompense de ses services de traître et de saboteur, a reçu de son chef, cette vipère de Iagoda, la faveur d'un poste à l'étranger ? Poste où il a pu établir des contacts avec les services d'espionnage capitalistes ? (Il ménagea une pause dramatique, avant de pointer le doigt vers mon plus proche voisin.) Sloutsky !

Je réprimai un sursaut. En même temps, comme s'ils s'étaient concertés à l'avance, les officiers autour de nous firent un pas en arrière ou de côté, s'éloignant discrètement de celui qui risquait fort de devenir le nouveau pestiféré. J'hésitai. Tournant légèrement la tête, je cherchai à distinguer l'effet de l'accusation sur le visage de mon supérieur.

Pendant ce temps, Artouzov descendait triomphalement de l'estrade. Mais personne n'applaudissait, la prudence exigeant que l'on attendît de voir de quelle manière Sloutsky allait se tirer de ce mauvais pas. Iéjov était demeuré silencieux. Les jambes croisées avec nonchalance, il caressait de la main le haut de ses bottes soigneusement lustrées. Il toussait fréquemment, en raison d'une bronchite chronique ou de la tuberculose.

Mon chef gagna la tribune, d'un pas vacillant. Ce soir-là, il paraissait lourd et fatigué. Mais Sloutsky possédait autant d'expérience qu'Artouzov, lui aussi était un vieux bolchevik. Il connaissait les enjeux. Le début de sa défense m'apparut assez maladroit. Sloutsky n'ignorait pas que les cartes étaient contre lui, et cela se sentait.

— Artouzov s'est efforcé de me dépeindre comme le plus proche associé de Iagoda. Je répondrai, camarades : bien sûr, j'étais secrétaire de l'organisation du Parti au sein de l'OGPOu. Mais était-ce Artouzov ou moi, qui était membre du collège de l'OGPOu ? Je vous le demande, quelqu'un pouvait-il, à l'époque, être membre du collège, l'organe le plus élevé de l'OGPOu, sans bénéficier de la totale confiance et de l'approbation de Iagoda ? Artouzov prétend que mes « services de traître et de saboteur » en tant que secrétaire de l'organisation du Parti m'ont obtenu un poste à l'étranger, que je l'ai reçu en récompense de mon sabotage de l'action d'Akoulov... Il suggère aussi que j'en aurais profité pour établir des contacts entre l'organisation d'espionnage de Iagoda et ses maîtres chez les capitalistes. Mais je déclare que ce poste à l'étranger m'a été attribué *sur l'insistance même d'Artouzov !* Car, pendant de nombreuses années, Artouzov a entretenu les plus étroits liens d'amitié avec Iagoda !

Je sentis un flottement dans le public. Sloutsky aussi, qui, se redressant, le regard dur, assena son dernier coup :

— Je te le demande, Artouzov, où habitais-tu ? Qui habitait en face de toi ? Boulanov[1]. Lequel Boulanov fait partie des premiers à avoir été arrêtés. Et qui

1. Secrétaire de Iagoda. Exécuté le 12 janvier 1940.

occupait l'appartement juste au-dessus du tien, Artouzov? *Iagoda!* (Il sourit en direction de Iéjov, puis se tourna vers les officiers.) Et maintenant je vous le demande à vous, camarades, *qui*, dans les circonstances de l'époque, aurait pu vivre dans le même immeuble que Iagoda, sans jouir de sa confiance la plus absolue ?

Il y eut quelques toussotements. Sloutsky avait marqué des points, mais personne n'osait encore applaudir. Iéjov considéra l'ensemble des officiers. Un vague sourire flottait sur ses lèvres. Je me rappelai que le petit homme avait débuté sa carrière comme ouvrier métallurgiste à Leningrad. Puis, soldat de l'Armée rouge à l'époque de la guerre civile, il avait été secrétaire du Parti dans sa garnison. Après plusieurs postes dans des lointaines républiques, au nord de la Volga et au Kazakhstan, il était devenu le protégé d'Ivan Moskvine, lui-même protégé par Staline car c'était le rival de Zinoviev à Leningrad. On racontait qu'en ce temps Iéjov était un brave type, toujours prêt à rendre service, et qui chantait les ballades populaires avec sentiment. N'ayant pas été à l'école, il rattrapait son retard en lisant beaucoup de livres. Cet autodidacte était un individu patient et obstiné qui allait toujours jusqu'au bout de la mission qu'on lui avait confiée. Jusqu'au bout, et même au-delà.

Iéjov bondit sur ses pieds. Les Géorgiens autour de lui se mirent au garde-à-vous. Il annonça :

— Par ordre du Comité central, vous allez pour la plupart être envoyés dans diverses régions de l'Union des républiques socialistes soviétiques, afin de contrôler les officiels locaux et d'établir des rapports sur leur loyauté au Parti. Vous recevrez dès demain vos ordres de mission signés du Comité central, accompagnés des instructions particulières concernant chacun de ces postes et de sommes d'argent pour vos frais.

Dès réception de ces ordres vous partirez par chemin de fer. Je suis sûr que tous les camarades comprennent l'importance de cette tâche, au moment où le Parti entreprend une lutte décisive et sans pitié pour démasquer les espions et saboteurs à la solde de la vaste conspiration trotsko-zinoviévo-gardes blancs-fasciste antisoviétique ! Nos services, purgés des éléments iagodo-fouchéistes, seront très prochainement réorganisés de fond en comble. Le groupe de délivrance des passeports de l'INO pour les agents à l'étranger sera déplacé et rattaché à mon propre secrétariat. Les commandants des escadrilles des forces aériennes du NKVD recevront d'autres affectations. L'INO s'appellera dorénavant le Septième bureau.

Puis Iéjov s'approcha de Sloutsky qui avait repris sa position à mes côtés parmi les officiers du NKVD. Difficile de dire s'il comptait l'insulter ou le féliciter. Le commissaire bifurqua pour venir se planter devant moi. Quoique petit, je le dépassais d'une bonne tête.

— Et toi, pourquoi n'es-tu pas en uniforme ? Comment t'appelles-tu ?

Il avait posé ces questions d'un ton agressif. Mon cœur cognait à grands coups dans ma poitrine. J'en étais à me demander si le fou furieux n'allait pas m'abattre sur place en raison de cette entorse au protocole. Sloutsky, imité par mon voisin de l'autre côté, s'écarta discrètement.

— Victor Gerchevitch Krebnitsky, camarade Iéjov. Membre du parti bolchevik depuis 1920. Je suis l'actuel *rezident* clandestin aux Pays-Bas. J'arrive à l'instant de la gare, je n'ai pas eu le temps de me changer. J'aurais dû le faire. Je suis en faute, camarade Iéjov. Ma négligence est impardonnable. Je ne peux que solliciter humblement la clémence du Parti.

Le nain m'étudiait en silence. Les bras le long du corps, je fixais le mur au-dessus de sa tête. Iéjov toussota, puis acquiesça :

— Ah oui, c'est toi qui as liquidé le renégat Aroutyounov. Bien. Je t'attends demain à onze heures du matin dans mon bureau. Sois ponctuel !

Il pivota vers les autres :

— La purge ne concernera pas seulement les fonctionnaires du commissariat aux Affaires intérieures et des autres commissariats. Le bien-aimé Staline a fixé les nouveaux objectifs de printemps pour les arrestations dans la population. Catégorie I [cela signifiait les exécutions] : 73 000 ! Catégorie II [les emprisonnements] : 195 000 ! Pour une ville de moyenne importance comme Novossibirsk par exemple, l'objectif est de cinq mille arrestations. Comme vous le savez, les villes constituent les avant-postes du socialisme. Dans ces conditions, le nettoyage total et définitif des villes de leurs éléments hostiles au régime soviétique revêt une importance politique exceptionnelle. Ces objectifs sont des minimums. La milice vous aidera dans la tâche urgente de traquer les ennemis du peuple. D'autre part, je veux un fichage personnalisé, un véritable fichage, sur chacun. Quand je vous parle de fichage, je n'ai pas en vue des chiffres, des statistiques ! Le fichage ne doit pas rester une affaire morte, du genre on fait une fiche sur quelqu'un pour le cas où, et puis quand un jour on vous dira : « Réprimez les S-R, les Polonais, les Allemands », alors vous sortez votre individu fiché S-R, polonais ou allemand, vous le réprimez. Non ! le fichage qu'il nous faut, c'est un véritable fichage, social si je puis dire, l'individu fiché étant en permanence dans votre ligne de mire, étant autre chose qu'une simple unité statistique que vous faites entrer en compte pour gonfler les statistiques ou les quotas. Je ne vais pas m'étendre sur le b.a.-ba du fichage, vous connaissez tout ceci par cœur. Je vous le répète, le fichage, c'est la base de tout, c'est lui qui va vous indiquer la direction, où chercher les ennemis pour les extirper... Comme l'a dit notre génial Staline : « Le Guépéou est un conseil de guerre siégeant en permanence ! Pas de salut pour les ennemis du prolétariat ! Tant qu'existera l'encerclement capitaliste, il y aura des saboteurs, des diversionnistes, des espions, des terroristes... » Par conséquent, tout manque de vigilance sera châtié avec la plus grande sévérité ! Toute faiblesse sera considérée comme de la complaisance envers le terrorisme zinoviévo-trotsko-fasciste ! Il faut en finir une fois pour toutes avec les gardes blancs, les koulaks, les insurgés, les bandits politiques ! Nous devons lutter *impitoyablement* contre les canailles, les traîtres, les espions, les saboteurs et les conspirateurs, débusquer les trotskystes, fascistes, agents de Hitler et du Mikado ! Camarades, si vous voulez prouver votre attachement au Parti, je vous conseille d'en faire *plutôt trop que pas assez.*

Iéjov tourna les talons. Les Géorgiens lui emboîtèrent le pas et notre commissaire aux Affaires intérieures quitta le club des officiers. J'étais trempé de sueur. Plusieurs minutes s'écoulèrent avant que les conversations dans la grande salle du club ne reprissent un niveau à peu près normal.

24.

Craignant des réactions de révolte ou de désespoir de la part des officiers brimés et acculés, le nouveau commissaire du peuple avait évacué l'ancien bureau de Menjinski pour déménager son secrétariat dans une aile séparée de la Loubianka, où il s'entourait d'une protection exceptionnelle. Répondant à sa convocation le lendemain matin et ayant pris la précaution d'arriver en avance, j'attendis une vingtaine de minutes devant le poste de garde, le temps que ma demande fût transmise au secrétariat de Iéjov, où l'on préparerait un laissez-passer à mon nom, revêtu du sceau et de la signature du ministre. Lorsque le fonctionnaire du poste d'entrée le reçut, il décrocha son téléphone pour vérifier que j'étais bien attendu, et son interlocuteur au secrétariat lui communiqua son mot de passe personnel afin de prouver que l'accord émanait bien de lui et non de quelque imposteur. Deux gardes palpèrent mes poches à la recherche d'une arme éventuelle. Muni de mon laissez-passer, je dus emprunter d'abord l'ascenseur principal pour le cinquième étage, errer à travers d'interminables couloirs biscornus jusqu'à un escalier qui ressemblait à une issue de service, puis redescendre au premier niveau, où je suivis un autre corridor vers un ascenseur étroit, grâce auquel j'atteignis enfin le secrétariat de Iéjov au troisième étage. Cet itinéraire compliqué était sans cesse barré par des gardes armés qui vérifiaient minutieusement les papiers et le laissez-passer de chaque visiteur, fût-il un officier de haut rang dans le NKVD. Les sentinelles étaient déplacées à intervalles irréguliers, parfois de dix minutes seulement, au moyen du système appelé l'« échiquier » : on les envoyait d'un point à un autre, sans préavis et selon un dispositif compliqué, au moyen de signaux émis par le poste central de contrôle. Il s'ensuivait qu'aucun garde ne pouvait deviner à quel endroit il se trouverait en faction à une heure déterminée. De la sorte il devenait impossible aux gardes, en cas de complot ou de projet d'assassinat, de s'entendre pour faire passer un visiteur non autorisé.

Un silence religieux régnait à l'intérieur du secrétariat. La sécurité y était assurée par des hommes du NKVD ayant rang d'officiers. Les employés, hommes et femmes, se déplaçaient sur la pointe des pieds. Le vaste bureau particulier du commissaire aux Affaires intérieures, que jouxtait un luxueux cabinet de toilette aux parois de marbre, était séparé du corridor par une salle d'attente personnelle, et des doubles portes épaisses qui le protégeaient contre toute indiscrétion. Iéjov me reçut séance tenante. Assis sur son fauteuil devant la fenêtre, et le corps recouvert d'une serviette blanche, il était aux mains du coiffeur du ministère. Les yeux cernés, il bâilla à plusieurs reprises. Le petit commissaire me fit signe de m'asseoir sur le siège qui faisait face au meuble-bureau. Les minutes s'écoulèrent pendant qu'on achevait de le raser. Je regardai les portraits de Staline accrochés aux murs, et, sur le plateau du bureau, une photographie du Patron assis à côté de son fidèle serviteur, dans un cadre en argent. Le coiffeur ramassa son matériel et partit. Iéjov fit pivoter son fauteuil vers moi pour écouter mon rapport, lequel reprenait une proposition, que j'avais adressée au Centre le mois précédent, de prendre contact avec les anciens milieux monarchistes en Allemagne. Il existait des divergences au sein de l'armée qu'il me paraissait intéressant d'exploiter. En janvier 1937, un de mes agents, W., s'était rendu sur mes instructions, de manière « non officielle », chez Guillaume II qui résidait à Doorn, aux Pays-Bas, à moins d'une heure en voiture de La Haye. W. avait pour mission de suggérer au Kaiser déchu que s'il pouvait compter sur la fidélité des nombreux officiers de la Reichswehr qui lui rendaient visite, alors le retour sur le trône des Hohenzollern était possible. L'idée était naturellement d'affaiblir Hitler. Mon agent n'obtint pas d'audience de l'ex-empereur mais fut reçu par sa seconde épouse, la princesse Hermine de Reuss, qui expédiait pour lui les affaires courantes. Le projet plaisait à la princesse. Mais pas à Staline, que Iéjov avait entretenu sur le sujet.

— Le camarade secrétaire général m'a montré une carte de l'Europe de l'Ouest, répondit sévèrement le nain. Notre chef infaillible a judicieusement indiqué combien Doorn était plus près de Londres que de Moscou. Réfléchis, camarade Krebnitsky ! Si les Anglais n'ont pas essayé, c'est qu'ils doivent avoir de bonnes raisons !

Secoué par une quinte de toux, il se leva et se mit à arpenter la pièce sur ses petites jambes un peu torses.

— Et puis, qu'est-ce que c'est que ces radotages à propos de mécontentement dans l'armée allemande ? Que faut-il pour satisfaire une armée ? De bonnes rations ? Hitler les leur fournit. De bonnes armes et un bon équipement ? Hitler y pourvoit. Du prestige et des honneurs ? Hitler en prodigue à foison. Un sentiment de supériorité et de puissance ? Hitler le leur procure aussi... Ces rumeurs d'agitation dans la Reichswehr ne reposent sur rien !

Iéjov revint vers moi.

— Quant aux capitalistes allemands, pourquoi voudraient-ils remettre le Kaiser en selle ? C'est stupide. Leur objectif principal était de faire retourner les ouvriers à l'usine : Hitler l'a fait pour eux. Ils voulaient se débarrasser des communistes : Hitler les met en prison ou dans des camps. Les capitalistes en avaient assez des syndicats et des grèves : Hitler a imposé le contrôle de l'État sur le travail et interdit les grèves. Nous aussi, d'ailleurs. Pourquoi les industriels allemands seraient-ils malheureux ?

Le raisonnement de Iéjov se tenait. J'y reconnaissais en vérité le gros bon sens paysan de Staline, dont le nabot en uniforme qui se démenait sous mes yeux répétait les propos avec une exactitude servile. Il insista :

— L'Allemagne est forte. Elle représente actuellement le plus puissant pouvoir en Europe. C'est l'œuvre de Hitler. Qui peut en douter ? Quelle personne saine d'esprit oserait refuser de l'admettre ? En conséquence, il n'existe qu'une voie à suivre pour la Russie soviétique : négocier, afin d'arriver à un arrangement avec un pouvoir supérieur comme l'Allemagne.

J'acquiesçai vigoureusement, ajoutant que j'étais stupide de ne m'en être pas rendu compte plus tôt. En mon for intérieur j'étais consterné : les informations de Sloutsky se révélaient exactes. Staline négociait vraiment un pacte de non-agression avec Hitler. Le jour où celui-ci le signerait, le Führer aurait les mains libres pour avancer vers l'Est en envahissant ma patrie, la Pologne – et en y asservissant les Juifs. Ou, si le gouvernement de droite polonais acceptait son offre, pour s'allier avec ces militaires antisémites. Mais dans l'un ou l'autre cas, protégée par le pacte, la Reichswehr se retournerait dès que possible contre l'Europe de l'Ouest : le chancelier nourrissait une vieille obsession revancharde à l'encontre des Français. La guerre épargnerait momentanément la Russie soviétique, mais s'abattrait sans pitié sur la France et la Hollande où résidait ma famille. L'Angleterre soit résisterait soit chercherait à son tour un arrangement – le lobby pro-nazi était relativement fort là-bas. Mes hommes encore actifs sur le territoire du Reich me renseignaient régulièrement à propos de la formidable montée en puissance des forces allemandes. Pour moi, la catastrophe était proche et évidente : ce virage à cent quatre-vingts degrés de la politique stalinienne à l'égard de l'Allemagne menaçait de précipiter l'Europe tout entière dans les flammes et le chaos.

Un des nombreux téléphones se mit à sonner. Iéjov décrocha. Son interlocuteur semblait un personnage important. La conversation prenant un tour de plus en plus confidentiel, j'hésitais à quitter la pièce. D'un signe, le commissaire m'intima l'ordre de rester. Tout à coup, il éclata d'un rire hystérique et se mit à raconter à son correspondant des scènes de sa vie intime, accompagnées d'un chapelet d'obscénités. Je commençais véritablement à douter de la santé mentale de l'individu que Staline avait chargé de purger le Parti et les ministères.

Reprenant le fil de la discussion, Iéjov se mit à me poser des questions qui révélaient sa presque totale ignorance du monde du renseignement. Il ne connaissait pas les techniques élémentaires à utiliser vis-à-vis d'une source d'information. Ses capacités intellectuelles me paraissaient médiocres, et je ne comprenais pas comment le Patron avait pu le nommer à un poste d'aussi haute responsabilité. Menjinski, cet intellectuel névrotique et décadent qui lisait couramment le latin, parlait le japonais et s'intéressait particulièrement aux problèmes linguistiques, le dépassait de mille coudées. Et même son successeur Iagoda, l'ex-pharmacien falot qui dirigeait, jusqu'à sa toute récente disgrâce, le laboratoire des poisons de Staline et manigançait pour lui les éliminations et les purges, était un génie par rapport au nain Iéjov.

Celui-ci se tut et me regarda soudain d'un air bizarre. Il me pointa du doigt :

— Dis-moi, camarade ! Comment se fait-il que tu n'aies jamais informé le Parti que le frère aîné de ton ami Poretski a été tué en se battant dans les rangs polonais, contre l'Armée rouge ?

Cette histoire remontait à 1920, je ne comprenais pas pourquoi on la ressortait maintenant. Et cela ne me concernait que de très loin. Déstabilisé, je bredouillai un début de réponse. Iéjov tapa du plat de la main sur son bureau.

— Laisse-moi finir ! Ne savais-tu pas que ce frère travaillait pour les services du renseignement polonais ? Si Poretski a gardé le silence sur son frère, c'est parce que lui aussi effectuait ce travail d'espion ! Tout en jouant au communiste sincère, Poretski n'a en fait jamais cessé de travailler pour la police polonaise...

Il se leva et vint me toiser de plus près. J'eus l'impression qu'en plus de la vodka il prenait de la drogue. Iéjov me hurla à la figure :

— Ignorais-tu l'existence de ce frère ? Oses-tu prétendre que tu l'ignorais ?

Je secouai la tête.

— Si tu le connaissais, alors pourquoi avoir induit le Parti en erreur ? Pourquoi, Krebnitsky ? Pourquoi ?

Je fis un pas en arrière. Iéjov postillonnait :

— J'attends ta réponse ! *Pourquoi ?*

Je réfléchis rapidement. Le frère de Ludwig était mort en effet au cours de la guerre russo-polonaise mais sans jamais avoir été un agent du renseignement. En ce moment le Parti voyait, ou plutôt cherchait, des espions partout. J'optai pour un mensonge à peu près invérifiable :

— Je savais qu'il avait perdu un frère à la guerre, camarade Iéjov. Mais je croyais que c'était la grande guerre impérialiste, pas celle de Pologne. C'est la raison pour laquelle je n'y ai pas attaché d'importance particulière, et que je ne l'ai jamais signalé au Parti. J'ignorais que ce frère appartenait au renseignement polonais. Je n'avais jamais rien distingué de suspect chez Poretski. J'estime avoir gravement manqué de vigilance...

Iéjov me considérait d'un air soupçonneux.

— Il faudra tirer cette affaire au clair. En attendant, tu peux disposer. Tu seras bientôt convoqué à nouveau.

Il s'éloigna, me tournant le dos pour se planter devant la fenêtre. Je saluai et me retirai à reculons. Je signalai mon départ au secrétariat, où une jeune femme du NKVD téléphona au poste de contrôle de l'entrée pour l'avertir de mon prochain passage. Je refis le long chemin en sens inverse à travers le dédale d'escaliers, d'ascenseurs et de corridors, obligé de montrer plusieurs fois de suite mon laissez-passer et mes documents d'identité aux gardes redéployés à de nouveaux points de faction en vertu des lois de l'échiquier secret. Je me présentai au poste de contrôle à la sortie de la Loubianka, où l'on récupéra mon passe. Je fis quelques pas dans la rue, presque étonné de me retrouver en liberté. J'entendis un cri, et levai la tête.

Un corps tombait vers moi en tournoyant, les membres écartés.

Je fis un bond en arrière.

L'impact produisit un bruit mat sur le ciment du trottoir. Je fermai les yeux par réflexe. Je reculai, vacillai, puis retrouvai l'équilibre en me rattrapant au mur de l'immeuble. Au bout de quelques secondes je rouvris les paupières. J'avais des éblouissements, mes oreilles bourdonnaient. Une voiture freina au milieu de la rue. Je percevais vaguement des cris, des appels, des ordres aboyés dans le lointain. Puis des coups de sifflet. Je me forçai à regarder le sol devant moi. Le corps de l'homme était revêtu d'un uniforme bleu d'officier du NKVD. Je m'approchai en chancelant. Du sang avait jailli en longues traînées sur les dalles. J'apercevais du coin de l'œil des silhouettes traverser la rue, se hâtant dans des directions diverses. Des gardes armés couraient vers moi et vers les deux ou trois passants les plus proches, qui eux aussi contemplaient, effarés, le cadavre de l'officier.

Son fémur droit, arraché du bassin, avait traversé le tissu et pointait, des filets de sang parcourant le blanc de l'os. Le crâne avait éclaté en plusieurs morceaux. Le mort avait un visage rond que surmontait une tignasse rousse. Ses yeux bleus restaient ouverts. Je connaissais bien ce visage. C'était celui de Félix Gorski, l'ami polonais d'Elsa et de Ludwig.

Notre camarade avait évité de cette manière de se tirer une balle dans la tête sous le regard de sa femme et de ses enfants.

25.

Félix avait sauté de son bureau du neuvième étage de la Loubianka. Quelques semaines auparavant, il avait été décoré de l'ordre du Drapeau rouge, et pourtant le NKVD était venu frapper à sa porte. Deux interrogateurs de la section politique secrète se jetèrent dans le vide peu après le camarade Gorski. D'autres se tirèrent une balle dans la tête. Tchertok, le juge d'instruction de l'affaire Kamenev, se précipita par la fenêtre de son appartement situé au douzième étage. Le 29 mars, Iagoda fut arrêté pour « délits criminels se rapportant à sa fonction officielle », et un nouveau commissaire du peuple aux Communications nommé à sa place. Une ville qui avait reçu le nom de Iagoda, ainsi qu'une école de gardes-frontières et un pont de chemin de fer à l'extrême est de l'URSS furent débaptisés. Ce fut le signal du cyclone dévastateur que prophétisait ma femme. Trois mille agents de la police politique ayant servi sous Iagoda furent exécutés au cours de l'année. Plus que jamais, les « corbeaux noirs » (le nom que les Russes donnent aux voitures cellulaires du NKVD), certains camouflés en fourgonnette de magasin d'alimentation, sillonnèrent les rues de Moscou. Des patrouilles débarquaient au milieu de la nuit dans les immeubles du quartier autour de la Loubianka réservé aux familles de ses fonctionnaires, envahissaient les escaliers et les corridors, cognaient aux portes à coups redoublés. Parfois, les coups sur une porte déclenchaient une détonation dans l'appartement voisin. La vague de suicides se propageait. Certains officiers – comme Pogrébinsky, chef du NKVD de la région de Gorki, ou Kozelsky, chef de la section politique secrète d'Ukraine – se tuèrent accablés de remords d'avoir fait condamner d'authentiques révolutionnaires et laissèrent des lettres en ce sens, qui circulèrent parmi nous. Mais la plupart se tuaient sous l'empire de la terreur pure. Ils savaient ce qui les attendait lors des interrogatoires. Ces fonctionnaires qui des années durant avaient interrogé « à la chaîne », harcelé, battu, torturé les prisonniers, tremblaient à présent d'une indicible horreur. Les habitants de la capitale, eux, avaient vu les officiers se précipiter des fenêtres, vu les corps éclatés sur le trottoir, avant que la police ne fût intervenue pour dresser des cordons de sécurité et barrer l'accès au quartier. On ne comprenait rien, la population à son tour était gagnée par la panique. Les arrestations se multipliaient de façon notoire dans les services du commissariat aux Affaires intérieures. Les officiers arrêtés étaient accusés sommairement de trotskysme et d'espionnage, puis abattus sans jugement dans les caves du ministère. Les officiers polonais étaient taxés d'espions polonais, les officiers d'origine lettonne, d'espions lettons, les officiers russes d'espions au service de l'Allemagne, de l'Angleterre ou de la France. Les communistes allemands se trouvaient particulièrement menacés. Iéjov devait déclarer plus tard dans le *Journal de Moscou,* en avril 1938 : « On peut dire sans exagérer que tout Japonais vivant à l'étranger est un espion, et que tout citoyen allemand vivant à l'étranger est un agent de la Gestapo ! » En réalité, Staline faisait le travail de Hitler en exterminant les réfugiés antinazis. Peut-être cela représentait-il une garantie préalable au pacte d'alliance qu'il préparait avec le Reich. Ou bien, plus simplement, le secrétaire général donnait-il libre cours à sa haine des internationalistes. Hermann Remmele, vieux révolutionnaire et ancien député au Reichstag, membre du Komintern, homme autrefois réputé pour son humour et son amour de la vie, qui logeait à Moscou à l'hôtel Lux – où l'on rassemblait les sympathisants et réfugiés communistes étrangers, surveillés de près par le NKVD –, fut embarqué en chemise de nuit, assommé à coups de crosse et emporté à la Loubianka pour être exécuté sur-le-champ. Heinz Neumann, que je connaissais (nous étions étudiants en Union soviétique à la même époque), fut arrêté dans sa chambre à la fin du mois d'avril[1].

À propos de l'hôtel Lux : la coterie de dignitaires étrangers du Komintern résidant dans cet hôtel, en tant que délégués permanents du mouvement communiste de leurs pays, a toujours représenté une anomalie frappante dans la vie soviétique. En dépit du mépris dans lequel Staline et les principaux officiels du Parti tenaient ces étrangers, ceux-ci brillaient avec un certain éclat dans la société russe, jusqu'au temps des grandes purges. Lors de la famine engendrée par la collectivisation forcée de 1932-1933, une coopérative fut créée pour l'usage exclusif des clients du Lux, leur permettant de se procurer à des prix modérés des produits introuvables ailleurs. L'hôtel Lux devint

1. Un des chefs historiques du KPD, militant du Komintern et réfugié antinazi à Moscou. Disparu dans les prisons soviétiques, il a probablement été exécuté. Son arrestation est relatée en détail dans *Prisonnière de Staline et d'Hitler*, par son épouse Margarete Buber-Neumann.

un symbole d'injustice sociale aux yeux du citoyen ordinaire. Quant aux Moscovites – auteurs, journalistes, acteurs et actrices – qui fréquentaient ces privilégiés, ils venaient mendier chez eux de menus objets de luxe tels que lames de rasoir, aiguilles à tricoter, rouge à lèvres, stylographes ou une livre de café. Ce petit monde bruissait d'intrigues, que le Guépéou observait avec intérêt. Nombre de pensionnaires y étaient installés par nos services pour écouter et faire leurs rapports. Et, dès le début de la purge à l'hôtel Lux, les membres les plus importants du Komintern – par exemple les Allemands Walter Ulbricht et Wilhelm Pieck – se transformèrent à leur tour en policiers ou en indicateurs, dénonçant à tour de bras leurs compatriotes et voisins moins bien placés dans la hiérarchie. Quant au commandant de l'hôtel, une crapule du nom de Gourévitch, il envoyait les épouses et les enfants des communistes arrêtés loger à l'annexe, quand il ne les jetait pas à la rue.

Les dizaines d'officiers et de chefs de département qui avaient reçu des ordres de mission d'inspection dans les républiques soviétiques, comme l'avait annoncé Iéjov au club du NKVD, montèrent dans les trains désignés et on ne les revit pas. Chacun d'entre eux dut descendre du convoi à la première station. Les hommes armés qui vinrent les chercher dans les trains les jetèrent dans des automobiles pour les conduire à une prison de la banlieue de Moscou, dans le plus grand secret. Deux jours plus tard, Iéjov répéta l'opération avec leurs assistants. Eux aussi reçurent l'ordre de participer à ces missions lointaines, où ils rejoindraient leurs chefs. Leurs collègues et leurs familles n'eurent jamais de nouvelles. D'autres commandants furent nommés, dont beaucoup de Géorgiens. Officiellement on expliqua l'afflux de nouveaux employés par la nécessité de hisser le travail du NKVD à un « échelon supérieur ». Parmi les anciens collaborateurs de Iagoda, ne demeuraient à des postes importants que Sloutsky, Frinovsky, Redens, Zakovsky et Pauker – le garçon coiffeur de Budapest devenu chef de la garde personnelle de Staline ainsi que son bouffon et son confident.

Les divisions militaires du NKVD furent renforcées en blindés, artillerie, aviation et moyens de transmission. Le permis de port d'arme fut retiré à tous les cadres communistes. Afin de s'assurer du dévouement des policiers, leurs traitements furent quadruplés. On les logea dans de meilleurs appartements et l'on créa pour eux de nouvelles médailles. Les officiers récemment promus au NKVD n'étaient plus des vétérans de la Tchéka ou de l'OGPOu, mais d'anciens fonctionnaires de l'appareil permanent du Parti, sélectionnés par Iéjov et par le jeune Malenkov, un mouchard arriviste et joufflu que certains appelaient « Malania », sobriquet campagnard désignant les garçons à l'allure efféminée. Beaucoup de ces recrues étaient choisies dans l'organisation du Komsomol, les formations de jeunesse. Kossarev, leur dirigeant, protesta contre le fait qu'on transformait des jeunes gens sincères en policiers et en délateurs. Il fut liquidé.

Au cours de ces premiers mois de l'année 1937, le NKVD effectua plus de 350 000 arrestations – selon les statistiques officielles que me montrait, dans son bureau, un des chefs de la section politique secrète de Moscou chargés de la purge. Parmi les personnes arrêtées se trouvaient aussi bien des officiers supérieurs de l'Armée rouge ou des fondateurs du parti bolchevik que d'humbles fonctionnaires de base. Leurs familles aussi, bien entendu. Une tragédie ignorée est celle des enfants des condamnés. Ceux dont le père et la mère avaient été exécutés étaient jetés à la rue. Ils n'avaient d'autre choix, s'ils ne voulaient pas mourir de faim, que de rejoindre soit une organisation de jeunes pionniers – où ils devraient affirmer publiquement que leurs parents étaient des espions trotskystes et qu'on avait eu raison de les tuer –, soit une de ces bandes d'adolescents pillards qui hantaient les villes et les terrains vagues, où la police les raflait régulièrement pour les déporter ou les fusiller.

L'épuration était scientifiquement organisée : catégorie par catégorie, quartier par quartier, ministère par ministère, discipline par discipline. Lorsqu'un employé était arrêté, ses collègues se réunissaient pour une séance de critique. On défilait à travers les lieux de travail en proclamant : « Camarades, notre vigilance s'est relâchée : un espion s'était introduit parmi nous et nous n'avons pas su nous-mêmes le démasquer... » De pareilles scènes dignes d'un asile de fous se déroulaient partout, dans chaque département de la fonction publique, chaque régiment, chaque usine, chaque école, chaque ferme collective. Chacun était un traitre à moins de trouver rapidement quelqu'un d'autre à accuser devant tout le monde. Et chaque nouvelle victime entraînait dans sa chute ses parents, ses compagnons, ses collaborateurs, ses voisins, ses connaissances... C'était la « rotation des cadres » décrétée par Staline. Les gens prudents se terraient, évitant de faire des vagues, mais cela ne suffisait pas. Nul n'était à l'abri d'une dénonciation. Protester de sa fidélité à Staline ne servait à rien. La justice soviétique ne menait pas de véritable enquête, elle n'en avait d'ailleurs pas le temps, vu le nombre de gens arrêtés. Par définition, un homme arrêté était coupable de quelque chose. Or un coupable doit avouer. S'il nie, alors il commet un nouvel outrage envers le Parti et le peuple : il est doublement un traître. Dès le premier soupçon, un mécanisme irréversible se mettait en marche. Les droits les plus élémentaires de la défense n'existaient pas. L'Union soviétique était devenue un gigantesque terrain d'expériences pour les juges, les interrogateurs, les garde-chiourme, les tortionnaires et les exécuteurs.

Curieusement, seul le département du renseignement étranger du NKVD semblait jusqu'ici relativement épargné (je devais plus tard en saisir la raison). Il n'y avait pas eu de suite défavorable pour Sloutsky à son algarade avec Artouzov, la nuit au club de la Loubianka. Mais il n'en était pas de même du côté des militaires. Lorsque je rentrais à l'hôtel Savoy, je prenais le téléphone et tentais de joindre d'anciens amis restés à Moscou. La plupart du temps, si l'appareil ne sonnait pas dans le vide, je tombais sur une voix revêche, d'homme ou de femme, qui répondait : « Il est absent pour plusieurs mois », « Il est malade et se repose en province », « Cette personne a déménagé et n'a pas laissé d'adresse », ou « Il n'y a jamais eu de locataire de ce nom ici »... Les conversations téléphoniques dans les hôtels de la capitale étaient écoutées : j'entendais toujours un déclic au moment où la communication s'établissait. Un à un, des hommes qui avaient été mes compagnons depuis le temps de la guerre civile, des officiers endurcis et loyaux de l'état-major et d'autres départements de l'Armée rouge, disparaissaient sans laisser de traces. Nul ne pouvait être sûr de revenir à son bureau le lendemain. Il ne faisait pas de doute pour moi que Staline, lentement et patiemment comme il en avait l'habitude, resserrait cette fois ses filets autour du haut commandement. Les rares vieux amis que je parvins à joindre me racontaient, lorsque je les retrouvais discrètement dans les parcs publics de Moscou, des histoires atroces. Eux-mêmes étaient terrorisés, ne fermaient plus l'œil de la nuit, l'un d'eux au bord de la folie courait dans l'appartement en hurlant devant sa femme : « Mon Dieu, mon Dieu, est-ce qu'on saura un jour pourquoi on veut nous arrêter ! » Un autre, incarcéré puis libéré au bout de quelques mois, sans qu'il sût pourquoi du reste, me disait que systématiquement, avant de le conduire devant l'officier chargé de son affaire, on jetait dans sa cellule un prisonnier roué de coups, ensanglanté et quasiment inanimé qui revenait de l'interrogatoire. À ce propos, un agent du renseignement à l'Ouest que je connaissais, Dimitri Bystrolyotov (nom de code : HANS), arrêté en 1938, fut interrogé par les officiers Soloviev et Pouchkine à coups de marteau sur le crâne, un marteau entouré d'ouate emmaillotée de bande à pansement. Aux dernières nouvelles, on ne l'aurait pas exécuté. Condamné à vingt ans de camp, Bystrolyotov, s'il vit toujours[1], se trouve quelque part dans l'immensité du Goulag où sa femme Maria Shelmatova, une ravissante Tchèque, arrêtée elle aussi, se serait tranché la gorge avec un couteau de cuisine. Celle-ci nous avait été très utile en s'occupant en Suisse d'un centre technique de transfert d'argent et de fabrication de faux passeports, depuis un sanatorium de Davos où l'on soignait les tuberculeux.

À mon tour je me mis à souffrir d'insomnies. Le jour, je retournais travailler non loin de la place Rouge, à mes anciens bureaux de la direction du renseignement militaire, un petit immeuble marron que nous surnommions la « maison Chocolat », situé au numéro 19 de la rue Znamenskaïa et placé désormais sous le contrôle du NKVD. La nuit, si le sommeil finissait par me gagner, ce n'était que pour de brefs

1. Dimitri Bystrolyotov fut libéré en 1954 après la chute de Béria et réhabilité en 1956. Devenu éditeur de textes scientifiques et traducteur, il écrivit ses Mémoires ainsi que des romans d'espionnage. Il est mort en 1970.

intervalles : vers trois ou quatre heures du matin je me réveillais en sursaut dans ma chambre d'hôtel. Les considérations lugubres revenaient alors s'abattre sur moi comme un vol de corbeaux. Je ruminais de sombres pensées concernant mes camarades disparus, je m'inquiétais pour Ludwig que l'on rappellerait bientôt à Moscou (l'enquête au sujet de son frère mort pendant la guerre en Pologne semblait le point de départ d'une de ces accusations d'espionnage préparées et montées de toutes pièces), je redoutais ma prochaine entrevue avec Iéjov – dont le petit visage anguleux et les yeux de fou surgissaient au milieu de mes cauchemars –, je revoyais le corps de Félix plonger vers moi en tournoyant. Je contemplais ses membres brisés, son crâne en morceaux. Les journées à venir m'emplissaient d'appréhension et de terreur. Ici, je n'avais pas d'arme pour me tuer. Les pas dans les longs corridors de l'hôtel me faisaient bondir, et j'attendais en tremblant dans mon lit, guettant leur progression, baigné par une sueur froide, que le ou les inconnus fussent passés devant ma porte sans s'arrêter.

Je pris l'habitude de frapper le soir à la porte de mes voisins, Max Maximov-Unschlicht et sa jeune épouse. Parfois nous restions à parler tous les trois jusqu'aux premières heures de la matinée. J'avais soif d'informations. Elles n'étaient pas réjouissantes. L'oncle de Max tombait en disgrâce : il venait de perdre son poste de vice-commissaire à la Guerre auprès de Toukhatchevsky, pour descendre au rang de secrétaire du Comité central exécutif de l'Union soviétique. Les amis et les proches des Unschlicht disparaissaient quotidiennement. Se trouvaient parmi eux plusieurs généraux et commissaires. Conscient de la présence possible de microphones dans la chambre – je n'avais pas oublié le récit d'Elsa –, j'interrogeais

Max d'un ton dégagé : « Pourquoi à ton avis ont-ils arrêté untel ? Et untel ? » Mon ami était un stalinISTE endurci. Je savais qu'il ne répondrait rien de compromettant, armé de sa foi naïve envers le bien-aimé secrétaire général :

— Nous vivons des temps dangereux pour l'Union soviétique, répétait-il. Qui est contre Staline est contre la révolution !

J'avais tendance à croire précisément l'inverse mais je gardai mes opinions pour moi. Le 10 avril, Sloutsky me téléphona au bureau et m'annonça que j'étais décoré de l'ordre du Drapeau rouge, en récompense de l'élimination du renégat Aroutyounov. Les termes précis étaient : « pour la contribution particulièrement importante que le camarade Victor Krebnitsky a apportée au renforcement de la dictature du prolétariat par son courage indomptable, son dévouement à la cause de la révolution, l'acharnement sans relâche avec lequel il a poursuivi les ennemis de celle-ci, les services exceptionnels qu'il a rendus dans la lutte avec les organisations de contre-révolutionnaires, d'espions, de bandits et autres, hostiles au pouvoir soviétique. » À dire vrai, les citations accompagnant les médailles s'ornaient toujours de ce genre d'éloge et celui-ci n'avait rien d'extraordinaire. Regina se jeta à mon cou pour me féliciter, pendant que Max demandait par téléphone qu'on nous montât du champagne. La décoration ne fit pas grand-chose pour calmer mes craintes, au contraire : Staline, je ne l'ignorais point, aimait envoyer des fleurs à ceux-là qu'il ferait arrêter le lendemain, comme ce fut le cas pour un de ses médecins personnels. Iéjov, désireux de l'imiter, s'amusa un jour à faire imprimer une fausse édition des *Izvestia*, la fit livrer par une équipe du NKVD en Sibérie, chez E. P. Berzine le chef du complexe du Goulag des mines de la Kolyma, administrateur exemplaire mais soupçonné de mansuétude à l'égard des détenus. La fausse édition du journal annonçait qu'il était décoré de l'ordre de Lénine. Les hommes du NKVD passèrent la nuit à faire la fête en sa compagnie et l'abattirent au petit matin.

Exceptionnellement, je bus du champagne avec Max et Regina jusqu'à l'aube, puis rentrai dans ma chambre où je m'affalai sur mon lit tout habillé. Les arrestations à Moscou se déroulaient en général après minuit. J'étais ivre, la tête me tournait. M'apitoyant sur moi-même, je songeai à ma famille en sécurité au loin, dans cette cité tranquille et bourgeoise des Pays-Bas où nul ne pouvait imaginer pareilles horreurs. Le jour naissant faisait pâlir les voilages de la fenêtre, à travers l'interstice des rideaux. Des larmes mouillaient mes joues. Je me bouchai les oreilles : les « corbeaux noirs » parcouraient les rues et les avenues désertes, portant leur bétail humain à la Loubianka, ou vers d'autres abattoirs dont on ne connaissait même pas le nom, à l'heure blême où la capitale émergeait à peine de son court sommeil terrifié.

Une nuit, vers le milieu du mois d'avril, on cogna violemment à ma porte. Je me levai pour ouvrir, soudain résigné : le moment était venu finalement. Je me demandai si parmi mes interrogateurs à la Loubianka je retrouverais de vieilles connaissances. Trois hommes du NKVD se tenaient dans le couloir. Ils n'étaient pas venus m'informer de mon arrestation. J'étais convoqué d'urgence au secrétariat de Iéjov pour une conférence de travail. J'enfilai mes vêtements et suivis les policiers dans une Ford noire qui fonça rue Dzerjinski.

Il était près de deux heures du matin. Les lumières du secrétariat secret, au troisième étage du nouveau bâtiment de la Loubianka, étaient allumées. Le personnel travaillait comme lors de ma précédente visite, dans un silence terrorisé sous l'œil des officiers de garde du NKVD. Derrière les doubles portes capitonnées de son bureau, le nain m'attendait à côté d'une grande carte de l'Europe, punaisée au mur entre deux portraits de Staline. Nous étions seuls, Iéjov paraissait de très bonne humeur, ses yeux brillaient et il trépignait dans ses bottes. Une fois encore, il me fit l'impression d'être sous l'empire de la cocaïne. Le commissaire du peuple me félicita pour ma médaille, puis, indiquant la carte, m'ordonna de lui décrire l'étendue exacte de nos réseaux, pays par pays. J'obtempérai. La vision générale de notre filet était impressionnante.

Depuis le Danemark, l'Allemand Ernst Wollweber (nom de code : ANTON), ancien mutin de la flotte du Kaiser en 1918, tenait le secteur des ports de la Baltique et organisait les sabotages de cargos allemands transportant des armes pour les fascistes d'Espagne. À Berlin, d'anciens infiltrés des années 1923 à 1932 avaient progressé dans les structures de la police allemande, dans celles de plusieurs ministères du Reich et même dans certains services du renseignement de l'Abwehr. D'autres agents œuvraient au sein de l'état-major de Goering[1]. À Genève et à Paris, Ludwig était à la tête d'un groupe particulièrement performant, en liaison avec R., un Hongrois qui le secondait depuis la Suisse pour travailler sur l'Italie et bâtir un réseau là-bas. Notre agent à l'ambassade de Grande-Bretagne à Rome, Francesco Costantini (nom de code : DUNCAN), qui nous coûtait assez cher,

1. Krebnitsky, écrivant vers 1940 un livre qui, s'il devait être publié aux États-Unis, serait forcément lu par le renseignement allemand, plaçait sans doute ici des éléments de désinformation mêlés à des faits réels déjà connus (ou, à l'inverse, il disait la vérité en escomptant que les nazis le soupçonneraient de mentir et n'y croiraient pas).

bénéficiait d'une situation exceptionnelle pour dénicher des documents ultra-secrets mais nous le soupçonnions de les partager avec le renseignement italien. En Espagne, Orlov et Gerö assuraient notre contrôle sur les zones tenues par les républicains, la liquidation du POUM à Barcelone n'était plus qu'une question de semaines. Les guérilleros entraînés par Orlov harcelaient les troupes franquistes sur leurs arrières, détruisaient les pistes d'aérodromes, faisaient sauter les ponts, les lignes électriques et dérailler les trains. Nous disposions maintenant d'agents même chez l'ennemi ; ils nous renseignaient sur les possibilités d'attentats ciblés visant des personnalités de la rébellion. L'assassinat de Franco était envisagé et l'on avait dépêché en Espagne à cet effet une de nos jeunes recrues, correspondant d'un grand quotidien anglais. En Angleterre, une infiltration susceptible de produire des résultats d'une qualité exceptionnelle se poursuivait grâce aux recrues d'Orlov, de l'agent STEPHAN[1] et de mon camarade Théodore Mally parmi la jeunesse estudiantine homosexuelle, promise à de belles carrières dans les ministères ou les services du renseignement. Une de ces sources nous faisait déjà parvenir une quantité extraordinaire de documents, dont certains en provenance directe du MI 6. En Tchécoslovaquie, Sloutsky avait mené des opérations secrètes visant notamment à compromettre Trotsky en tant qu'agent de Hitler. La France, enfin, était un territoire de choix où nos réseaux pouvaient agir à peu près comme ils l'entendaient, les efforts du contre-espionnage français étant contrecarrés par la sympathie dont l'URSS jouissait à la fois dans l'opinion

1. Nom de code de l'espion autrichien Arnold Deutsch, un scientifique brillant qui collaborait avec le sexologue Wilhelm Reich, dont il publia les œuvres aux éditions Munster Verlag à Vienne.

publique et de la part du gouvernement de Front populaire.

Iéjov écoutait avec attention, gloussant de temps à autre. Je me sentis obligé de signaler des problèmes concernant le moral de nos cadres, lequel avait souffert des récents procès qui avaient vu condamner de vieux bolcheviks. Mes camarades avaient du mal à croire aux crimes monstrueux dont les espions et les saboteurs s'accusaient. Le nain gronda :

— Nos gens n'ont qu'à bien se tenir ! (Il désignait par ce terme les communistes étrangers.) Ils nous doivent d'exister ! Et le destin de l'Union soviétique importe plus que leurs minables petits problèmes de conscience !

J'approuvai avec conviction, et demandai des effectifs supplémentaires pour mes réseaux en France et aux Pays-Bas. Ma requête allait dans le sens de la politique actuelle de « rotation des cadres ». Iéjov promit de m'envoyer des candidats, russes ou étrangers, diplômés de nos écoles secrètes d'espionnage. Apparemment, ni mon transfert aux caves de la Loubianka ni mon exécution n'étaient à l'ordre du jour. Mais j'ignorais à quelle date on m'autoriserait à quitter le pays – *si* on m'y autorisait. Les candidats que je recevrais auraient probablement pour premier exercice d'établir un rapport sur moi. Le petit commissaire m'entretint ensuite assez longuement de sa vie privée, ne m'épargnant aucun détail, jurant et usant de termes obscènes, secoué par moments d'éclats de rire hystériques. Sa femme à l'en croire se droguait, souffrait de troubles mentaux, l'avait trompé avec l'écrivain Isaac Babel et une infinité d'autres. Le ministre le lui rendait bien, ayant des relations sexuelles avec les amis d'Evguénia ainsi qu'avec les filles de ceux-ci, sans compter les épouses de ses propres adjoints. Le jour se levait lorsqu'il me libéra. Après quelques heures en compagnie de Iéjov, je commençais à douter de ma propre santé mentale. Dans la salle d'attente particulière du commissaire, je croisai Sloutsky et Spiegelglass. Ils semblaient surpris de me voir accorder autant de temps par le chef du NKVD.

Je réintégrai ma chambre du Savoy vers huit heures du matin. Je n'avais pas fermé les yeux depuis cinq minutes, que l'on tambourina à ma porte. J'allai ouvrir. C'était Regina.

Son visage ruisselait de larmes. Ses yeux étaient écarquillés de terreur. D'une voix hachée par les sanglots, elle hurla :

— Max ! Max ! Ils ont emmené Max !

26.

Les hommes du NKVD l'avaient interpellé le soir précédent, dans le hall de l'hôtel alors que mon ami revenait de son bureau. J'étais sorti, je dînais avec Kedrov, un des interrogateurs de la Loubianka. Plus tard ils étaient revenus au Savoy fouiller la chambre voisine de la mienne. Cela se passait pendant que j'étais en conférence avec Iéjov. J'eus un moment de panique : les documents que j'avais confiés à Max, ils les avaient emportés aussi ! Je me demandai à quel point ceux-ci étaient susceptibles de me poser des problèmes. Regina me fit visiter la pièce : on eût dit qu'un typhon l'avait dévastée. Le NKVD avait emporté tous leurs livres, y compris les ouvrages d'art, et ses esquisses et portraits. Elle ne cessait de pleurer. Ses sanglots redoublèrent quand le directeur de l'hôtel vint constater les dégâts, dont il la rendit responsable, et annonça qu'elle ne pouvait plus demeurer ici. Mme Maximov-Unschlicht avait une heure pour faire sa valise et rendre la chambre, sinon il appellerait la police.

Regina n'avait ni argent ni relations dans la capitale. Même avec des revenus honorables, il est impossible de trouver rapidement un logement à Moscou, où les appartements surpeuplés sont répartis entre plusieurs familles dont certaines sont même dans l'obligation de se partager une seule pièce. Je fis valoir tout cela auprès du directeur. Non seulement il persista dans son avis d'expulsion, mais à présent il me considérait d'un sale œil :

— Vous fréquentez de drôles de personnes ! Le mari de cette dame vient d'être démasqué comme espion, on a trouvé chez lui des livres de teneur zinoviévo-trotsko-boukhariniste, c'est-à-dire fascistes, et je ne serais pas surpris si le NKVD venait vous arrêter également. Alors je ne vous conseille pas de faire le malin. Votre position me paraît douteuse...

Avec un rictus, il tourna les talons. Regina rassemblait les objets que les policiers lui avaient laissés. Je téléphonai à un ami commun, colonel dans l'état-major du GROu. Cet officier me salua avec cordialité. Dès que j'eus commencé à lui expliquer l'affaire, son ton changea.

— Le NKVD a arrêté Max Unschlicht. Cet homme était un espion, camarade Krebnitsky.

— Voyons, nous le connaissons tous les deux depuis longtemps. Vous savez aussi bien que moi que ce n'est pas un ennemi !

La voix au bout du fil devint glaciale :

— C'est pour me dire cela que vous téléphonez ?

— Non, camarade, même s'il est normal que je vous le dise. J'appelle au sujet de Regina.

J'expliquai la situation de l'épouse de Max. Il y eut un moment de silence, puis :

— Parlons franchement, camarade Krebnitsky. La révolution d'Octobre est en danger. Si, sur cent personnes que la police arrête, une seule se révèle être un adversaire, cela justifie l'arrestation de toutes les autres. La femme d'Unschlicht doit s'estimer heureuse de ne pas avoir été arrêtée elle-même.

— Je ne vois pas vraiment en quoi la révolution serait en danger, éclatai-je. Et je m'étonne qu'après vingt ans d'existence le renseignement militaire et les services de la Sécurité soient incapables de faire la distinction entre les amis et les ennemis !

— Faites attention à ce que vous dites. De toute façon, je ne peux rien pour elle. Tout cela concerne le NKVD, voyez avec eux.

Il raccrocha.

J'appelai le NKVD et demandai à être mis en rapport avec l'officier ayant supervisé l'arrestation de Max. Je décidai de le prendre de haut et exigeai, d'un ton cassant, que l'on me restituât dans les plus brefs délais les documents qui m'appartenaient et que ses hommes avaient saisis par erreur dans la chambre. À ma surprise, cet officier répondit de manière très courtoise. Lorsque je lui expliquai les raisons pour lesquelles je gardais ces documents chez Max Maximov-Unschlicht et proposai de passer les récupérer moi-même, il s'écria :

— Ce n'est pas la peine ! J'envoie de suite un coursier en motocyclette vous les déposer au Savoy, camarade Krebnitsky. Avec nos excuses pour cette méprise regrettable...

Peut-être cet officier me croyait-il d'un rang supérieur à celui que j'occupais réellement ; ou bien le bruit s'était déjà répandu à la Loubianka que, après m'avoir fait décorer du Drapeau rouge, Iéjov m'avait reçu une bonne moitié de la nuit dans son secrétariat secret. Une demi-heure plus tard, je rentrai en possession de mes documents. Je me précipitai à la direction du renseignement de l'Armée rouge et m'assis à mon bureau. Je rédigeai soigneusement deux rapports concernant mes relations avec Max Maximov-Unschlicht. Le premier était destiné à mes supérieurs au commissariat à la Guerre, le second à mon unité du Parti. C'était une loi non écrite que tous les communistes dans le monde avaient appris à respecter : il s'agissait de coucher sur le papier l'histoire complète et détaillée de ses relations avec tout camarade ou individu de sa connaissance qui aurait été accusé de quelque péché, allant de la trahison totale au simple soupçon de déviationnisme. Ce qui se produisait naturellement de plus en plus souvent. Manquer à cette obligation équivalait à se reconnaître complice de la personne en question. Il importait de clarifier le plus vite possible mes liens avec Max.

Ma pire angoisse était de me retrouver entre les mains des interrogateurs du NKVD. Je connaissais leurs techniques. L'interrogatoire débutait presque invariablement ainsi : « Voulez-vous me dire à quoi vous attribuez votre arrestation ? » C'est paraît-il le type de formule dont usait jadis le tribunal de l'Inquisition. L'article 128 du Code de procédure criminelle de l'URSS spécifie que l'acte d'accusation doit être présenté au prisonnier dont l'instruction a été ouverte dans les quarante-huit heures suivant son arrestation. Mais cette clause n'est généralement pas observée, car elle contrarie les méthodes du NKVD. L'acte d'accusation est communiqué aux inculpés souvent plusieurs mois après leur arrestation, certains n'en ont même jamais connaissance. Les interrogateurs de la Tchéka, de l'OGPOu et à présent du NKVD se montrent parfois courtois, voire compréhensifs, et soudain, changeant brusquement d'attitude, se mettent à vociférer des obscénités. Dans nos locaux, le détenu devait parfois rester debout jusqu'à deux jours et deux nuits d'affilée, tandis que les interrogateurs se relayaient pour le harceler. La privation de sommeil est peut-être la pire forme de torture. La victime, en proie aux hallucinations, finit par perdre toute notion de la réalité. Chez nous l'interrogatoire « à la chaîne» est entrecoupé de séances de torture physique. L'existence en cellule dans les prisons russes équivaut à une autre forme de torture. Le pire des cachots de la Loubianka est surnommé le «chenil» : un trou noir de quelques mètres carrés dans un sous-sol surchauffé, où une soixantaine d'hommes sont entassés sans autre système d'aération que la fente sous la porte. Il existe également un cachot souterrain individuel, tellement étroit qu'un homme ne peut s'y tenir que debout, les bras le long du corps, pratiquement emmuré. J'avais longtemps cru que les méthodes de la Gestapo étaient pires que les nôtres. À la réflexion je n'en étais plus tellement certain.

Je revins à l'hôtel Savoy, où Regina m'attendait dans le hall avec sa valise, et l'accompagnai dans des bureaux de l'administration moscovite afin de lui faire délivrer d'urgence un permis de voyager. Dans la soirée je la conduisis à la gare de Kazan, place Komsomolskaïa. J'achetai à Regina son billet de train et lui fis cadeau de trois cents roubles. Le mieux pour elle était de retourner dans sa famille en province. À Moscou, la jeune femme risquait plus qu'ailleurs d'être arrêtée, et de toute façon elle ne pouvait rien pour Max : on avait retiré aux prisonniers politiques en détention préventive le droit de recevoir des colis de vêtements ou de nourriture. Je lui promis de faire passer de l'argent à son mari. La somme maximale autorisée était de cinquante roubles par mois. En fin de compte je n'ai jamais su si Max avait été exécuté ou déporté au Goulag.

Au moment où Regina montait dans son train, je remarquai un officier de l'Armée rouge, de taille moyenne et assez corpulent, flanqué de sa femme et de leur petite fille, lesquelles s'installèrent toutes deux dans la même voiture que mon amie. La femme de l'officier était clairement une de ces épouses typiques de la nouvelle classe de la bureaucratie, qui ne songent qu'à éblouir par leur toilette, leurs hautes relations, ont conscience de représenter « le monde », « la société », et s'habillent ou se font coiffer avec le plus frappant mauvais goût. Les maris en général sont plus dissimulés, sachant qu'il vaut mieux garder les apparences prolétariennes et conserver le « contact avec les masses ». La majorité de ces familles sont d'origine ouvrière ou artisanale et en gardent l'empreinte dans leur langage ou dans leurs manières. Mais ces privilégiés de fraîche date se comportent de façon hautaine et froide envers les prolétaires de base. Pour eux, les individus qui n'ont pas réussi à s'élever dans la Russie soviétique sont obligatoirement des êtres inférieurs, des hommes dépourvus de qualité. La valeur d'un citoyen se mesure à l'élégance de la villégiature où il peut séjourner, à son appartement, à ses meubles, à ses vêtements, à sa situation dans la hiérarchie administrative.

Le train démarra, l'officier russe, sur le quai, agitait la main en direction de la petite fille à la fenêtre de la voiture. Je ne distinguais plus la silhouette de Regina, qui avait trouvé une place de l'autre côté. L'officier se retourna et nous nous reconnûmes au même instant. C'était S., un vieux camarade perdu de vue depuis six ou sept ans au moins. Il portait à présent des galons et des épaulettes de commandant de l'Armée rouge.

— J'ai la berlue, ou est-ce Victor ? s'exclama-t-il. Incroyable ! tu n'es pas encore arrêté ? Non, ne te sens pas vexé pour cela. Rassure-toi, ils t'auront un jour ou l'autre !

S. se mit à hurler de rire. Il possédait un sens de l'humour assez particulier, dont il savait faire preuve en toutes circonstances, même celles que les Soviétiques traversaient actuellement.

Sa famille repartie en province chez ses beaux-parents, mon vieil ami était libre pour la soirée. Il proposa de dîner ensemble. Nous prîmes le métro jusqu'à la bibliothèque Lénine, et les couloirs de correspondance pour la station Arbatskaïa. Le métro de Moscou est véritablement une réalisation stupéfiante, surpassant de loin en taille, en luxe et en décorations artistiques, quoique de goût lourd et prétentieux, tout ce qu'il m'a été donné de voir dans les capitales du monde capitaliste. Stations et quais sont vastes et bien éclairés, les murs revêtus de marbre du Caucase, de Crimée, de l'Oural et de l'Asie centrale, de granit, de chêne et de noyer polis. L'antenne vers Smolenskaïa était en travaux, on la prolongeait jusqu'à la nouvelle station Kievskaïa. Deux lignes supplémentaires devaient être mises en service l'année suivante. S. me conduisit à un restaurant ukrainien de sa connaissance dans le quartier de l'Arbat. Nous nous installâmes dans un coin tranquille. Au cours du dîner, le sujet de la possible disgrâce du maréchal Toukhatchevsky fut abordé. Le commandant S. faisait partie de l'état-major du général Ventzov, un proche du premier vice-commissaire à la Guerre. Ce Ventzov et ses officiers avaient accompagné Toukhatchevsky en Europe l'année précédente à l'occasion des obsèques du roi George V.

— Le maréchal voulait profiter de ce voyage, m'expliqua S. en baissant la voix, pour sonder les milieux politiques et militaires de Grande-Bretagne et de France, à propos de la menace allemande qui pèse de plus en plus lourdement sur l'Europe... Toukhatchevsky, lors de ses rencontres avec les Occidentaux, auxquelles j'assistais, a souligné que l'URSS était prête à respecter les clauses de son alliance avec Prague au cas où Hitler déciderait de s'emparer par la force des Sudètes. Et qu'il faudrait développer cette aide militaire à la Tchécoslovaquie par une action conjuguée avec les forces de l'Ouest. Le maréchal a laissé entendre aux Anglais *qu'il est possible que les choses changent chez nous*. Car tout le monde au Parti n'est pas aussi d'accord avec le secrétaire général et ses conceptions qu'on se l'imagine à l'étranger. Certes, Staline a éliminé un rival potentiel en la personne de Kirov, et depuis fait régner la terreur grâce au NKVD, mais il existe encore une opposition solide...

Je me penchai vers mon interlocuteur. S. poursuivit :

— Malheureusement, les Anglais comme les Français sont englués dans un pacifisme démobilisateur – pour ne pas user du mot « frousse » – qui laisse les coudées franches à Hitler. Leur renseignement est excellent, mais les politiciens et généraux français n'ont aucune envergure. Lors de notre retour via Paris, Toukhatchevsky a été très déçu de son entrevue avec le général Gamelin et son état-major. Je l'ai entendu dire qu'il n'avait jamais rencontré un tel assortiment de vieilles badernes de toute sa vie. Il a ensuite essayé de sonder le corps des officiers plus jeunes, qu'il a connus jadis en tant que prisonnier de guerre pendant sa détention au fort d'Ingolstadt. Il y a eu un « banquet des anciens » chez Larue, et ensuite tout le monde a terminé la soirée au champagne dans un cabaret de Montmartre... Le maréchal a promis aux officiers français de les revoir le mois prochain de cette année. Il représentera l'Union soviétique le 12 mai au couronnement de George VI.

Je l'interrompis :

— Que voulais-tu dire à l'instant par « il est possible que les choses changent chez nous » ?

Je n'avais pas oublié l'histoire du cousin d'Orlov à la clinique d'Auteuil... S. faisait-il partie du complot des militaires ?

Mon ami me regarda d'un air embarrassé.

— Je suis trop bavard. Tu verras bien.

Il me demanda combien de temps je comptais rester à Moscou et suggéra que je fisse venir ma femme et mon enfant. Je répondis que c'était inutile, que je repartais bientôt. Je mentionnai le fait que Iéjov m'envoyait des candidats pour étendre mon réseau d'Europe de l'Ouest.

— Iéjov ? Tu as eu une entrevue avec lui ?

S. semblait impressionné. Je lui racontai quelques détails de mes visites au secrétariat secret. Y compris le fait que le petit commissaire du peuple se droguait à la cocaïne. Mon camarade eut une moue de mépris.

— Il faut en finir avec ces canailles. À toi je peux le dire, j'ai confiance, je sais que tu ne répéteras pas mes paroles. La Russie a besoin d'un grand coup de balai ! Et il faudra que la vérité éclate... (S. s'arrêta pour réfléchir.) Écoute-moi, Victor. Serais-tu disposé à nous rendre un petit service ?

— Cela dépend. D'abord, qui, « nous » ?

— Des patriotes sincères. En même temps que des communistes. Je précise : communistes *et* nationalistes. Il faut instaurer chez nous un socialisme humain, qui concilie la justice dans ce pays, et à l'extérieur la paix, assurée par une armée puissante, débarrassée des mouchards du NKVD. C'est le meilleur moyen d'éviter une nouvelle guerre mondiale. Alors qu'avec la direction actuelle du Parti, nous y allons tout droit. Le secrétaire général n'a aucun scrupule, il est prêt à devenir le larbin de Hitler afin de pouvoir continuer de saigner la Russie...

Je regardai alentour. Une seule de ces phrases suffisait à nous valoir une balle dans la nuque, dans les chambres spéciales de la Loubianka.

— Revoyons-nous dans une quinzaine de jours, proposa S. Fixons le lieu et l'heure dès maintenant.

Allons voir un film, et faisons une balade ensuite. Tu connais le cinéma Oural, rue Sretenka ?

Je hochai la tête.

— Je t'attendrai au cinquième rang, troisième fauteuil à partir de la droite, le 30 avril entre quinze et seize heures. Tout Moscou sera occupé par les préparatifs du Premier Mai. Prends garde à n'être pas suivi. Dans le cinéma, je te confierai un document très confidentiel. Nous aimerions qu'il passe à l'Ouest. Tu sauras faire ça, je suppose. Un vieil agent de notre Quatrième bureau...

Je demandai en quoi consistait le document. L'officier de l'Armée rouge retrouva son air malicieux.

— Ton passeport pour la Sibérie, qu'est-ce que tu crois, mon petit Victor : le bien-aimé Staline a besoin d'un Juif galicien de plus dans les mines de la Kolyma !

27.

Deux jours plus tard, je commençais à recevoir les élèves des écoles d'espionnage promis par Iéjov. L'un des postulants était une Américaine, Kitty Harris. On me l'avait décrite comme l'ancienne femme d'Earl Browder, le secrétaire général du Parti communiste des États-Unis. Elle était en possession d'un passeport américain, ce qui la rendait d'autant plus précieuse en tant qu'agent. J'avais besoin de quelqu'un pour franchir fréquemment la frontière suisse.

La camarade Harris fut introduite dans mon bureau et me présenta ses documents dans une enveloppe scellée. J'appris qu'elle était également descendue à l'hôtel Savoy. Elle avait le même âge que moi. Ses cheveux étaient noirs, coupés assez court, son visage agréable, avec un nez épaté et une bouche sensuelle. Kitty Harris avait pour nom de code GYPSY (un surnom datant de son adolescence, dû à son naturel fougueux et à son regard ardent). Ses dernières affectations étaient le Danemark – elle y était restée longtemps inactive en raison du danger à passer la frontière l'hiver, où le trafic était moindre et les voyageurs étrangers très peu nombreux – puis la Suède pour servir de courrier à Ernst Wollweber. Le Centre l'avait rappelée à Moscou afin de perfectionner sa technique radio qui laissait à désirer. Kitty Harris me dit du bien de Browder, et surtout de sa sœur Margaret avec qui elle se trouvait en excellents termes. Je répondis que je la connaissais, sans préciser la mission que nous avions effectuée ensemble. J'approuvai officiellement la nouvelle nomination de l'Américaine à un poste d'agent de liaison dans notre réseau européen. Elle reçut un passeport soviétique au nom de Elizaveta Stein et quitta Moscou le 29 avril en direction de Paris. Quelqu'un oublia de prévenir nos gardes à la frontière, qui, trouvant sur elle les cent dollars que nous lui avions donnés pour ses frais, la prirent pour une espionne et la détinrent pendant vingt-quatre heures. Kitty Harris fut finalement envoyée de Paris à Londres, pour y travailler sous les ordres de mon vieux camarade le Hongrois Théodore Mally.

Quelques jours auparavant j'avais reçu de Sloutsky une information lourde de conséquences : l'émissaire secret de Staline auprès de Hitler, le Caucasien David Kandelaki – officiellement délégué par la mission commerciale russe en Allemagne –, était revenu de Berlin accompagné de Vassili Zaroubine (dont le nom de code, BETTY, faisait allusion à son épouse Lisa et soulignait l'importance de celle-ci) pour une conférence exceptionnelle au Kremlin avec le Patron. Il en rapportait un projet de pacte germano-soviétique en bonne et due forme. Apparemment, Kandelaki avait réussi là où ses prédécesseurs avaient échoué : non seulement il avait entamé des négociations avec les dirigeants nazis au plus haut niveau, mais Hitler en personne lui avait accordé un rendez-vous. En fait, le chancelier n'avait pas accepté la proposition de Staline, mais celui-ci demeurait convaincu d'arriver à ses fins. Compte tenu de l'évolution de l'échiquier international et des rapports de force, ce n'était plus qu'une question d'une année ou deux. Le secrétaire général voyait dans ces premiers résultats un triomphe de sa diplomatie personnelle, qui devait naturellement demeurer secret. Beaucoup de commissaires du peuple n'étaient pas au courant. Sloutsky, quoique faisant partie de la demi-douzaine de personnes informées, ne décolérait pas d'avoir été supplanté par Zaroubine, son subordonné à l'INO. En revanche, une histoire l'amusait beaucoup : après la chute de l'ancien ministre, cinq officiers du NKVD avaient perquisitionné l'appartement de Genrikh Iagoda. Ils y avaient confisqué (Sloutsky me montra la liste) cinq cent quarante-deux ouvrages de littérature fasciste, trotskyste et contre-révolutionnaire ; mille deux cent vingt-neuf bouteilles de vin d'importation datant de 1897 à 1902 ; quarante-trois fourrures d'astrakan ; onze mille soixante-quinze cigarettes dont des turques et des égyptiennes ; quatre-vingt-quinze flacons de parfum d'importation ; cinq montres en or ; dix-neuf revolvers ; dix dagues anciennes ; cent quatre-vingt-quinze pipes et fume-cigarette en ambre et en ivoire, la plupart à motif pornographique ; un pénis en caoutchouc ; sept paires de jumelles ; soixante-huit culottes de femmes en soie d'importation ; onze bobines de film et trois mille neuf cent quatre photographies pornographiques. Sloutsky doutait cependant que le résultat de la perquisition fût évoqué lors du procès à venir du fidèle collaborateur et maître du cabinet des poisons de Staline.

Arthur Stachevski, l'envoyé économique en Espagne, revint à cette époque à Moscou présenter son rapport au secrétaire général sur l'évolution de la guerre civile. Bien que stalinien endurci et membre orthodoxe du Parti communiste de l'Union soviétique, Stachevski considérait la politique menée par notre police secrète chez les loyalistes comme une grave erreur. De même que mon ancien chef, le général

Berzine, il était opposé aux méthodes quasi coloniales des Russes en territoire espagnol. Si Stachevski approuvait l'élimination des trotskystes, il pensait que le NKVD pourrait au moins respecter les autres partis politiques. Avec précaution, il développa ce point de vue auprès de Staline. Quand je le vis à Moscou, il me confia que celui-ci avait réagi favorablement à sa démarche. L'envoyé spécial en Espagne quitta le Kremlin rasséréné. En réalité, Stachevski venait de signer son arrêt de mort (ainsi probablement que celui de son épouse et de sa fille, dont on n'eut plus de nouvelles après qu'elles eurent abandonné leur appartement parisien pour rentrer en Union soviétique). Plus tard, il s'entretint longuement avec Toukhatchevsky, ce qui causa une certaine émotion dans les cercles initiés, en raison de la position déjà fortement compromise du maréchal. Les couloirs bruissaient de rumeurs concernant la disgrâce de Toukhatchevsky. Tout le monde savait ce dernier, ainsi que le vice-commissaire à la Guerre Ian Gamarnik et nombre d'autres maréchaux ou généraux, sur la liste noire. Leurs jours étaient comptés. On ne les invitait plus aux réceptions et il était même considéré comme dangereux de leur adresser la parole. Ces hommes marchaient seuls et le silence les entourait. Je jugeais que si conspiration il y avait, l'heure en était passée : nul ne miserait plus désormais sur ces officiers perdus.

Les insomnies continuaient de me tourmenter. Les jours s'écoulaient, chargés de menaces. Ma famille me manquait. Personne encore n'était venu procéder à mon arrestation, le mois d'avril touchait à sa fin et dans mon bureau de la rue Znamenskaïa le défilé des candidats pour l'espionnage à l'Ouest se poursuivait. Le soleil intense du printemps russe inondait les artères de la capitale. Le 28 avril, la *Pravda* lança un appel à l'Armée rouge, lui recommandant de suivre la ligne politique du Parti et de combattre l'ennemi, tant à l'intérieur qu'à l'extérieur. Une telle recommandation par voie de presse sonnait comme un coup de semonce lancé par la direction du Parti à l'encontre des généraux. Arriva le 30 avril, date de mon rendez-vous avec S. au cinéma de la rue Sretenka. J'hésitai longuement avant de m'y rendre. Rencontrer un membre d'une conspiration vouée à l'échec équivalait sans doute à une forme élaborée de suicide. Mon camarade était certainement surveillé. De toute façon, on n'aurait pu choisir plus mauvais moment. Tous nos services étaient sur le qui-vive en raison des précautions exceptionnelles prises pour les cérémonies du Premier Mai. À la section spéciale j'avais parlé à Karnieliev, en charge des laissez-passer délivrés aux officiels autorisés à pénétrer le périmètre autour du mausolée de Lénine. Cela faisait deux semaines que son service ne s'occupait que des questions de sécurité pour le défilé et l'officier n'en pouvait plus. Je n'avais toujours pas reçu mon passe, ce qui m'inquiétait. Les arrestations étaient souvent précédées par des petits signaux de défaveur dans ce genre.

S. avait fixé le rendez-vous entre quinze et seize heures. Après avoir déjeuné au mess des officiers du NKVD, je choisis de ne pas retourner au bureau et fis un détour par la place Rouge, plongé dans mes pensées. Sur un des murs de la place, des ouvriers montaient un grand portrait de Firine, le chef des équipes du NKVD chargées de la construction, effectuée par des centaines de milliers de prisonniers du Goulag, des canaux entre la mer Blanche et la Baltique, puis entre Moscou et la Volga. Sur l'avenue de la Paix, un fleuve humain s'écoulait lentement. Des équipes de techniciens réglaient les haut-parleurs suspendus aux murs des immeubles. J'entendis éclater les accents triomphants de la marche d'*Aïda*. Le soleil brillait au-dessus des têtes, les Moscovites et les provinciaux venus pour l'occasion portaient encore leurs vestes d'hiver grises doublées d'ouate. Sous les casquettes grises et les fichus blancs, la transpiration ruisselait sur des visages orgueilleux, neutres, craintifs ou égarés. Bloquant toute la largeur de l'avenue, une foule se rassemblait afin de voir hisser un gigantesque portrait du secrétaire général. Le faciès géorgien de Staline se retrouvait partout, encore plus qu'à l'accoutumée : aux vitrines des magasins, aux façades des maisons, aux entrées des cinémas, aux fenêtres des immeubles de bureaux, sans compter les nombreuses statues, dont une nouvelle en bois, de plus de dix mètres de hauteur, que l'on édifiait sur la place du Théâtre Bolchoï. Toujours ce même visage dur, ces grosses moustaches tombantes, ces yeux noirs comme des charbons qui paraissaient scruter jusqu'au tréfonds de votre âme, histoire de vérifier si par hasard vous n'y mijotiez pas un petit complot.

Plus loin, un orchestre en plein air jouait une valse de Vienne. Les accords résonnaient à mes oreilles comme des grondements de tonnerre. Je croisai un petit bout de femme qui courait presque, le regard tendu, les épaules crispées par l'angoisse. Je reconnus la jeune épouse de Heinz Neumann, elle aussi communiste, dont la sœur était mariée au fameux Willi Muenzenberg qui organisait la propagande du Komintern depuis Paris. Margarete Neumann se dépêchait, un paquet sous le bras, et passa sans me voir. Son mari avait été arrêté quelques jours plus tôt à l'hôtel Lux. Il était peut-être déjà mort. Mais je ne pouvais rien pour elle. Je levai la tête. Les drapeaux rouges claquaient au sommet des bâtiments, se détachant sur le ciel bleu que parcouraient de petits nuages guillerets. Le génial Staline, le Père des peuples, était partout autour de nous, et son image multipliée envahissait l'immensité de la ville. Vouloir s'opposer à ce Genghis Khan relevait de la folie. Le kominternien allemand de gauche Neumann et ses camarades de l'opposition étaient stupides. Mon ami le commandant S. ne valait guère mieux. Quant au maréchal Toukhatchevsky, il était déjà, de l'avis de tous, un cadavre.

Je me considérais comme plus intelligent que ce militaire de carrière dont la conspiration traînait maladroitement et qui paraissait tendre le cou sous le hachoir du NKVD. Mieux valait attendre, pensai-je. Staline n'est pas immortel, pas plus que ne l'était Ivan le Terrible. Un autre dirigeant prendrait sa place un jour ou l'autre aux commandes du Parti. La grande Russie était la patrie de la révolution prolétarienne, *cela seul comptait.* Il nous fallait tenir, même sous le fouet cruel du Géorgien. Demeurer en mesure de faire front, ce jour maintenant proche où les divisions nazies, pacte d'alliance ou pas, déferleraient sur nous. Rester vivants, forts et vivants, pour ce jour où l'on compterait les hommes. Nous étions capables, *nous*, de gagner la guerre contre l'Allemagne, même au prix de millions de morts. La puissance de l'URSS est colossale, ses ressources en combattants, en canons, en obus, en blé, en minerai, presque infinies. Ses arrières s'étendent jusqu'au cercle arctique, jusqu'à la Chine, à la Mongolie, au Japon. L'Union soviétique représentait, de quelque manière qu'on envisageât les choses, l'unique véritable espoir pour l'humanité.

Le communisme viendrait à bout de Hitler. Nous devions, mes camarades et moi, ceux qui survivraient aux purges, participer à la grande bataille finale. C'est là qu'il vaudrait la peine de sacrifier nos vies. En tout cas je le croyais en cette veille du 1er mai 1937, marchant parmi la foule sous la musique tonitruante des haut-parleurs et les banderoles qui proclamaient : « La vie est meilleure, la vie est plus joyeuse (Staline) ». Je comptais également l'expliquer à S. en le retrouvant au cinéma Oural. Son document secret, il pouvait le brûler. Ne serait-ce que pour l'épargner lui, ce brave type doté d'un bon sens de l'humour, et épargner par la même occasion sa grosse épouse et la fillette à nattes blondes dont je me souvenais, agitant sa petite main à la fenêtre de la voiture en gare de Kazan.

Je me retournais régulièrement pour vérifier que je n'étais pas suivi. Plusieurs fois je pris des artères transversales avant de faire demi-tour brusquement. Je ne vis personne de suspect mais ces précautions me retardèrent. Ma montre indiquait quinze heures cinquante lorsque j'aperçus la longue façade blanche du cinéma. La rue Sretenka est étroite et animée. Je me dépêchai, transpirant sous ma veste. J'étais certain que S., ne me voyant pas arriver, quitterait la salle à seize heures pile. Après tout, c'était un militaire, comme moi. Nous devions respecter les règles de sécurité. Je me trouvais à une cinquantaine de mètres de l'entrée du bâtiment lorsque j'aperçus une silhouette en uniforme kaki. Elle franchissait la porte pour gagner l'extérieur. C'était S. Mon camarade n'avait plus sa casquette d'officier. Après une brève hésitation, regardant à droite et à gauche, il s'éloigna du bâtiment et se mit à courir le long du trottoir. Deux hommes en imperméable franchirent le seuil derrière lui. Ils tenaient des automatiques.

28.

Je restai figé une seconde ou deux avant de me forcer à reprendre mon allure régulière, me dirigeant d'un air naturel vers le cinéma. L'officier de l'Armée rouge courait dans la direction opposée. Un des deux hommes le mit en joue et tira un coup de feu. J'entendis des cris. S. continuait de courir, en zigzaguant. Il ne m'avait pas vu. Bousculant des passants, il se jeta de côté pour traverser la rue Sretenka. Mon camarade courait en espérant se perdre dans la foule, où ses poursuivants n'oseraient probablement pas tirer. J'observais la silhouette corpulente en uniforme kaki, et les deux types à sa suite qui brandissaient leur arme en hurlant des ordres brefs. Les gens s'écartaient. Une fourgonnette me dépassa à vive allure. Sa carrosserie blanche s'ornait de l'inscription « Pains, petits pains, gâteaux ». Le chauffeur accéléra quelques mètres avant de rattraper S. Ce dernier n'était pas conscient du véhicule qui fonçait sur lui. Je fermai les yeux au moment du choc. Lorsque je les rouvris, l'officier gisait sur la chaussée, les bras écartés. Un homme à casquette à visière plate et veste de cuir avait sauté de la cabine et se penchait sur lui. Il portait un étui de pistolet à la ceinture. Les types en imperméable le rejoignirent. L'un des policiers en civil fit feu deux fois, presque à bout portant, dans chacun des genoux de S. dont les jambes eurent un soubresaut. Puis les deux hommes le soulevèrent par les aisselles et par les pieds, tandis que le chauffeur ouvrait la portière à l'arrière de son véhicule. J'entrevis un étroit corridor avec des portes de métal de chaque côté. La fourgonnette de boulangerie était un « corbeau noir » maquillé. S. disparut à l'intérieur. L'un des porteurs ressortit, verrouilla la portière et s'installa sur le siège du passager. Le « corbeau noir » redémarra. La scène n'avait pas duré plus d'une minute. Il restait de petites flaques de sang là où S. était tombé. Je me détournai et repris calmement ma marche vers l'entrée du cinéma.

On y passait *Le Député de la Baltique*, la dernière production Lenfilm, sorti à la fin du mois précédent. J'achetai un ticket et me faufilai dans la salle. La projection était en cours. Je m'avançai discrètement vers le cinquième rang sur la droite. Je m'assis sur le deuxième fauteuil. Après quelques minutes passées à regarder l'écran, je me penchai et cherchai autour de moi si S. n'avait pas laissé de message à mon intention. On n'y voyait pas grand-chose dans l'obscurité. Au bout d'un certain temps, je remarquai ce qui ressemblait à une vieille enveloppe, sous mon fauteuil.

Elle paraissait chiffonnée et portait la trace de semelles de chaussures. Je me souvins de la nouvelle de Poe, *La Lettre volée*. Un message vital qui échappe aux perquisitions parce que, au lieu de le cacher, on l'a laissé en évidence, se contentant d'en modifier l'aspect pour lui donner celui d'un bout de papier sans intérêt. Cependant il pouvait s'agir d'un piège. Les agents du NKVD avaient vu S. déposer l'enveloppe, à présent ils attendaient patiemment que son contact vînt la ramasser. Un de mes voisins appartenait sans doute à la police. En récupérant le document j'allais me dénoncer. J'étais stupide : qu'avais-je à gagner à entrer dans la combine de S., ce conspirateur inepte et promis à la mort – si ce n'était déjà fait. Assis sur le fauteuil, je baignais dans ma sueur. L'angoisse me paralysait. Il aurait fallu se lever tout de suite et sortir ; au lieu de cela je me tassai davantage contre le dossier, rentrant la tête dans les épaules. J'inclinai le buste légèrement sur le côté comme si je cédais au sommeil. Mon pied droit pivota pour se poser sur l'enveloppe, la recouvrant presque entièrement. M'affaissant encore un peu plus, je laissai descendre ma main droite, jusqu'à toucher le sol. Je tremblais comme une feuille. Mes doigts se refermèrent sur le papier poussiéreux et rêche. Je ramassai l'enveloppe et la fourrai prestement dans la poche de ma veste.

Les spectateurs les plus proches ne réagirent pas. Tout le monde levait la tête vers l'écran. Je me remis à regarder le film. J'avais la nausée, je continuais de trembler. Il se trouvait forcément quelque informateur dans la salle, et en ramassant l'enveloppe je m'étais trahi. Je sentis croître ma panique. La vie est meilleure, nous dit Iossif Vissarionovitch Staline, la vie est plus joyeuse. Certainement pas ici en Russie. Mais moi, je voulais vivre ! Je comprenais ce qu'avait dû ressentir le tchékiste Iakov Blumkine, assis sur le divan de Raïssa Falk, ravagé par la terreur. Je saisissais pourquoi des hommes braves comme Félix Gorski se précipitaient dans le vide pour plonger vers le ciment des trottoirs. Il arrivait un moment où l'on ne pouvait plus supporter cette existence dans l'épouvante. La seule issue se réduisait à la fenêtre ouverte – ou le puits de la cage d'escalier, ou les eaux de la Moskova, ou une balle de son propre revolver.

Penché en avant, j'étouffai un sanglot de terreur. S. était mort, ou presque, sous mes yeux. Je revis ses genoux éclater sous l'impact des balles. À présent je suffoquais sous la panique pure. Je résistai à l'impulsion de me lever et de courir vers la sortie. Il fallait attendre quelques minutes de plus. Mais pas trop longtemps : si le NKVD n'avait pas laissé d'agents pour surveiller la salle – à leur place je l'aurais fait –, il n'était pas trop tard pour y songer. Les types de la fourgonnette venaient peut-être de se faire copieusement réprimander par leurs chefs. Dans ce cas ils allaient revenir. Interrompre la projection, contrôler les identités des spectateurs. On jugerait ma présence ici suspecte, ex-agent du GROu, ancienne connaissance de S. Je serais ramené à la Loubianka, fouillé, interrogé. La lettre trouvée dans ma poche me lierait immanquablement à la conspiration de l'état-major de Toukhatchevsky. Ils me tortureraient avant de m'abattre. Je me levai avec lenteur et quittai mon siège. Personne ne s'opposa à mon départ de la salle. Je gagnai le hall, poussai les portes battantes. Je retrouvai la lumière du jour, les trottoirs poussiéreux, les boutiques et le flot des badauds le long de l'étroite rue Sretenka. Les drapeaux rouges et la population endimanchée qui déambulait au son de la musique des haut-parleurs sous le ciel bleu.

Deux camionnettes noires, surgies d'on ne savait où, freinèrent pour s'arrêter devant le cinéma. Des hommes en uniforme du NKVD sortirent des véhicules pour barrer la rue ainsi que l'accès au bâtiment, pendant que d'autres se précipitaient à l'intérieur, l'arme au poing. Je détournai mon regard et poursuivis mon chemin, regagnant sans me presser l'immeuble de la rue Znamenskaïa avec l'enveloppe au fond de ma poche. En toute fin d'après-midi, un motocycliste de la section spéciale frappa à la porte de mon bureau. Avec un large sourire, l'homme me tendit le pli contenant le passe que m'avait promis Karnieliev pour le défilé du Premier Mai.

Le soir, je dînai en ville avec des collègues. L'enveloppe était toujours sur moi. Rentré dans ma chambre d'hôtel, je la décachetai. J'y trouvai un photostat plié, que j'étalai sur la table de chevet sous la lumière de la lampe. C'était la reproduction d'une lettre originale d'aspect ancien, dactylographiée, portant l'en-tête de l'Okhrana.

MVD[1]
CHEF DE LA SECTION SPÉCIALE
DU DÉPARTEMENT DE LA POLICE
12 juillet 1913

ABSOLUMENT SECRET ET PERSONNEL

Bienveillant Monsieur Stepan Petrovitch,

Iossif Vissarionovitch Djougachvili, exilé par décret administratif dans la région de Touroukhansk, a fourni au chef de l'AGG[2] des informations utiles lors de son arrestation en 1906.

En 1908, le chef de section de l'Okhrana à Bakou a reçu de lui une série de rapports secrets; après son arrivée à Saint-Pétersbourg, Djougachvili est devenu agent de la section de l'Okhrana de Saint-Pétersbourg.

Le travail de Djougachvili s'est distingué par la précision de l'information, mais celle-ci est restée fragmentaire. Après l'élection de Djougachvili au Comité central du parti, à Prague, il est entré en opposition ouverte avec le gouvernement à son retour à Saint-Pétersbourg, puis il a totalement rompu ses rapports avec l'Okhrana.

Je vous informe de ces faits, cher Monsieur, pour votre considération personnelle dans la conduite de vos opérations.

Avec l'assurance de ma très haute estime,

A. Eremine.

---

1. MVD : ministère de l'Intérieur de la Russie tsariste.
2. AGG : administration de la gendarmerie du gouvernorat.

Par le plus étrange enchaînement de circonstances, je tenais entre les mains la copie d'un de ces documents dont parlait Zinovy Kastnelson dans la chambre du colonel Orlov, découverts par Shtein l'année précédente parmi les vieux dossiers de l'ancien bureau de Menjinski à la Loubianka. Une preuve de l'appartenance de Staline, entre 1906 et 1913, à la police secrète du tsar. Ce résumé de la carrière du révolutionnaire géorgien était adressé à Stepan Petrovitch Beletski, le directeur de cette police. Il signifiait que l'actuel secrétaire général du Parti communiste de l'Union soviétique, le génial Père des peuples, le fidèle compagnon et disciple de Lénine, le grand architecte de la révolution, l'homme qui représentait l'espoir du prolétariat mondial, avait été jadis un agent provocateur. Mon ami S. souhaitait faire passer cette preuve à l'étranger. La communiquer à l'opposition trotskyste à Paris, par exemple. Mon cœur battait violemment dans ma poitrine : se faire prendre avec ce document signifiait la mort immédiate. Je disparaîtrais sans laisser de traces. Des hommes du NKVD découperaient mon cadavre en morceaux pour les jeter au fond d'un puits. Ceux qui en m'arrêtant prendraient connaissance de la lettre seraient exécutés à leur tour. Et ceux qui les exécuteraient périraient aussi... Cette simple feuille de papier était un virus mortel. Je faillis la détruire sans attendre une seconde de plus. Mais j'hésitai. Il me restait encore un peu de temps pour prendre une décision. J'allumai une cigarette, que je fumai dans le calme de la chambre d'hôtel, relisant lentement ces lignes écrites en 1913 par un membre de la police du tsar, qui avait signé, d'une élégante écriture arrondie : A. Eremine. D'après mes notes sur la conversation à la clinique, le colonel Eremine, ancien officier de l'Okhrana dans le Caucase, avait dirigé ensuite la section spéciale.

Quelques vérifications complémentaires s'imposaient, mais je jugeais la lettre authentique. Rien que ce simple photostat, si je parvenais à le sortir d'URSS, serait une arme puissante contre le secrétaire général. Je repliai soigneusement la feuille, tirai le couvre-lit afin de dégager une partie du matelas. À l'aide de mon canif, je découpai une courte fente le long du rebord inférieur. J'y insérai le papier plié, refermai l'ouverture avec un fil et une aiguille, et remis soigneusement drap et couvre-lit en place, avant de déchirer l'enveloppe en morceaux que j'évacuai dans les toilettes de la salle de bains. J'entendis des bruits de moteurs d'avions. Je marchai vers la fenêtre, écartai les rideaux : des faisceaux lumineux fouillaient l'obscurité, balayant les murs du Kremlin. Au-dessus des remparts et des dômes de la forteresse, un ballon invisible promenait sur fond de ciel noir un immense portrait du secrétaire général, éclairé par les projecteurs. Des aéroplanes survolaient Moscou en traînant des bannières décorées de figures de Marx, Engels, Lénine et encore Staline. Ceux-là ressemblaient à des jouets sous l'énorme visage qui flottait et se déplaçait lentement, agité par la brise nocturne. L'escadrille passée, Staline demeurait seul au-dessus de la capitale. J'avais l'impression que le regard soupçonneux de l'homme aux moustaches tombantes me surveillait jusque dans ma chambre, à travers les rideaux. Je ne fermai pas l'œil de la nuit.

Le lendemain, un soleil étincelant surgit des brumes matinales. Je partis tôt en direction de la place Rouge. La température grimpait rapidement. Je fus arrêté une dizaine de fois par des patrouilles qui exigèrent de voir non seulement mon passe mais aussi mes pièces d'identité. Les années précédentes, des travaux gigantesques avaient dégagé les abords de la place et démoli les pâtés de maisons s'étendant depuis la cathédrale de Basile-le-Bienheureux jusqu'aux rives de la Moskova, afin que le flot immense des visiteurs pût passer librement depuis la rue Gorki et la place du Manège. Ainsi, en l'espace de quelques heures, plus de deux millions de personnes pouvaient défiler à travers la place. J'atteignis le mausolée de Lénine une vingtaine de minutes avant le début de la célébration, fixé à dix heures. Le périmètre réservé aux officiels était déjà à peu près rempli. Le personnel au complet de toutes les sections du NKVD avait été mobilisé, en vêtements civils, comme « observateurs » de la parade. Ces hommes occupaient un rang sur deux depuis six heures du matin. Devant et derrière chaque rangée de personnalités officielles et d'hôtes étrangers se trouvait une ligne d'agents secrets. Il s'agissait principalement d'assurer la sécurité de Staline.

Je me joignis à une des rangées d'officiers du NKVD. Peu de temps après, un collègue me donna un coup de coude pour me signaler l'arrivée de Toukhatchevsky. Je tournai la tête.

Le maréchal traversait la place. Personne de son état-major ne l'accompagnait. Il gardait les mains dans les poches. On eût dit un promeneur flânant au soleil du splendide printemps moscovite. À quoi pouvait-il penser, cet homme qui sûrement se savait au bord du gouffre ? Toukhatchevsky s'arrêta un instant, son regard parcourut la place Rouge – noire de monde, rouge de drapeaux, traversée de banderoles et pavoisée d'innombrables portraits du Père des peuples. Puis le premier vice-commissaire reprit sa marche et s'avança d'un pas tranquille vers l'estrade devant le mausolée, où se tenaient traditionnellement les chefs de l'Armée rouge lorsqu'ils assistaient aux célébrations. Le maréchal fut le premier à y prendre place. Il se tenait là, raide, immobile, toujours les mains plongées dans ses poches. Je voyais la tache pâle que faisait son visage rond au nez busqué, aux yeux globuleux. Quelques minutes plus tard il fut rejoint par le maréchal Iégorov. Celui-ci passa devant Toukhatchevsky sans le saluer. Il prit place à côté de lui comme s'il était seul. Au bout d'un moment arriva le premier vice-commissaire à la Guerre Ian Gamarnik, chef de l'administration politique de l'Armée rouge. Avec sa barbe noire, ce maréchal ressemblait de manière frappante à Dostoïevsky. D'origine juive, Gamarnik était détesté par l'entourage de Staline en raison de son intelligence, de son intégrité, de ses convictions internationalistes et de sa foi sincère en la mission communiste. Lui non plus ne salua pas ses camarades, passa devant eux sans les voir et se plaça à la suite de Iégorov.

Sur l'estrade, la ligne des maréchaux et généraux était complète. J'observais ces militaires de carrière, que je savais de loyaux serviteurs de la révolution et du gouvernement. Ils étaient de toute évidence conscients de leur destin tragique. C'était la raison pour laquelle ils négligeaient de se saluer entre eux. Chacun se savait un prisonnier en puissance, voué à la mort et bénéficiant d'un mince sursis par la grâce du despote qu'ils avaient échoué à renverser. Les chefs de l'Armée rouge jouissaient ce matin-là d'un rayon de soleil et de liberté que la foule des spectateurs, des invités et délégués étrangers prenaient à tort pour la liberté véritable.

À dix heures pile, les cloches de la tour Spasskaïa sonnèrent à la volée. Les marins étaient massés en un vaste carré d'uniformes blancs, les aviateurs en un carré bleu, les gardes-frontières en un carré vert, la division prolétarienne en un carré gris olive et bleu. Le maréchal Vorochilov passa au trot, monté sur un cheval blanc, suivi de la cavalerie, lances levées. Les sabots martelaient le sol, je vis les uniformes rouge et bleu des cosaques, j'entendis enfler le son des «Ah, ah», une rumeur immense qui fit vibrer la place. C'était la première fois qu'on autorisait les cosaques, naguère exterminés sur l'ordre de Lénine, à participer au défilé. Ils furent suivis par les unités motocyclistes, leurs engins flanqués de side-cars sur lesquels étaient fixées des mitrailleuses. Puis apparurent les canons antiaériens, tractés par des camions, suivis par les automitrailleuses et les chars. La fumée des gaz d'échappement rendit bientôt l'air irrespirable. Il faisait de plus en plus chaud, la terre tremblait, le ciel vrombissait au passage des avions au-dessus de nos têtes. C'était comme se trouver en pleine bataille. À la tribune, des femmes parmi les invités étrangers se bouchaient les oreilles, l'horreur se peignant sur leurs visages. Mais la foule continuait de clamer son enthousiasme, par longues vagues de cris et d'applaudissements qui se recouvraient les unes les autres. Le bruit augmentait, les tapisseries humaines ondulaient dans le tumulte assourdissant. Les leaders du Parti, et Staline au milieu, juché sur la planchette qui compensait sa modeste taille et l'amenait au niveau des autres, occupaient la plate-forme de la terrasse du mausolée de granit. La parade s'écoulait sous eux au rythme des fanfares, des hourras, des applaudissements. La foule excitée battait des mains à s'en faire saigner les paumes. La migraine me vrillait les tempes. À bout de forces, hagard après ma nuit blanche, je demeurais debout parmi les hommes de la police secrète, mes oreilles vibrant des annonces et des slogans hurlés par les haut-parleurs.

Staline, vêtu d'un imperméable militaire boutonné jusqu'au cou en dépit de la chaleur, avec Kaganovitch et Dimitrov à ses côtés, saluait de la main droite, tout en gardant à demi replié son bras gauche atrophié et de temps en temps désignait avec un hochement de tête et un regard malicieux l'un de ceux qui défilaient devant le mausolée, le menton levé martialement vers les dirigeants. Ce petit geste narquois, que le secrétaire général répétait avec une certaine régularité, me glaçait le sang. Son récipiendaire l'interprétait probablement comme un : « Je t'ai vu, toi, bravo ! fidèle communiste, fidèle au Parti ! » Pour moi il était clair que Staline pensait avec sa cruauté habituelle, son indifférence cynique : « Toi aussi je t'ai repéré, toi là-bas, petit gars. Bon pour l'abattoir ! »

La coutume pour les chefs de l'Armée rouge était de rester à leur place pour assister au grand défilé civil qui allait succéder à la parade militaire. On attendait les sportifs, les acrobates, les enfants espagnols, les délégations des usines, et les chars représentant les barrages et les hauts fourneaux. Mais ce jour-là, le maréchal Toukhatchevsky n'attendit pas la parade civile. Profitant de l'intervalle entre les deux spectacles, le héros de la campagne de Varsovie rompit le rang sans s'excuser auprès de ses camarades. Il descendit les marches de l'estrade et s'éloigna tranquillement. Je le vis suivre, mains dans les poches, regard perdu dans le vide, les allées que dégageaient les soldats au milieu de la foule. Mes collègues et moi, haussés sur la pointe de nos chaussures, l'observions, inquiets et impressionnés. Le maréchal quitta la place Rouge et disparut à nos yeux. La plupart d'entre nous l'avaient vu pour la dernière fois.

29.

Le lendemain, une des traductrices les plus expérimentées de mon bureau, une femme que je connaissais depuis des années, fut arrêtée par le NKVD. Il était pratiquement impossible de la remplacer car son travail exigeait une précision exceptionnelle, ainsi que la maîtrise d'un grand nombre de langues. Je me rendis à la Loubianka pour me plaindre auprès de Sloutsky.

— Ton assistante est mariée à un directeur d'usine qui vient d'être arrêté, m'expliqua-t-il après avoir passé un coup de téléphone.. Ils ont embarqué la femme en même temps par « mesure de précaution ».

Je m'insurgeai :

— À quoi bon entretenir à grands frais une douzaine de *rezidents* chez les capitalistes afin de rassembler des informations, si je ne dispose pas d'une secrétaire capable de traduire celles-ci avec exactitude et de les archiver ?

Il haussa les épaules.

— Oublie cette histoire. On lui trouvera une remplaçante dans les meilleurs délais. Maintenant, j'ai besoin de toi. Nous avons fait une bourde : le camarade Garcia, un policier espagnol, chef de la Sécurité du gouvernement républicain, a débarqué avant-hier pour assister aux cérémonies du Premier Mai. Avec tout ce qui se passe en ce moment dans cette maison de fous, on a complètement oublié d'envoyer quelqu'un à la gare. Il se morfond tout seul à l'hôtel Moskva dans une chambre de luxe. Prends un camarade avec toi et essayez de rattraper notre impolitesse. Emmenez ce Garcia faire un tour, amusez-le, invitez-le aux meilleurs restaurants...

Au Moskva, nous trouvâmes un homme distingué, vigoureux, âgé d'une trentaine d'années à peine. Il expliqua que son excellent ami le colonel Orlov, chef du NKVD en Espagne, avait eu l'obligeance de lui arranger ce petit séjour dans la capitale soviétique.

— J'étais enchanté de ce voyage, mais personne n'est venu m'accueillir à mon arrivée. Je n'ai pas obtenu de passe pour assister à la parade. Je n'ai fait que l'entrevoir, par-delà le fleuve, depuis la fenêtre de ma chambre...

Lui ayant renouvelé nos excuses, nous l'invitâmes à dîner au restaurant de l'hôtel Savoy. Le camarade Garcia fit la remarque que les travailleurs russes qu'il avait pu voir lui semblaient plus mal vêtus que les Espagnols, même en cette période de guerre civile. Il avait également observé la rareté des denrées de première nécessité, et demanda comment il se faisait que le gouvernement ne parvînt pas à élever davantage le niveau de vie. Mon camarade et moi fûmes très embarrassés pour répondre. Je me rappelai les enfants d'amis moscovites, qui répétaient, l'ayant appris à l'école, que le peuple français comme ceux des autres pays bourgeois vivaient dans une misère noire. Le lendemain – où j'appris que le voyage du maréchal Toukhatchevsky à Londres pour assister au couronnement de George VI était brusquement annulé –, revoyant Sloutsky, je lui demandai à quoi rimait l'invitation adressée à cet Espagnol de venir à Moscou.

— Orlov ne veut pas l'avoir dans les pattes, expliqua le chef de l'INO. Nous devons le garder jusqu'à la fin du mois de mai.

J'en compris la raison quelques jours plus tard en lisant les journaux. Les gros titres clamaient : « Révolte anarchiste à Barcelone ! » et nos correspondants sur place décrivaient une conspiration antistalinienne dans la capitale de la Catalogne, un combat acharné autour du central téléphonique, des émeutes, des barricades, des exécutions. La version que nos services, relayés par les partis communistes européens aux ordres du Komintern, livrèrent à la presse occidentale fut qu'il s'agissait d'une rébellion fomentée par « des éléments incontrôlables qui étaient parvenus à infiltrer l'aile la plus extrême du mouvement anarchiste, dans le but de créer des troubles en faveur des ennemis de la République ».

Les bulletins officiels diffusés par le gouvernement espagnol accusaient les révolutionnaires catalans d'avoir cherché traîtreusement à s'emparer du pouvoir au moment où toutes les énergies étaient nécessaires afin de tenir tête au franquisme. De nos jours encore, les journées de mai à Barcelone apparaissent généralement comme une lutte fratricide entre antifascistes au moment où ils subissaient les attaques de Franco. La remarque de mon chef à propos des demandes d'Orlov concernant Garcia m'avait mis la puce à l'oreille. Je n'avais pas oublié non plus certaines phrases échangées entre George Mink et ses complices dans la voiture qui me conduisait à Valence, la nuit de l'assassinat du communiste anglais. Je sais à présent avec certitude que l'attaque par les gardes d'assaut du central téléphonique de Barcelone le 3 mai 1937, ainsi que la réaction armée de la part des miliciens du POUM et des anarchistes, résultaient d'une gigantesque provocation orchestrée des mois à l'avance par Orlov et ses tueurs de la police secrète – une provocation décidée à Moscou dans la perspective d'un procès stalinien des dirigeants du POUM tombés dans le piège, de la liquidation physique de ce parti qualifié de « trotskyste », et du remplacement à la tête de la République espagnole du socialiste Largo Caballero par le plus docile Juan Negrín.

Le parti communiste espagnol, avec à sa tête José Díaz, exigea la dissolution de tous les partis antistaliniens et des syndicats en Catalogne, le placement de la radio, des organes de presse et des lieux de réunions publiques sous le contrôle du NKVD. Le Premier ministre Largo Caballero refusa de céder et en conséquence fut forcé le 15 mai de démissionner. Arrêtés et jetés dans les *checas*, les leaders du POUM attendaient leur procès. Le premier d'entre eux, Andrés Nin, arrêté le 16 juin, fut mystérieusement enlevé de nuit, six ou sept jours plus tard, dans la maison à Alcalá de Henares où il était détenu et interrogé, par un commando d'hommes parlant allemand qui abandonnèrent sur place, comme par un fait exprès, des documents nazis. Le PCE fit courir la rumeur que Nin, agent fasciste, était désormais réfugié « à Salamanque ou à Berlin ». Les murs se couvraient de graffitis propageant ce mensonge ignoble. La vérité, je la connais maintenant : Nin était mort ou agonisant la nuit de son enlèvement. Comme il refusait de signer une fausse confession à propos de ses liens avec les trotskystes et les fascistes, ses interrogateurs lui réduisirent le visage en bouillie avant de l'écorcher vif. Son corps fut chargé dans le coffre de la voiture des faux nazis : Orlov, le Lituanien Iossif

Grigoulevitch[1] (nom de code : JUZIK), Boris Berman, deux Espagnols et un chauffeur nommé Victor. L'« opération Nikolaï » avait été effectuée selon le « procédé A », qui signifiait la mort, d'après le compte-rendu envoyé au Centre et dont un camarade me fit parvenir secrètement une copie à La Haye. Une note jointe au document précisait que « N. » avait été enterré dans un champ, « à cent mètres de la route, à mi-chemin entre Alcalá de Henares et Perane de Tahunia ».

À Moscou, je continuais de travailler comme si de rien n'était, au milieu de la tourmente des arrestations. Firine lui-même, le grand chef des travaux de creusement des canaux, venait de tomber alors que j'avais vu son portrait sur la place Rouge quelques jours auparavant. Ma traductrice, à ce que l'on disait, se trouvait enfermée en préventive à la prison de la Boutyrka. Je n'entrepris aucune démarche pour l'aider : c'eût été me désigner comme son complice et celui de son mari, c'est-à-dire de deux « saboteurs et espions trotskystes ». Le Centre m'envoya une nouvelle traductrice, moins habile que la précédente. Le policier Garcia, très agité depuis les événements de Barcelone, insistait pour repartir chez lui au plus vite. Il ne comprenait pas pourquoi on l'en empêchait. Je transmis sa demande à Sloutsky qui refusa tout net.

1. Grigoulevitch – de son vrai nom Juozas Grigulavicus – participa, sous le pseudonyme « Felipe », au premier attentat contre Trotsky au Mexique en mai 1940. Il fut le contrôleur du peintre mexicain David Alfaro Siqueiros et de l'écrivain chilien Pablo Neruda, et devint plus tard ambassadeur du Costa Rica au Vatican et en Yougoslavie, ayant adopté la fausse identité de Teodoro B. Castro. Chargé d'assassiner le maréchal Tito, il vit sa mission annulée à la suite de la mort de Staline en mars 1953. Réfugié à Moscou, membre de l'Académie des sciences de l'URSS et historien spécialisé dans les affaires de l'Amérique latine, Grigoulevitch mourut en 1988.

Notre hôte était un communiste important, mais les arrestations à Barcelone se déroulaient à un échelon tellement massif que ce fonctionnaire honnête risquait de nous causer des problèmes. Le chef de l'INO suggéra, avec un grand sourire, de lui faire visiter le Caucase et la Crimée, ajoutant que le gouvernement soviétique désirait le voir profiter le plus possible des beautés du pays. À l'ambassade d'Espagne où il se rendait quotidiennement, suppliant qu'on lui rendît son passeport, Garcia fit la connaissance de quatre de ses compatriotes qui y venaient pour les mêmes raisons. On leur avait accordé deux chambres spacieuses à l'hôtel Métropole. On les avait escortés à chaque musée de Moscou et dans chaque lieu touristique à l'intérieur comme à l'extérieur de la capitale. Ils avaient vu la Crimée, le Caucase, Leningrad, et même le grand barrage de Dnieprostroï. On les promenait en Union soviétique depuis des mois. Je demandai à Sloutsky qui ils étaient.

— Ces quatre-là ? Ce sont les caissiers de la Banque d'Espagne. (Plus précisément, il s'agissait de deux assistants du secrétaire au Trésor Méndez Aspe et des deux infortunés volontaires dénichés dans les hôtels de Carthagène.) Ils sont arrivés à Odessa sur nos bateaux avec la cargaison d'or. Ils ont passé trois mois à tout recompter, jour et nuit, et à vérifier les chiffres. Ces types ont bien droit à une petite récompense, non ?

Je ne pus m'empêcher d'exprimer mon inquiétude :

— Et comment cela va-t-il finir pour eux ?

— Ils auront de la chance s'ils sortent d'ici lorsque la guerre sera terminée[1].

---

1. Si l'on en croit la biographie d'Alexandre Orlov, celui-ci déclara avoir appris bien plus tard que les quatre Espagnols avaient

— Et en ce qui me concerne ? J'ai fini d'examiner les postulants, et rédigé mes évaluations. J'en ai trouvé plusieurs excellents pour le service en Europe. Depuis dix jours on ne me confie que des tâches sans importance. Quand pourrai-je reprendre mon poste à La Haye ?

Sloutsky me jeta un regard.

— Ce n'est pas moi qui décide, c'est Iéjov. Va en parler avec Frinovsky, tu verras ce qu'il te répondra. Et en attendant qu'on te rende ton passeport, profite un peu de Moscou ! Promène-toi, prends quelques jours de vacances, tu l'as bien mérité. Visite les musées...

Je sortis du bureau de plus en plus troublé. Les congés forcés ou simplement suggérés représentaient souvent la première étape avant l'enfermement à la Loubianka. Frinovsky était le numéro deux du NKVD, dont il commandait les forces armées. Il obéissait au doigt et à l'œil à Iéjov, lequel prenait directement ses consignes auprès du Patron. J'étais à la merci du moindre caprice de Staline, de l'humeur qui serait la sienne le jour où Iéjov lui demanderait ce qu'il convenait de faire de l'agent Victor Krebnitsky. Un raisonnement pourtant me réconfortait dans une certaine mesure : me retenir prisonnier ou me faire disparaître serait un signal très maladroit adressé à mes collègues en poste à l'étranger. Les plus libres d'entre eux, qui n'avaient pas de famille en otage en URSS, comme Ludwig par exemple, ou Théodore Mally, prendraient peur et seraient tentés de refuser lorsque le Centre les rappellerait à Moscou – voire de faire défection publiquement si leur conscience le leur ordonnait.

---

effectivement quitté l'URSS à la fin de la guerre, et que l'un d'entre eux avait émigré aux États-Unis. (Voir *Alexander Orlov : The FBI's KGB General*, par Edward Gazur.)

Je suivis néanmoins le conseil de Sloutsky et me promenai dans Moscou. Je fréquentai les librairies, en commençant par la Gorkova, spécialisée dans la littérature pour la jeunesse. J'achetai à l'intention de mon fils, dont l'anniversaire, déjà passé, tombait le 18 avril, un recueil illustré de peintures réalisées par des enfants d'Ouzbékistan. Les étagères des boutiques d'occasion regorgeaient de livres en tout genre que les Moscovites vendaient afin de suppléer aux salaires des disparus. Je vis aussi, le soir, à l'heure où la lumière baissait, des gens étaler leur friperie, et de vieux meubles et des romans, sur les trottoirs. À une jeune femme émaciée, qu'accompagnaient deux petites filles, j'achetai pour quelques kopecks un curieux ouvrage, paru à grand renfort de publicité en 1931 car il était préfacé par Staline en personne, avant de disparaître brusquement des rayons quelques mois plus tard. Je ne l'avais pas acheté à l'époque. Le titre en était : *La Provocatrice Anna Serebriakova.* Je commençai à lire dès que je fus rentré à l'hôtel. Œuvre d'un certain I. V. Alekseïev, l'ouvrage consistait principalement en rapports, circulaires, reçus et autres documents issus du dossier authentique d'un agent de l'Okhrana dont l'affaire avait causé un certain bruit : Anna Serebriakova, recrutée en 1884 par la police secrète du tsar et jugée – âgée de soixante-dix-neuf ans et devenue aveugle – par un tribunal soviétique en 1926. En raison de son âge et de son état, la peine de mort avait été commuée en sept années de travaux forcés. Dans la préface, le secrétaire général du Parti feignait de s'interroger : « A-t-on besoin d'écrire au sujet des provocateurs et des espions ? Après tout, cette page a été tournée pour toujours et l'histoire ne revient pas sur ses pas. A-t-on besoin de fatiguer sa fibre d'archiviste, a-t-on besoin de replonger le lecteur contemporain dans les actions sinistres et basses du tsarisme ? »

Le préfacier semblait de cet avis puisqu'il poursuivait : « La biographie de l'agent provocateur Serebriakova est à coup sûr instructive. Elle constitue la réflexion de l'histoire du mouvement révolutionnaire dans la vie d'une personne extraordinaire... »

Confondu, je relus plusieurs fois cette dernière phrase qui me paraissait invraisemblable : comment un leader bolchevik osait-il parler d'un agent de l'Okhrana comme d'une « personne extraordinaire » ? Seul le chef suprême pouvait se permettre l'éloge d'un individu jugé et condamné comme traître. Staline écrivait avec fascination à propos de la dualité psychologique du personnage de Serebriakova, il admirait sa prétendue capacité à séparer ses pensées de ses paroles, et le « gigantesque pouvoir de volonté » qui était le sien. Le Géorgien affirmait, avec une suffisance hypocrite : « Nous n'assumerons pas la tâche de révéler le mystère de cette personne. S'il est vrai que "l'âme humaine est ténèbres", alors l'"âme" de n'importe quel provocateur est en vérité bien sombre, et celle de Serebriakova trois fois plus obscure. »

Je reposai le livre. Depuis quelques jours, je savais de façon certaine que Staline lui-même avait œuvré pour la police du tsar – avant de tomber en disgrâce auprès de ses chefs et, arrêté en 1913 sur dénonciation, de se retrouver exilé au fin fond de la Sibérie. Ce singulier hommage à une provocatrice de l'Okhrana, rassemblé par un auteur inconnu et préfacé par Staline, était lui-même rédigé dans une langue étrangement maladroite, comportant des impropriétés : par exemple *starchestvo* au lieu de *starost* pour décrire l'âge avancé de Serebriakova, et des tournures non russes, comme *proshedshee s nashtoschim* au lieu de *proshloe s nastoshchim, liudi odnogo poriadka* au lieu de *liudi odnogo poshiba*, ou encore *krepkie sviazi* au lieu de *protchnye sviazi*. En 1928, de garde au Kremlin où je voyais presque tous les jours Staline et l'entendais donner des ordres à ses secrétaires, de telles erreurs de sa part en russe m'avaient frappé. À présent, lisant ce texte, il me semblait entendre de nouveau la voix sourde et monotone du Géorgien. Le secrétaire général n'avait pas seulement rédigé la préface de *La Provocatrice Anna Serebriakova* : son auteur, l'inconnu I. V. Alekseïev, et lui ne faisaient qu'un. Les initiales de cet Alekseïev suffisaient d'ailleurs à le prouver. Nous savions, aux plus hauts échelons des services soviétiques, que « Ivan Vassiliévitch » (Ivan fils de Vassili), était le pseudonyme dont usait le Patron pour ses instructions particulières. Staline, agent de l'Okhrana, se faisait appeler parfois « Vassili » lorsqu'il n'usait pas de son fameux surnom géorgien « Koba », et même Lénine lui avait écrit des lettres sous ce nom. « Ivan Vassiliévitch » était clairement une allusion à Ivan le Terrible. Mais je compris qu'en choisissant ces initiales tant pour sa correspondance politique secrète que pour son activité confidentielle de romancier, le maître du Kremlin songeait également à l'origine de son invraisemblable destin : *le tsar Ivan, né de l'obscur mouchard Vassili*. Et, lorsque fatiguant sa « fibre d'archiviste » il se complaisait à décortiquer l'âme « trois fois plus obscure » de la vieille Anna Serebriakova, Staline le Terrible ne faisait que contempler la sienne propre, comme dans un miroir.

30.

Un décret en date du 8 mai 1937 vint rétablir au sein de l'Armée rouge l'ancien système du double commandement : officier accompagné d'un commissaire politique qui contresignait ses ordres. Mais désormais les pouvoirs des commissaires empiétaient largement sur ceux des officiers de l'armée régulière.

Le général Gakker, chef des relations extérieures de l'armée, avait déjà été arrêté dans le courant du mois d'avril, ainsi que le général Garkavi, commandant le secteur militaire de l'Oural. Le 11 mai, le général Lapine, chef d'état-major de l'armée d'Extrême-Orient, fut limogé et arrêté. (Il se suicida après avoir été soumis à la torture dans la prison de Khabarovsk.) Le même jour, Toukhatchevsky apprit de la bouche même du commissaire à la Guerre Vorochilov, sur un ton glacial, qu'il était relevé de ses fonctions et muté dans le secteur militaire de la Volga – une garnison éloignée comprenant trois divisions d'infanterie et des troupes de différentes armes. Le 14 mai, le NKVD arrêta, événement encore plus incroyable, le général d'armée Kork qui dirigeait l'Académie militaire Frounzé à Moscou. Quelques jours plus tard, le premier vice-commissaire à la Guerre Ian Gamarnik, à la tête de l'administration des commissaires politiques – et le bolchevik le plus loyal que j'aie jamais connu –, fut convoqué par Vorochilov qui l'informa de son limogeage. Iona Iakir était transféré de Kiev à Leningrad. On arrêta Boris Feldman, chef de l'administration de l'armée. J'avais entendu Kastnelson, à la clinique d'Auteuil, citer Gamarnik, Iakir et Feldman comme des membres du complot militaire visant à renverser Staline.

À ce moment, l'Armée rouge comptait environ un million six cent mille hommes encadrés par un peu plus de soixante-dix mille officiers, doublés par dix-sept mille commissaires politiques. Ces derniers étaient contrôlés comme les autres par les unités spéciales du NKVD au sein de l'armée, chargées de censurer le courrier et de garder les stocks de munitions, ainsi que par des réseaux d'informateurs secrets dans les corps d'officiers et de sous-officiers – c'est en raison de l'existence de ces réseaux que je jugeais difficile de préparer un coup d'État contre la direction du Parti sans que celle-ci en fût avertie par ses informateurs. En face, le NKVD disposait, sous le commandement de son propre état-major, de cent soixante mille hommes d'élite puissamment armés et répartis en divisions d'infanterie, de cavalerie, de blindés et en groupes d'aviation.

La Russie se trouvait dans une situation étrange, dont peu de gens étaient conscients. Deux groupes, deux factions titanesques livraient pour leur survie un combat silencieux et mortel. L'une de ces factions était secrètement dotée de documents authentiques de l'Okhrana prouvant la duplicité de Staline. L'autre, commandée par le dictateur, avait entamé de son côté un lent travail de fabrication de fausses preuves, d'accusations sournoises et de fausses confessions extorquées par les interrogateurs du NKVD, afin de monter des dossiers visant à démanteler petit à petit le corps des dirigeants de l'Armée rouge. Mais Staline ignorait encore (jusqu'à la nuit du 21 au 22 mai, pour être précis) que ses ennemis détenaient le vieux dossier secret de l'Okhrana qu'il n'était jamais parvenu à récupérer – ayant commis l'erreur d'exécuter Iakov Blumkine avant d'avoir obtenu de lui l'information essentielle sur le lieu où se trouvait le dossier.

À la Loubianka, l'ancien chef du NKVD, Genrikh Iagoda, devenait fou. Son arrestation l'avait tellement secoué qu'il tournait en rond dans sa cellule comme un tigre derrière les barreaux, et ne pouvait dormir. Il refusait de s'alimenter. Inquiet, Iéjov lui avait envoyé un médecin. On redoutait que l'ex-ministre ne perdît complètement la raison, ce qui risquait de poser des problèmes lors de sa comparution en procès public, prévu pour le printemps de l'année suivante. Iéjov ordonna à Sloutsky, collaborateur de longue date de Iagoda, de lui rendre visite dans sa cellule pour essayer de le calmer. Ce bavard de Sloutsky ne put s'empêcher de me raconter l'entrevue (à moi et sans doute aussi à plusieurs autres de nos collègues).

— Iagoda me fait confiance. Il m'a parlé librement, malgré son état dépressif. Le pauvre se plaint que Iéjov a détruit en l'espace de quelques mois ce splendide mécanisme du NKVD que lui, Iagoda, était parvenu à mettre au point au prix de quinze années de labeur acharné. Il m'a fait remarquer que lui et moi serions bien plus heureux si c'était Iéjov qui était enfermé dans cette cellule à sa place...

Je ne répondis pas. Ce pouvait être un piège. De toute façon, ce bureau était sans doute lui aussi truffé de micros.

— Le soir, comme je me préparais à sortir, tu sais ce qu'il m'a confié ? « Sloutsky, tu peux écrire dans ton rapport à Iéjov que j'affirme que Dieu existe, après tout. »

C'était une remarque inhabituelle de la part d'un communiste. Mon chef se mit à rire.

— J'ai fait : « Quoi ? », et il a ricané. « C'est simple, vois-tu, camarade : de la part de Staline je ne mérite que de la gratitude pour mes bons et loyaux services. Or tu vois comment il me traite. De Dieu, je mérite le châtiment le plus sévère, car j'ai enfreint ses commandements des milliers de fois. Alors regarde où je suis actuellement, et juge par toi-même : y a-t-il un Dieu, ou non ? »

Le même jour, je déjeunai au mess du NKVD avec V., un jeune tchékiste que j'avais connu du temps de mes études à Moscou, dans les années 1920. C'est lui qui m'avait amené la première fois à l'appartement de Iakov Blumkine. L'ancien tchékiste avait trente-cinq ans environ lorsque je le revis. Ses joues s'étaient creusées et son regard avait notablement changé. Ses yeux gris, très enfoncés dans les orbites, vous mettaient mal à l'aise. Depuis six mois il commandait en second l'équipe des « officiers des tâches spéciales », autrement dit les exécuteurs, du district de Moscou. Ces fonctions donnaient droit à divers avantages, primes, cadeaux, séjours familiaux dans les villégiatures du NKVD. Il m'expliqua que les cimetières de la ville, comme Donskoïé, Vagankovo, Kalitnikovskoïé et le terrain de l'hôpital Yauza dans le secteur Tagansky, ne suffisaient plus à enterrer les morts provenant des salles d'exécution des prisons et des « garages de tir ». Au cimetière de Kalitnikovskoïé, situé non loin du grand combinat de viande de Moscou, les cadavres n'étaient pas enfouis assez profond et l'on voyait errer des chiens tenant des restes humains dans leur gueule. Ils les déterraient dans le profond ravin qui jouxte le cimetière, situé à la périphérie de Moscou près du poste de contrôle Abelman. Une vieille route pavée, la Skotogonnaïa Doroga, « route du bétail », menait aux anciens abattoirs. Des camions gris-bleu du NKVD y apportaient une trentaine de cadavres chaque soir au bord du ravin. Des hommes en tablier jaune saisissaient les corps par les bras et les jambes et les balançaient par-dessus les autres. Ils jetaient ensuite quelques pelletées de terre. Le gouvernement avait décidé d'aménager des nouveaux sites dans la banlieue sud de la capitale, sous l'appellation de « polygones de tir ». Ainsi les habitants de ces quartiers ne s'étonneraient pas des bruits de coups de feu. Les polygones étaient entourés de fil de fer barbelé et l'on y construisait des miradors et des baraquements de triage. Des « corbeaux noirs » Mercedes, d'une capacité de cinquante passagers, y conduisent, maintenant encore, les condamnés depuis les prisons de la Boutyrka, de la Grande Loubianka, de la Petite Loubianka, de Taganskaïa et de Lefortovo. Selon V., les noms de ces nouveaux sites ne pouvaient être révélés, même à des collègues, sous peine de mort[1]. Le chef des « tâches spéciales », Vassili Blokhine, était un bon camarade, toujours prêt à plaisanter. Mais Blokhine assistait à toutes les exécutions, même celles où sa présence n'était pas nécessaire, et lorsqu'il officiait lui-même il revêtait un tablier de cuir brun et des bottes en caoutchouc. Les condamnés n'étaient avertis de leur sort qu'à la dernière minute, sur le lieu même où ils allaient mourir. Cela évitait les complications. On leur lisait le jugement, prononcé en leur absence, et l'on vérifiait à l'aide des photos du service anthropométrique qu'il n'y avait pas d'erreur sur la

1. Le manuscrit fait probablement allusion aux sites secrets de Boutovo et de Kommunarka, identifiés en 1993 et où d'importants charniers furent mis au jour à partir d'août 1997.

personne. Dans la période actuelle, me dit V., les tribunaux spéciaux prononçaient en moyenne deux condamnations à la minute. Berg et Semenov étaient entrés en compétition : laquelle de leurs deux troïkas rendrait le plus de sentences de mort. Celles-ci étaient exécutées le jour même ou le lendemain. À la sortie des fourgons cellulaires – pour les cas où cela se passait dans des sites extérieurs, à la périphérie de la ville –, chaque officier prenait en charge un condamné, dont les mains étaient liées derrière le dos, et le conduisait jusqu'au lieu d'exécution. Les opérations se déroulaient la nuit à la lumière des projecteurs fixés aux arbres. Les gens étaient abattus au-dessus d'une fosse et basculaient sur ceux qui les avaient précédés. Les quantités augmentaient nettement depuis le mois de mars : V. comptait désormais en moyenne une cinquantaine d'exécutions par jour. Il avait tué des femmes, quelquefois mais rarement des enfants (à partir de douze ans, c'était possible), et un jour une étudiante qu'il connaissait. Il se servait d'un revolver Nagant, comme la majorité de ses collègues. Je connaissais bien cette arme car j'en portais une au temps de mon service au Kremlin en 1928. V. appréciait ce revolver belge fabriqué en grande série dans nos usines d'armement de Toula.

— Il est précis, facile d'emploi et ne risque pas de s'enrayer. Nous pointons le canon sur la nuque et la balle ressort au milieu du front. Blokhine préfère le Walther PPK, le recul est plus doux : cela fatigue moins le poignet, qui s'engourdit à force de tirer. Autre avantage, les cartouches allemandes 7,65 Geko, de faible puissance, dispensent toute leur énergie dans le bulbe rachidien puis dans l'encéphale, sans ressortir et risquer de ricocher sur les murs quand cela se passe dans une cellule. Les jours d'exécutions, le NKVD fournit à chacun de nous un seau entier de vodka. En fin de travail on est ivres morts, à ne plus pouvoir tenir debout. Je suis parfois trop soûl pour viser juste et l'espion tombe seulement blessé dans la fosse. On nous sert un repas après que nous avons signé les documents autorisant les exécutions. Le soir, des ouvriers viennent avec des bulldozers, recouvrir les corps d'une fine couche de terre. Et ça recommence le lendemain.

V. leva vers moi ses yeux morts. Il récita, lentement, le poème que nous avions entendu naguère Max Volochine déclamer en caressant une fille dans l'appartement de Iakov Blumkine, du temps où la Tchéka fascinait les poètes russes :

Ils se réunissaient pour œuvrer la nuit
Ils lisaient les dénonciations, les attestations, les faits
Ils signaient les sentences à toute vitesse
Ils bâillaient. Ils buvaient du vin
La nuit ils pourchassaient des gens aux pieds nus
Sur les pierres couvertes de givre
Contre un vent du nord-est
À travers les terrains vagues sur le pourtour de la ville
Ils les jetaient, pas tous morts encore, dans une fosse
Ils se dépêchaient de les recouvrir de terre
Et puis, chantant une joyeuse chanson russe
Ils s'en retournaient en ville...

V. s'interrompit. Ni lui ni moi ne nous rappelions la suite. Je me demandai, tout en finissant de manger, si le fourgon cellulaire me conduirait dans un de ces nouveaux sites au sud de la ville, si V. à cette date serait encore vivant, et si cette dernière nuit de ma vie Blokhine en personne se tiendrait derrière moi tandis que je contemplerais les morts.

— En moyenne, j'abats entre dix et vingt espions fascistes par jour[1]. Sans vodka, ce serait plus difficile. Il y a aussi un récipient d'eau de Cologne dont on s'asperge avant de repartir : cela camoufle un peu l'odeur de la poudre et du sang. Mais chez des amis, l'autre soir, leur chien s'est mis à gronder en me regardant, il a fallu qu'ils le retiennent de me sauter dessus. Les bêtes sentent ces choses, n'est-ce pas...

Je frissonnai. Même parfumé à l'eau de Cologne, V. sentait effectivement le meurtre. La nuit précédente, il avait travaillé avec son chef dans les caves de la Boutyrka, où on leur avait envoyé des détenus en provenance du camp de concentration du Dmitlag, au nord de Moscou. Il me confia que Isaïe Berg, geôlier en chef à la Loubianka, avait eu l'idée d'un fourgon cellulaire dont les gaz d'échappement, détournés vers l'intérieur du véhicule, asphyxieraient les prisonniers durant le trajet d'un lieu de détention à un autre. Le projet était semblait-il à l'étude. J'expédiai rapidement le déjeuner et retournai dans mon bureau.

À la « maison Chocolat » mes camarades se moquaient de moi et de mes préparatifs : « Ils ne te laisseront pas

---

1. Krebnitsky rapporte ici des propos tenus en mai 1937. Le rythme des exécutions s'est accéléré drastiquement au début de l'été de la même année à mesure que les dossiers des personnes arrêtées au printemps passaient devant les troïkas. 15 036 corps furent comptabilisés à Moscou dans le charnier de Boutovo, pour une période allant du 8 août 1937 au 19 octobre 1938. Le site de Kommunarka, où repose entre autres le corps de l'écrivain Boris Pilniak, fonctionna beaucoup plus longtemps, notamment à l'occasion des exécutions massives de la fin juillet 1941. On attribue à Vassili Mikhaïlovitch Blokhine (1895-1955), décoré de l'ordre de l'Étoile rouge, de l'ordre du Drapeau rouge, de l'ordre de Lénine, de l'ordre de la Guerre patriotique, plus de vingt mille exécutions accomplies de ses propres mains. À Kalinine en avril 1940 il tuait deux cent cinquante prisonniers polonais par nuit. Son assistant le Letton Petr Maggi (1879-1941) aurait exécuté en tout plus de dix mille personnes.

partir», entendais-je régulièrement. Il est vrai que la tendance générale en cette période était de rappeler les officiers à Moscou plutôt que de les renvoyer chez les capitalistes. Je finis par me convaincre que j'étais condamné à demeurer en Russie comme les «caissiers espagnols», pour y attendre mon arrestation, laquelle ne manquerait pas d'intervenir un jour ou l'autre. En désespoir de cause j'envoyai un télégramme à La Haye, demandant à Tania de me rejoindre avec Sacha. Le matin du 22 mai, peut-être en conséquence de ce télégramme, le téléphone sonna dans ma chambre : c'était Sloutsky, m'appelant d'urgence à la Loubianka.

Des camions remplis d'hommes du NKVD parcouraient les rues autour de mon hôtel. La garde était doublée à l'entrée de l'immeuble de la rue Dzerjinkski. Il régnait une atmosphère fébrile et inhabituelle, les contrôles étaient encore plus draconiens que d'habitude. Mon supérieur m'attendait assis derrière son bureau, un passeport posé en face de lui.

— Qu'est-ce que tu fabriques à Moscou? dit-il d'un ton rogue. Pourquoi n'es-tu pas à ton poste?

— J'attends un passeport...

Sloutsky se pencha, s'empara du document et le fit valser dans ma direction.

— Eh bien, le voilà. Ton train part à dix heures ce soir. Dépêche-toi de débarrasser le plancher, camarade Krebnitsky.

Il décrocha le téléphone et parut se désintéresser de mon cas. Je feuilletai le document : je reconnaissais mon vieux passeport au nom de Eduard Miller, ingénieur autrichien. Incrédule, je montai voir Mikhaïl Frinovsky afin de me faire confirmer l'ordre de départ. Des officiers couraient dans les corridors, la main sur l'étui de leur pistolet. J'entendis des rumeurs d'arrestations en masse. Je ne comprenais rien à ce qu'il se passait. J'interrogeai Frinovsky, un individu trapu à nez de boxeur. Il leva les yeux vers moi avec une expression effarée :

— C'était une conspiration !

Je faillis répliquer : « Encore ? », mais l'heure n'était pas à la plaisanterie. Il s'était manifestement produit quelque chose de grave. Le chef des forces armées du NKVD se contenta de me confirmer mon départ par le train de dix heures, en direction de Leningrad et de la frontière finlandaise.

— Comment puis-je partir dans ces circonstances ? m'étonnai-je. Que dois-je dire à nos camarades en Europe ? Et comment pourrai-je effectuer mon travail si je ne sais pas de quoi il retourne ?

Il se leva, me prit le bras et me poussa vers la sortie.

— On vient de découvrir une gigantesque conspiration au sein de l'armée. Une conspiration telle que l'Histoire n'en a jamais connu. Et la nouvelle vient de me parvenir qu'il existait un complot pour tuer Iéjov lui-même ! Je n'en dirai pas plus, mais tu peux filer tranquille. Tu n'as rien à te reprocher. Nous les tenons tous, ces salopards ! La situation est sous contrôle.

J'achevai mes préparatifs dans une cité dont l'administration se trouvait subitement jetée dans la tourmente. Les arrestations d'officiers de haut rang se succédaient d'heure en heure. Tous les passes pour le Kremlin étaient supprimés. Les camions militaires sillonnaient les avenues, des chars avaient pris position aux points stratégiques. Il semblait que le ciel s'écroulait sur la Russie et que tout l'édifice soviétique vacillait. On murmurait que Toukhatchevsky et Gamarnik avaient été arrêtés. La *Pravda*, en revanche, annonçait la nomination du même Gamarnik au comité de Moscou du Parti communiste, un honneur envié. Personne n'y comprenait plus rien.

Un cordon de troupes du NKVD barrait les accès à la gare dans la nuit tombée, sous les faisceaux des projecteurs. Je dus présenter plusieurs fois mes documents. Ma valise à la main, je montai dans la « Flèche rouge » le cœur rempli d'appréhensions. Je n'arrivais pas à croire que je partais. Plus tard, mes doutes furent confirmés au poste-frontière de Bielo-Ostrov : sur le quai, je reconnus la silhouette familière du commandant du poste. Brandissant un télégramme, il se dirigeait à grands pas vers mon compartiment. Je compris qu'il avait des ordres pour mon arrestation. On me reconduirait à Moscou dans une voiture pour la Loubianka. Beaucoup avaient été pris de cette manière juste avant de passer à l'Ouest. Mais pourquoi ? me dis-je, pourquoi n'ai-je pas été arrêté avant ?

Le chef de poste souriait, il me serra vigoureusement la main. Son télégramme n'était qu'un avis de routine lui ordonnant de se mettre à ma disposition pour me faciliter le passage de la douane avec mon faux passeport. Je rendis celui-ci à notre ambassade de Stockholm et récupérai l'autre, au nom du docteur Martin Lessner, résidant à La Haye. Le 27 mai j'étais rentré rue des Célèbes et serrais dans mes bras ma femme et mon fils. Staline me faisait grâce pour cette fois, sans que je saisisse encore la raison de cette remise de peine.

Dans le double fond de ma serviette, je gardais le photostat de la lettre du colonel Eremine. Mon sauf-conduit pour les temps difficiles qui, je le savais, ne tarderaient pas. Je reçus la visite de Ludwig quarante-huit heures après mon retour. Il me parut profondément déprimé. Mon vieux camarade ressassait sa désillusion face au nouveau tournant du communisme soviétique. Tout ce que voulait Ludwig désormais, c'était fuir jusqu'à un coin perdu dans quelque contrée lointaine où on l'oublierait. Je lui ressortis ma vieille chanson :

— L'URSS demeure le seul espoir des travailleurs du monde... Staline peut avoir tort, je l'admets. Ce n'est pas une raison pour abandonner la lutte. Les Staline passent, mais l'Union soviétique demeurera. Notre devoir est de rester à notre poste !

Ludwig avait attendu avec angoisse mon retour, ayant presque abandonné l'espoir de me revoir vivant, c'est pourquoi il était accouru jusqu'à La Haye. Il voyageait avec un passeport tchèque au nom de Hans Eberhardt. Ludwig était anxieux d'entendre des nouvelles de Moscou, de nos amis restés là-bas. Au fur et à mesure de mes réponses évasives à leur propos, son visage se rembrunissait. Le suicide de Gorski, que je ne pouvais passer sous silence car c'était un proche de Ludwig, représenta le plus grand choc. Mon ami d'enfance était un idéaliste qui s'était engagé corps et âme pour la cause du communisme et de la révolution mondiale. La politique de Staline, selon lui, évoluait nettement vers le fascisme. Je refusais encore de l'accepter. Mais j'étais inquiet : je racontai que Iéjov était un malade mental, et qu'il m'avait posé des questions bizarres au sujet de son frère mort pendant la guerre russo-polonaise. C'était de toute évidence le début d'une accusation d'espionnage contre Ludwig. Je lui conseillai de ne pas retourner à Moscou si le Centre le rappelait. Mieux valait biaiser, trouver des excuses... Il serra les poings – ses « poings formidables ». Je baissai la tête, accablé. Que représentait-elle désormais, l'époque exaltante où mon « frère » et moi, sous les plis du drapeau rouge, étions à la fois des diables et des dieux ? À quoi avions-nous abouti ? Étions-nous encore aujourd'hui du côté des innocents, ou de celui des bourreaux ?

— Au nom de la révolution, s'écria Ludwig, de cette révolution à laquelle il a participé, et du prestige de son incarnation, le parti bolchevik, Staline sanctifie la terreur ! Tu le crains, moi pas. Staline instruit mon procès en espionnage mais il n'aura pas le bras assez long pour m'atteindre... Si je me décide à le quitter, à lui cracher la vérité à la figure, et tant pis pour la guerre d'Espagne, mon appel touchera les partis ouvriers du monde entier, alertera l'opinion publique et réveillera la conscience des communistes ! Cette conscience ne peut être morte...

Ludwig reprit le train pour Paris en me promettant d'attendre encore quelques semaines avant de proclamer sa rupture officielle avec le gouvernement russe. En tout cas il se refusait à rentrer docilement à Moscou. Je soupçonnais Elsa de le pousser à la défection. Quant à Tania, je demeurai discret devant elle sur mon expérience du régime soviétique. En vain : ma femme la devinait – elle que chaque nuit réveillaient mes cris, provoqués par des cauchemars plus atroces les uns que les autres.

Je contemplais, pétrifié, parmi les prisonniers menés en lisière de forêt jusqu'à un terrain vague que cernaient les barbelés et balayaient les faisceaux des projecteurs, mon épouse, les mains menottées derrière le dos. Tania se tenait au bord d'une fosse étroite au fond de laquelle s'entassaient les corps agglutinés par la décomposition. Un agent des services spéciaux, ganté et botté de caoutchouc et protégé des éclaboussures par un grand tablier brun de boucher, pointait un revolver sur sa nuque. Il posait doucement le canon sous les boucles blondes. Le coup partait, Tania tombait dans la fosse. D'autre fois je croyais entendre le NKVD cogner à notre porte, et, dans l'obscurité, tendais les mains vers mon arme pour me brûler la cervelle avant qu'il ne fût trop tard.

J'étais à Paris lorsque la *Pravda* du 12 juin 1937 annonça la condamnation à mort suivie de l'exécution immédiate, le 11 juin à Moscou, du vice-commissaire à la Guerre Mikhaïl Toukhatchevsky, premier maréchal de l'URSS et chef de l'État-major de l'Armée rouge ; du général Iakir, ex-commandant de la région militaire d'Ukraine ; du général Ouborévitch, commandant de la région militaire de Biélorussie ; du général Kork, directeur de l'Académie militaire de Moscou ; et des généraux Poutna, Eideman, Feldman et Primakov. Ian Gamarnik, vice-commissaire à la Guerre et chef de l'administration politique de l'Armée rouge, s'était suicidé pour échapper à l'arrestation. En France, *L'Humanité* publia sous de gros titres un manifeste saluant la « mort des traîtres », remerciant Staline et le Parti communiste d'Union soviétique de leur « vigilance » pour avoir su démasquer ces hommes « au service de l'espionnage hitlérien ».

31.

Pourquoi Staline a-t-il décapité l'Armée rouge? Pourquoi la fine fleur de ses officiers a-t-elle été fusillée précipitamment, le 11 juin 1937 dans la cour de la Loubianka, sans avoir pu bénéficier d'un procès public?

J'ai déjà rapporté ce que je savais de la conspiration, qui était réelle, quoique avortée. Et n'avait rien à voir avec une quelconque trahison au service de l'Allemagne nazie, bien au contraire : Staline a fait exécuter Toukhatchevsky et les sept autres officiers supérieurs, tous des patriotes dévoués au gouvernement de l'Union soviétique, comme espions allemands au moment précis où lui-même, après des mois de difficiles négociations, était sur le point de finaliser son projet d'alliance avec Hitler.

Je suis aujourd'hui en mesure, grâce aux renseignements qui m'ont été transmis depuis l'URSS par diverses personnes (je ne puis les nommer, leurs vies étant en danger) au cours des trois années et demie qui se sont écoulées depuis ma sortie du pays, d'offrir au public occidental des réponses à ces questions. Elles sont liées au plus grand et mortel secret de Staline : son dossier de l'Okhrana.

Le 19 mai 1937, lors d'une perquisition chez un des officiers récemment arrêtés, le NKVD mit la main sur une reproduction photographique d'une pièce du dossier. Il s'agissait de cette même lettre du colonel Eremine que le malheureux S. avait laissée à mon intention sous un siège du cinéma Oural. Le document fut remis à Karl Pauker, chef du département opérationnel du NKVD ainsi que de la garde privée de Staline, et son bouffon et son compagnon de beuverie. Pauker, un quasi-analphabète, ayant simplement lu le nom de « Iossif Djougachvili », en déduisit qu'il s'agissait d'une précieuse relique du passé révolutionnaire du secrétaire général. Sans se douter qu'il signait ainsi sa propre condamnation à mort, il lui porta le document dans la nuit du 21 au 22 mai, deux jours après sa découverte.

Staline comprit instantanément ce que cela signifiait : le dossier se trouvait entre les mains de l'Armée rouge. Ses généraux complotaient pour le renverser. Jamais le secrétaire général n'avait couru de pareil danger depuis son accession au pouvoir suprême. Trotsky, Zinoviev, Kirov et tous ses autres rivaux potentiels aux plus hauts échelons du Parti, il était parvenu à s'en débarrasser sans trop de difficultés. Mais l'armée constituait une force colossale, dix fois supérieure à celle du NKVD. Un coup d'État militaire *réel* était imminent aux yeux de Staline. Avec en leur possession la preuve de son activité passée d'agent de l'Okhrana, les généraux seraient en droit de l'abattre, avec la certitude de pouvoir se justifier aisément par la suite. Le secrétaire général était conscient que la victoire, plus que jamais en ces circonstances, appartiendrait à qui frapperait le premier. Il réagit alors avec une rapidité foudroyante.

Convoquant en pleine nuit le commissaire du peuple aux Affaires intérieures, Staline annonça qu'on venait de découvrir un complot visant à l'assassiner lui, Iéjov. Comme à son habitude, le Géorgien rusé désignait une fausse cible. Il lui ordonna d'abattre Pauker et l'adjoint de ce dernier, Volovitch, sous prétexte qu'ils étaient des « espions polonais et allemands ». L'état d'urgence fut décrété, tous les laissez-passer pour le Kremlin suspendus jusqu'à nouvel ordre. Staline fit entourer la forteresse par un cordon de troupes du NKVD, et poster des détachements de gardes du corps armés jusqu'aux dents autour de son bureau et de ses appartements. (Il le reprocha plus tard à Iéjov, l'accusant d'avoir voulu le faire assassiner par un de ces gardes.) Une nouvelle vague d'arrestations d'officiers fut lancée, au plus haut niveau. La police arrêta le général Eideman en plein milieu d'une conférence du parti de Moscou. Puis ce fut le tour du général Ouborévitch. Celui-ci assistait à une conférence à Minsk lorsque son aide de camp lui remit un pli l'appelant de toute urgence à Moscou. Ouborévitch se rendit à la gare et fut arrêté au moment où il montait dans le train. Toukhatchevsky était arrivé le 26 mai à Kouibychev pour prendre son nouveau commandement des forces de la Volga. On le convoqua immédiatement au bureau du comité régional du Parti alors qu'il était attendu au quartier général. Un peu plus tard, son prédécesseur le général Dybenko sortit du comité, le visage décomposé, et annonça à la femme de Toukhatchevsky que son mari venait d'être arrêté. Il y eut semble-t-il un échange de coups de feu, au cours duquel le maréchal fut blessé. (Un autre de mes informateurs prétend que c'est à la suite de tortures par les interrogateurs de la Loubianka.) Il aurait comparu à son simulacre de procès sur une civière. Le 30 mai, le commissaire à la Guerre Vorochilov téléphona au général Iakir pour lui ordonner d'assister d'urgence à Moscou à une réunion du soviet militaire révolutionnaire. Iakir répondit qu'il s'y rendrait par avion, mais Vorochilov insista pour qu'il prît le train. Le général quitta Kiev en début d'après-midi. À l'aube du 31 mai, le convoi fit halte à Briansk. Une dizaine d'hommes du NKVD montèrent dans la voiture où voyageait Iakir et lui signifièrent son arrestation. Le général demanda de voir le mandat d'arrêt, ainsi que de prendre connaissance de la décision du Comité central. Il lui fut répondu que celle-ci lui serait communiquée à Moscou. Son aide de camp ne fut pas appréhendé et put transmettre un message de Iakir à sa femme et à son fils. Un fourgon cellulaire conduisit le général à la Loubianka, où on lui arracha ses galons et ses décorations[1].

L'original du dossier secret de l'Okhrana se trouvait dans le coffre-fort du bureau de Gamarnik au commissariat à la Guerre. Staline l'apprit le 27 ou le 28 mai. Il est possible que le général Feldman, interrogé à la Loubianka par Zinovy Ouchakov, un sadique notoire, ait donné l'information. Toujours est-il qu'on lui attribua une cellule confortable où il fut fourni en cigarettes, pommes, thé et biscuits, au contraire de ses collègues que l'on torturait sauvagement. Le 28 mai au matin, un détachement du NKVD investissait le ministère de la Guerre pour en sceller tous les bureaux. Le 30 mai, le nouveau chef de l'administration des cadres de l'armée, Bouline, accompagné de son adjoint Smorodnikov, sonna à la porte de l'appartement de Ian Gamarnik, alité en raison d'une crise de diabète. Ils venaient reprendre

1. Depuis sa cellule, le général Iakir protesta de son innocence dans une lettre à Staline. Celui-ci écrivit sur la lettre : « Scélérat et prostitué ». Vorochilov ajouta : « Définition parfaitement exacte ». Molotov s'est contenté de signer. Et Kaganovitch a conclu : « Pour le traître, la crapule et l'enculé, un seul châtiment : la mort. »

les clés du coffre de son bureau au ministère. Le lendemain, le maréchal Blioukher, commandant la région militaire d'Extrême-Orient, revint accompagné de Bouline et de son adjoint pour informer Gamarnik de l'arrestation de Iakir. À peine le maréchal Blioukher était-il reparti, seul, que des hommes du NKVD sonnaient à la porte. Bousculant Bliouna Savlevna, l'épouse de Gamarnik, ils coupèrent les fils téléphoniques. Les policiers lui demandèrent de les conduire dans la chambre à coucher du maréchal. Quelques instants plus tard, Bliouna Savlevna était dans sa cuisine quand elle entendit deux coups de feu. Dans le vestibule, elle se heurta à Bouline et Smorodnikov, qui se déclarèrent aussi surpris qu'elle par les détonations. Tous trois coururent vers la chambre à coucher. Gamarnik était mort. La *Pravda* du lendemain annonça que « l'ancien membre du Comité central I. B. Gamarnik, s'étant trouvé affilié à des éléments antisoviétiques et craignant d'être démasqué », avait mis fin à ses jours. Le 6 juin, le journal de l'armée, *Krasnaïa Zvezda*, le qualifia de « trotskyste, fasciste et espion ». Sa femme, de même que celles de Iakir et de Toukhatchevsky, fut arrêtée[1]. Peu de temps après, Bouline et Smorodnikov, accusés d'être des espions japonais, étaient abattus à leur tour.

Du 1er au 4 juin se tint une assemblée extraordinaire composée des membres du soviet révolutionnaire militaire à la Guerre, présidée par Vorochilov, et dont l'ordre du jour était la dénonciation, par Staline en personne, de l'« organisation fasciste militaire des renégats contre-révolutionnaires ». Le secrétaire général abreuva d'injures le défunt Gamarnik. Il arpentait la salle, les mains dans le dos, épiant les réactions

1. Toutes les trois furent exécutées en juillet 1941 à Kommunarka, de même que les épouses des généraux Kork et Ouborévitch.

des auditeurs. Ceux qui exprimaient des doutes étaient arrêtés pendant les pauses de séance. Staline réclama l'exécution des accusés et incrimina d'autres officiers de l'Armée rouge, parmi lesquels le général Sedyakine, chef de la défense antiaérienne, et le général Kouchinsky, chef de l'Académie de l'état-major général.

Dans son éditorial du 5 juin, la *Pravda* proclamait : « L'épée du châtiment brandie par la dictature du prolétariat ne s'est ni affaiblie ni rouillée. Elle s'abaissera sur la tête de ceux qui veulent déchirer notre beau pays et le soumettre au joug du fascisme germano-japonais. »

À la Loubianka, les inculpés, que l'on interrogeait depuis des jours, signèrent leurs dépositions où ils avouaient avoir projeté d'assassiner Vorochilov (ce n'était plus Iéjov car Staline avait modifié le scénario). Certaines de ces confessions étaient tachées de sang. Leur style lourd et répétitif, assorti de termes caractéristiques, ne laisse aucun doute sur la personne les ayant dictées : Staline lui-même. On promit aux inculpés que s'ils se comportaient correctement devant le tribunal militaire – c'est-à-dire s'ils confirmaient leurs aveux, où ne figurait naturellement aucune allusion au dossier secret –, ils pouvaient espérer la vie sauve. Le maréchal Toukhatchevsky, étendu sur un brancard, fut transporté dans le bureau de Staline où celui-ci l'interrogea, le couvrant d'injures obscènes. Je puis supposer que le secrétaire général redoutait toujours que fût mentionné son dossier de l'Okhrana. Il m'est impossible, compte tenu des éléments dont je dispose à ce jour, d'affirmer avec certitude que les officiers étaient présents à leur procès, ni même que celui-ci eut véritablement lieu. L'affaire consista peut-être en un simple compte-rendu rédigé par Staline et ses complices, et signé ensuite par les maréchaux et généraux que l'on avait désignés comme juges. Le dossier que le secrétaire général avait patiemment monté contre Toukhatchevsky, à l'aide de fausses preuves de collusion avec les services du renseignement nazi, ne fut pas utilisé et n'apparaît pas dans les conclusions du procès. Le tribunal spécial de la Cour suprême était présidé par Ulrikh, l'épurateur des procès de Moscou – et non, comme l'eût voulu le règlement, par l'officier du plus haut grade – avec pour juges les maréchaux Blioukher et Boudienny, les généraux de corps d'armée Chapochnikov, Alksnis, Belov, Dybenko et Kachirine, et le général de division Goryatchev. Le procès, s'il fut tenu, se déroula à huis clos. J'entendis raconter à Paris par Spiegelglass, qui lui-même l'avait appris de la bouche de Sloutsky (ce qui n'est pas une garantie de vérité), que les juges militaires avaient apposé leurs signatures au bas du verdict seulement *après* les exécutions, au cours d'une conférence secrète avec Iéjov.

Toujours selon Spiegelglass, peu de temps avant sa mort, le général Iakir écrivit au commissaire à la Guerre Vorochilov : « En souvenir de mes longues années de travail irréprochable dans l'Armée rouge, je vous prie de prendre toutes dispositions pour la protection de ma famille, impuissante et innocente, et pour qu'il lui soit prêté assistance. J'ai adressé la même demande à N. I. Iéjov. Signé Iakir, 9 juin 1937. » Sur cette lettre transmise au NKVD, Vorochilov avait griffonné : « En général, je doute de l'honneur d'un homme sans honneur » et signé. Les familles de tous ces officiers ont été déportées en Astrakhan. Une des filles de Toukhatchevsky, âgée de douze ans, essaya de se pendre après avoir été accusée et moquée par ses camarades de classe (les suicides d'enfants de personnes arrêtées et disparues se produisent fréquemment en URSS). La femme de Iakir a été arrêtée par le NKVD en septembre 1937. La femme de Toukhatchevsky étant devenue folle, on dut lui mettre une camisole de force lors de sa déportation dans l'Oural. Ayant refusé de renier son fils, la mère du maréchal aurait été exécutée.

Après lecture du verdict, les huit officiers furent amenés de nuit dans la cour de la Loubianka. Des camions faisaient tourner leurs moteurs afin de noyer le bruit des coups de feu. L'exécuteur en chef, Blokhine, abattit les condamnés les uns après les autres avec son pistolet automatique. Un compte-rendu plus officiel de la mise à mort affirme que les condamnés ont été fusillés de jour par un peloton que commandait un officier du nom de Serov et que l'opération fut dirigée par le maréchal Blioukher en personne, blême et tremblant de devoir présider au supplice de ses vieux camarades. Dans une troisième version des faits, le général Iakir aurait crié au moment de mourir : « Vive le Parti ! Vive Staline ! », et ce dernier en l'apprenant aurait vociféré des injures à l'adresse du condamné.

Au cours des dix jours qui suivirent, neuf cent quatre-vingts officiers supérieurs furent arrêtés, dont vingt et un généraux de corps d'armée et trente-sept généraux de division. Sur les huit juges militaires du procès de Toukhatchevsky et de ses camarades, plusieurs ont déjà été exécutés, dont le maréchal Blioukher[1].

Dans les prisons, les conjurés parlaient les uns après les autres. La vengeance de Staline frappa impitoyablement les autorités d'Ukraine, d'où était partie la conspiration. Kossior, secrétaire général du Parti

1. Dans certains ouvrages, le nom du maréchal, d'origine allemande, est orthographié « Blücher ».

communiste d'Ukraine, signa sa confession lorsqu'on viola devant lui sa fille âgée de seize ans. Les dirigeants du NKVD d'Ukraine, Balitsky et son adjoint Kastnelson – le cousin d'Orlov –, furent arrêtés en juillet 1937 et exécutés. Chez nous, on arrêta Artouzov le 13 mai : l'ancien chef de l'INO et du contre-espionnage avait perdu la bataille contre son rival Sloutsky. J'appris son exécution en 1938.

Vers la même époque, Isaac Lvovitch Shtein, directeur adjoint de la section politique secrète du NKVD – l'homme qui, l'année précédente, avait découvert le dossier secret de Staline parmi les vieux papiers du bureau de Menjinski et porté les originaux de l'Okhrana à ses amis de Kiev –, se tira une balle dans la tête au moment où les policiers frappaient à la porte de son bureau.

Staline avait récupéré son dossier dans le coffre de Gamarnik au commissariat à la Guerre. Tous les hommes ayant été en contact avec ces documents avaient péri les uns après les autres de mort violente. Cependant que moi, Victor Krebnitsky, *rezident* clandestin aux Pays-Bas, je possédais un exemplaire, le dernier peut-être, et assurément le seul en Occident, d'une des pièces principales de ce dossier aussi dangereux qu'un gaz toxique : la lettre où le colonel Eremine, chef de la section spéciale de l'Okhrana, résumait la carrière dans ses services de l'agent provocateur géorgien Iossif Vissarionovitch Djougachvili.

32.

À un certain moment de cette période cruciale du printemps 1937, Ludwig franchit le Rubicon, et cela sans m'en avertir. Il se rendit le 11 juin à Amsterdam pour y rencontrer en secret Hendricus Sneevliet, ex-bolchevik hollandais ayant rompu depuis longtemps avec Staline et rallié à Trotsky en exil. Ancien mutin du cuirassé *Seven Provincien* en Indonésie, fondateur du Parti communiste des Pays-Bas, cet ami de Rosa Luxemburg avait été délégué du Komintern en Chine sous le nom de Maring. Ayant rompu avec l'Internationale communiste en 1927, Sneevliet avait fondé le Parti socialiste révolutionnaire des travailleurs (RSAP), un groupe antistalinien dont les positions étaient proches de celles des trotskystes. C'était un homme honnête et malheureux dont les deux fils s'étaient suicidés – le second en lui reprochant de ne pas témoigner d'une solidarité assez active envers les réfugiés antinazis internés ou refoulés par le gouvernement hollandais.

Dès son arrivée à Amsterdam, Ludwig téléphona à Sneevliet. Les deux hommes se retrouvèrent dans un café. Le Hollandais revenait de Barcelone où il avait cherché en vain à retrouver Andrés Nin, enlevé de prison par ces mystérieux nazis qui ressemblaient davantage à des agents de notre police politique. Sneevliet, horrifié et révolté par les méthodes du NKVD en Espagne, accueillit Ludwig les bras ouverts : «J'attendais ce coup de téléphone! Il est vraiment grand temps...» Il assura mon ami de son entière confiance bien qu'il fût un représentant des Soviétiques. Ludwig l'avertit de la décision prise à Moscou d'user du terrorisme contre l'opposition à l'étranger. Trotsky à Mexico, son fils Lev Sedov à Paris, se trouvaient désormais directement menacés par les groupes mobiles du NKVD. Sneevliet pressa Ludwig de rompre publiquement avec Staline. Il suggéra de faire paraître sa déclaration de rupture dans les journaux de gauche, en lui donnant un maximum de résonance.

Mon camarade était fondamentalement un homme de cœur, un homme sincère : le contraire d'un individu complexe et préoccupé de sa propre conservation comme je le suis. Ludwig considérait de son devoir, avant que ce texte ne fût publié par la presse occidentale, de notifier *officiellement* sa décision au Comité central du Parti communiste de l'Union soviétique. Il prévoyait environ une semaine de délai avant que son courrier, déposé par lui à l'ambassade de Paris, ne parvînt à Moscou où ses termes seraient lus et étudiés soigneusement par les autorités compétentes. Cette erreur – ainsi que la naïveté de Ludwig en ne devinant pas que les trotskystes hollandais, ou leurs homologues en France, étaient déjà infiltrés par nous – causa sa perte. Négligeant les risques, Ludwig partit rejoindre Elsa et leur fils, Roman, conforté par le soutien de Sneevliet et la satisfaction d'avoir établi le contact avec des révolutionnaires dévoués qui partageaient ses convictions.

J'étais à Paris le 17 juillet, arrivé la veille en compagnie de Margaret Browder pour une conférence avec

Sergueï Spiegelglass et quelques-uns de nos agents (la belle-sœur de Kitty Harris avait repris son travail sous mes ordres et, pour des raisons pratiques, résidait désormais dans le quartier Scheveningen de La Haye à l'hôtel Zeerest sous le faux nom de Jean Montgomery, après avoir séjourné d'abord à Amsterdam en juin à l'hôtel des Pays-Bas). En fin de journée, après le départ de Spiegelglass appelé d'urgence à l'ambassade soviétique, je quittai la réunion et courus rue Royale au café Weber, où Ludwig, que je n'avais pas vu depuis des semaines, m'avait prié de le rejoindre discrètement. Je le trouvai vieilli : ses cheveux étaient presque blancs alors qu'il n'avait pas encore atteint la quarantaine. Ludwig paraissait épuisé et surtout très agité. Il avait passé la nuit à écrire des lettres, dans sa chambre de l'hôtel Pajou, rue des Bauches, dans le seizième arrondissement, où il séjournait depuis une huitaine de jours, ayant quitté définitivement son appartement de l'avenue Mozart. Nous devions avoir ensemble une longue conversation, répétait-il, autour d'un sujet d'importance capitale. Je devinais que Ludwig désirait de nouveau m'entretenir de ses projets de défection. Il me montra en premier lieu une lettre de Sloutsky arrivée de Moscou et qui avait été transmise à Elsa par son agent de liaison à l'ambassade. Le chef de l'INO écrivait : « Vous êtes à bout de nerfs. Rentrez sans retard. Il est temps de discuter et de régler les problèmes... »

— Je suis censé partir en compagnie de Théodore Mally qui vient d'arriver de Londres. Ils le rappellent lui aussi. Deux places sont retenues le 21 juillet sur le SS *Bretagne* à destination de Leningrad. Mais je ne monterai pas à bord. Jamais ! C'est fini, mon vieux...

Il ajouta qu'Elsa et l'enfant étaient déjà repartis en Suisse tandis que lui-même, par précaution, changeait d'hôtel cette nuit. Mon camarade me tendit une enveloppe et me demanda de lire le texte qu'elle contenait. Il était sept heures du soir. Le temps manquait, je devais dîner en compagnie de Margaret et nous décidâmes que Ludwig m'appellerait le lendemain matin avant onze heures pour fixer un nouveau lieu de rendez-vous. J'étais descendu à l'hôtel Napoléon, avenue de Friedland. L'Américaine séjournait comme à son habitude au Lutetia sur la rive gauche de la Seine.

Au retour, je trouvai un message de ma secrétaire Matilda, qui travaillait désormais pour moi à Paris. Le camarade Spiegelglass exigeait de me retrouver le soir même. Il m'attendrait jusqu'à minuit au pavillon soviétique de l'Exposition universelle, à hauteur du pont d'Iéna. Je laissai la lettre dans ma chambre et pris un taxi. L'exposition, intitulée « Arts et techniques dans la vie moderne », occupait un vaste espace des jardins du Trocadéro jusqu'au Champ-de-Mars, qu'envahissaient des foules considérables. Cet événement, l'un des plus importants de l'année 1937, se tenait du 25 mai au 25 novembre et l'exposition restait ouverte jusqu'aux heures avancées de la nuit.

L'air préoccupé, mon supérieur faisait les cent pas devant l'entrée monumentale de notre pavillon, que couronnait l'immense groupe d'acier *L'Ouvrier et la Kolkhozienne*, éclairé par des projecteurs. Brandissant marteau et faucille, ce couple dynamique aux proportions colossales, une des rares œuvres de valeur nées de ce réalisme socialiste que je détestais habituellement, défiait l'aigle nazi juché au sommet du pavillon rival dessiné par Albert Speer. Ce bâtiment, plus haut que le nôtre, nous faisait face depuis l'autre côté des bassins prolongeant l'axe du pont d'Iéna, où un public cosmopolite défilait sous la tour Eiffel ruisselante de fusées lumineuses. Spiegelglass fit halte en me voyant. Ses petits yeux ronds et pâles saillaient tandis qu'il me fusillait du regard. Je réalisai qu'il s'était produit un événement grave. Spiegelglass me saisit le bras pour m'entraîner vers la cafétéria du restaurant au bord de la Seine. Dès que nous fûmes assis, il jeta violemment deux lettres sur la table. Inquiet, je fixais les enveloppes – du même format que celle que m'avait confiée Ludwig quelques heures plus tôt au Weber et que je n'avais pas eu le temps d'ouvrir. Je reconnaissais l'écriture de mon camarade.

— C'est Lydiya Grozovskaïa qui me les a transmises, fulminait mon chef. Déposées à l'ambassade par Nathan Poretski. Par *votre ami* Poretski.

Il dévida sur celui-ci un chapelet d'injures. La femme qui avait transmis les lettres, Lydiya Grozovskaïa, travaillait sous la couverture de notre mission commerciale, assurant entre autres les fonctions d'agent de liaison de Ludwig et d'Elsa avec les *rezidents* légaux de la rue de Grenelle. Pour justifier ses nombreuses absences, on lui avait confié officiellement la tâche de visiter les homes d'enfants soviétiques à Paris. Je connaissais cette femme brune aux jambes épaisses, tassée et mal fagotée, épouse typique de la nouvelle classe des bureaucrates, et son mari que nous surnommions le « bigleux ». Cet Arnold Grozovsky, personnage servile et laid, était un fonctionnaire subalterne, employé modèle du NKVD où il avait débuté à un échelon peu important, accomplissant des tâches de police et de contre-espionnage. La capitale française était son premier poste à l'étranger. L'homme ne parlait aucune autre langue que le russe, n'avait aucun contact en dehors d'Union soviétique susceptible de l'aider dans le cas, très improbable, où lui et son épouse eussent envisagé de rompre. Le couple, conditionné par les slogans de « vigilance », soupçonnait tout le monde – les employés soviétiques se surveillaient du reste systématiquement les uns les autres –, et particulièrement les officiers clandestins non russes comme Ludwig ou moi. De notre côté nous évitions les Grozovsky autant que possible, sachant qu'ils rapporteraient la moindre de nos remarques à leurs supérieurs. Je ne comprenais pas comment Ludwig avait pu confier son courrier à une personne du genre de Lydiya Grozovskaïa.

— La vraie raison de ma présence dans cette ville, expliqua Spiegelglass, est que nous avons reçu en juin des informations convergentes selon lesquelles un de nos principaux agents en Europe se préparait à passer à l'ennemi. Je vais être franc : depuis un certain temps, Krebnitsky, c'est *vous* que nous soupçonnions de trahir l'Union soviétique. Je suis heureux de savoir maintenant que ce n'était pas le cas.

Tâchant de me contrôler, je grimaçai un sourire :

— Pourquoi m'avoir laissé reprendre mon poste ? Il eût été si simple de m'arrêter alors que je me trouvais encore à Moscou...

Spiegelglass m'observa froidement.

— Nous avons nos raisons de laisser partir ou de garder nos gens. Mais je le répète, il ne s'agissait pas de vous – nous n'avons rien de précis à vous reprocher –, mais de cette ordure de Poretski. Il est parti en Hollande rencontrer en secret Hendricus Sneevliet, autre renégat trotskyste, en vue d'organiser et d'annoncer publiquement sa défection, ainsi que son ralliement à Trotsky. Ce dernier est déjà au courant, nous l'avons appris par un télégramme en provenance de Mexico. En fait, nous avons su très vite qu'un des nôtres avait joint Sneevliet, mais jusqu'à ce jour nous ignorions de qui il s'agissait.

Je tombais des nues. Ludwig avait agi sans me tenir au courant et, ce qui était beaucoup plus sérieux, attiré tout de suite l'attention du NKVD. Lequel m'avait d'abord soupçonné, *moi.* Mes cauchemars nocturnes commençaient à ressembler de manière très inquiétante à la réalité.

— Ce matin, le renégat est passé rue de Grenelle, il a donné ces deux lettres à Beletzky en présence de Lydiya Grozovskaïa. Celle-ci a examiné les enveloppes après son départ. L'une était adressée à Sloutsky et l'autre au Comité central du PCUS, c'est-à-dire à notre bien-aimé secrétaire général. Grozovskaïa a eu l'idée de me les montrer avant de les ajouter au courrier diplomatique pour Moscou. Je les ai ouvertes immédiatement.

J'espérais que le NKVD ignorait l'adresse de l'hôtel où mon camarade logeait ce soir. Mais il importait avant tout de lire ce qu'il avait écrit. Je ne pouvais attendre de retourner à mon hôtel ouvrir ma lettre. Si je voulais aider Ludwig, il fallait évaluer le plus vite possible la gravité de son affaire. Spiegelglass commença par refuser. Puis il céda et me tendit l'enveloppe adressée au Comité central. L'autre contenait, me dit-il, un bref mot d'excuses à l'attention de Sloutsky, dégageant ce dernier de toute responsabilité au cas où Iéjov lui reprocherait la défection d'un de ses agents.

Il me faut ajouter ici un bref préambule : lorsque je commençai la rédaction du *Grand Mensonge*, je pensais ne reproduire dans ce livre que de simples extraits de la lettre de défection de Ludwig. Changeant d'avis j'ai décidé, par respect pour les lecteurs d'Amérique et du monde ainsi que pour la classe ouvrière tant de fois trahie et abusée, et en souvenir de mon fidèle camarade Nathan Poretski – alias Ignace Reiss, Hans Eberhardt, Steff Brand et Ludwig –, de publier son dernier message public *in extenso*. Ainsi, tous jugeront par eux-mêmes de la noblesse, de la bravoure, de l'intégrité du communiste exceptionnel dont Staline, le plus grand assassin de notre siècle, ordonna la mort.

AU COMITÉ CENTRAL DU PARTI COMMUNISTE D'UNION SOVIÉTIQUE

La lettre que je vous écris aujourd'hui, j'aurais dû vous l'écrire depuis longtemps déjà, le jour où les « seize[1] *» furent massacrés dans les caves de la Loubianka sur l'ordre du « Père des peuples ».*

Je me suis tu alors. Je n'ai pas élevé la voix non plus pour protester lors des assassinats qui ont suivi, et ce silence fait peser sur moi une lourde responsabilité. Ma faute est grande, mais je m'efforcerai de la réparer, et de la réparer vite afin d'alléger ma conscience.

Jusqu'alors j'ai marché avec vous. Je ne ferai pas un pas de plus à vos côtés. Nos chemins divergent ! Celui qui se tait aujourd'hui devient le complice de Staline et trahit la cause de la classe ouvrière et du socialisme !

Je me bats pour le socialisme depuis l'âge de vingt ans. Sur le seuil de la quarantaine, je ne veux pas désormais vivre des faveurs d'un Iéjov.

J'ai derrière moi seize années de travail clandestin. C'est quelque chose, mais il me reste assez de forces pour tout recommencer. Car il s'agit bien de « tout recommencer », de sauver le socialisme. La lutte s'est engagée il y a longtemps déjà. Je veux y prendre ma place.

Le tapage organisé autour des aviateurs qui survolent le pôle[2] *vise à étouffer les cris et les gémissements des victimes torturées à la Loubianka, à la Svobodnaïa, à Minsk, à Kiev, à Leningrad, à Tiflis. Ces efforts sont vains. La*

1. Les condamnés du premier procès de Moscou, en 1936.

2. Plusieurs vols établissant des distances record eurent lieu entre Moscou et l'Amérique du Nord par la voie polaire durant l'été 1937, dont celui du 18 juin au 20 juin (piloté par Tchkalov, Baïdoukov et Beliakov) et celui du 2 au 4 juillet (piloté par Gromov, Dalinine et Ioumachev).

parole, la parole de la vérité est plus forte que le vacarme des moteurs les plus puissants.

Les recordmen de l'aviation, il est vrai, toucheront les cœurs des ladies *américaines et de la jeunesse des deux continents intoxiquée par le sport, plus facilement que nous n'arriverons à conquérir l'opinion internationale et à émouvoir la conscience du monde! Que l'on ne s'y trompe pourtant pas : la vérité se fraiera son chemin, le jour de la vérité est plus proche, bien plus proche que ne le pensent les seigneurs du Kremlin. Le jour est proche où le socialisme international jugera les crimes commis au cours des dix dernières années. Rien ne sera oublié, rien ne sera pardonné. L'Histoire est sévère : « le chef génial, le Père des peuples, le soleil du socialisme » rendra compte de ses actes : la défaite de la révolution chinoise, le plébiscite rouge, l'écrasement du prolétariat allemand, le social-fascisme et le Front populaire, les confidences à Mr Howard, le flirt attendri avec Laval*[1] *: toutes choses plus géniales les unes que les autres!*

Ce procès-là sera public, avec des témoins, une multitude de témoins, morts ou vivants : ils parleront tous une fois encore, mais cette fois pour dire la vérité, toute la vérité. Ils comparaîtront tous, ces innocents massacrés et calomniés, et le mouvement ouvrier international les réhabilitera tous, ces Kamenev et ces Mratchkovsky, ces Smirnov et ces Mouralov, ces Drobnis et ces Serebriakov, ces Mdivani et ces Okoudjava, ces Rakovsky et ces Andrés Nin, tous ces « espions et ces provocateurs, tous ces agents de la Gestapo et ces saboteurs ».

Pour que l'Union soviétique et que le mouvement ouvrier international tout entier ne succombent pas définitivement sous les coups de la contre-révolution ouverte et du fascisme, le mouvement ouvrier doit se débarrasser

1. Allusions aux échecs et aux incohérences de la politique étrangère de Staline et du Komintern.

de ses Staline et du stalinisme. Ce mélange du pire des opportunismes – un opportunisme sans principes –, de sang et de mensonges menace d'empoisonner le monde entier et d'anéantir les restes du mouvement ouvrier.

Lutte sans merci contre le stalinisme !

Non au front populaire, oui à la lutte des classes ! non aux comités, oui à l'intervention du prolétariat pour sauver la révolution espagnole : telles sont les tâches à l'ordre du jour !

À bas le mensonge du « socialisme dans un seul pays » ! Retour à l'internationalisme de Lénine !

Ni la IIe ni la IIIe Internationale ne sont capables d'accomplir cette mission historique : désagrégées et corrompues, elles ne peuvent qu'empêcher la classe ouvrière de combattre; elles ne servent que d'auxiliaires aux forces de police de la bourgeoisie. Ironie de l'histoire : jadis la bourgeoisie puisait dans ses rangs les Cavaignac et les Galliffet, les Trepov et les Wrangel. Aujourd'hui c'est sous la « glorieuse » direction des deux Internationales que les prolétaires remplissent eux-mêmes le rôle de bourreaux de leurs propres camarades. La bourgeoisie peut vaquer tranquillement à ses affaires; partout règnent « l'ordre et la tranquillité » : il y a encore des Noske[1] *et des Iéjov, des Negrín et des Diaz. Staline est leur chef et Feuchtwanger leur Homère !*

Non, je n'en peux plus. Je reprends ma liberté. Je reviens à Lénine, à son enseignement et à son action.

J'entends consacrer mes modestes forces à la cause de Lénine : je veux combattre, car seule notre victoire – la victoire de la révolution prolétarienne – libérera l'humanité du capitalisme et l'Union soviétique du stalinisme !

---

1. Ministre de la Reichswehr à l'époque des défaites sanglantes du mouvement révolutionnaire allemand de 1919-1920.

En avant vers de nouveaux combats pour le socialisme et la révolution prolétarienne! Pour la construction de la IVe Internationale!

Ludwig (Nathan Poretski).
Le 17 juillet 1937.

P.-S. : En 1928 j'ai été décoré de l'ordre du Drapeau rouge, pour services rendus à la révolution prolétarienne. Je vous renvoie cette décoration ci-jointe. Il serait contraire à ma dignité de la porter en même temps que les bourreaux des meilleurs représentants de la classe ouvrière russe. (Les Izvestia *ont publié au cours des deux dernières semaines des listes de nouveaux décorés dont les fonctions sont passées pudiquement sous silence : ce sont les exécutants des peines capitales.)*

J'allumai une cigarette, sous le regard attentif de Spiegelglass. Chaque mot était un coup. Ludwig avait signé sa propre condamnation à mort. En dépit de toute sa noble éloquence, ce manifeste politique se nourrissait de regrets vains et infantiles, faisant preuve d'un romantisme révolutionnaire anachronique face à la violence brute du stalinisme triomphant. Le prolétariat international que Ludwig appelait à la révolte, il gisait pieds et poings liés par Staline et ses auxiliaires du Komintern. En Union soviétique il était paralysé par la terreur. L'idée d'une opposition unifiée était absurde. Seul un esprit au bout du rouleau pouvait entretenir pareille illusion. Les trotskystes n'étaient qu'une poignée, divisés par les querelles internes, en Espagne ils tombaient comme des mouches sous les balles du NKVD, qui se préparait à poursuivre la traque en France et ailleurs. La chasse à l'homme se déclencherait immédiatement contre Ludwig, dont les jours comme ceux de Trotsky étaient comptés. En outre, il savait trop de choses. Le Centre ne pouvait se permettre de le laisser courir dans la nature. Spiegelglass récupéra les feuillets, les glissa dans l'enveloppe. Il n'arrêtait pas de rager :

— Chaque mot de cet infect torchon ne respire qu'une chose : trahison ! trahison ! trahison ! Et vol, car je suppose que le gredin comptait filer avec la caisse. Nous savons déjà qu'il a fait déposer dix mille dollars en liquide à la Manufacturers Trust Bank de New York, par son amie Hede Massing qui assurait la liaison entre ici et les États-Unis. Cette idiote ne sachant pas comment ouvrir un compte, elle a demandé conseil à une femme avocat du parti communiste américain, Carol Weiss King, en lui racontant que l'argent était destiné à des réfugiés antinazis. King a trouvé cela bizarre et nous a prévenus. Le nom du titulaire était Brand, un des pseudonymes de Poretski… (Spiegelglass regarda autour de nous avant de reprendre, un ton plus bas :) Maintenant, Krebnitsky, je dois vous communiquer la décision du camarade Iéjov que j'ai reçue ce soir par télégramme. Inutile de vous dire que cela signifie la volonté du Patron. Il est de notre devoir de communistes de procéder à un exemple éclatant. Que la nouvelle de la mort violente et spectaculaire du défecteur Nathan Poretski, et de sa femme et de son fils, s'affiche dans tous les journaux d'Europe. Cela découragera tous les imbéciles et saboteurs qui seraient tentés de faire de même. Le bras du *Vlast* s'étend partout sur la planète, il n'existe aucun endroit où l'on puisse lui échapper… Nous vous considérons comme responsable des actes de votre ami Ludwig : après tout, c'est *vous* qui l'avez introduit jadis chez nous. Staline a beaucoup apprécié, paraît-il, la manière dont vous avez liquidé Aroutyounov dans les Pyrénées. Je suis sûr qu'il approuvera mon choix. Vous avez ordre de diriger la « lettre spéciale » concernant le traître Poretski et sa famille.

33.

Choqué, je contemplais le petit homme, ses yeux pâles et globuleux, au milieu du brouhaha de l'Exposition. Je saisissais à présent la véritable raison de mon retour à l'Ouest : on m'avait fait grâce *à seule fin de servir d'appât.* Ma mission s'appelait Ludwig. Il leur importait avant tout de le récupérer – ou, si on le considérait comme perdu, de l'éliminer sur place. Dans l'histoire, j'étais le simple poisson-pilote censé faciliter le retour des agents internationaux. Si je revenais sain et sauf d'URSS, cela indiquerait aux autres qu'ils pouvaient y rentrer eux aussi sans crainte. Mon propre tour viendrait plus tard, à mon prochain voyage. En vertu de cette même tactique, la section que dirigeait Sloutsky depuis Moscou se trouvait relativement épargnée par rapport au reste de nos services, où les purges frappaient sans pitié depuis le mois de mars. Que ces agents fussent tentés de faire défection ou non, la mort de Poretski, de Mally, d'Orlov, de Krebnitsky et des autres vétérans du GROu ou de l'INO était en tout état de cause programmée par le Kremlin. La « rotation des cadres » s'appliquait également à notre organisation. Mais dans ce contexte de suspicion délirante il était délicat de nous persuader de revenir, nous les vieux communistes cosmopolites, gens indépendants et avisés par nature. C'est pourquoi le Patron agissait de façon particulièrement subtile à notre encontre. Nous nous tenions encore plus près du gouffre que je ne me l'étais imaginé. Il fallait en informer mes proches camarades. Cependant, même en connaissance de cause, les événements récents me faisaient douter que Ludwig fût de force à échapper au piège qui se refermait sur lui.

Lidiya Grozovskaïa, rentrée récemment d'Union soviétique, où son supérieur Smirnov, le *rezident* légal de l'ambassade qui visitait régulièrement Orlov à la clinique Bergeret, avait été rappelé au début de l'été, racontait aux épouses des autres employés une histoire abominable : le jour de son départ, elle était allée saluer son chef qui séjournait à l'hôtel Moskva. Elle s'apprêtait à frapper à sa porte, quand celle-ci s'ouvrit pour laisser passer Smirnov menotté, encadré par deux agents du NKVD. Grozovskaïa, tremblante, poursuivit son chemin dans le couloir et ils ne firent pas attention à elle.

Smirnov avait demandé à sa femme de le rejoindre parce qu'on lui confiait une nouvelle mission en Chine. Mme Smirnova voyagea par le même train et dans la même voiture que nos courriers de l'ambassade de Paris. À leur retour, ils rapportèrent qu'à l'arrivée en gare de Moscou un homme du NKVD vint la chercher dans son compartiment. « Mais où est mon mari ? » s'inquiéta la femme en ne l'apercevant pas sur le quai. « Il attend dans l'auto », répondit l'agent du NKVD. Une Ford vint la chercher devant la gare. Son mari ne s'y trouvait pas. Elle comprit et s'évanouit. Le policier dut demander à nos courriers de l'aider à la porter à l'intérieur du véhicule. On ne revit jamais le couple Smirnov.

— Le temps presse, déclara Spiegelglass. Notre homme repart demain. C'est en tout cas ce qu'il a raconté à Grozovskaïa. Savez-vous dans quel hôtel il se cache ?

Je répondis que non. Ludwig ne me l'ayant pas dit, j'étais dispensé de mentir. Je n'aimais pas cacher la vérité à Spiegelglass : le regard du petit homme était trop perçant.

— Alors il ne vous a pas contacté ?

J'ignorais si l'on m'avait suivi au café Weber. C'était un risque à prendre : là aussi je répondis par la négative. Spiegelglass ne cilla pas, il parut seulement déçu. Encouragé, j'entrevis une manœuvre susceptible de me faire gagner du temps, dans ce jeu du chat et de la souris avec un bureaucrate stalinien. J'écrasai ma cigarette dans le cendrier et en allumai une autre, sans quitter mon supérieur des yeux.

— Vous dites, camarade Spiegelglass, avoir reçu des instructions de Iéjov. Mais si je vous obéis dans la mise en œuvre de cette « lettre spéciale », il me faudra placer mon réseau entier sous votre commandement. Les chefs *rezidents* illégaux sont responsables de leurs réseaux uniquement vis-à-vis du Centre. Nous devons respecter les formes : je ne mets pas votre parole en doute, mais avez-vous un ordre écrit de Moscou à mon sujet? J'en aurais besoin. C'est la procédure, vous le savez aussi bien que moi. Sinon, il faudra que je retourne là-bas pour en conférer avec le commissaire Iéjov lui-même...

Spiegelglass parut embarrassé. Visiblement, il n'avait pas réfléchi à la question. En ces temps critiques, la moindre bévue, même de protocole administratif, pouvait constituer la pièce numéro un du dossier vous menant tout droit aux chambres d'exécution de la Loubianka.

Il finit par hausser les épaules.

— Écoutez, Krebnitsky, c'est un cas qui me dépasse en effet. Si vous désirez le porter auprès de notre direction, on peut vous renvoyer en URSS. Mais en attendant, il faut agir vite. Le traître ne doit pas nous glisser entre les doigts.

L'idée lui vint de contacter Théodore Mally pour une conférence improvisée. Nous nous serrâmes dans une des cabines téléphoniques mises à la disposition des visiteurs. Spiegelglass connaissait le numéro de l'hôtel Dominion où logeait le Hongrois. Il lui ordonna de nous retrouver dans un café de l'avenue de Wagram puis appela un taxi. Vers une heure du matin, Mally nous rejoignait dans le café. Nous occupions une banquette du fond. Sous l'éclairage cru de l'établissement presque vide de consommateurs, je le vis entrer de loin – avec sa très haute taille, son front dégarni et son élégante petite moustache de style britannique. Mally était un véritable Européen, capable de passer avec la même aisance pour un Anglais, un Allemand, un Autrichien ou un Suisse. Il avait accompli de dangereuses missions derrière les frontières du IIIe Reich. C'était aussi un homme de tact, courtois et raffiné. Ce soir-là il était blême, l'expression inquiète. Sa présence me rassura. J'aimais cet homme presque autant que j'aimais Ludwig. Le Hongrois, que ses amis surnommaient Teddy, s'assit en face de nous et lut avec attention le message que lui montrait Spiegelglass.

— Que comptez-vous faire ? demanda-t-il calmement.

— « Lettre spéciale », répliqua vivement le petit homme. À régler sans perdre une minute. Krebnitsky fait le difficile pour actionner son réseau parisien, il veut en conférer d'abord avec Iéjov. Mais vous, camarade MANN (c'était le nom de code de Mally, qui voyageait avec un faux passeport au nom de Paul Hardt), vous êtes en transit pour Moscou et donc disponible. Avez-vous l'adresse de l'hôtel où Poretski couche ce soir ?

Teddy répondit par la négative. Je le connaissais bien, je savais qu'il mentait.

— Nous sommes allés le chercher à l'hôtel Pajou, le nid est vide et l'oiseau a filé, fit Spiegelglass, exaspéré. La femme de Poretski et le gamin ont pris le train pour la Suisse la semaine dernière. Personne n'a pensé à les suivre mais on les retrouvera assez facilement là-bas. Kislov est en train de chercher de son côté. (Il parlait du nouveau *rezident* légal du NKVD dans la capitale française, Georgui Kosenko, qui avait remplacé ce pauvre Smirnov.) Je dois le voir tout à l'heure. Dès que nous aurons l'information, vous vous en occupez, MANN. Nous vous y conduirons et attendrons plus loin dans un taxi. Vous entrerez dans la chambre muni d'un fer à repasser caché dans une serviette. Poretski a confiance en vous, il vous ouvrira. L'idée est de lui marteler la figure jusqu'à la réduire en bouillie. Cela devrait donner à penser aux futurs candidats à la défection.

— Je regrette, je ne peux pas faire ça, dit Mally, toujours très calme.

Je les observais en fumant ma cigarette. Se méprenant sur le sens de la réponse, Spiegelglass proposa une solution de rechange :

— D'accord, voilà qui est mieux : vous prenez le petit déjeuner avec Poretski dans un café près de son hôtel, il ne se méfiera pas dans un lieu public. Vous versez du poison dans son café. Je vous aurai procuré un appareil photo, afin que vous preniez un cliché du traître affalé sur le sol, la bouche ouverte et les yeux révulsés. Nous enverrons l'image à la presse. Un excellent avertissement.

— C'est parfaitement ridicule. D'autre part, vous ne m'avez pas compris, camarade Spiegelglass : *je ne peux pas faire cela.* Je suis en route pour Moscou sur ordre du Centre. Je n'ai reçu aucune instruction personnelle pour effectuer une liquidation à Paris. Celle-ci pourrait d'ailleurs entraîner de sérieux problèmes diplomatiques avec ce gouvernement ami de l'URSS. Avez-vous un document officiel m'ordonnant de participer à cette opération ?

Spiegelglass commençait à transpirer.

— Bien. Vous ne me laissez pas le choix. Je vais faire intervenir le cercle Goutchkov.

Je fis remarquer que le siège de cette organisation se trouvait à Berlin. Il ricana en se tournant vers moi.

— Vous n'y connaissez rien, Krebnitsky. Ils sont à Paris sous un autre nom et travaillent pour nous. Ils surveillent Lev Sedov et toute sa bande de trotskystes, et recrutent des exécutants qualifiés. Filatures, cambriolages, disparitions. Ce sont eux qui ont aidé une de nos équipes à pénétrer dans l'Institut international d'histoire sociale, en novembre 1936, pour récupérer les archives Trotsky que son fils avait confiées à Boris Nicolaïevsky. Ils nous ont aussi donné un coup de main lorsque Yasha a fait abattre Navachine au bois de Boulogne... Ils enverront des hommes s'occuper de Poretski dès demain matin.

— Si nous retrouvons son hôtel, répliquai-je.

« Yasha » Serebriansky, chef de l'administration des tâches spéciales, dont j'ai évoqué l'existence au début de mon récit, était l'officier supérieur du NKVD qui dirigeait depuis longtemps nos opérations ultra-clandestines en France et ailleurs. L'économiste Dimitri Navachine, mystérieusement assassiné en janvier, conseillait de grosses sociétés financières françaises. Il entretenait aussi des liens d'amitié avec les accusés du deuxième procès de Moscou. L'homme savait beaucoup trop de choses. Teddy me jeta un regard anxieux. Spiegelglass s'esclaffa.

— C'est l'affaire de seulement quelques heures. L'alerte générale a été donnée dès le milieu de l'après-midi à l'ambassade quand j'ai lu la lettre. En ce moment les indics de la police française, et même des fonctionnaires, visitent les établissements de la capitale munis d'une photographie de Poretski. Nos amis aux PTT sont également sur les dents et surveillent les lignes téléphoniques des hôtels. Vous n'imaginez pas à quel point l'administration française est infiltrée par les camarades – à qui nous expliquons que le type qu'ils doivent repérer est un trafiquant d'armes au service des franquistes. (Il gloussa.) Et nous disposons de soutiens dans certains ministères au plus haut niveau. Paris est la ville du monde la moins recommandée pour les imbéciles qui s'avisent de trahir Staline...

Il se leva pour régler les consommations.

— Restez ici si vous voulez, je retourne au Trocadéro. Il faut que j'en parle à Kislov. Retrouvez-moi demain au pavillon autrichien vers midi.

Teddy et moi attendîmes une quinzaine de minutes au fond du café en fumant cigarette après cigarette – craignant que Spiegelglass ne revînt à l'improviste au moment où l'un de nous serait en train de téléphoner.

— Tu connais l'hôtel ? demandai-je.

— Oui. Ludwig y est descendu sous le nom de Steff Brand. Il m'a dit qu'il partait demain pour Rotterdam, tâcher d'obtenir du consul américain, Homer Brett, des visas pour lui et sa famille...

Il regarda sa montre et se leva.

Je lui conseillai de raccrocher dès qu'il entendrait notre ami au bout du fil : l'hôtel était peut-être déjà repéré. Ou bien Spiegelglass, après être sorti, avait placé le café sur écoute, grâce à ses contacts communistes français travaillant aux PTT. Voilà pourquoi il était parti le premier, il nous tendait un piège. Si l'on reconnaissait nos voix, c'en était fini de nous. Je réfléchissais aussi à un autre danger : les trotskystes étaient infiltrés par le NKVD. Si Ludwig, en les rejoignant, racontait que nous l'avions aidé à fuir, l'information reviendrait un jour ou l'autre aux oreilles de nos supérieurs. Le Hongrois approuva cette mesure de précaution :

— Nous appellerons plusieurs fois jusqu'à l'aube. Nous ne dirons rien, mais il devinera certainement que les appels viennent de ses amis. De toute façon, Ludwig aura très peur. Il comprendra qu'il lui faut s'enfuir tout de suite.

Je surveillais la sortie du café. Teddy regagna sa place et confirma que Ludwig avait répondu. Il avait répété : « Allô ?... Allô ?... » d'un ton désemparé. J'imaginais notre camarade, seul dans cette chambre inconnue, angoissé et traqué. Dans l'espoir de le sauver, Mally et moi étions obligés de le harceler, de l'arracher au sommeil plusieurs fois de suite au cours de la nuit pour le ramener à la terreur. Une vingtaine de minutes plus tard, je me levai à mon tour.

J'entendis Ludwig répéter trois fois : « Allô ?... », d'une voix blanche. La tension était presque insoutenable. Je raccrochai et sortis de la cabine. Les lieux sentaient le savon, l'urine, et le tabac froid. Une violente nausée me tordit les tripes. Je me penchai pour vomir dans les cabinets.

Quand je remontai du sous-sol, le patron se préparait à fermer son établissement. Teddy et moi partîmes à pied avenue de Wagram, en direction de l'Arc de Triomphe. Il était plus de deux heures. La nuit parisienne était douce, les arbres odorants. Des automobiles nous dépassaient. Un clochard dormait près de l'escalier du métro. Je demandai au Hongrois s'il comptait prendre le bateau pour Leningrad le 21 juillet.

— Oui. Bien sûr.

Nous restâmes silencieux pendant un moment.

— Tu sais ce qui t'attend là-bas.

— Oui. Ils me tueront.

Sa voix était tranquille.

— Ils me tueront ici aussi, ajouta-t-il. Je préfère mourir là-bas.

— Tu te trompes, Teddy. À l'étranger, nous avons toujours une petite chance de leur échapper. On peut se cacher quelque part. Là-bas, en Union soviétique, on n'a aucune chance.

— Non, non, Victor. Ils me tueront tout aussi facilement ici. Ils le peuvent. Tu ne le sais peut-être pas, mais moi je connais leur toute-puissance. Dans le café tout à l'heure, Spiegelglass a parlé du cercle Goutchkov. C'est un cercle d'officiers blancs. Ils savent faire ce genre de travail. En plus, ça leur plaît de tuer des communistes.

Je frissonnai, en dépit de la tiédeur de la nuit.

— Tout de même, insistai-je : il est préférable d'être abattu à l'étranger. Les gens peuvent au moins l'apprendre, on en parle dans les journaux. Plutôt que d'être abattu dans la cave de la Loubianka ou dans une forêt de la banlieue de Moscou...

Teddy secoua la tête.

— Non, moi, je préfère mourir là-bas. Pour un autre, c'est peut-être différent. Mais moi, je préfère cela. Là-bas. Mourir là-bas.

Durant la Grande Guerre, Théodore Mally avait servi comme aumônier dans l'armée austro-hongroise sur le front des Carpates avant d'être fait prisonnier par les troupes du tsar. Il avait vu des jeunes gens aux membres gelés mourir dans les tranchées, connu la vermine et le typhus. Porté disparu, rompant entièrement avec son passé il avait intégré l'Armée rouge. Il était entré dans la Tchéka. Les communistes incendiaient et rasaient les villages ukrainiens tout comme le faisaient les Blancs. Teddy ne pouvait plus le supporter. Il feignait de souffrir de la dysenterie pour se réfugier derrière un camion et y essuyer ses larmes. Les années de collectivisation forcée et de famine furent encore pires. Il continuait pourtant de travailler pour la Tchéka. Teddy cherchait une occasion de se racheter, un homme au moins à sauver. Il trouva un paysan condamné à mort pour avoir volé des pommes de terre, plaida sa cause auprès de son supérieur, obtint sa grâce. Il partit ensuite en mission pour deux semaines. À son retour, il chercha le dossier de l'homme qu'il avait sauvé. La chemise était barrée du mot : « Exécuté ». Par erreur, peut-être. Teddy rentra chez lui, trouva un chat en travers de son lit, qu'il avait souillé. Il l'étrangla et le jeta par la fenêtre. Le lendemain il demandait son affectation à l'étranger. C'est ainsi que je fis sa connaissance dans les services du renseignement.

Cette nuit à Paris il me raconta l'histoire, que nous connaissions tous. Je ne comprenais pas, cependant. Pourquoi vouloir absolument périr « là-bas » ? Teddy, contrairement à beaucoup d'autres, n'y avait pas de famille en otage. La Russie n'était pas sa patrie. C'était un homme seul. Il avait été amoureux de Gerda Frankfurter, cette réfugiée antinazie qui travaillait pour Ludwig, mais l'histoire était restée sans suite. À Londres, où il avait connu Orlov, il effectuait un travail remarquable de recruteur. Mally était le meilleur de nous tous. Au nom de quoi sacrifiait-il à présent son existence de communiste sur l'autel du stalinisme ?

— J'ai trois amis hongrois au NKVD de Moscou, murmura-t-il, observant la place de l'Étoile. Steinbrück,

Sily et Bodesko. Eux aussi étaient prisonniers des Russes pendant la guerre. J'ai appris qu'ils ont été arrêtés.

— Cela augure mal de l'avenir des Hongrois. Invente une excuse, ne monte pas sur ce bateau au Havre. Il existe des moyens de biaiser...

Il me sourit. Dans ce visage viril, les yeux doux avaient toujours quelque chose d'enfantin.

— Tu es doué pour biaiser, Victor. Ce n'est pas mon cas. Un membre du Parti communiste, s'il est réellement loyal, ne doit pas s'indigner d'une erreur qui le frappe, lui ou son prochain. Il doit comprendre qu'une transformation totale de la société ne peut se passer d'erreurs de ce genre qui risquent de toucher une population importante. Même s'il est innocent, un communiste est tenu d'accomplir son devoir consciencieusement pour l'État, le Parti et la révolution, car objectivement son véritable destin est là – et non dans ce qu'il a rêvé ou décidé pour lui-même. Je sais parfaitement qu'en tant qu'ancien prêtre je n'ai aucune chance. Mais je ne veux pas que quelqu'un, chez les camarades, puisse un jour dire : « Tu sais, Mally, ce prêtre... eh bien il était peut-être un espion après tout. »

Un taxi passait. Teddy lui fit signe et donna l'adresse de son hôtel. Je rentrai à pied avenue de Friedland. Depuis une cabine de téléphone public, j'appelai encore Ludwig deux fois au cours de la nuit.

34.

Au matin, je fus réveillé par le téléphone. Le 18 juillet était un dimanche. Je reconnus la voix de Margaret, qui n'était au courant de rien. Je m'habillai et fumai dans ma chambre. Je relus plusieurs fois la lettre de défection de Ludwig, identique à celle du Comité central mais recopiée sur du papier pelure. À dix heures, le téléphone sonna de nouveau. C'était Théodore Mally.

Il me demanda de passer le voir.

Oubliant toute prudence – ma ligne à l'hôtel Napoléon était peut-être sur écoute, ou la sienne –, je répliquai que c'était impossible pour le moment, car j'attendais un appel de Ludwig. La voix de Teddy était calme. Il répondit sèchement :

— Inutile d'attendre. Il ne t'appellera pas. Viens.

Il raccrocha.

J'en déduisis que Ludwig était mort. Je pris un taxi pour l'hôtel Dominion. J'étais écœuré, malade de chagrin et d'impuissance. Nous avions échoué à sauver notre camarade. Je montai chez Teddy et frappai à la porte. Le Hongrois m'invita à entrer. Je sursautai lorsque je tombai sur Spiegelglass.

Il paraissait fou de rage.

— On a reçu l'information de la police à sept heures moins le quart ce matin. Il s'était fait inscrire sous son pseudonyme Brand. J'ai dépêché deux agents, Smirensky et Steiner. Smirensky avait le fer à repasser. Ils y sont allés en voiture. Quand ils sont arrivés à l'hôtel, la crapule avait filé depuis dix minutes ! Tous nos réseaux d'Europe seront mis en état d'alerte. Je fais déjà surveiller les gares...

J'échangeai un coup d'œil avec Teddy ; il paraissait aussi soulagé que moi.

— Qui est l'agent Steiner ? demanda-t-il négligemment.

Sa voix était trop posée. Je compris ce qu'il avait en tête : Spiegelglass distrait par la colère était susceptible de laisser échapper des informations qui m'aideraient à protéger Ludwig. J'allais rester en France plus longtemps que Teddy qui s'embarquait au Havre dans trois jours.

— Une Suissesse, fit Spiegelglass en haussant les épaules. Renata, ou Renée, Steiner. Plutôt belle fille. La trentaine, couche avec un peu tout le monde. Ancienne répétitrice pour enfants à Nantes. Elle a passé des vacances à Moscou en 1935, c'est là que nous l'avons recrutée. Comme simple courrier au début. Rentrée à Paris, elle a trouvé un emploi de femme de ménage chez un antiquaire de la rue Bonaparte. Voulait en faire davantage pour nous. L'ambassade l'a aiguillée sur la rue de Buci.

— Oui, je suis un peu au courant pour la rue de Buci, observa le Hongrois, toujours avec l'air de ne pas y toucher.

— Sergueï Efron, à qui elle avait été présentée par leur secrétaire Schwarzenberg, et qui est marié à la poétesse Tsvetaïeva, a jugé Steiner intéressante et l'a intégrée dans l'équipe qui surveille Sedov. Elle l'a filé pendant ses vacances à Antibes... sans savoir qui il est vraiment. On lui laisse croire qu'elle court après des vrais fascistes. Renata Steiner n'est pas très maligne.

Je fumais en observant la circulation depuis la fenêtre de la chambre, et me concentrais pour ne pas perdre un mot de ce qui se disait derrière moi. « L'équipe qui surveille Sedov »... Il s'agissait de Lev Sedov, l'un des deux fils de Trotsky. En liaison avec son père réfugié à Mexico, ce jeune militant très actif éditait en France le *Bulletin de l'opposition* trotskyste. Encore un qui se trouvait forcément dans le collimateur des groupes mobiles de Iéjov. *Spiegelglass parlait en ce moment du cercle Goutchkov de Paris.* J'en étais persuadé. Je notai mentalement les noms d'Efron et de Schwarzenberg. L'adresse était donc rue de Buci ? Je connaissais déjà vaguement, au 12 de cette même rue, l'« Union pour le rapatriement des Russes à l'étranger », laquelle venait de changer de nom et s'appelait désormais « Union des amis de la patrie soviétique » : une de nos organisations de propagande, pilotée par l'ambassade et liée aux émigrés monarchistes dans la mesure où l'on s'efforçait de les convaincre de rentrer en Russie. Je voyais une certaine logique à ce qu'elle servît de paravent pour d'autres activités. Nous avions procédé de cette manière lors de l'établissement des filières d'aide à l'Espagne. Mais de là à cacher une officine de tueurs anticommunistes recrutés par le NKVD ? Je me promis d'aller y jeter un coup d'œil plus tard.

— Smirensky, qui voyage sous le nom de Marcel Rollin, prend le train tout à l'heure pour Amsterdam, poursuivit Spiegelglass. En compagnie de Pierre Ducomet, un photographe communiste, ancien détective privé, qui croit lui aussi participer à la chasse aux agents de Franco... Leur mission consiste à suivre la trace de Poretski en Hollande. Un de nos hommes va passer à Ducomet, dit « Bob », qui en ce moment attend devant le plan du métro à la station Clignancourt, un journal plié contenant un faux passeport au nom de Vaclav Cadek. Il faut à présent que je m'occupe de transférer ou de «geler» tous les agents du réseau de Poretski. Beaucoup de cadres seront rappelés à Moscou en attendant de recevoir de nouvelles affectations. Le traître est capable de révéler tous les noms qu'il connaît aux services secrets occidentaux...

Je retournai à mon hôtel où je rédigeai, selon l'usage en pareil cas, un long rapport à l'intention du Centre expliquant mes liens passés avec le renégat Poretski, et tâchant de me disculper de tout soupçon de communauté de vues avec lui. Nous nous connaissions depuis l'enfance, et ce document, lorsque j'en vins à bout, comptait une trentaine de pages. Je conclus en offrant de repartir immédiatement pour Moscou afin d'y répondre en personne à toute question que l'on voudrait me poser à ce sujet. Le lundi matin, un chasseur m'apporta une enveloppe, qui avait été postée le 17. C'était un message personnel de Ludwig, où il revenait sur les motifs de sa décision et me disait adieu. On n'y trouvait aucun renseignement sur ses intentions immédiates. Il disait avoir passé une nuit effroyable à recopier tous ces exemplaires de son manifeste à la main car il ne disposait pas d'une machine à écrire. Il les avait envoyés par la poste à Sneevliet et à des amis susceptibles de basculer eux aussi dans l'opposition. Il me suppliait de ne pas retourner en Union soviétique où m'attendait une mort certaine. Ludwig espérait que les choses s'arrangeraient pour lui. Mais il ajoutait qu'il était plus facile de mourir que de vivre. Dans la nuit du lundi au mardi, le téléphone sonna dans ma chambre à trois heures du matin. C'était Spiegelglass.

— Avez-vous reçu une lettre?

Encore à moitié endormi, je répondis machinalement que non.

— Venez me voir tout de suite.

Il me donna l'adresse d'un café sur les Champs-Élysées. Je refusai et il se fâcha. Je m'habillai en vitesse pour le rejoindre. Le petit homme me fusilla du regard.

— Je répète ma question, Krebnitsky : avez-vous reçu une lettre ? Hier matin ?

Entre-temps, je m'étais souvenu du courrier de Ludwig. Je l'avais avec moi dans la poche de ma veste. Je compris que Spiegelglass disposait d'un informateur à la réception de mon hôtel, ou bien, comme il l'avait déjà évoqué, aux postes parisiennes. Je lui tendis la lettre en présentant mes excuses pour mon esprit de l'escalier – je dormais quand il avait téléphoné, j'étais mal réveillé... Spiegelglass la lut en grommelant et observa :

— Vous n'avez pas eu droit à la même que les autres... Celle-ci est tout à fait spéciale.

Le manifeste de Ludwig avait déjà été reçu par plusieurs personnes de sa connaissance. D'une certaine manière, j'étais soulagé : ce courrier me disculpait, dans la mesure où il m'évitait d'avouer que j'avais reçu copie du message adressé au Comité central, directement des mains de Ludwig. Cette lettre-là se trouvait actuellement dissimulée dans le double fond de ma valise à l'hôtel. J'espérais qu'ils n'iraient pas jusqu'à la fouiller. Spiegelglass m'ordonna de photographier le message de Ludwig car il lui en fallait une copie pour le Centre. Je répliquai que c'était impossible : je ne disposais pas du matériel ici, à Paris. Je lui remis donc l'original. Mon supérieur me considérait d'un air soupçonneux. Ma situation demeurait délicate : j'avais reçu un message particulier émanant du traître et failli à mon obligation d'en avertir mes chefs. Pire, au téléphone j'avais nié le fait et ne l'avais admis que plus tard, contraint et forcé. Les choses se présentaient mal. Spiegelglass en déduisait probablement que mon vieux camarade et moi étions complices, et il enverrait au Centre un rapport en ce sens. Mon retour à Moscou devenait aussi inéluctable que mon exécution, Ludwig n'avait pas tort sur ce point. Il ignorait cependant que j'étais en possession d'une arme secrète : la lettre du colonel Eremine prouvant que Staline avait servi comme informateur de l'Okhrana... même si je ne voyais pas très bien comment l'utiliser, sans me condamner à mon tour plus vite encore que ne l'avait fait Ludwig. Menacer de la transmettre aux partisans de Trotsky? Faire chanter Staline? Mais comment? J'étais le mieux placé pour savoir que dans cette ville le NKVD avait des yeux et des oreilles partout. En quittant Spiegelglass, je constatai que j'étais suivi. Je renonçai, par prudence, à traîner du côté de la rue de Buci et de sa possible annexe du cercle Goutchkov. Le lendemain, Teddy partit du Havre sur le *Bretagne* qui assurait la liaison maritime régulière avec Leningrad. À son retour au Centre, il travailla trois mois dans un bureau de l'INO à la Loubianka, occupé à des tâches subalternes qu'il effectuait avec son sérieux habituel. Un jour de novembre 1937, peu après les fêtes de la révolution, ses collègues ne le virent pas à son bureau. Plus personne dans les services n'a eu de nouvelles de lui depuis cette date.

35.

Ducomet était resté à Amsterdam où la trace du « traître » s'évanouissait. Il y espionnait désormais le trotskyste Hendricus Sneevliet pour le cas où Ludwig reprendrait contact avec lui. Dimitri Smirensky et Renata Steiner avaient été envoyés à Châtenay-Malabry surveiller Moritz Bardach, un vieux journaliste ukrainien, traducteur de Karl Marx dans son pays et réfugié antinazi en France où il avait intégré le réseau de Ludwig. J'entendis raconter que Steiner et Smirensky faisaient désormais chambre commune à l'hôtel de Châtenay-Malabry où ils étaient descendus. Les surveillances n'apportèrent rien de concret. Spiegelglass ne décolérait pas : Ludwig semblait être passé entre les mailles du filet du NKVD. J'espérais que notre camarade avait obtenu des visas et réussi à s'enfuir avec Elsa et leur fils aux États-Unis. Cependant, fait curieux, son manifeste politique n'apparaissait toujours pas dans la presse, trotskyste ou autre. J'envoyai un câble à ma femme lui demandant de faire ses valises et me rejoindre à Paris avec Sacha, pour nous préparer à partir ensemble en Union soviétique dans un très proche avenir. Ils arrivèrent à la fin du mois de juillet. Nous nous installâmes sous le nom de Lessner dans une pension de la rue des Marronniers, dans le secteur de la Muette – à deux pas du petit hôtel où Ludwig avait passé sa dernière semaine à Paris, et une dernière nuit à recopier ses messages. Ce quartier résidentiel, cossu et rassurant, me rappelait Auteuil dont nous étions proches et mes journées d'écoutes en la compagnie de Margaret Browder. Il me fallait à présent, attendant mon ordre de retour, remettre toute mon organisation – ce qui incluait l'Américaine – à Sergueï Spiegelglass car telles étaient les nouvelles instructions du Centre. Je transférai tous mes agents *sauf un*, le camarade allemand que je désigne par l'initiale W. et que je gardais en réserve au cas où j'aurais besoin d'aide pour moi et les miens. Je présentai à Spiegelglass mon fidèle collaborateur Hans Bruesse, arrivé tout spécialement de La Haye avec sa jeune épouse Nora. J'étais temporairement relevé de l'obligation de diriger la mise à mort de mon camarade. J'ignorais s'il s'agissait là d'une grâce ou d'une punition. On ne me disait plus grand-chose concernant la traque. Je ne tardai pas à remarquer qu'à la Muette j'étais surveillé plus encore que lorsque je résidais avenue de Friedland. Mon épouse était suivie également – même quand elle accompagnait notre fils dans les jardins du Trocadéro, ou lors de ses visites aux pavillons de l'Exposition. Il y avait toujours autour de nous ces types en imperméable ou en veston bleu foncé, généralement coiffés de feutres, et parmi eux un personnage très reconnaissable qui portait de grosses lunettes rondes à monture noire. Nous finîmes – et Sacha aussi – par l'appeler entre nous : « Lunettes ». Mais Tania était déjà souffrante et les soucis aggravèrent son état. Comme si cela ne suffisait pas, le petit avait attrapé la coqueluche. À mesure que les jours passaient, il devenait clair qu'il me faudrait accomplir seul le voyage à Moscou. Je pris des arrangements afin que ma famille me rejoignît plus tard. Mon faux passeport arrivait à expiration et Spiegelglass m'en fournit un autre au nom de Schoenborn, homme d'affaires tchèque. Le 10 août, je reçus officiellement l'ordre de rejoindre l'URSS. Je devais embarquer à bord du *Bretagne* le 21.

Muni de mon nouveau passeport, j'arrivai à sept heures à la gare Saint-Lazare dans la soirée du 21 août. Il restait une heure avant le départ du train. Je me considérais dans la position de l'agneau que l'on mène à l'abattoir. À huit heures moins dix, alors que j'ouvrais mes bagages, un Russe que je reconnus comme l'assistant de Kislov à l'ambassade se précipita dans mon compartiment. Un télégramme, reçu le soir même de Moscou, annulait mon ordre de retour. Je devais continuer d'exercer mes fonctions en Europe. J'écoutais, incrédule. Je n'y comprenais rien. Puis un de mes agents surgit à son tour, hors d'haleine. Le message qu'il avait reçu confirmait ces instructions. Je demandai à voir les télégrammes : il me fut répondu que Spiegelglass les avait gardés. J'hésitais encore, redoutant un piège. Des coups de sifflet retentirent. Les employés longeaient le train en refermant les portières, des jets de vapeur fusaient. Les deux hommes me pressaient d'obéir aux nouvelles consignes. Ils étaient responsables et risquaient des ennuis si je m'obstinais. Le Russe était particulièrement agité. Au dernier moment, je repris mes affaires. Mes valises étaient fort lourdes car elles contenaient des cadeaux à l'intention de Sloutsky et d'autres de mes supérieurs, ainsi que pour mes collègues (introuvables en URSS, ces produits des pays capitalistes pouvaient vous éviter une réprimande ou une dénonciation). Les agents et moi courûmes dans le couloir, bousculant les voyageurs, et je sautai sur le quai à l'instant où le convoi s'ébranlait.

Il me vint à l'esprit que toute cette affaire avait été un test afin d'éprouver ma docilité. Quoi qu'il en soit, je m'en étais tiré avec les honneurs : on m'avait vu monter dans le train du Havre sans faire d'histoires, je n'étais pas un renégat comme Ludwig, j'étais apparu aussi docile ou résigné que Mally le mois précédent. Mais je me sentis profondément vexé par ces procédés absurdes et mesquins de bureaucrates ou de mouchards. Spiegelglass me décevait. Je le croyais plus psychologue. Tout ce qu'il avait réussi à faire était de me dégoûter complètement de retourner un jour en Russie... Mes compagnons m'aidèrent à porter mes valises. Comme il était tard, je pris une chambre à l'hôtel Terminus, sous le nom de Schoenborn. Je désirais être seul. Je téléphonai à la pension de la rue des Marronniers pour expliquer à Tania que j'étais toujours à Paris et que je la retrouverais le lendemain.

Gardant la clé de la chambre, je ressortis du Terminus et déambulai seul dans la nuit. Je descendis l'avenue de l'Opéra. L'air était doux et tiède. Je franchis les guichets du Louvre et m'en allai contempler la Seine. Personne ne me surveillait – ou, si c'était le cas, je ne m'en rendis pas compte. Cela n'avait du reste aucune importance. Je suivis le fleuve en longeant les murets des quais jalonnés par les boîtes des bouquinistes. Je voyais l'île de la Cité, et les flèches de Notre-Dame s'élevant au-dessus des brumes. Sur un banc de pierre au bord du Pont-Neuf, un couple d'amoureux s'embrassait. Ils me dévisagèrent en silence et la fille étouffa un rire : qui était ce petit homme gris, au regard égaré ? Arrivé au bout du quai de la Mégisserie j'entrai dans un café en face du théâtre du Châtelet. Je m'installai à une table et songeai en fumant. À la radio, une femme à l'accent méditerranéen chantait en français un refrain simple et bête, d'une voix un peu éraillée, en roulant des « r » :

C'est la chanson toujours naïve et tendre
Des amants que l'amour un soir a rendus fous,
Prêtez l'oreille et vous pourrez entendre
Vibrer dans bien des cœurs ce chant si doux...

Reviens Piccina Bella, reviens vers notre amour,
Dans l'ombre où je t'appelle, j'attends toujours.
Suivre un désir qui passe n'est pas le vrai bonheur,
Souvent l'amour s'efface brisant les cœurs,
Aie pitié de mes larmes, l'amour n'est pas un jeu...

Ce soir-là, au fond de ce café du Châtelet, je réalisai que ma vie au service du communisme touchait à sa fin. J'accomplirais encore une ou deux missions afin de donner le change, mais mon cœur n'était plus à eux. J'étais incapable de répondre aux exigences de cette nouvelle ère – celle des Staline, des Iéjov, des Spiegelglass. Je n'avais pas intégré l'Armée rouge dans l'intention de devenir un criminel...

Jusqu'ici le sang qui tachait mes mains était le sang de fascistes, ou d'auxiliaires présumés du fascisme. Je ne pouvais me résoudre à verser celui de mes camarades. Si je demeurais à mon poste, c'était ce qu'il me faudrait faire un jour ou l'autre. Spiegelglass m'imposerait de nouveaux tests, chaque fois plus cruels. Théodore Mally avait pu rester tchékiste en Ukraine, soutenu par sa quête rédemptrice d'un homme à sauver. S'il parvenait à en sauver un, ne fût-ce qu'un seul, croyait-il, alors un peu du fardeau qui pesait si lourdement sur ses épaules serait retiré. C'était une manière de penser de chrétien. Théodore Mally était un homme de foi. Moi j'étais un athée, un homme sans Dieu...

J'avais cru longtemps en une idée, une idée sublime qui devait créer le bonheur pour tous. Cette idée n'engendrait en réalité que de la terreur. Elle nous avait apporté Staline, or je ne voyais plus aucune différence entre Hitler et Staline. Ce dernier était peut-être même pire. La haine monstrueuse des Juifs qu'affichait Hitler m'apparaissait – à moi, le petit Juif galicien – comme indubitablement sincère. Idiote et criminelle, mais sincère. Alors que le trône de Staline était bâti sur le plus grand mensonge, la plus grande trahison de toute l'Histoire[1]. Par conséquent nous tous, mes camarades et moi-même, avions sans nous en rendre compte participé à ce mensonge, à cette trahison. Il était grand temps de faire halte. Comme l'avait écrit Ludwig : à présent, nos chemins divergent ! Lui comptait suivre désormais celui d'une illusoire IVe Internationale. Je voulais simplement échapper à tout cela. Il importait de réfléchir aux moyens d'y parvenir, avec ma femme et mon fils, sans y laisser nos vies. J'entendais toujours la femme à la radio :

Le triste amant qui chante au clair de lune
Exhale son beau rêve au hasard des chemins
Mais rien ne lui répond dans la nuit brune
Et tendrement l'écho répète en vain :
Reviens Piccina Bella, reviens vers notre amour,
Dans l'ombre où je t'appelle, j'attends toujours...

Au bout d'un certain temps, je gagnai la cabine téléphonique du café et composai le numéro de Sergueï Spiegelglass. Il décrocha à la première sonnerie. Apparemment ce type ne dormait jamais. Je lui annonçai que si le Centre avait changé d'avis et

1. Il convient de noter que Krebnitsky établit cette comparaison entre les deux dictateurs en 1937 et rédige son ouvrage vers 1940. Staline avait déjà causé beaucoup plus de morts civiles que Hitler durant cette période 1937-1940, où la machine génocidaire nazie était loin de fonctionner à plein régime.

m'ordonnait en fin de compte de garder mon poste en Europe, alors je demandais à être affecté en priorité à l'élimination de Nathan Poretski.

Ma requête produisit un effet contraire à celui auquel je m'étais attendu. Les jours suivants, il me sembla que la surveillance s'intensifiait. Les hommes gris coiffés de feutres étaient à présent au moins quatre à se promener discrètement aux alentours. La nuit, je distinguais des silhouettes immobiles fumant une cigarette sous la porte cochère de l'immeuble d'en face. Ma secrétaire Matilda fut suivie également. Je ne cherchais pas à déjouer les filatures. Je croisais « Lunettes » régulièrement, m'amusais à lui adresser de petits sourires de reconnaissance mais son visage laid restait impassible.

Le soir du 26 août, j'assistai en compagnie de Hans Bruesse et de Nora – mon épouse était à la pension pour soigner notre fils – à la dernière représentation des *Ennemis* de Gorki, que donnait dans un théâtre parisien une troupe russe. Nous étions assis au second rang du parterre. À l'entracte, je sentis une main toucher mon épaule. Je me retournai. C'était Spiegelglass, entouré d'une bande de Russes de ses amis.

— Vous pouvez partir demain, me suggéra-t-il d'un air aimable. Avec les acteurs, sur notre bateau qui les ramène à Leningrad... Je peux vous organiser cela facilement.

Je n'en pouvais plus. Je criai :

— Je rentrerai quand je serai prêt !

Il sourit et me conseilla de me calmer. Les Russes me regardaient sans rien dire. Je constatai ensuite que Spiegelglass et ses compagnons avaient quitté le théâtre bien avant la fin de la pièce. Je restai éveillé toute la nuit. Au matin, j'envoyai un télégramme à

Moscou, affirmant que je rentrerais avec ma famille dès que mon fils serait guéri de sa maladie.

L'après-midi du même jour, une berline Hotchkiss verte vint se garer rue des Marronniers. Deux hommes demandèrent M. Schoenborn à la réception de la pension de famille. L'un d'eux était « Lunettes ». Il m'informa en allemand que nous devions faire nos valises. Je crus qu'on nous rapatriait de force et qu'il était chargé de nous conduire au Havre.

— Votre fils est malade, poursuivit l'homme aux yeux de grenouille. Il sera mieux soigné dans un endroit à nous. C'est à deux heures environ de Paris.

Je paniquai. Le NKVD prenait Sacha en otage...

« Lunettes » fit un geste de dénégation.

— Non, non, vous partez tous les trois. C'est un lieu très reposant, vous verrez. Tenu par un couple de camarades. Ils adorent les petits. Votre femme et l'enfant seront comme des coqs en pâte. Ils y resteront une quinzaine de jours. Le temps de votre mission. Vous avez fait une demande, n'est-ce pas, Herr Schoenborn ? J'ai le plaisir de vous annoncer qu'elle a été acceptée.

36.

La maison se trouvait à Breteuil, à une trentaine de kilomètres au-delà de Dreux. Je rassurai ma famille, expliquant à Tania affaiblie et inquiète que la solution que nous offraient les camarades était raisonnable. Nous étions tous deux épuisés psychiquement, elle était encore souffrante, Sacha guérirait plus vite au bon air de la campagne. La maison, une bâtisse isolée, en pierre épaisse, appartenait à un couple d'âge moyen, tous les deux militants du Parti communiste français. La femme paraissait douce, son mari, un Normand avare de paroles, était un ancien docker du Havre. Le compagnon de « Lunettes », un Autrichien, avait pour consigne de rester dans la maison, tandis que la berline et son chauffeur me reconduiraient à Paris avec l'homme aux yeux de grenouille. J'avais pu constater que l'Autrichien était armé. Malgré leurs sourires et leur gentillesse apparente, ces gens savaient comme moi que, si désormais je désobéissais aux ordres, mes chances de revoir ma famille deviendraient extrêmement faibles. En un sens, je ne faisais déjà plus partie « des leurs ». Je n'étais plus un vrai camarade. J'étais un individu douteux; peut-être pas encore un trotskyste ou un fasciste, mais quelqu'un sur qui l'on ne pouvait plus réellement compter et qu'il était préférable de tenir à l'œil. Les règles de sécurité communistes étaient strictes. À la moindre incartade, j'étais bon pour la balle dans la nuque au bord de la route ou dans les sous-bois. Un jour il m'était arrivé ainsi de tuer un de mes propres agents parce que j'avais cessé d'être sûr de lui. Assis à ma gauche sur la banquette, « Lunettes » portait un automatique Steyr M 12 autrichien dans son étui de poitrine. Notre chauffeur conduisait en silence, nous roulions les vitres baissées à cause de la chaleur. Mon voisin fredonnait entre ses dents. Il m'offrit de ses cigarettes lorsque mon paquet fut vide. La voiture me ramena en ville dans le dixième arrondissement du côté des Grands-Boulevards. Nous fîmes halte à l'angle de la rue du Faubourg-Saint-Denis et de la rue de Metz. L'immeuble, en pierre de taille, était situé en face des Concerts Mayol. Il portait sur sa façade, au sixième étage, de grandes lettres blanches : « Alfred Fantl Co., Inc. » L'ascenseur s'arrêta au cinquième. « Lunettes » sonna à une porte en bois verni. Un homme mince d'une quarantaine d'années, à la poitrine creusée et aux épaules frêles, apparut dans l'embrasure, vêtu avec une élégance désinvolte d'un pantalon de velours côtelé et d'une chemise blanche au col ouvert. On me le désigna comme Georges, de toute évidence un pseudonyme. Les cheveux grisonnants, assez beau, avec de grands yeux aux paupières cernées, il s'adressa à moi en parlant un russe cultivé et nous accueillit aimablement. L'appartement était de style bourgeois. Je fus introduit dans un salon, où attendait dans un fauteuil en lisant le journal un autre personnage distingué, plus jeune et corpulent, qui se présenta sous le nom de Michel. Sur son crâne lisse et rasé, il portait un chapeau en feutre, quoique nous fussions à l'intérieur. Lui aussi parlait le russe, mais avec un léger accent français. Je me demandais qui étaient ces gens. Ils n'avaient absolument pas l'air d'exécuteurs à la solde de Moscou. Plutôt de poètes ou d'éditeurs de revue littéraire. Je m'installai dans un coin de la pièce, sous une peinture de Pavel Kouznetsov représentant des vendangeurs en Asie centrale. Les bruits de la rue nous parvenaient à travers les fenêtres grandes ouvertes. Le temps devenait de plus en plus lourd, on manquait d'air et le ciel s'assombrissait au-dessus des toits. L'Allemand, que la conversation ne semblait guère intéresser, se leva pour fermer les fenêtres, pendant que Georges nous servait des cocktails. Je ne pris que de l'eau minérale. Je transpirais et me sentais vaguement nauséeux. Le tonnerre grondait dans le lointain. Michel alluma une cigarette et annonça :

— Poretski est retrouvé.

Je ne réagis pas. J'écoutais, tendu, mon verre à la main, où tintaient légèrement les glaçons. Georges me regarda en souriant :

— Il se cache à Finhaut, un petit village au-dessus de Martigny dans le Valais suisse.

— Le village ne compte qu'une douzaine de familles de cultivateurs, précisa Michel. Les maisons sont construites le long d'une rue unique. Poretski, sa femme et l'enfant sont installés au premier étage de la maison du maire. Donc ils n'habitent pas seuls. Ils ne s'éloignent que rarement de la maison. N'importe quel étranger arrivant au village est repéré immédiatement. Très difficile pour nous d'agir là. Ou alors ce serait un massacre. Le gouvernement suisse en ferait un incident international.

« Lunettes » restait silencieux. Georges s'assit face à moi pour expliquer :

— Poretski a gardé une « boîte aux lettres » à Paris. Un nommé Bartosch, 21 rue du Vieux-Colombier. Il lui envoie son courrier à Zürich en poste restante. De temps en temps, Poretski descend de Finhaut, prend le train à Martigny pour Lausanne où il rencontre une certaine Hellen Hesse, mariée à un des fils de l'écrivain, qui lui apporte son courrier de Zurich. Nous pourrions abattre Poretski en route ou le jeter du train, mais le commandant juge que c'est trop aléatoire. Entre-temps, deux solutions intéressantes se sont présentées : nos sources chez Sneevliet comme chez Sedov confirment qu'un rendez-vous se prépare entre les trotskystes et Poretski. Celui-ci tarde à les laisser publier son manifeste, car il désire auparavant assurer ses arrières. Trouver une source de revenus, ou filer aux États-Unis où il a déposé une somme importante en dollars. La réunion se tiendrait à Reims, peut-être le dimanche 5 septembre.

— On pourrait faire d'une pierre deux coups en descendant Sneevliet par la même occasion, observa l'homme au crâne rasé.

Je notai que « Lunettes » lui jetait un regard hostile. Georges secoua la tête.

— Le chef nous l'interdit. Nous avons une source impeccable auprès du Hollandais. Pourquoi changer les choses ? Tout serait à recommencer. D'autre part, un nouvel élément est entré en scène : Gertrud Schildbach – de son vrai nom Mengelbauer –, une réfugiée antinazie à qui Poretski avait trouvé un petit emploi à Rome auprès du *rezident* local, et que nos services là-bas « préparaient » depuis un certain temps, lui a écrit en juillet par le biais de l'ambassade. Lidiya Grozovskaïa a eu le temps de lui faire parvenir ce message juste avant que le traître ne fasse défection. Schildbach possède un passeport allemand légal. Dans sa lettre, que notre ami qui la contrôle lui a dictée, elle demandait à Poretski s'il comptait quitter le Parti, dégoûté par les procès de Moscou, et suggérait que dans cette éventualité elle était prête à agir de même, et désirait des conseils de sa part sur la façon de procéder. Une belle histoire évidemment fabriquée pour gagner sa confiance. Elle l'informait de son séjour à Chamonix à l'hôtel Royal Madeleine à partir du 16 août. Tout cela est une idée de Spiegelglass, qui a mis une forte pression sur Gertrud Schildbach, un appât que nous lancions sans savoir ce qu'il donnerait... Or, le 23 août, Schildbach, qui patientait à Chamonix en compagnie de Smirensky et de Bob Ducomet, a reçu une réponse de Poretski ! L'imbécile lui suggère un rendez-vous à Lausanne dans un café ou un restaurant pour causer de tout cela, un jour de la première semaine de septembre – sans doute a-t-il l'intention de profiter du changement de train en gare de Lausanne, sur le chemin de la réunion trotskyste de Reims. Il ne se méfie absolument pas car Schildbach fait partie des intimes de la famille : à Paris, elle emmenait le gamin au cinéma, au parc, lui achetait des bonbons...

— Dans ce cas, vous ne redoutez pas qu'elle se dégonfle ? intervint Michel. Il s'agit quand même de les liquider tous les trois... Et c'est une femme. Je trouve votre combine bien imprudente. D'ici à ce qu'elle nous dénonce tous...

Georges se mit à rire.

— Gertrud Schildbach est d'une stupéfiante laideur : courte et trapue avec une tête énorme, des lunettes aux verres épais, des dents protubérantes. J'ai vu une photographie. Notre camarade Roland Abbiate lui fait une cour assidue depuis plusieurs mois, il la couvre de robes et de bijoux, lui laisse entrevoir le mariage... La chance de sa vie ! Croyez-moi, elle fera tout ce qu'il lui dira. Abbiate, dont la sœur Mireille travaille aussi pour nous, et qui en France circule sous le nom de François Rossi, vient de la rejoindre à Chamonix. Il paraît qu'ils font encore chambre à part.

J'entendis l'Allemand glousser à côté de moi – il comprenait donc le russe.

— Le camarade Schwabe a présenté Renata Steiner à Roland Abbiate hier. C'est la jolie répétitrice, originaire de Suisse, qui s'occupe de la filature des Poretski à Finhaut. Aujourd'hui, Abbiate emmène sa « fiancée » à Berne. Ils y attendront de savoir par une lettre ou un télégramme de Poretski la date du rendez-vous de Lausanne. Renata Steiner est revenue à Paris par avion, chargée de porter messages et « cadeaux » de France en Suisse et vice versa. Demain elle retrouvera Schwabe, qu'elle ne connaît que sous le nom de Léo, à la gare de Lyon sur la plate-forme des départs à onze heures du soir. Il lui remettra un paquet à emporter à Berne. Un cadeau du commandant, fabriqué à Moscou tout spécialement à l'intention de la famille Poretski... Une jolie boîte de chocolats en provenance directe de l'usine à sucreries du « laboratoire X ». Mme Poretski ne refusera pas, car je suis sûr que son petit garçon aime les chocolats.

Je me sentis blêmir.

Pourtant je demeurai tranquillement assis sur mon siège. Je ne fis aucune tentative pour quitter les lieux, pour refuser la mission que l'on m'imposait – ou plutôt, que je m'étais imposée moi-même.

Ils étaient trop forts pour moi. J'avais joué ma dernière carte et j'avais perdu. J'avais voulu lutter, biaiser... Théodore Mally affirmait que j'étais doué pour biaiser. Je me promenais sur le fil du rasoir, et j'avais cru m'en sortir comme cela s'était toujours produit jusqu'à cet instant. Moi, Shmerl Rubinfeld, le petit Juif malin de Podwoloczyka. Et j'avais perdu. Je n'étais plus en mesure de prévenir Ludwig. Voilà jusqu'où ils m'avaient acculé – jusqu'à quelle horreur. Choisir entre la vie du fils de Ludwig, le petit Roman âgé de dix ans... et la vie de mon propre fils Sacha. Je n'osais pas penser à ce qu'eût dit ma femme si elle nous entendait. Je gardai le silence, et baissai la tête.

Ami lecteur, ou lectrice, je ne vous connais pas mais vous venez de lire les paragraphes qui précèdent. Peut-être avez-vous entendu parler, par la presse ou dans un livre, des circonstances de la mort de Nathan Poretski, mieux connu sous le nom de Ignace Reiss. Sans doute voyez-vous à présent en moi un lâche, un traître et un assassin. Le meurtrier de son ami, de son frère... Et le complice de l'assassinat programmé de l'épouse de celui-ci et de leur tout jeune fils. Permettez-moi cependant de vous interroger – depuis le bord du gouffre, ou depuis la tombe. Qu'auriez-vous fait à ma place ? *Condamné votre enfant à mort ?*

L'orage avait crevé sur Paris, la pluie battait contre les carreaux. Georges m'annonça que je dormirais dans l'appartement jusqu'au début des opérations. Il y avait une petite chambre avec un canapé. Les autres partirent. En le saluant sur le palier, Michel appela Georges par inadvertance « Sergueï », et je réalisai qu'il s'agissait du Sergueï Efron dont avait parlé Spiegelglass le mois précédent : marié à la poétesse Marina Tsvetaïeva, il publiait la revue *Eurasie* et dirigeait, rue de Buci, l'Union des amis de la patrie soviétique, qui s'occupait du rapatriement en URSS des Russes blancs... Autrement dit, le cercle Goutchkov.

Au fur et à mesure des allées et venues dans l'immeuble du faubourg Saint-Denis, et des conversations en langues diverses que je surprenais ou auxquelles on m'autorisait à me joindre, j'appris à connaître cette bande singulière, où se côtoyaient les aristocrates issus de l'immigration blanche, les poètes appartenant au courant philosophico-politique « eurasien », les ex-officiers tsaristes ayant combattu durant la Grande Guerre et la guerre civile, les agents staliniens venus de Moscou, et les simples tueurs et délinquants locaux de sac et de corde. Je jouissais d'un statut insolite auquel je n'étais guère habitué : à la fois suspect et l'un des dirigeants de la mission en cours. Celle-ci mobilisait toutes les énergies. Le téléphone sonnait sans cesse, des courriers arrivaient et repartaient avec des paquets ou des instructions, les chefs tenaient des réunions, traçaient des plans. Le NKVD mettait beaucoup d'argent dans l'affaire, et une nommée Vera Traill (la fille de Goutchkov, comme je le sus plus tard) apportait les billets de banque en train depuis l'Union soviétique. Cette jeune femme extrêmement élégante avec son tailleur cintré, son chapeau noir à large bord et ses lunettes rondes sophistiquées donnait l'impression de débarquer d'une séance de photographie pour une revue de mode. Il régnait une excitation fiévreuse qui me rappelait l'appartement de Iakov Blumkine dans les années 1920. On s'y répétait avec délectation des récits ignobles, associés par là même au comble de l'avant-gardisme ou de la poésie. Nikolaï Pozdniakov, qui venait de servir en Espagne dans un détachement du NKVD, et organisait des assassinats politiques à Paris ou dans d'autres villes d'Europe – il dirigeait la surveillance de l'appartement de Lev Sedov, rue Lacretelle –, se vantait d'une méthode radicale pour se débarrasser des ennemis idéologiques à l'étranger. Il suffisait d'assommer la victime et de la placer dans un bain d'acide chlorhydrique. Quelque temps après, il ne restait plus qu'à faire fonctionner le système d'évacuation d'eau et tout s'en allait dans les tuyaux. Pozdniakov, ingénieur chimiste de profession, et qui avait servi dans l'armée de Wrangel, appelait cela du travail propre. C'était un homme très cultivé, à demi aveugle, d'une maigreur squelettique. À Paris, un autre appartement servait de repaire aux seconds couteaux de la bande, depuis le début de l'été 1936. Il avait été loué par Pozdniakov à l'intention de Smirensky – qui lui aussi avait combattu dans les armées blanches en Ukraine – et de Ducomet, au 28 de la rue Lacretelle dans un immeuble attenant à l'immeuble où vivait le fils de Trotsky, au 26. L'appartement de Sedov et celui de ceux qui l'espionnaient n'étaient séparés que par l'épaisseur d'un mur. Roland Abbiate, l'agent monégasque qui contrôlait Gertrud Schildbach, tenait là-bas de fréquentes réunions avec ses comparses avant qu'Efron ne l'eût envoyé dans les Alpes pour diriger la liquidation de Ludwig.

Le 1er septembre, « Lunettes » – qui, j'avais fini par l'apprendre, répondait au nom de Bernhard – vint me chercher rue du Faubourg Saint-Denis avec sa Hotchkiss. Il me conseilla de prendre des vêtements de rechange car nous serions absents plusieurs jours. L'Allemand à figure de grenouille s'installa au volant près de moi, tandis que Sergueï et Michel voyageaient derrière sur la banquette. Quittant Paris, l'automobile prit la direction du sud-est.

Sauf une brève halte pour déjeuner dans un relais de campagne, nous filâmes d'une traite jusqu'au village de Saint-Pierre-de-Rumilly, situé à une trentaine de kilomètres au sud-est de Genève. L'homme au feutre et au crâne rasé, dont le nom complet était Michel Strangue, ancien étudiant à la Sorbonne, était fils de réfugiés russes. Les Strangue géraient là-bas une pension de famille appelée le « château d'Arcines ». La commune de Saint-Pierre-de-Rumilly abritait depuis longtemps une importante colonie russe. Je compris rapidement que ce château dissimulait en réalité un relais clandestin du NKVD[1]. Le mari de la poétesse Svetaïeva était un habitué de l'endroit, qui outre un vaste parc comptait une vingtaine de chambres confortables. Cette vieille demeure seigneuriale datait du XIIIe siècle, se dressant au-dessus du village à l'entrée de la vallée du Borne. Du plateau l'on jouissait d'une large vue sur la région environnante, la vallée de l'Arve, le mont Orchez, et jusqu'aux pentes du Salève et des Voirons. Un donjon carré et massif, percé de rares et étroites fenêtres, et dont le rez-de-chaussée servait autrefois de prison, était accolé à un épais corps de logis où avaient été aménagées les chambres des invités, et à une aile avancée au nord-est. J'apercevais des puissantes cylindrées garées dans la cour intérieure du château. Des gardes armés patrouillaient aux alentours. Sergueï m'informa que le commandant était déjà arrivé. Une première réunion se tint immédiatement en sa présence. Je rencontrais pour la première fois de ma vie le célèbre « Yasha » : le major Yakov Isaakovitch Serebriansky, chef de l'Administration des tâches spéciales du NKVD.

Le personnage – qui avait débuté en Russie comme éclairagiste de théâtre – était une fort étrange caricature tenant à la fois du Juif au bec crochu tel que le représentent les propagandistes nazis et du comte

1. Cette information est accréditée par deux sources d'origine suisse : *Les Pourvoyeurs du Goulag*, tome 2, deuxième partie : « La police secrète contre l'Internationale communiste, 1932-1941 », p. 162, par P. F. de Villemarest et Nicolas Rutchenko, Éditions Famot, Genève, 1976, et l'article « Paris dans les années 30 : sur Serge Efron et quelques agents du NKVD », par les historiens Daniel Kunzi et Peter Huber, *in Cahiers du monde russe et soviétique*, vol. 32 n° 2, p. 295, avril-juin 1991. Le château d'Arcines, qui fut un « foyer d'émigration russe » jusqu'en 1948, s'est appelé également château de Rumilly-sous-Cornillon et se trouve sur l'actuelle commune de Saint-Pierre-en-Faucigny.

vampire interprété par Max Schreck dans le film de F. W. Murnau *Nosferatu*. Son crâne énorme et chauve sur le dessus, garni de touffes de cheveux raides recouvrant la nuque, évoquait quelque fève géante saupoudrée de pellicules. Sa poitrine était creusée, son dos voûté, ses jambes torses. Serebriansky, plusieurs fois décoré par le gouvernement soviétique, exerçait depuis une dizaine d'années le rôle de grand maître de l'élimination des ennemis à l'étranger de Joseph Staline.

Deux hommes l'accompagnaient, que j'avais déjà croisés dans l'appartement de Paris : un jeune type brun nommé Adolf Schwabe, alias Léo, et Boris Afanassiev, l'agent bulgare qui dirigeait l'antenne grenobloise de l'Union des amis de la patrie soviétique, où il recrutait des agents pour le NKVD.

— Poretski a contacté Gertrud Schildbach à son hôtel de Berne, déclara Yasha. Il lui donne rendez-vous dans un café de Lausanne, près de la gare, samedi 4 septembre dans l'après-midi. La femme de Poretski et l'enfant seront probablement présents. En même temps, notre source principale chez Lev Sedov nous informe que le rendez-vous de Reims est confirmé. Sneevliet, accompagné de Victor Serge, cet écrivain doué, paraît-il, mais négligent et vantard, ce qui nous facilite les choses, attendra Poretski au buffet de la gare de Reims le dimanche 5 septembre. Il nous faudra diviser nos forces en trois groupes afin de parer à toute éventualité. Groupe mobile numéro un : Abbiate, Afanassiev, Martignat, en surveillance de Schildbach pour passer les chocolats, et si cela ne suffit pas, abattre Poretski avant qu'il ne prenne son train de nuit. Groupe numéro deux : Smirensky et Ducomet, à Reims, en surveillance de Sneevliet, afin d'attendre Poretski, au cas où il aurait échappé au groupe de Lausanne, et d'agir sur place. Groupe numéro trois : Kondratiev, Steiner, Krebnitsky.

Il parut prendre conscience pour la première fois de ma présence. Ses petits yeux cruels se vrillèrent dans les miens, pendant qu'il poursuivait :

— Ce dernier groupe, sous la direction du camaradc Schwabe, circulera entre Martigny et Lausanne en tant que support du groupe un, mais n'interviendra pas dans l'exécution. Seuls les deux premiers groupes seront armés, le groupe un équipé d'un fusil Degtyarev. Avez-vous des commentaires ou des suggestions ?

Il se rassit puis écouta d'un air las, à demi tourné de côté et son bras passé autour du dossier de la chaise, sans se donner la peine de feindre le moindre intérêt pour les remarques de Sergueï Efron ou de Michel Strangue. L'attitude du major exprimait ostensiblement qu'il était persuadé de n'entendre de la part de ces deux hommes que des âneries. Lorsqu'ils eurent fini de parler, il se leva, fit signe à Schwabe et à Afanassiev de le suivre, et quitta la pièce d'une démarche fatiguée en traînant des pieds.

37.

Serebriansky ne me faisait pas confiance et m'avait réservé un rôle d'appoint qui me tiendrait éloigné de Ludwig. Au château comme dans le parc, on ne me laissait jamais seul. Le vendredi 3 septembre, « Lunettes » me fit monter dans sa voiture avec Afanassiev et Schwabe. Nous allions poursuivre notre route dans la Mathis d'un certain Vadim Kondratiev, un Russe tuberculeux qui se faisait soigner au sanatorium du Mont-Saxonnex, situé à une quinzaine de kilomètres du château d'Arcines. En temps ordinaire il travaillait pour la revue *Eurasie* que publiait Sergueï Efron. Au début des années 1930, Kondratiev, qui se disait un adversaire farouche des bolcheviks, avait intégré une organisation nationaliste russe blanche, l'Union de l'Empire russe. Celle-ci l'avait envoyé à Dantzig prendre contact avec un certain Vsevolod Skossirev, ancien officier, qui passait pour un « nazi russe » et cherchait à soulever les marins des bâtiments soviétiques mouillant dans le port. Le parcours politique de notre chauffeur m'inspirait la plus grande répulsion. Nous franchîmes la frontière suisse au col du Châtelard – le village de Finhaut se trouvait un peu plus loin à notre gauche, et je pouvais en distinguer les toits – avant de redescendre sur Martigny.

On nous y avait réservé des chambres à l'Hôtel suisse. Le lendemain matin, Adolf Schwabe reçut la visite de Renata Steiner : une belle jeune femme à la petite bouche revêche et au regard dur, où je discernais parfois une étincelle de folie. Vêtue avec élégance et coiffée d'un chapeau sombre à bord large, notre informatrice arrivait de Salvan, où elle était descendue la veille à l'hôtel du Perron en compagnie de Roland Abbiate et de Gertrud Schildbach. Ces derniers étaient déjà repartis à Lausanne s'installer à l'hôtel de la Paix afin de se préparer au rendez-vous avec Ludwig. Une puissante Chevrolet louée par la Suissesse à un garagiste de Berne restait garée devant la gare de Lausanne, prête à servir. Les Poretski avaient quitté Finhaut dans la matinée avec leurs bagages. Ludwig, que Renata Steiner appelait l'« homme de l'avenue Mozart » – je réalisai alors qu'elle n'avait aucune idée de son identité –, était monté seul, peut-être par précaution, dans le train pour Lausanne. Son épouse et son fils prendraient le train suivant. Léo envoya la Suissesse téléphoner à l'hôtel de la Paix pour lancer le signal convenu : « L'oncle est parti. »

Steiner et Afanassiev montèrent dans le même train qu'Elsa et le petit Roman. L'arrivée à Lausanne était prévue à 15 h 45. Le visage dissimulé derrière un journal, je surveillais le départ en compagnie de Schwabe et de Kondratiev. Nous déjeunâmes tous les trois au buffet de la gare de Martigny. Le tuberculeux et moi avions prévu de voyager par le train suivant (Schwabe suivrait l'opération à distance depuis l'Hôtel suisse). Kondratiev, désobéissant aux consignes de Serebriansky, avait un automatique dans sa poche. À dix-sept heures nous étions à Lausanne, où régnait une atmosphère inhabituelle. Des agents en civil et en uniforme arpentaient les quais de la gare. Je me renseignai discrètement : la raison de leur présence était la visite en Suisse du maréchal Pétain – ce vieux politicien ambitieux, ami de Franco, que soutenaient les milieux industriels d'extrême droite en France et leur organisation terroriste souterraine, la « Cagoule ». Il venait assister à des manœuvres militaires. Nous n'avions pas prévu cette situation. Brusquement nerveux, le Russe se hâta vers la sortie pour repérer la Chevrolet grise dont Renata Steiner avait parlé et où nous attendrait Roland Abbiate. L'automobile, munie de plaques bernoises, était vide. Kondratiev tournait autour, perplexe. Son manège dut sembler suspect car deux policiers en civil lui demandèrent ses papiers. Afanassiev et moi observions les événements de loin chacun de notre côté. Les policiers s'en allèrent après avoir noté l'identité du Russe. C'était un incident ennuyeux qui pouvait porter à conséquence. Roland Abbiate nous rejoignit sur ces entrefaites : je serrai la main molle d'un individu pâle, un peu gras, aux cheveux noirs lissés en arrière, affublé d'une petite moustache soignée qui devait l'aider à séduire les vieilles filles. Né à Londres d'un père musicien monégasque et d'une mère juive russe, il avait vécu successivement à Saint-Pétersbourg, Monte-Carlo, Marseille, Belgrade – où il tint jusqu'en 1935 un café à la mode nommé Le Petit Paris, et récemment Mexico, où il était affecté par le NKVD à la surveillance de Léon Trotsky. Roland Abbiate parlait le russe, l'allemand et le français. Le personnage me déplut d'instinct, au contraire d'Efron par exemple ou de Michel Strangue. Il nous dit avoir dépêché Renata Steiner au village de Territet, où l'épouse de Poretski et l'enfant comptaient s'installer dans une pension de famille. Le troisième homme du groupe, un certain Étienne Martignat qui avait l'habitude de fonctionner en tandem avec Abbiate, était posté là-bas en surveillance et devait revenir en ville avec Steiner. En ce moment même, Poretski et sa femme étaient attablés dans un café tout proche, à bavarder avec Gertrud Schildbach. L'Allemande devait en profiter pour remettre la boîte de chocolats. Puis, au cas où les Porestki ne les goûteraient pas en sa présence, pour tomber instantanément raides morts dans le café, elle persuaderait Ludwig de la rejoindre le soir et dîner en tête à tête avant qu'il ne prît son train. L'idée était alors d'opérer à la sortie de ce restaurant, à Chamblandes dans la banlieue de Lausanne, et de faire usage du fusil mitrailleur PPD-34 russe dissimulé dans le coffre de la Chevrolet. Je réfléchissais désespérément, sans trouver un moyen d'intervenir. Si je contrariais leurs plans, ces hommes non seulement essaieraient de me tuer mais ils avertiraient leur base parisienne séance tenante. Le message serait transmis à la maison de Breteuil, où l'Autrichien et l'ancien docker s'occuperaient de Tania et de Sacha. Je connaissais bien la méthode. Chloroformés, tous deux seraient embarqués au Havre dans une caisse sur un vapeur à destination de l'Union soviétique. Peut-être les balancerait-on à la mer, ou bien ce serait la Loubianka, ou les camps... Le Bulgare partit dans la Chevrolet en compagnie d'Abbiate. J'attendis dans un café en face de la gare avec Kondratiev.

Au bout d'une heure environ, Afanassiev revint annoncer que le tuberculeux et moi pouvions reprendre le train pour Martigny. Tout allait bien, l'affaire suivait son cours. Je dînai à l'Hôtel suisse à la table de Kondratiev. Nous n'étions que deux car Léo avait réglé la note et quitté l'hôtel sans laisser de message. Peu après vingt et une heures, le Russe reçut un télégramme signé « Raux » – c'était le pseudonyme de Martignat. Il nous disait : « Vous êtes libres, retournez à la maison. » Nous partîmes en voiture cette fois vers le lac Léman dont nous suivîmes le rivage, passant la frontière à Saint-Gingolph, jusqu'à Thonon-les-Bains avant de remonter vers Cluses par la vallée de Morzine. C'était un détour considérable, qui nous fit arriver au lever du jour. Il m'avait été impossible de fermer l'œil. Je ne cessais de penser à Ludwig. Vivait-il encore ? Et Elsa, et l'enfant ? Le conducteur de la Mathis me déposa à Cluses car il rejoignait son sanatorium du Mont-Saxonnex. Je rentrai seul à Paris.

À la descente du train je pris une chambre d'hôtel en face de la gare de Lyon. Je dormis quelques heures. Le lendemain, lundi, j'achetai *Le Matin* à un kiosque à journaux et m'attablai à une terrasse. Le temps était beau et chaud. Je dépliai le quotidien. Une dépêche en provenance de Lausanne me sauta au visage. La veille, dimanche 5 septembre dans la matinée, la police suisse avait retrouvé au bord de la route de Chamblandes, à l'entrée du bourg de Pully, le corps criblé de balles d'un citoyen tchèque du nom de Hans Eberhardt. La victime avait reçu cinq projectiles dans la tête et sept dans l'abdomen. La plupart étaient de calibre 7,62 mm. L'homme tenait encore dans son poing crispé une touffe de cheveux gris, apparemment arrachés à son agresseur car il semblait y avoir eu lutte. On avait trouvé dans la poche de sa veste un ticket de train pour Reims, percé par une balle. Un couple d'étrangers ayant résidé à l'hôtel de la Paix la nuit précédente était activement recherché en relation avec le meurtre. Inscrits sur le registre sous les noms de Gertrud Schildbach et de François Rossi, ceux-ci avaient filé à l'anglaise en abandonnant derrière eux bagages, vêtements, papiers personnels, un plan détaillé de la ville de Mexico et une grande boîte de chocolats. Un premier examen avait révélé qu'ils étaient fourrés à la strychnine.

Ludwig voyageait avec un passeport tchèque au nom de Eberhardt. Le journal ne parlait pas d'autres victimes, femme ou enfant. Mais les enquêteurs n'avaient peut-être pas encore établi de lien avec un cas d'empoisonnement, qui n'aurait pas eu les honneurs de la presse internationale... Je me perdais en conjectures. J'hésitai à téléphoner à Spiegelglass. J'y renonçai et me rendis à la gare Saint-Lazare en métro. Je pris un train pour Dreux, et de là un taxi jusqu'à Breteuil. Mon cœur battait fort tandis que l'auto s'approchait de la lourde bâtisse de pierre. Je n'y distinguais aucun signe d'activité. Je payai le chauffeur et courus vers la maison. Je tambourinai à la porte. Puis j'entendis des cris. Je regardai du côté du jardin : je vis l'Autrichien qui jouait avec Sacha. La porte s'ouvrit : Tania me fixait, les yeux écarquillés. Puis elle se jeta dans mes bras. J'allai m'asseoir dans la cuisine et lui montrai l'édition du *Matin* ouverte à la page du fait-divers de Lausanne. Assise en face de moi, ma femme lisait sans rien dire. Le couple de Normands était parti aux champs. Les yeux bleus me lancèrent une interrogation muette. Je prononçai d'une voix sourde :

— Non, ma chérie. Non. Ce n'était pas moi.

— Alors tant mieux.

Elle demeura songeuse un moment, en se rongeant l'ongle du pouce. Son regard se brouilla de larmes.

— Mais vois-tu, Victor, je crois que si Ludwig avait su que tu t'étais joint, même contraint, à la chasse organisée contre lui... il en aurait conclu que cela ne valait plus la peine de vivre.

Je me levai. C'était plus que je ne pouvais supporter. Je sortis rejoindre Sacha dans le jardin. Il courut vers moi. L'Autrichien nous observait en souriant.

Les quotidiens des jours suivants regorgeaient d'informations, parfois contradictoires, à propos de ce que les rédacteurs appelaient désormais l'« affaire Reiss » et qui fit les gros titres de la presse internationale durant des semaines. J'eus l'impression que ce crime était en train de virer au fiasco pour le NKVD à l'étranger. Abbiate et les autres avaient paniqué, n'osant même pas retourner à l'hôtel afin de récupérer leurs bagages. Dans leur fuite, ils oublièrent Renata Steiner qui les attendait à Berne et commençait à s'inquiéter. Ses appels téléphoniques à Lausanne et à Paris ne reçurent pas de réponse. La police suisse trouva une Chevrolet abandonnée place Cornavin devant la gare de Genève, ses sièges maculés de sang. Mais les enquêteurs ne divulguèrent pas la nouvelle, cherchant à identifier d'abord le propriétaire du véhicule, ce qui les conduisit rapidement au garage du Casino à Berne. La Suissesse – Spiegelglass avait remarqué qu'elle n'était pas très intelligente – s'y rendit peu après, pour prendre des nouvelles de l'automobile qu'elle avait louée. Le propriétaire du garage téléphona discrètement à la police, qui vint cueillir Renata Steiner et lui montra les flaques de sang sur la banquette, ainsi que les chocolats à la strychnine. On lui apprit qu'elle encourait vingt années de prison pour complicité de meurtre et tentative d'empoisonnement. La jeune femme s'effondra devant ses interrogateurs. Jouant les plus idiotes qu'elle n'était réellement, Renata Steiner se fit passer pour une dupe innocente tout en se dépêchant de révéler tous les noms qu'elle connaissait et de fournir des descriptions physiques précises. Je supposai qu'elle avait fait mon portrait également. Mais elle ne m'avait entendu parler que russe et on ne lui avait pas dit mon nom.

Les vêtements d'homme abandonnés dans la chambre de l'hôtel de la Paix portaient la marque d'un tailleur parisien. La police française, saisie par commission rogatoire, découvrit dans une boutique de la rue Scribe l'identité véritable de François Rossi, c'est-à-dire Roland Abbiate. Ce dernier semblait inséparable d'un « petit gros à la tête rentrée dans les épaules », décrit également par Renata Steiner et qu'on ne tarda pas à identifier comme Charles-Étienne Martignat, employé au chauffage à l'usine à gaz de Clichy où il ne s'était pas présenté depuis plusieurs jours. C'était un ouvrier peu ordinaire qui avait l'habitude de se rendre à son usine en taxi. Une instruction fut ouverte à Paris contre les complices réfugiés en France, et une procédure engagée pour « assassinat et association de malfaiteurs ». L'enquête aboutit rapidement à l'arrestation de Smirensky et de Ducomet. Le premier étant de nationalité russe, les Suisses demandèrent son extradition. Le tuberculeux Kondratiev fut interpellé également à Paris chez des amis, les Klepinine, mais relâché quelques jours plus tard – il semble que certaines protections aient joué au plus haut niveau du gouvernement français.

Elsa avait appris, comme moi, la découverte du corps de Hans Eberhardt en ouvrant le journal le matin du 6 septembre. Elle rentra de Territet à Lausanne pour se présenter au commissariat. Le nom de Eberhardt n'était pas inconnu des enquêteurs : la police suisse avait reçu récemment une lettre anonyme le dénonçant comme un « aventurier international et trafiquant d'armes ». Il s'agissait de toute évidence d'une tentative maladroite des agents du NKVD (seuls à connaître cette identité puisqu'ils avaient fourni le passeport) pour salir la mémoire de Ludwig et déguiser les faits en sordide règlement de comptes. La presse communiste suisse imprima qu'un agent de la Gestapo venait d'être liquidé par ses collègues. Sa femme et son fils avaient été épargnés par Gertrud Schildbach : lors de la rencontre au café près de la gare de Lausanne, où aux dires d'Elsa elle s'était montrée particulièrement troublée et agitée, l'Allemande avait repris le paquet d'un geste brusque en s'exclamant : « Ce n'est pas pour vous ! » Hendricus Sneevliet, averti par télégramme – lui et Victor Serge étaient repartis de Reims après avoir attendu le transfuge en vain jusqu'au lundi –, vint à Lausanne pour l'incinération du corps de Ludwig que la police avait rendu à sa famille après l'autopsie. L'enfant resta sous protection au commissariat pendant que se déroulait la cérémonie, au grand columbarium de Lausanne, en présence de seulement cinq personnes : Elsa, Sneevliet, son épouse et deux agents suisses en civil dissimulés derrière une porte.

La veuve et l'ami de la famille déclarèrent que le mort était un communiste soviétique entré en opposition avec le régime actuel. Tous deux avaient choisi de rester discrets tant que la lettre-manifeste de Ludwig ne serait pas publiée. Ils pensaient agir en accord avec sa volonté : mon ami souhaitait effectuer une rupture publique, destinée à attirer l'attention du monde et des communistes étrangers, et non qu'elle fût diffusée par l'entremise des autorités d'un pays capitaliste. Elsa avait donné le nom de « Ignace Reiss » pour le défunt, expliquant que Eberhardt était un pseudonyme. Ludwig lui avait parlé un jour de ce nom « Reiss » porté jadis par un parent éloigné. Sneevliet suggéra à Elsa de l'utiliser parce que Moscou ne le connaissait pas et que cela pouvait contribuer à sa sécurité ainsi qu'à celle de son fils. De mon point de vue, je jugeais la mesure idiote autant qu'inutile : la presse allait forcément s'emparer du nom pour l'associer à cet assassinat, et le NKVD (nous lisions les journaux) l'apprendrait automatiquement. Quoi qu'il en soit, mon vieux camarade Nathan Poretski – dont le seul désir n'était plus, à la fin de sa vie, que de trouver un lieu tranquille pour s'y terrer ignoré et oublié de tous – parvint à la célébrité posthume sous le nom de Ignace Reiss.

« Lunettes » revint avant la mi-septembre à Breteuil au volant de sa voiture verte. Mon retour à Paris était souhaité, ainsi que celui de ma famille, en attendant ma prochaine convocation à Moscou. Je téléphonai à Matilda qui nous réserva une chambre à l'hôtel Henri-IV, un établissement nouvellement ouvert situé place Dauphine, en plein cœur de Paris sur l'île de la Cité. Nous repartîmes tous les cinq avec le communiste autrichien, devenu le meilleur ami de Sacha. Il lui avait permis, après en avoir ôté les cartouches, de jouer avec son revolver Smith et Wesson. L'Autrichien avait demandé son transfert en Espagne parce que, disait-il, là-bas, on pouvait être utile à quelque chose. Je crus comprendre que lui aussi commençait à avoir des doutes. Notre fils guéri de sa maladie trouvait ces déménagements excitants, mais Tania et moi demeurions plongés dans la dépression. Notre relation s'en trouva affectée. J'étais fatigué, irritable, le moindre bruit me faisait sursauter. Je ne dormais que quelques heures et me réveillais brutalement, le corps moite, la poitrine contractée, la gorge brûlante et des larmes qui pesaient derrière mes paupières. Mon avenir se résumait, plus que jamais, à une simple alternative : en URSS l'exécution au moyen d'une balle dans la nuque, ou par rafale de Degtyarev dans un pays étranger. Je n'aurais peut-être même pas à choisir, puisque mes jours à Paris étaient comptés. Le lendemain de notre retour, qui s'était effectué le 15 septembre, Spiegelglass me convoqua à la Closerie des Lilas.

Ses yeux saillaient encore plus que d'habitude et il paraissait surmené.

— La veuve de Poretski est de passage à Paris, avec Sneevliet, pour rencontrer son avocat Gérard

Rosenthal, un trotskyste de longue date, qui avait rendu visite au Vieux du temps où il résidait à Prinkipo. La police française a interrogé Elsa Poretski. Ils sont intrigués par cette lettre anonyme que nous leur avons adressée les informant qu'Eberhardt était un espion allemand... Et hier, Victor Serge a débarqué chez elle à l'improviste accompagné du secrétaire de Lev Sedov. Nous sommes naturellement informés de tout cela dans les moindres détails, mais après les bêtises à Lausanne, même le cercle Goutchkov manque d'hommes capables de mener à bien une liquidation rapide. Efron, Abbiate et les autres ont été évacués par l'Espagne. D'autre part une très grosse opération est en cours, dont je ne peux pas vous parler – vous découvrirez ça en lisant le journal. Votre ex-réseau travaille dessus à temps plein. Nous disposons pour cette affaire d'un agent remarquable, qui entretient d'excellents rapports avec Heydrich et les nazis. En même temps, le Centre me harcèle car il considère que la « lettre spéciale » n'est pas terminée. Cette Elsa est certainement au courant de beaucoup de choses. J'ai ici sous la main votre ami le jeune Hans Bruesse. La veuve de Poretski repart demain par la gare du Nord avec Sneevliet. Essayez d'organiser ça avec Bruesse, vous aviez l'habitude de travailler en équipe. Il s'agirait de la descendre *elle* mais pas le Hollandais, sur le quai juste avant qu'ils ne prennent le train. Votre repli sera protégé par les camarades du Parti communiste français, qui offrent l'avantage d'être nombreux dans les gares et dans les ports. Et chez les policiers aussi, savez-vous. Ce pays est rempli de démocrates qui ne demandent qu'à nous aider à nous débarrasser des agents de Franco...

38.

Je refusai. Ils allaient trop loin. *Je ne verserais plus une goutte de sang à leur service.* Pourquoi le ferais-je ? J'étais déjà condamné. Perdu. Et pour eux aussi. Je contemplais le petit bonhomme blond depuis l'autre rive. C'était presque drôle parce que Spiegelglass ne s'en rendait pas compte. Je me demandai, à un moment de la conversation, lequel de nous serait liquidé le premier. Au rythme actuel de la rotation des cadres, je lui donnais deux ans au maximum. Je n'étais pas suffisamment optimiste pour m'en accorder autant à moi-même.

— Réfléchissez, insista-t-il. Nous avons confiance en vous, en dépit de ce que vous semblez croire. Nous n'avons rien à vous reprocher, camarade Krebnitsky. Votre comportement en Suisse a été impeccable. (Je vis qu'il transpirait. Je me rappelai que sa femme et sa fille résidaient à Moscou en otages.) Je vais vous envoyer Hans Bruesse, discutez-en ensemble. L'élimination de la femme Poretski vous vaudra de bons points, lorsque vous serez rentré là-bas avec votre famille. Pensez-y. Et à eux aussi. Je proposerai votre nom au camarade Iéjov pour une nouvelle décoration...

Il me fournit quelques détails sur les derniers instants de Ludwig – détails que je n'étais pas sûr de vouloir entendre. Le samedi 4 au soir, Abbiate et Afanassiev étaient attablés dans le restaurant de Chamblandes où Gertrud Schildbach avait attiré mon camarade. Ils se prétendirent des hommes d'affaires bulgares et engagèrent une conversation amicale. Ce fut le prétexte pour se faire servir de nouvelles bouteilles. Feignant l'ivresse, les Bulgares commencèrent à se quereller avec Ludwig qu'ils avaient encouragé à boire plus que de raison. À la sortie de l'établissement, simulant une simple altercation d'ivrognes, ils le poussèrent dans la Chevrolet, où Martignat attendait, prêt à démarrer. Gertrud Schildbach s'assit à côté de lui, tandis qu'Abbiate et Afanassiev maîtrisaient Ludwig sur la banquette. La voiture démarra. Dans la lutte, Ludwig, qui venait de comprendre la trahison, tira la tête de Schildbach en arrière, lui arrachant une touffe de cheveux. À quatre kilomètres environ du restaurant, le véhicule fit halte au bord de la route, les agents traînèrent Ludwig dehors en le rouant de coups. Abbiate ouvrit le coffre, s'empara du fusil-mitrailleur et tira une rafale. Afanassiev fit feu de son côté avec son automatique. Puis ils chargèrent le cadavre dans l'auto et le balancèrent un peu plus loin. Ce récit est celui qu'ils firent à leurs supérieurs à leur retour, et je n'en garantis pas moi-même l'authenticité. À la fin du mois, Spiegelglass devait se rendre à Moscou pour recevoir les félicitations de Iéjov, et assister à la remise de l'ordre du Drapeau rouge au Bulgare et au Monégasque. Ce dernier avait adopté un nom russe et repartirait bientôt en mission pour le NKVD. Je demandai si Gertrud Schildbach aussi allait être récompensée. Mon interlocuteur ricana et répondit qu'en fait de médaille, l'Allemande avait gagné un aller simple pour le Goulag.

Je priai Matilda de nous trouver un autre lieu de séjour – le Henri-IV était trop près de l'ambassade à mon goût. Elle réserva une chambre à l'hôtel Métropolitain, 8 rue Cambon, sur la rive droite à deux pas de l'église de la Madeleine. J'évitai de rencontrer Hans Bruesse, qui participa donc sans moi à l'action contre Elsa Poretski. L'attentat fut annulé par Spiegelglass à la dernière minute, en raison d'une forte présence policière sur les quais de la gare du Nord. Le gouvernement français avait pris des mesures pour la sauvegarde de la veuve, tout en refusant aux Suisses l'extradition des complices de l'assassinat de son mari. Hans Bruesse fut envoyé à Amsterdam pour surveiller Elsa qui s'installait provisoirement chez les Sneevliet. Des militants trotskystes avaient été déployés là-bas en protection.

Le matin du 23 septembre, une nouvelle affaire mettant en cause les services soviétiques fit les gros titres de la presse française : le général blanc Evgueni Miller, qui avait succédé à la tête de l'Union militaire russe (ROVS) au général Koutiépov – enlevé à Paris par l'OGPOu en 1930 et mort d'une crise cardiaque avant son transfert à Moscou –, s'était lui-même volatilisé au beau milieu de la capitale. Lisant le compte-rendu dans le journal je compris instantanément qu'il s'agissait de la « grosse opération en cours » dont m'avait parlé Spiegelglass quelques jours plus tôt à la Closerie des Lilas.

Le général avait quitté la veille vers 12 h 15 les bureaux de la ROVS au deuxième étage du 29 rue du Colisée, ayant laissé une lettre à son secrétaire général, le général Koussonsky, à n'ouvrir que s'il tardait à rentrer de son rendez-vous. Celui-ci était prévu à midi et demi à l'angle des rues Jasmin et Raffet, dans le seizième arrondissement. Il avait été fixé par le général Skobline, dirigeant la faction pro-allemande de la ROVS, qui désirait lui présenter deux émissaires du Reich : Strohmann, prétendu attaché militaire (son nom signifie « homme de paille »), et Werner, employé à l'ambassade d'Allemagne (personne n'y travaillait sous ce nom). Skobline était en relation avec le SS Heydrich, bras droit de Himmler et chef du renseignement et de la police d'État, qui avait collaboré au faux dossier que préparait Staline sur le maréchal Toukhatchevsky. Le général Miller redoutait un guet-apens. La lettre ouverte par Koussonsky, et qui précisait : « Le rendez-vous est arrangé sur l'initiative de Skobline. Peut-être est-ce un guet-apens, et c'est pourquoi je laisse cette note », mit instantanément les Russes blancs sur la piste de Skobline. Il était de toute évidence pour moi le « remarquable agent » évoqué par Spiegelglass. Appelé rue du Colisée à une heure du matin, Skobline se troubla et, sur le point d'être démasqué, se précipita hors des bureaux de l'organisation. La police française ne le retrouva pas et se contenta d'arrêter sa femme, la chanteuse Plevitskaïa (agent du NKVD comme son mari, elle fut condamnée en décembre 1938 à vingt années de travaux forcés en tant que complice[1]). Je sus par Margaret Browder que le général Skobline, au lieu de fuir dans la rue, s'était réfugié au quatrième étage du même immeuble, où habitait notre agent Trétiakov et où le NKVD avait installé un système d'écoutes afin de surveiller les monarchistes. Le général Miller, enfermé dans une malle portée par quatre hommes, fut introduit à bord du cargo soviétique *Maria Oulianova*, dans le port du Havre où le bâtiment était arrivé sans avoir achevé le débarquement de sa cargaison de balles de peaux de mouton à Bordeaux. Sur intervention du ministre de l'Intérieur Max Dormoy, le cargo fut autorisé à quitter les eaux françaises sans

1. Nadejda Plevitskaïa mourut empoisonnée à la prison de Rennes en septembre 1940.

avoir été perquisitionné, en dépit des soupçons du commissaire de police du Havre qui avait vu une camionnette de l'ambassade soviétique décharger la malle, l'après-midi du 22 septembre, trois heures environ après l'enlèvement du général à Paris. Skobline fut évacué sur l'Espagne comme l'avaient été les exécutants de l'affaire Reiss. Je pense que le NKVD se débarrassa de lui, soit en Espagne soit à Moscou, car il en savait trop – y compris sur la disparition de Koutiépov sept ans auparavant. J'ai entendu dire que le général Miller avait été exécuté à la Loubianka au printemps 1939.

Matilda avait pour tâche de prendre des billets pour moi et ma famille à bord du SS *Bretagne* à destination de Leningrad. Elle revint nous annoncer que le paquebot français avait accompli sa dernière croisière de la saison. Nous réfléchîmes ensemble à une solution de rechange. J'étais toujours officier de l'Armée rouge, même en travaillant pour l'INO. Je pouvais voyager sur un vapeur russe, mais pour cela il fallait l'autorisation du Centre, ainsi qu'une couverture à l'intention des services de police de l'Ouest qui passaient ces bateaux au peigne fin. L'ambassade m'informa que je recevrais un passeport au nom d'un citoyen russe transitant par la France lors de son retour d'Espagne. Mon épouse et mon fils traverseraient l'Allemagne en train, munis d'un passeport à un autre nom. Tania était de nouveau suivie dans ses moindres déplacements par des types en veste bleu foncé et aux fortes épaules. Ni « Lunettes » ni l'Autrichien ne figuraient parmi eux. Un jour de la fin du mois de septembre, elle me demanda quelles étaient mes chances d'échapper à la mort durant mon séjour à Moscou.

Je lui répondis ce que je pensais sincèrement :

— Aucune.

Et j'ajoutai :

— Il n'y a pas de raison que tu sois punie à cause de moi. Lorsque tu seras chez eux, ils te feront signer un papier où tu me dénonceras comme traître. Tu demanderas le divorce. En récompense, toi et notre enfant serez épargnés. Pour moi, la mort est certaine.

Elle éclata en sanglots.

Les jours suivants, elle ne cessa de pleurer. Je devais embarquer le 6 octobre sur le *Jdanov*, un bâtiment soviétique. Il ne nous restait plus qu'une semaine de « liberté » en France. Une fois à bord, tout serait fini. Regardant Tania, je pris ma décision. En secret je contactai l'Allemand W., mon dernier agent, celui que je tenais en réserve. C'était un journaliste spécialisé dans le droit et la finance, réfugié antinazi et membre du Comité pour la liberté en Allemagne de Heinrich Mann. La seule excentricité de cet intellectuel à l'air compassé qui avait dirigé la chambre de commerce internationale de Paris était son obsession des tortues, dont il gardait plusieurs spécimens dans son appartement. Spiegelglass et les autres connaissaient plus ou moins son existence mais ignoraient les liens d'amitié qui nous unissaient. W. partit louer à notre usage une petite villa à Hyères près de Toulon, où il avait des amis. Je lui avais donné pour cela une partie des vingt mille francs que m'avait confiés le NKVD pour la gestion des activités du réseau, et que je confisquai sans le moindre remords. W. revint à Paris le 3 octobre. Je lui demandai de réserver une limousine avec un chauffeur pour le 6.

J'avais averti l'ambassade que je prendrais le train du Havre qui partait de la gare Saint-Lazare dans la matinée. Le 6 octobre à l'aube, je réglai ma note et quittai l'hôtel Métropolitain avec nos bagages. Je pris un taxi pour Saint-Lazare. Je n'avais pas l'impression d'être suivi. Là-bas je transférai les valises dans un second taxi, me fis conduire à la gare d'Austerlitz où je les déposai à la consigne. Je passai ensuite une heure à me promener dans le bois de Vincennes. Je retrouvai W. dans un petit café près de la Bastille et lui donnai le ticket de consigne. Le rendez-vous suivant était avec Tania et Sacha à l'hôtel Bohy-Lafayette, square Montholon. Je m'y rendis pendant que W. filait de son côté à la gare d'Austerlitz. Ma femme était partie le matin avec mon fils chez un pédiatre dont le cabinet se trouvait dans un immeuble à deux issues, la principale se trouvant rue du Faubourg-Saint-Honoré. Ils avaient consulté ce médecin la semaine précédente, de sorte que l'agent qui les suivait les attendit dehors sans méfiance. Tania ressortit de l'autre côté, tenant Sacha par la main, et gagna une bouche de métro pour me rejoindre à l'endroit convenu. La limousine de location, une énorme Cadillac noire, vint nous prendre au Bohy-Lafayette avec W. assis dans l'auto et nos valises rangées dans le coffre. Je fis rapidement monter mon épouse et mon fils, et nous traversâmes Paris en direction du sud. Le chauffeur était un Américain, un vétéran de la Grande Guerre installé en France. Il croyait transporter une sympathique petite famille s'apprêtant à passer ses congés dans le Midi. Je le priai de nous arrêter un instant devant un café de la porte d'Orléans. Je téléphonai à Matilda et lui annonçai que je venais de faire défection. Il n'y eut pas de réponse. Au bout du fil, j'entendis un bruit de chute. Ma secrétaire avait perdu connaissance.

Nous roulâmes d'une traite jusqu'à la gare de Dijon. W. retournait à Paris dans la Cadillac tandis que ma famille et moi prenions l'express pour Toulon, avec des billets de troisième classe. J'avais chargé W. de contacter un haut fonctionnaire du gouvernement de Léon Blum, l'informant qu'un agent important des services secrets russes se préparait à passer à l'Ouest. Je demandais à la France l'asile politique, un statut légal de résident ainsi qu'une protection policière. Je pensais pouvoir bénéficier à cet effet de l'appui des démocrates russes émigrés, et de leur dirigeant le menchevik Théodore Dan, qui étaient en bons termes avec les socialistes français alors au pouvoir. Peut-être Lev Sedov, le fils de Trotsky, pouvait-il également m'aider, mais l'approcher était délicat, dans la mesure où le NKVD disposait de toute évidence d'un ou de plusieurs agents infiltrés dans son organisation parisienne.

Quelques jours après notre installation à la villa d'Hyères, j'écrivis à Elsa Poretski la lettre suivante :

Chère Elsa,

J'ai rompu avec la Firme et je suis ici avec ma famille. Dans quelque temps je trouverai un chemin jusqu'à toi, mais maintenant je te supplie de ne dire à personne, *même à tes plus proches amis, de qui vient cette lettre... Écoute bien, Els : ta vie et celle de ton enfant sont en danger. Tu dois être très prudente. Dis à Sneevl. que dans son entourage immédiat, des informateurs sont au travail, et apparemment à Paris aussi chez les gens avec qui il a affaire. Il doit être très prudent, dans ton intérêt et celui de ton enfant. Nous sommes à tes côtés dans ta peine et nous t'embrassons. Je signe avec le nom de notre amie morte,*

Rutka.

C'était le prénom de notre amie de jeunesse à Ludwig et moi, la frêle pharmacienne de Pologne qui disait toujours que j'étais né coiffé. Comme je l'ai raconté plus haut, Rutka avait péri de maladie en 1928. J'utilisai un stylo plutôt qu'une machine afin qu'Elsa reconnût mon écriture, laquelle possède quelques caractéristiques très particulières. J'ajoutai en post-scriptum :

Si tu consens à me rencontrer, fais paraître dans L'Œuvre, *à la rubrique «Demandes d'emplois», le texte suivant : «Bon aide-comptable, 38 ans, ch. empl. stab. Écrire à Roman, poste restante, Strasbourg.» Je te répondrai aussitôt.*

J'adressai cette lettre à Gérard Rosenthal, l'avocat trotskyste, le priant de la faire parvenir à Elsa, aux bons soins de Hendricus Sneevliet dont j'ignorais l'adresse à Amsterdam, ou ailleurs au cas où la veuve d'Ignace Reiss aurait déménagé. Cette route indirecte pour le message me paraissait un gage de sécurité supplémentaire. J'écrivis ensuite, et par des voies semblablement détournées, à Hans Bruesse en Hollande, lui demandant de me contacter mais seulement s'il désirait lui aussi rompre avec Staline. Je reçus des réponses positives à la fois d'Elsa et de Hans. Tous les deux seraient de retour à Paris dans les premiers jours de novembre. Je laissai ma femme et mon fils à Hyères, et pris le train pour la capitale le 7 de ce mois. En dépit de toutes mes précautions, j'éprouvais le sentiment de me jeter dans la gueule du loup.

Hans Bruesse était descendu comme à son habitude à l'hôtel Breton, rue Duphot, dans le quartier de la Madeleine. Je lui téléphonai et nous convînmes d'un café près de la Bastille pour le rendez-vous. J'étais déjà assis lorsqu'il entra. Ses presque premiers mots furent :

— Je suis venu au nom de l'Organisation.

J'étais profondément choqué. J'avais toujours eu confiance dans le jeune Bruesse. Instantanément, je réalisai qu'il jouait en ce moment le rôle qu'avait joué Gertrud Schildbach. Je regardai alentour. Nous avions choisi un établissement petit-bourgeois de taille modeste. Je repérai rapidement un groupe de consommateurs suspects, qui fumaient des cigarettes autrichiennes. J'étais certain qu'ils étaient là pour le compte de Spiegelglass ou de ses collègues. Le Hollandais tira une lettre de sa veste, qu'il déplia sur la table.

— Tu sais que j'étais chargé de la surveillance de la veuve de Ludwig, à Amsterdam. Elle a reçu un courrier bizarre, signé « Rutka ».

C'était une copie de ma propre lettre. S'il avait eu l'original entre les mains, Hans avait forcément reconnu mon écriture. Il jouait avec moi au jeu du chat et de la souris.

— Tu ne vois pas qui pourrait en être l'auteur, par hasard ? Rutka, on dirait un prénom polonais...

Si l'écriture n'avait pas suffi à me désigner, il y avait aussi la proposition d'insérer une petite annonce dans *L'Œuvre* : j'avais prié Hans de me contacter en usant d'une méthode semblable. Il changea cependant de sujet, et, pendant que je me demandais par quel biais le NKVD avait pu connaître le contenu de mon message à Elsa, il reprit d'une voix mielleuse :

— J'étais venu à Paris dans l'intention de rompre avec le service, mais pendant deux jours leur nouvel envoyé n'a cessé de vouloir me persuader que je faisais fausse route... Et en effet, je m'étais un peu emballé... Tout ce que fait Staline est pour la bonne cause, comprends-tu, Victor... Réfléchis un peu et je suis sûr que tu partageras mon avis.

Il reprenait les arguments que j'avais naguère utilisés devant Ludwig. Cela me fit honte. Comme je m'en voulais, à présent ! J'aurais dû rompre plus tôt. Ludwig ne serait peut-être pas mort. Il lui avait manqué un allié dégourdi dans mon genre. Je feignis d'écouter avec bienveillance les arguments de Hans Bruesse.

L'essentiel était d'éviter l'intervention des fumeurs de cigarettes étrangères. Je me demandais si un de leurs complices m'attendait dehors – prêt à sortir un fusil Degtyarev du coffre d'une auto et à m'envoyer une rafale. Non, cela causerait trop de problèmes avec le gouvernement français. Ils comptaient plutôt m'embarquer dans leur véhicule pour me chloroformer, puis m'expédier pieds et poings liés à l'intérieur d'une caisse depuis les docks du Havre. De la même façon que le général Miller six semaines auparavant. J'écoutais Hans et je hochais la tête, l'expression pénétrée.

— Ils savent, à Moscou, que tu n'es ni un traître ni un espion, Victor. Tu es un bon révolutionnaire mais tu es fatigué. Tu es en train de céder sous la pression, ce sont des choses qui arrivent. On ne t'en voudra pas. Je pense qu'ils se contenteront de t'accorder un peu de repos. Dans une datcha de la mer Noire, par exemple... Un coin tranquille au soleil. Tu l'as mérité. De toutes les manières, tu es l'un de nous.

J'acquiesçai. À côté, les types regardaient ailleurs. Je n'arrivais pas à voir s'ils portaient des armes car ils avaient conservé leurs manteaux. Comptaient-ils s'inspirer des deux Bulgares du restaurant de Lausanne ? Feindre une dispute, m'entraîner de force vers la sortie ? Je suis petit, ils n'auraient aucun mal avec moi. Je n'étais pas armé. J'avais laissé le Rast und Gasser à Tania, en lui montrant comment s'en servir.

— N'étais-tu pas prêt à rentrer à Moscou, déjà installé dans le train, gare Saint-Lazare il y a deux mois ? Eh bien tu vas faire pareil. Nous t'accompagnerons jusqu'à la gare... L'envoyé du Centre comprend ton problème, Victor, et il désire avoir une bonne conversation avec toi. Tu le connais déjà, du reste, mais je n'ai pas le droit de te dire son nom.

Je réfléchissais. Ayant moi-même joué plusieurs fois ce rôle auprès de Ludwig, il m'était aisé d'adopter le point de vue de mon interlocuteur. Je répondis donc exactement ce que Hans souhaitait entendre :

— Oui, je crois que j'ai de la veine qu'ils aient envoyé un type compréhensif... Arrange-moi une entrevue. On va mettre les choses à plat, lui et moi. Spiegelglass était un idiot et une brute... Aucun sens de la psychologie. Des rapports humains. L'homme dont tu me parles a l'air d'être exactement celui qu'il faut pour comprendre mon cas... Comment devons-nous procéder ? Il se trouve à Paris en ce moment ?

Hans sourit.

— Non, il est en Hollande. Tu pourrais le rencontrer chez mes beaux-parents, que tu connais bien. En toute confiance. Nora sera là elle aussi...

Je saisissais parfaitement le plan. Me kidnapper aux Pays-Bas leur éviterait de provoquer un nouveau scandale, après les affaires Reiss et Miller qui avaient jeté un certain froid sur les relations entre la France et l'URSS. Et là-bas nous ne serions pas loin du port. Je voyagerais à fond de cale sur un vapeur soviétique. Je répondis à Hans Bruesse que j'étais d'accord avec sa proposition. Avec soulagement, je notai qu'il adressait un signe discret aux types en manteaux. Quelque chose qui semblait signifier : « Tout va bien. »

Je déclarai à Hans que j'avais faim, et l'invitai au restaurant. Sortant du café, je hélai un taxi. Un coup d'œil par la lunette arrière me permit de vérifier que personne ne nous filait. Le repas fut pénible. Ayant payé l'addition et salué mon ancien agent en lui donnant rendez-vous pour bientôt, je montai seul dans un taxi. Le jeune homme en prit un autre qui comme par hasard suivit la même direction. Il me fallut utiliser toutes les techniques que je connaissais pour me débarrasser de Hans. Au bout de quatre ou cinq véhicules successifs et de promenades compliquées dans Paris, il me sembla que je l'avais semé. Inutile d'ajouter que je n'apparus jamais au rendez-vous que nous avions fixé pour notre départ aux Pays-Bas. Pour plus de sûreté, je récupérai mes valises à mon hôtel et allai demander l'hospitalité à W. dans son appartement envahi par les tortues.

39.

J'avais rendez-vous le surlendemain avec l'avocat Gérard Rosenthal afin de rencontrer Elsa. Sa cliente logeait chez lui durant son séjour, sous la protection de camarades. Les révolutionnaires antistaliniens se méfiaient de moi. L'entrevue devait se dérouler en présence de Rosenthal et du trotskyste Pierre Naville, et exclusivement en français. Le cabinet de l'avocat était situé rue d'Édimbourg, dans le huitième arrondissement, près de la station de métro Europe. Un rendez-vous préalable fut fixé dans un café de la porte d'Italie en fin d'après-midi. J'y fus conduit en taxi par le délégué de l'organisation, un petit bonhomme terne et effacé au visage de souris, au regard anxieux, appelé Marc Zborowski. C'était le secrétaire particulier de Lev Sedov.

Les lumières étaient déjà allumées dans l'établissement. La salle, bruyante et animée, se remplissait d'ouvriers venus boire un verre au comptoir après le travail. Aux tables du fond je voyais des habitués jouer aux cartes. Deux hommes entrèrent, minces, nerveux. Le secrétaire de Sedov me les désigna. Rosenthal était brun, le profil typiquement juif. Ex-membre du Parti communiste français, il avait fait partie du mouvement surréaliste sous le pseudonyme « Francis Gérard ».

Son camarade Naville, dont le parcours était similaire – il avait codirigé avec Benjamin Péret les trois premiers numéros de *La Révolution surréaliste* –, avait des yeux profondément enfoncés dans les orbites, un regard intense et méfiant. En d'autres temps, je suppose que ces deux Français m'auraient plu, mais l'atmosphère de suspicion réciproque me perturbait. D'emblée, Rosenthal affirma qu'on lui avait parlé de tueurs du NKVD prêts à nous lancer une grenade. Sortant du café, les trotskystes jetèrent des coups d'œil nerveux à droite et à gauche.

Zborowski nous quitta et s'éloigna les mains dans les poches de son pardessus. C'était un petit Juif de l'Est comme moi. Naville le regarda partir d'un air malveillant. J'eus l'impression qu'il haïssait le secrétaire, ou bien le soupçonnait d'être un agent infiltré. Nous montâmes tous les trois dans la voiture de Rosenthal. Nous roulions dans Paris en silence, la nuit tombait, chacun demeurait plongé dans ses pensées. Les miennes étaient sombres. Je redoutais le face-à-face avec Elsa. Comment lui parler de mon rôle dans le guet-apens de Lausanne ? Je comptais tout nier en bloc. Je ne voyais guère d'autre solution.

L'automobile fit halte vers le haut de la rue d'Édimbourg. Les Français m'invitèrent à descendre. Ils me prirent par les bras et me plaquèrent contre une palissade. Les jardins du Conservatoire national de musique s'étendaient de l'autre côté. Les réverbères jetaient sur nous une lumière pâle, la rue était déserte. J'entendais les élèves du Conservatoire répéter – bruits de cymbales, de bassons. Naville et Rosenthal me lançaient des ordres brefs.

— Tenez-vous tranquille. Écartez les bras. Nous avons mis la police au courant, vous savez. Alors pas de blagues...

Ils palpèrent les poches de mon pardessus, de ma veste. Je me laissai fouiller docilement.

— Je n'ai pas d'arme.

— Permettez qu'on vérifie quand même...

— Nous avons une question à vous poser, afin d'établir avec certitude que vous êtes celui que vous prétendez.

— Faites.

— Lorsque vous êtes parti en Union soviétique en mars dernier, Mme Poretski nous dit vous avoir confié un objet. Lequel ?

Après un instant d'hésitation, je me rappelai :

— Un manteau, de bonne qualité, pour le fils de notre ami commun F.

Ils se regardèrent.

— C'est bon. Allons-y.

Ces hommes jouaient aux petits soldats. J'espérais que leurs méthodes étaient efficaces, dans mon intérêt comme dans le leur. Ils me conduisirent vers l'immeuble. Le cabinet de l'avocat voisinait avec celui de son père, médecin. Rosenthal ouvrit la porte et m'introduisit dans son bureau.

Deux hommes étaient déjà présents autour de la table : le fils de Trotsky, et l'écrivain révolutionnaire Victor Serge. J'avais connu celui-ci à Moscou en 1927 chez Léon Averbach où il donnait une conférence sur la littérature française. Nous avions bu du vin ensemble un autre soir, à Leningrad chez des camarades. Victor Lvovitch Kibaltchitch de son vrai nom, cet ancien libertaire, fils d'émigrés russes en Belgique, lié dans sa jeunesse à la bande à Bonnot, avait effectué quelques années de prison en France pour cela. Il entra au parti communiste bolchevik à peu près en même temps que moi, travailla pour le Komintern et se lia à l'opposition de gauche. Déporté trois ans en Oural, Serge avait été libéré en 1936 grâce à une campagne menée par Romain Rolland, Magdeleine Paz, Charles Plisnier, André Gide et d'autres intellectuels. De lui, j'avais lu *Ville conquise* et *Les Hommes dans la prison.* Je ne comprenais pas très bien pourquoi Staline l'avait laissé partir. C'était un cas unique en son genre : normalement, il aurait dû se trouver au Goulag ou avoir été déjà exécuté. Malgré le petit sourire dont il me gratifia, je le sentis gêné, nerveux. Lev Sedov était un garçon trapu d'une trentaine d'années, au front large, à l'air franc. Il semblait d'un caractère moins complexe que celui du vieux Trotsky. Il me parla en russe :

— Désolé de toutes ces précautions...

Il répéta la même phrase en français à l'intention de Naville et de Rosenthal.

— C'est normal, concédai-je. Comment pouvez-vous me faire confiance ?

— Elle répond de vous, fit Sedov en désignant quelqu'un derrière moi. Et nous, nous avons confiance en elle...

Je me retournai brusquement. Elsa se tenait devant la porte du fond, droite, raide, glaciale. Ses yeux bleu-gris me considéraient avec amertume. Et j'y lus aussi de l'étonnement, de me voir changé, amaigri, le regard vide sous mes sourcils en broussaille, dans un visage étroit et terreux... J'aperçus, aux côtés de la veuve, un bonhomme au visage rond, aux moustaches tombantes, aux épaules fatiguées. C'était Hendricus Sneevliet. Il paraissait contrarié. Je compris que c'était parce qu'il ne comprenait pas le russe et que Sedov oubliait souvent de traduire.

Je m'adressai à Elsa :

— Je suis venu te voir, Els, pour t'avertir que ton fils et toi, vous êtes en danger, et sérieusement. J'espère être capable de t'aider. Tu peux compter sur moi.

Elle me toisa, les lèvres serrées. Son visage rond et buté n'exprimait que de la tristesse et du mépris.

— Je n'ai plus besoin d'avertissements à présent. Je ne voulais pas venir. Ils m'ont persuadée de le faire pour te présenter à ceux qui peuvent t'aider à sauver ta peau. Tes avertissements viennent trop tard. Si tu avais agi à temps, Ludwig serait en vie, avec nous. Aujourd'hui, son cadavre percé de balles est là entre toi et moi.

— Que pouvais-je faire ? De quoi pouvais-je l'avertir ? Il savait aussi bien que moi qu'ils le tueraient.

— Si tu t'étais joint à lui, il serait vivant et tu te trouverais dans une autre position. Tout aurait changé si tu avais agi comme tu le disais et comme il l'attendait...

Je me tournai vers les autres. Dans mon français hésitant, je murmurai :

— C'est bien le coup le plus dur dans tout ce qui vient de m'arriver...

Elsa me coupa, s'écriant :

— Tu étais avec les assassins de Ludwig !

Je niai. Je me sentais pitoyable.

— Au contraire, j'ai essayé de le prévenir... Moi et Teddy, nous avons téléphoné...

— Oui, mais qu'as-tu fait ensuite ?

— Écoute. J'ai assisté à une réunion à l'Exposition, avec un envoyé de Moscou, c'est là que l'exécution fut décidée... Mais j'ai toujours refusé d'assumer une tâche précise. Au contraire, je t'ai sauvé la vie. Spiegelglass voulait que j'organise ton exécution. J'ai refusé... Sans moi, cet imbécile n'est arrivé à rien... Il avait préparé un attentat contre toi et Sneevliet à Paris. Écoute-moi, je t'en supplie, Els : *les Russes connaissaient la date et l'heure précise de votre voyage.* Le NKVD a dû renoncer au dernier moment, parce qu'il y avait trop d'affluence dans la gare, et des policiers français...

Mes paroles tombaient dans une atmosphère pesante, hostile. Elsa, les yeux mouillés de larmes, voulut partir mais Naville la retint. Le fils de Trotsky réfléchissait. Je m'adressai directement à l'avocat :

— Monsieur Rosenthal ! Un agent hollandais au service des Soviétiques m'a montré avant-hier une copie de la lettre, signée « Rutka », que je vous avais envoyée à l'attention d'Elsa chez le camarade Sneevliet. J'ai nié l'avoir écrite, pourtant il n'était pas dupe. Mais qui a eu cette lettre entre les mains ici ? Par quel moyen est-elle parvenue à Amsterdam ? Tu l'as lue, Els, si c'est toi qui as placé la petite annonce dans *L'Œuvre*... Il y a un dangereux agent dans votre parti. Cette lettre le prouve... Je vous le demande : comment se fait-il, monsieur Rosenthal, que ma lettre soit tombée entre les mains du NKVD ?

Toute l'assistance se tourna vers l'avocat. Il répondit, l'air un peu perdu :

— Je l'ai donnée à Victor Serge pour qu'il la poste...

Pendant une minute ou deux, un silence terrible régna. Nous nous posions les mêmes questions. Pourquoi Rosenthal avait-il confié la lettre à Serge, alors que lui-même connaissait parfaitement l'adresse d'Elsa, étant son avocat ? Il pouvait l'envoyer directement. Et, s'il voulait la montrer à quelqu'un, pourquoi pas à Lev Sedov, d'autant qu'il était lui-même trotskyste, ainsi que l'avocat de Sedov et de Trotsky ?

— J'ai pleine confiance en lui, déclara Rosenthal.

Pierre Naville intervint, très pâle. Ses petits yeux étaient furieux et soupçonneux. Il fit un pas vers Victor Serge, qui souriait jaune.

— À qui avez-vous montré cette lettre ? Ou à qui en avez-vous parlé ? À ce rat d'Étienne, peut-être ? Vous êtes incorrigible...

L'interpellé écarta les bras. Je voyais, derrière ses lunettes à fine monture, les paupières cligner nerveusement. « Étienne » était le pseudonyme chez les trotskystes de Marc Zborowski.

— Mais... à personne, voyons. Ou peut-être en ai-je touché un mot à Lola Estrine ? Je ne suis plus très sûr... Mais je l'ai postée le jour même. À mon avis, le problème se situe plutôt de l'autre côté.

Le silence s'alourdit encore davantage. Rosenthal, Naville, Sedov, Sneevliet, Elsa... tous se regardaient, pétrifiés. Il ne pouvait plus y avoir de doute : à Paris ou aux Pays-Bas, l'ennemi était infiltré parmi eux.

Je revins à la charge :

— Vous êtes forcément espionnés de l'intérieur. Il y a au moins un agent...

Sneevliet, qui, je le sentais, avait déjà du mal à garder le contrôle de ses nerfs, éclata. Il se dressa devant moi, et cria :

— Un agent ? C'est vous qui êtes un agent, et qui voyez des agents partout ! C'est vous, l'agent, le traître ! Qu'êtes-vous venu faire ici ? Vous êtes un misérable agent du NKVD, voilà ce que vous êtes !

Les autres essayaient de le calmer. Le Hollandais se dégagea :

— S'il y a un agent à Amsterdam, vous le connaissez obligatoirement ! Dites-nous son nom ! Salaud ! Misérable ! Vous savez tous les noms ! Je ne crois pas aux défaillances de mémoire, moi ! Le nom ?

— Je l'ignore, malheureusement. Si vous saviez combien il en existe, des noms ! Écoutez-moi : *il y a tellement d'agents chez vous* que je trouve extraordinaire d'être en sécurité, ici, au milieu de vous six.

Je m'efforçais de rester calme mais je sentais trembler mes mains et mes genoux. Elsa suppliait Sneevliet de se rasseoir. Elle lui fit observer que c'était lui qui avait voulu rencontrer un homme ayant rompu avec Staline... Blême, les traits encore tordus par la rage, il obtempéra. Le téléphone se mit à sonner.

Rosenthal décrocha, dans la pièce où l'on eût entendu voler une mouche. Il écouta, puis me tendit l'appareil.

— On demande le camarade Krebnitsky. En allemand.

Je reconnus la voix de W. au bout du fil. Nous étions convenus qu'il appellerait toutes les vingt minutes. Je prononçai :

— *Alles ruhig.* Tout est tranquille.

Je remis l'appareil en place. L'appel avait agi comme une douche froide et contribué à calmer les esprits. Rosenthal offrit de m'aider, de tenter de légaliser ma situation en France. Naville me demanda si je souhaitais faire une déclaration publique. Je refusai :

— Je ne passe pas à l'opposition, car je considère votre démarche comme utopique. Vous ne manquez pas de courage, mais vous êtes des rêveurs. Et des rêveurs pas suffisamment nombreux. L'URSS reste, malgré tous les crimes de Staline, la grande puissance du progrès. Je ne la trahirai en aucune façon. Je ne veux plus participer aux crimes, c'est tout. Je ne fournirai aucun renseignement aux autorités françaises. J'ai failli partir pour Moscou, sachant que j'y serais fusillé. Je devais prendre le train... mais j'ai changé d'avis et je vous ai contactés. Malgré tout, politiquement je me sens encore loin de vous.

Je me tournai vers Lev Sedov :

— Soyez extrêmement prudent. Au NKVD en Union soviétique, j'ai entendu dire à votre sujet : « Le jeunot travaille bien. Sans lui, le Vieux aurait beaucoup de mal à faire marcher l'affaire... » Votre *Livre rouge sur les procès de Moscou* les embête beaucoup. Ils vous veulent mort encore plus qu'ils ne veulent la mort de Lev Davidovitch...

La réunion s'acheva froidement. Elsa ne voulut pas me serrer la main. Je partis en compagnie de Naville sans lui accorder un regard. Sur le seuil, en le remerciant de son aide, je fis remarquer à Rosenthal :

— Vous savez, je peux être tué à chaque coin de rue.

Je revis souvent Lev Sedov au cours des semaines qui suivirent. Dans son *Bulletin de l'opposition*, il avait écrit la nécrologie de Ludwig : « Le “Père des peuples” et Iéjov savent qu'il existe beaucoup de Reiss en puissance... Les projets de Staline échoueront... Personne ne peut arrêter le cours de l'Histoire avec un pistolet... Le stalinisme est condamné, il pourrit et se désintègre sous nos yeux... Le jour est proche où son cadavre puant sera jeté dans les égouts de l'Histoire... » J'admirais sa ferveur un peu naïve de vrai communiste. Ses amis – dont le jeune secrétaire Rudolf Klement qui devait connaître une fin tragique – lui conseillaient de rejoindre son père à Mexico parce que sa vie était en danger à Paris, mais il répondait que cela prouvait précisément que son poste ici était trop important pour qu'il pût l'abandonner. Je lui parlai de ma conversation avec Spiegelglass à l'Exposition, en juillet : le NKVD avait reçu un télégramme de Mexico les informant que Trotsky était déjà au courant de la défection de Ludwig. Cela signifiait que le Vieux était espionné de très près, que quelqu'un qui avait accès à son courrier était un agent de Moscou, qu'il fallait l'en avertir...

L'intermédiaire pour mes rencontres avec Sedov était toujours son secrétaire particulier, Marc Zborowski. Je finis par me lier d'amitié avec le petit homme aux allures de souris. Il se plaignait de l'hostilité de Pierre Naville qui ne l'informait qu'à la toute dernière minute du lieu et de l'heure des réunions, et il m'assurait de son fidèle attachement au fils de Trotsky. Nous bavardions en polonais, bien qu'il fût né à Ouman en Ukraine. Benjamin d'une fratrie de sept enfants, il se prénommait en réalité Mordka. Ses parents avaient émigré en Pologne, d'abord à Lemberg puis à Lodz. Il était arrivé en France en 1933 avec sa femme, avait travaillé comme chasseur dans un hôtel de Grenoble. Zborowski se rappelait avec amertume l'indifférence des clientes bourgeoises qui regardaient à travers lui comme s'il n'existait pas, et ne couvraient pas leur corps quand il apportait le petit déjeuner dans leur chambre. En fin de compte, nous étions assez semblables : deux petits Juifs à l'aspect insignifiant arrivés des marches de l'Est, vêtus de manteaux couleur de grisaille. Le jeune Mordka avait fait des études supérieures, s'intéressait à l'anthropologie. Je le rencontrais au métro Glacière, un autre jour rue des Morillons et parmi les tombes du Père-Lachaise où nous nous promenâmes une bonne heure. J'y aperçus des silhouettes au loin et paniquai :

— Regardez, regardez, ils arrivent ! Ils vont tirer maintenant !

J'avais cru reconnaître Schwabe parmi eux, mais il ne s'agissait que de flâneurs. Tous ces jours à Paris, j'étais un paquet de nerfs et je voyais des tueurs du NKVD partout. La terreur m'assaillait par vagues. Je m'abritais derrière les rideaux des fenêtres, une arme à la main. Mes connaissances me contemplaient avec inquiétude.

Le 19 novembre, grâce au menchevik Théodore Dan, je présentai à l'intention du ministre français de l'Intérieur, Max Dormoy, ma déclaration rédigée en français :

Confronté au choix entre suivre mes vieux camarades dans la mort et tenter de sauver ma vie ainsi que celles de ma famille, j'ai décidé de ne pas me livrer bâillonné aux épreuves de la terreur staliniste, laquelle n'a rien à voir avec la cause que je considère être la mienne.

Je sais que ma tête est mise à prix. L'assassin a été envoyé sur mes traces et il n'épargnera même pas ma femme et mon fils. J'ai souvent risqué ma vie pour ma cause, mais je ne veux pas périr vainement.

Je demande votre protection pour moi et les miens, avec l'autorisation de demeurer en France jusqu'à ce que je puisse émigrer dans un autre pays et y gagner ma subsistance et celle de ma famille en complète indépendance et sécurité.

Le lendemain, Victor Serge me donna rendez-vous chez son amie Colette Audry, square de Port-Royal. Elle était sortie. Nous marchâmes dans des ruelles sombres, et finalement sous le mur de la prison de la Santé, boulevard Arago. J'évitais les lieux fortement éclairés. Tout en surveillant les ombres entre les arbres, je lui racontai l'histoire de Hans Bruesse :

— J'ai retrouvé dans un café un de mes anciens agents, le fils d'une famille hollandaise que j'aime et qui m'aime. Dans le café je me suis vu surveillé, j'ai craint un moment d'être tué sur place. Il avait tout organisé avec eux. Pourtant il m'aimait réellement, comme un maître qui lui enseigna le dévouement et la conscience politique...

J'ajoutai :

— Les agents du service n'ont pas de grâce à attendre du Centre. Ils me tueront tôt ou tard. Je ne sais pas si je n'aurais pas mieux fait de rentrer à Moscou... Ce n'est pas la mort qui m'effrayait, c'est l'attente, ce sont les préliminaires, un supplice inutile et révoltant. Mon sentiment le plus profond est le regret des bons camarades, la fleur de la révolution, que l'on a injustement fusillés. Staline n'est pas fou, vous savez. C'est simplement qu'il se méfie de tout le monde, et que son cœur s'est depuis longtemps changé en pierre.

Je mis la main dans la poche de mon manteau pour chercher mon paquet de cigarettes. Je remarquai que mon compagnon suivait mes gestes d'un air effrayé. Lui aussi avait mis la main dans sa poche. Je poussai un soupir.

— Vous vous méfiez de moi, c'est naturel. Et moi, je vous ai souvent soupçonné, Victor Lvovitch. Pourtant, nous serions contents de mourir tous les deux pour la même cause.

Il ricana :

— Pas tout à fait la même.

Serge me parla de socialisme. Je lui répondis que les chemins du socialisme passaient par la puissance de l'État soviétique.

Nous nous serrâmes la main en nous quittant. J'étais persuadé qu'il travaillait pour le NKVD. Que Victor Serge était l'informateur de Staline dans l'entourage de Lev Sedov...

— Je suis usé, lui dis-je. Je puis être tué à chaque coin de rue et cela finira par arriver. Tout cela est d'une absurdité sans nom.

Cinq jours plus tard on me délivra une carte d'identité française de réfugié et l'on assigna un homme à ma protection, l'inspecteur de police Maurice Maupin. Il était chargé de m'accompagner à Hyères afin d'y assurer la sécurité de ma famille.

En mon absence, W. avait reçu un appel téléphonique de Matilda.

— *Jetzt ist alles verloren!* lui cria-t-elle. Tout est perdu, maintenant...

À l'en croire, le NKVD avait pris la décision définitive de m'abattre sur place – renonçant à ses tentatives de me piéger chez les Bruesse grâce au concours de leur « nouvel envoyé » si compréhensif. Abandonnant ses affaires à Paris, Matilda regagna précipitamment la Hollande et coupa tous les ponts avec les organisations communistes. Sa vie au service de Staline avait pris fin. Je crois qu'elle mène une existence tranquille à La Haye loin de toute activité politique, et, ici aux États-Unis, je me remémore souvent ma fidèle assistante avec affection.

Le lundi 26 novembre je montai dans l'express pour le midi de la France en compagnie de l'inspecteur Maupin. Le soir, nous restâmes à quai en gare de Marseille, peu avant minuit, attendant de repartir vers Toulon. L'arrêt devait durer une demi-heure. Un autre convoi stationnait à côté de notre train. Ses voitures s'ébranlèrent, tandis que je regardais distraitement par la fenêtre de notre compartiment. La dernière voiture disparut en dévoilant le quai. Là, j'aperçus Hans Bruesse en imperméable. Il marchait vers un autre homme et lui adressait des signaux. Je bondis, criant à l'inspecteur :

— Ce sont les assassins !

J'avais reconnu aussi le deuxième individu, à son visage allongé : c'était le Bosniaque Ivan Kral. Ainsi, Bruesse avait reformé ma vieille équipe – mais la cible, désormais, c'était moi. Nous nous précipitâmes hors du compartiment et courûmes le long de la plate-forme. De l'autre côté des rails, quatre hommes dont Bruesse et Kral couraient aussi, les mains plongées dans leurs poches. L'inspecteur Maupin avait dégainé son automatique. Nous poursuivions les tueurs, qui de toute évidence ne s'étaient pas attendus à pareille réaction. Arrivant à l'extrémité du quai, l'inspecteur me poussa contre le mur et se plaça devant moi, pistolet au poing. Il souffla :

— Mes ordres sont de vous ramener à Paris sain et sauf, pas de capturer tout seul quatre types armés... Je crois qu'ils ont des grenades.

À cette heure tardive, il ne se trouvait dans la gare aucun policier susceptible de nous prêter main-forte. Mes agresseurs avaient disparu. Nous rejoignîmes nos places. Je ne comprenais pas – et c'est toujours le cas aujourd'hui – comment le NKVD avait pu être informé de la date et de l'heure de mon voyage et organiser un guet-apens. Je me rappelais cependant vaguement avoir confié à Victor Serge que nous résidions non loin de Toulon. En revanche, il ne me semblait pas en avoir parlé à Zborowski. Aucun des deux ne savait que je bénéficiais d'une escorte policière. Quoi qu'il en soit, Marseille était la ville idéale pour ce type d'opération. Ils pouvaient me cacher chez les syndicats des docks et me charger dans la cale du prochain cargo soviétique à destination d'Odessa, ou, plus simplement, me jeter à la mer lesté d'un bon poids attaché à mes chevilles. L'incident alarma les autorités françaises, qui informèrent l'ambassade d'Union soviétique qu'elles m'accordaient officiellement l'asile politique et que les relations entre les deux pays étaient en jeu.

Le chargé d'affaires russe à Athènes, Alexandre Barmine, fit lui aussi défection cet automne 1937, en protestation contre les purges sanglantes et les procès de Moscou, et se réfugia en France où il publia des articles dans la presse trotskyste. Je le rencontrai à plusieurs reprises mais ne l'aimais pas : je n'arrivais pas à saisir comment Barmine, pourchassé lui aussi, pouvait prendre sa situation tellement à la légère. Au mois de décembre, nous déménageâmes de Hyères pour nous réinstaller à Paris à l'hôtel des Académies, rue des Saints-Pères, situé à proximité d'un poste de police de quartier. Trois inspecteurs nous gardaient jour et nuit, occupant la chambre voisine de la nôtre et se [relayant (?)]

(Le manuscrit s'interrompt ici.)

L'ensemble des documents retrouvés à Vevey chez Adolf Schwabe n'incluait pas d'autres feuillets dactylographiés – soit parce que Le Grand Mensonge *est inachevé (l'auteur évoque dans sa lettre à Horst Krausnick un texte « en son état actuel »), soit parce que les dernières pages ont été perdues ou détruites. On peut du reste imaginer que Krebnitsky avait envisagé une troisième partie, consacrée aux péripéties de son existence aux États-Unis – où il arriva à New York à bord du paquebot* Normandie *le 10 novembre 1938 (le lendemain de la Nuit de cristal en Allemagne), et fut détenu un certain temps avec Tania et Sacha par les services d'immigration à Ellis Island, avant d'obtenir pour tous les trois un statut légal de réfugiés.*

CHARLOTTESVILLE, VIRGINIA

(Rédigé en allemand, à la main, d'une écriture plus agitée que les premiers feuillets de la lettre à Krausnick ; certains mots sont ici difficilement lisibles.)

9 février 1941.
3 h 15 du matin.

Mon fidèle Horst...

mon fidèle Horst ?

Oui. Je laisse l'adjectif « fidèle ». Pourquoi pas ?... Après tout, on est toujours fidèle au moins à quelque chose... Moi aussi. J'ai trahi, j'ai été fidèle... à quoi, à qui ? Tu as fait un choix, Horst – qui suis-je pour te jeter la pierre ?

Ma foi en la vie a été détruite. Je suis un homme déraciné, traqué, blessé jusqu'au fond de l'âme. Mes forces sont épuisées. Ma tête est déjà sous terre, les souvenirs du passé me poursuivent sans répit... Nul bolchevik n'a jamais quitté le régime soviétique pour devenir aussi désillusionné et solitaire que moi. J'ai toujours eu besoin d'une foi, d'un idéal, de quelque chose qui fût au-dessus de moi-même, de nous tous... Je n'ai pas été un homme libre, un homme indépendant comme ces peintres juifs que j'exposais dans ma galerie de Hollande. Lié à cet ordre religieux du bolchevisme, à la Russie de Lénine et de Staline comme par une union mystique avec les prétendues « forces créatives de l'humanité », je suis rapidement devenu l'esclave d'un système gigantesque que je redoutais et admirais à la fois – et que je n'ai jamais entièrement compris, même si peu de gens en savent autant que moi sur ce qui se passait derrière les murs du Kremlin ou ceux de la Loubianka... Vivre en dehors du Parti s'est révélé cent fois plus dur que je n'imaginais. Je voulais le bonheur de l'humanité et je m'aperçois aujourd'hui que je suis incapable d'aimer quiconque à part mon petit garçon. Je ne peux aimer que ce qui m'appartient. Mais je ne cherche pas à m'approprier qui ou quoi que ce soit. Tout cela m'indiffère... Je réside dans la terreur. Ayant parcouru déjà des dizaines de milliers de kilomètres au cours de ma fuite, je demeure prisonnier de cet univers d'intrigues, de conspirations, de liquidations... Le geste le plus spontané de la part d'un proche ou d'un étranger me paraît suspect. Il n'y a presque personne que je ne puisse soupçonner de me trahir. Depuis ce jour où j'ai croisé Basov et ses amis au Horn & Hardart Automat, je vis dans la même profonde épouvante qu'à Paris ou à Moscou...

Une nuit d'hiver au début de 1939, je marchais sur Riverside Drive en compagnie de Paul Wohl[1] : comme jadis à La Haye, sur la plage désolée de Scheveningen, nous avions une de nos éternelles, longues et lugubres discussions au sujet des fautes des années passées – ces fautes que nous, communistes,

1. La véritable identité de « W. », le journaliste allemand qui aida Krebnitsky à faire défection à Paris en octobre 1937, et qui plus tard facilita son entrée aux États-Unis.

considérons comme autant de crimes. Nous longions une petite chapelle que protégeait un grillage. Je voyais une sourde lumière briller derrière les vitraux. J'ai murmuré que ce serait si bien d'être là, à l'intérieur, tranquilles... « Alors, entrons », a proposé Paul... La porte était fermée à clé.

Cela n'a pas dû être très facile pour toi, Horst. J'ai eu à faire un choix similaire il y a quelques années de cela. Il m'est donc possible de me mettre à ta place. Mais quel idiot je suis ! Pourtant, je connaissais leurs méthodes... toujours les mêmes... et toujours cette même, inexprimable horreur !

Ludwig, mon vieil ami Ludwig... cet homme grand et vigoureux, poussé sur la banquette de la Chevrolet de François Rossi, se débattant... Je l'imagine, étendant son bras et, au bout, je vois son poing, son poing formidable... qui se referme sur les cheveux gris de Gertrud Schildbach, et lui tire la tête en arrière... C'est tout ce que mon ami peut faire encore avant de mourir, lui briser la nuque, à cette chienne... Il lui arrache une touffe de cheveux... Là, dans l'auto, entre les faux Bulgares dont l'haleine sent l'alcool et qui le tabassent, le rouent de coups, lui plaquent un tampon imbibé de chloroforme sur le visage... lorsqu'il venait de réaliser, lui aussi, toute l'horreur...

Et Lev Sedov !... Comme je me souviens de lui, de Liova : son sourire honnête, son âme confiante, ouverte à l'amitié... tu sais comment ils ont procédé avec lui ? Il était pauvre, en mauvaise santé, il mangeait peu, travaillait trop... À la fin de janvier 1938 il s'est plaint de douleurs intestinales. Sa secrétaire, une Russe, Liliya Estrina, dite « Lola »... ex-menchevik arrivée directement de Russie en 1933 avec un passeport soviétique régulier... travaillait à la mission commerciale de l'ambassade avant de fréquenter les trotskystes... Si ça ne pue pas le NKVD !... Sa belle-sœur était médecin... Fanny Trachtenberg. Elle a diagnostiqué une légère atteinte d'appendicite. Sedov allait mieux, mais les douleurs ont repris, violentes, le 8 février... Oui, je connais l'histoire par cœur, dans ses moindres détails. Je connais toutes ces histoires par cœur. La doctoresse est revenue le lendemain avec son mari, un Russe lui aussi, médecin... Ils ont dit qu'il fallait opérer. Qui a choisi la clinique Mirabeau, au 7 de la rue Narcisse-Diaz, près de l'avenue de Versailles ? Une clinique tenue par des Russes... Ses secrétaires Estrina, Zborowski, la compagne de Sedov, Jeanne Martin des Pallières (une créature sectaire, difficile, qui détestait Rosenthal et qui menait Lev Sedov par le bout du nez) ? Ou le docteur Trachtenberg ?... C'était une erreur terrible... pourtant, depuis l'affaire Reiss et les arrestations dans le cercle Goutchkov, on savait les milieux de l'émigration russe farcis d'individus contrôlés par le NKVD... Et qui a décidé que le lieu de l'hospitalisation serait impérativement caché aux camarades français ? Naville et Rosenthal n'ont rien su jusqu'à ce qu'il fût trop tard. Sedov est entré à la clinique sous un faux nom, celui de Léon Martin, ingénieur français. Parmi le personnel infirmier se trouvaient aussi des Russes émigrés, qui l'ont entendu parler russe avec son entourage. L'opération a eu lieu dans la nuit... comme les exécutions en URSS. L'anesthésiste était le directeur de la clinique, Girmounsky. Les chirurgiens, Simkov, attaché à la clinique, et Talheimer, chirurgien des hôpitaux. L'appendice était enflammé, avec bride intestinale. L'appendicectomie se déroula normalement... Il n'y eut pas de complications pendant les quatre jours suivants. J'ai rencontré Marc Zborowski à cette époque... il m'a dit que Sedov allait mieux, mais il gardait le secret sur l'endroit où le fils de Trotsky était soigné. Le

13 février, Sedov a reçu sa secrétaire Lola et sa compagne Jeanne. Il se sentait bien, voulait reprendre le travail le lendemain avec Lola et Marc... Il avait faim. Jusqu'ici il n'avait absorbé que du thé et de l'eau minérale. Liliya Estrina lui a pelé une orange... Et cette nuit-là, celle du 13 au 14, où on l'avait laissé sans surveillance puisqu'il allait bien, Sedov a présenté un subit et brutal épisode d'agitation. Il quitta sa chambre, erra nu dans les couloirs, pénétra dans une pièce voisine... il délirait à haute voix en russe, jetait des pelures d'orange, la garde de nuit le retrouva prostré, grelottant de fièvre, sur le canapé de l'office. On avertit Jeanne Martin, elle accourut, découvrit sur la paroi abdominale du malade une large ecchymose violette dont le bord voisinait avec la cicatrice opératoire... Le docteur Talheimer, appelé en urgence, ne comprenait pas... il demanda si on avait administré à Sedov des barbituriques? avait-il jamais tenté de se suicider?... La température variait, le pouls était irrégulier. Il ordonna une transfusion sanguine, qui fut pratiquée par un spécialiste, le docteur Ich-Wall. Le patient se sentait mieux, il plaisantait avec le personnel pendant la transfusion... Le soir, Zborowski avertit Rosenthal et un autre trotskyste français que Sedov avait été opéré d'urgence pour une « occlusion intestinale ». Le lendemain, mardi 15, Sedov fut pris d'étouffements. Son état général se dégradait, les injections de sérum demeuraient sans effet... J'avais rendez-vous avec Rosenthal à son cabinet rue d'Édimbourg, Zborowski et Liliya Estrina vinrent y attendre son retour du Palais de Justice, où il plaidait... ils nous apprirent les détails, le nom, l'adresse de la clinique. Nous nous rendîmes tous ensemble rue Narcisse-Diaz en auto. Une consultation générale d'urgence fut organisée en présence du docteur Georges Rosenthal, le père de l'avocat, et d'un autre spécialiste. Les

médecins constatèrent une paralysie de l'intestin, avec rétention des matières... le cœur fibrillait... ils décidèrent de pratiquer une opération de la dernière chance, en dépit de l'état de grande faiblesse du malade...

J'étais à côté de Naville et de Rosenthal quand nous vîmes passer Lev Sedov sur une table roulante, le long des couloirs vers la salle d'opération. Il était allongé, pâle, inerte, le regard perdu. Ses mains étaient jointes sur la poitrine, sa respiration haletante... rien n'indiquait qu'il nous reconnaissait. Je vis seulement ses yeux ciller quand le chariot pénétra dans la lumière vive de la salle.

En raison de l'état de son cœur, l'opération fut pratiquée sans anesthésie ! Elle dura longtemps... les médecins se déclarèrent optimistes. Le patient était jeune, si son organisme trouvait la force de résister quarante-huit heures, il serait sauvé.

À l'aube du 16, le fils de Trotsky entra dans le coma... les transfusions ne servirent à rien. Il mourut à onze heures sans avoir repris connaissance.

Lors de l'enquête préliminaire organisée par les trotskystes, Zborowski déclara, étrangement, qu'en raison du mauvais état physique de Lev Sedov, dont il témoignait et qu'il attribuait aux angoisses provoquées par les procès de Moscou, sa mort « causée par une occlusion intestinale, était indirectement causée par la faible résistance de son organisme »... Ni l'autopsie ni la contre-autopsie pas plus que l'expertise toxicologique exigées par son avocat, ne donnèrent de résultats probants...

Quelques semaines après la mort de Lev Sedov, les deux enfants du docteur Simkov périrent, dans des circonstances inexpliquées, ensevelis dans une sablière. La police française aurait suggéré au médecin de déclarer aux journalistes : « S'il s'agit d'un crime politique, alors cela viendrait des trotskystes parce que j'ai soigné le fils de Léon Trotsky dans une maladie qui fut mortelle. » Par la suite, le docteur Simkov démentit ces propos...

L'enquête révéla que le docteur Girmounsky était, selon les policiers, un « sympathisant bolcheviste ». Il n'avait pas émigré à la révolution mais était entré en France en 1928, avec un passeport en règle et de quoi acheter la clinique Mirabeau pour six millions de francs... Le docteur Simkov, lui, collaborait parfois à un périodique sympathisant de l'Union soviétique, *L'Œuvre chirurgicale franco-russe.* Plusieurs membres du personnel étaient affiliés à l'Union pour le rapatriement que dirigeait Sergueï Efron...

De toute évidence, Lev Sedov a été empoisonné par le NKVD. Tu te souviens, Horst, de Iagoda à son procès ? dans la revue *Octobre*, en mars 1938, le magistrat instructeur qui disait : « Quand Iagoda se trouvait dans son cabinet, il mettait bas le masque. Il se dirigeait vers le coin le plus obscur de la pièce et ouvrait son armoire secrète... des poisons... Cette bête féroce à face d'homme regardait les fioles à la lumière, les attribuait à ses futures victimes... » Comme toujours, Staline dictait aux magistrats les confessions et les actes d'accusation, et il s'y projetait lui-même, avec ses troubles machinations de vengeance, ses trahisons... Serebriansky aussi avait étudié la chimie... c'est lui qui a formé les pharmaciens et les chimistes travaillant au « laboratoire X » de la Loubianka... le sujet à détruire est soumis au préalable à une observation assidue... on étudie en particulier les remèdes, même les plus anodins, que le sujet a l'habitude de prendre, somnifères, analgésiques, laxatifs... l'équipe d'observation reçoit parfois l'aide d'un membre de l'entourage du sujet... son médecin de famille, par exemple. Drôle, n'est-ce pas ? L'idée la plus remarquable de

Serebriansky est que les ingrédients que l'on utilise dans la deuxième phase sont tous, pris isolément, absolument inoffensifs. Mais en dosant habilement les composants, il arrive un moment où le fait de les prendre simultanément peut conduire quelqu'un à mourir d'un simple cachet d'aspirine... ou après avoir mangé une orange.

Naturellement, il ne reste plus rien de suspect au moment de l'autopsie.

Comprends-tu, Horst?... Lev Sedov est mort de thé préparé par des infirmières russes liées au cercle Goutchkov et d'une orange pelée par sa secrétaire russe Liliya Estrina... et peut-être d'autres aliments ou médicaments tout aussi anodins... tout cela dans une clinique dirigée par un anesthésiste russe entré en France en 1928 et dont le nom lui avait été suggéré soit par Estrina, soit par Zborowski qui avait insisté pour garder l'adresse secrète et tenir éloignés les trotskystes français...

Et ensuite?... à qui le tour?... Ce pauvre Rudolf Klement, que j'ai connu aussi et qui succéda à Lev Sedov pour préparer le congrès de la IVe Internationale, dont il était le secrétaire administratif. Un grand jeune Allemand au visage allongé, pâle et l'air mélancolique, sérieux, un peu sectaire... Dévoué corps et âme à Trotsky depuis huit ans. Il habitait seul, à Maisons-Alfort, sous le nom de Schmitt. Le Vieux l'avait chargé d'enquêter sur la mort de son fils, et Klement devait transmettre les résultats de son enquête à l'opposition trotskyste en Belgique... Le 13 juillet 1938 il disparaissait mystérieusement, en sortant de chez le poète surréaliste Léo Malet. Ce garçon, peut-être homosexuel, n'avait qu'un seul ami intime, un Lituanien du nom de Kauffman... ses camarades l'avaient pourtant mis en garde car ils n'avaient pas d'informations sur lui. Le 16 juillet,

Rosenthal, Sneevliet et deux autres trotskystes recevaient la même lettre dactylographiée, expédiée de Perpignan, signée « Frédéric », un pseudonyme dont Klement ne se servait plus depuis des années, et se présentant comme des copies d'un texte envoyé à Léon Trotsky... le contenu était une grossière rupture politique, assortie d'accusations d'hitléro-trotskysme dans le style des procès de Moscou... Trotsky reçut l'original de la lettre quinze jours plus tard, postée de New York. L'écriture était tremblée mais ressemblait à celle de Klement... des fautes d'orthographe sur des noms qu'il connaissait bien avaient peut-être été laissées intentionnellement, pour signifier qu'on lui avait dicté ce texte sous la contrainte...

Le 26 août on repêcha dans la Seine, à Meulan, un tronc et deux bras, ficelés dans un emballage de jute et de papier goudronné... lestés par un disque d'haltère de dix kilos. Le cou avait été coupé net et les jambes sciées au ras du tronc. Le médecin légiste diagnostiqua un travail de professionnel, chirurgien ou boucher... la victime avait été tuée d'un coup au cœur, porté à l'arme blanche, une lame mince et triangulaire... la lutte avait été violente, six autres blessures aux mains et aux avant-bras prouvaient que le malheureux avait essayé de se protéger... Les débris humains, quoique dans un état de décomposition avancée, correspondaient à la morphologie de Klement. *L'Humanité* déclara qu'il ne pouvait s'agir de lui... Rappelle-toi, Horst : le NKVD attache une grande importance politique à la préparation de l'opinion publique lorsqu'il projette un acte terroriste à l'étranger... cette tâche est toujours dévolue à la presse communiste, aux orateurs communistes et aux « amis de l'URSS ». Le journal *Ce soir* rapporta le témoignage de trois personnes, dont un officier soviétique servant dans l'armée républicaine espagnole, qui auraient vu circuler Klement, bien vivant, en automobile à Perpignan le 14 juillet dans l'après-midi en compagnie d'un homme blond... mais les témoins disparurent quand on les convoqua, et de cela *Ce soir* ne parla pas... Le 15 novembre, on repêcha deux jambes dans la Seine, à Gargenville, ficelées dans la même toile de jute... les os avaient été sciés, les jambes s'adaptaient parfaitement au tronc... le genou semblait porter une ancienne cicatrice due à un accident de voiture – dont Klement avait été victime six mois avant sa disparition –, mais l'état de putréfaction des chairs ne permettait pas d'être affirmatif... on ne retrouva jamais la tête[1]...

Et Trotsky? Comment ont-ils procédé pour Trotsky? Tu sais que je correspondais avec lui... il me remerciait de mes avertissements. Qui était ce mystérieux Frank Jacson, ou Jacques Mornard-Vandendreschd? Qui, le 20 août dernier, a rendu visite au Vieux dans sa maison de Coyoacan?... sous prétexte de lui soumettre de nouveau un article... et qui, ce jour de forte chaleur, gardait caché sous son imperméable, tenu plié sur son bras, un piolet de montagne à manche court... ils ne fouillaient pas les visiteurs, quelle stupidité! alors que la maison avait déjà été attaquée à la mitraillette et à la grenade! Trotsky relisait le texte, assis à son bureau, Jacson lui a donné un grand coup sur le crâne par-derrière... la tête avait bougé au dernier moment, le coup a porté à

1. L'officier du NKVD Pavel Soudoplatov, qui supervisa l'assassinat de Trotsky, raconte dans ses Mémoires – où il introduit par ailleurs certains éléments de désinformation, notamment à propos de la mort de Sedov – que le Lituanien se nommait Alexandre Taubman, alias GALOPIN, et qu'il attira le jeune secrétaire chez des amis boulevard Saint-Michel, où les attendaient l'agent Alexandre Korotkov et un ancien officier de l'armée turque qui poignarda Klement. Il confirme que le cadavre fut jeté dans la Seine. (Voir *Missions spéciales*, Éditions du Seuil, 1994.)

faux... le Vieux s'est dressé en poussant un cri terrible, le sang ruisselait sur son visage, il a lancé en direction de son agresseur tous les objets qui lui tombaient sous la main, livres, encrier, dictaphone... il s'est précipité sur lui, a mordu la main de Jacson, lui a arraché son piolet... L'autre est resté stupéfait, en état de choc, incapable de se servir de l'automatique qu'il avait tiré de la poche de sa veste, pendant que Trotsky rejoignait en titubant la pièce voisine où se trouvait sa femme... il croyait qu'on lui avait tiré une balle dans la tête... les gardes se précipitaient sur Jacson, ils l'ont presque tué à coups de poing et de crosse de revolver. « Qu'ils ne le tuent surtout pas ! Il faut l'obliger à parler », a ordonné le vieux, dans les bras de Natalia Sedova...

Jacson avait séduit une naïve communiste, ancienne secrétaire de Trotsky, Sylvia Agelov, menue, insignifiante – quelqu'un dans le genre de Gertrud Schildbach, sauf que sans doute elle n'était pas au courant du fait que son « fiancé » travaillait pour Moscou. Cet homme, beau, sportif, bon vivant et qui se prétendait l'agent d'une compagnie pétrolière, apolitique mais sympathisant vaguement avec le trotskysme, venait souvent à Coyoacan, il apportait des cadeaux à Natalia Sedova... les gardes étaient habitués à le voir, ils lui faisaient confiance...

C'est là où je veux en venir, Horst... Lorsque le NKVD cible quelqu'un à l'étranger, quelqu'un qui pourtant se méfie, prend des précautions... il faut *toujours* chercher l'assassin tout près de lui... le plus près possible... quelqu'un qu'il voit tous les jours, depuis des mois, des années... et dont la trahison, pour lui, est inimaginable, inconcevable... Son fidèle secrétaire... ou *sa* fidèle secrétaire... ou, dans le cas de Klement qui était inverti, son nouvel ami ou amant...

Nous nous sommes connus en Europe, Horst... après avoir rompu avec le Führer tu avais fui l'Allemagne en 1933, la nuit de l'incendie du Reichstag... ton livre *Un nazi visite la France* a été brûlé par tes anciens camarades en même temps que les autres livres interdits. Tu as découvert le communisme... tu as été un agent dans mon réseau en France et en Suisse... et, plus tard en Amérique, *comment nous sommes-nous retrouvés ?*... ce n'est pas moi qui suis venu te chercher. Depuis peu, tu végétais à New York, où tu comptais te remettre à écrire des livres sur tes expériences passées, ta rupture avec Hitler, tes activités antifascistes... tu es arrivé aux États-Unis en février 1939... trois mois après ma propre arrivée... est-ce le hasard ? Et, un jour de ce même mois de février, tu as sonné à la porte de l'appartement où Paul Wohl m'hébergeait, sur la 140e Rue Ouest... j'étais sur mes gardes... j'ai demandé à Paul de t'interroger, il m'a dit ensuite que tu lui paraissais OK... En avril, je suis parti m'installer à Carmel, avec Tania et Sacha... nous t'avons vu réapparaître, au volant d'une vieille Buick, avec ta femme... tu nous as dit que toi et Maria aviez acheté une maison à Cold Springs, sur l'Hudson, à une trentaine de kilomètres... ta femme t'avait rejoint en Amérique en mars. Nous nous sommes revus chez Max Eastman, qui t'avait trouvé un éditeur... Max n'habitait pas très loin, avec Elyena, à Croton-on-Hudson... Elyena nous a raconté, tu te souviens, que lorsqu'ils ont quitté la Russie, en 1924, le Guépéou lui avait proposé de faire de l'espionnage, mais qu'elle avait refusé... On se voyait aussi chez eux dans leur appartement de Manhattan. Ton livre a eu un certain succès[1]... toi et Max avez voulu acheter une ferme en Virginie... finalement il a décidé de rester à New York car il commençait à gagner beaucoup d'argent avec ses essais et ses traductions... tu as suggéré alors que

1. *My Road to Freedom*, Dodd, Mead & Co, New York, 1940.

moi et Tania nous venions habiter près de votre élevage de poulets... que je m'y mette moi aussi. *Pourquoi, Horst ?* Afin que toi et le NKVD puissiez mieux me surveiller ?...

Le plus curieux, vois-tu, c'est que – à part ce premier jour, quand tu as débarqué chez Paul – je n'ai jamais eu de soupçons. Mais, cette nuit, dans ta cuisine... pendant que toi et Maria vous dormiez tranquillement, dans la pièce à côté avec l'enfant... j'ai commencé *enfin* à comprendre pourquoi Gérard Rosenthal a confié sans plus réfléchir ma lettre à Victor Serge... pourquoi Hendricus Sneevliet faisait lire son courrier par sa secrétaire... pourquoi Lev Sedov ne se méfiait pas de Liliya Estrina... ou de Mordka Zborowski... pourquoi Rudolf Klement suivait sans inquiétude son ami lituanien... pourquoi le Vieux laissait entrer dans son bureau le fiancé de Sylvia Agelov et restait seul avec lui le dos tourné... et pourquoi Ludwig et Elsa n'ont pas hésité à revoir leur vieille amie Gertrud Schildbach... *Il faut avoir vécu soi-même cette situation pour le comprendre.* Et, en général il est trop tard : la compréhension intervient à l'instant même où l'arme de l'assassin s'abat sur vous.

Tout à l'heure j'ai quitté ta cuisine et je suis sorti faire un tour. Je pensais avoir fini toutes mes lettres, y compris celle qui t'était destinée. J'étais trop nerveux pour trouver le sommeil... la peur me gardait éveillé. J'avais l'intention de marcher jusqu'à cette ferme que nous avons aperçue hier... il fait très froid mais je me suis dit que l'exercice me ferait du bien... que cela me donnerait le courage d'affronter les autres, à Washington. Je trouverais peut-être une nouvelle idée, un nouvel élément à placer dans la balance... Rutka disait jadis que le petit Shmerl n'était jamais à court d'idées.

J'ai marché un bon quart d'heure, à pas vifs. Les bâtiments de la ferme n'étaient plus très loin... l'exercice et ma cigarette me réchauffaient. Le chemin se perdait dans les sous-bois, mais la lune presque pleine qui brillait dans le ciel me permettait de repérer mon chemin parmi les broussailles... Et j'ai aperçu l'auto.

Elle attendait garée sous un grand chêne, au bord de la route que j'avais suivie le jour de mon arrivée. J'identifiais mal le modèle... une Willys, ou une Dodge... ou peut-être une Studebaker. Je ne comprenais pas ce qu'elle faisait là. J'ai écrasé la cigarette sous ma chaussure. J'ai fait quelques pas, à l'abri des buissons... la voiture ne se trouvait plus qu'à une quinzaine de mètres... difficile de distinguer s'il y avait des gens à l'intérieur. J'ai fait quelques pas de plus... il m'a semblé entendre des voix...

Une lumière a jailli dans l'habitacle. La lueur d'un briquet – qui a éclairé des visages, tandis que la petite flamme passait à la ronde et que les occupants de la berline allumaient leurs cigarettes.

J'ai reconnu George Mink.

Puis Hans Bruesse.

Je n'ai pas bien vu le troisième. Et la lumière s'est éteinte. Il ne restait que trois points rouges dans l'obscurité derrière les vitres.

J'avais laissé le Colt dans le tiroir de la table de ta cuisine. J'ai hésité à repartir le chercher.

En bénéficiant de l'effet de surprise, je parviendrais peut-être à en descendre deux avant qu'ils ne réagissent... Mon cœur cognait très fort, j'étais couvert de sueur. Je réfléchissais avec l'énergie du désespoir... la peur me brouillait les idées et je claquais des dents. Tenter ma chance ?... un souvenir récent me revint en mémoire : mon fils, l'autre jour, m'a vu ranger mon revolver dans mon bureau... celui que Paul Wohl m'a procuré et que j'ai laissé à Tania. Il a demandé :

« Pourquoi tu ranges le revolver ? » J'ai répondu sérieusement : « Voyons, Sacha, en Amérique personne n'a besoin de se balader avec un revolver. » Il m'a regardé avec ce petit air intense qu'il a parfois... et il a dit : « Papa, *emporte le revolver avec toi.* » Alors, en pensant à Sacha, j'ai pris ma décision... et puis je dois te dire que j'avais très envie de tuer George Mink. C'est sur lui que j'ouvrirais le feu en premier. J'ai fait demi-tour pour aller récupérer le Colt... j'avais parcouru environ trente mètres, lorsque j'entendis un moteur démarrer. Je me suis retourné juste à temps pour voir un point rouge de cigarette décrire un arc de cercle, avant de disparaître dans le noir. Le chauffeur remontait sa glace. L'automobile manœuvra, reprit la route et s'éloigna lentement, tous ses feux éteints. J'écoutai le ronronnement du moteur diminuer puis s'évanouir dans la campagne... je suis revenu chez toi. Et je me suis assis à la table de ta cuisine, la tête dans les mains.

L'aiguille de la pendule s'approche de quatre heures. Dehors toujours la nuit noire. Le Colt est posé sur le manuscrit, près de ma main droite. Je resterai éveillé jusqu'au matin.

Mon « suicide » n'aura pas lieu ici...

Je prête l'oreille aux menus craquements de la charpente, au souffle du vent dans les branches... je surveille du coin de l'œil la porte de ta chambre à coucher. Je fume des cigarettes en écrivant. Tout à l'heure, pendant que Maria me conduira à Washington, je pourrai me reposer dans la Buick. Il me reste encore trois ou quatre pages. Et plus beaucoup de cigarettes.

Je te laisse un exemplaire de mon manuscrit. Tu n'auras qu'à le transmettre directement à tes employeurs... Je garde avec moi la copie d'un vieux document signé par le colonel Eremine, un officier russe qui dirigeait la section spéciale de l'Okhrana. Ce document prouve que Staline était un informateur de la police de Nicolas II. Je le posterai à Washington, en même temps que le deuxième exemplaire du *Grand Mensonge*, et que des listes de noms, et d'assassinats...

Je ne te dis pas à qui je les envoie, évidemment. Sache seulement que cette personne, en qui j'ai toute confiance, a pour instructions de rendre tout cela public au cas où il arriverait malheur à ma femme ou à mon fils.

Des courriers partiront également, adressés à l'ambassade d'Union soviétique à Paris et au camarade Ovakymian aux bons soins de l'Amtorg[1]. Ils contiennent chacun deux lettres, l'une à l'intention du secrétariat du Comité central, et l'autre pour le commissaire du peuple aux Affaires intérieures Lavrenti Béria. J'y ai énuméré tous les crimes et les secrets de Staline dont j'ai pu avoir connaissance, et que je suis prêt à rendre publics... de la même façon que je suis prêt à révéler aux services occidentaux les noms de nos agents et des sources dont nous disposons aux échelons les plus élevés des administrations anglaise, française et américaine. J'ai déjà été interrogé comme tu le sais par le FBI et par le MI 5, mais je ne leur ai pas appris grand-chose... à l'époque je ne voulais pas faire de révélations, je ne voulais rien faire qui pût nuire à l'URSS... cette fois, j'ai écrit *tous* les noms.

La préoccupation de sa biographie hante Staline. Ses plus anciens camarades, Ordjonikidzé, Enoukidzé, Mdivani... tous ont payé de leur vie le fait de l'avoir connu à ses débuts. Gorki ou Kroupskaïa ont été

1. Mission commerciale soviétique aux USA. Gaïk Ovakymian était le *rezident* en chef à cette époque.

forcés de modifier ou de falsifier leurs souvenirs, dans des éditions nouvelles, pour complaire au secrétaire général. Les *Histoire du Parti* éditées jusqu'à 1937 sont considérées comme caduques et il est dangereux en Union soviétique d'en posséder un exemplaire... un nouvel abrégé, paru en 1938, anonyme, annule toutes les éditions précédentes. Staline exige qu'en chaque circonstance tout soit ramené à sa personne. Il supprime les derniers témoins susceptibles de produire un jour à son endroit un récit véridique. Seuls les hommages les plus grandiloquents sont capables de le satisfaire... « Des millions d'yeux remplis d'un amour ardent, écrit la *Pravda*, sont fixés sur le camarade Staline. C'est avec une émotion profonde que son nom est répété par les travailleurs du monde entier. Il est l'espoir de tous les opprimés. Il est le père de tous ceux qui luttent pour le bonheur de l'humanité »... des alpinistes soviétiques ont placé son buste sur le pic Staline, le plus élevé du Pamir, où le pic Lénine n'est que le deuxième... d'autres ont fait de même sur l'Elbrouz, dans le Caucase, proclamant : « Sur la plus haute crête de l'Europe, nous avons élevé le buste de la plus grande personnalité de notre époque... » L'écrivain Prokoviev déclarait : « Tout est inclus dans ce nom tellement immense : Staline ! Tout : le Parti, la patrie, la vie, l'amour, l'immortalité, tout ! » Avdeïenko a écrit : « Les hommes, dans tous les temps, de tous les peuples, appelleront de ton nom tout ce qui est beau, fort, sage, merveilleux. Ton nom est et sera gravé dans chaque usine, sur chaque machine, sur chaque touffe de la terre, dans le cœur de tous les hommes »...

Je te pose à présent une question, Horst. Je l'ai posée à Whittaker Chambers, lors de notre première rencontre dans l'appartement de Levine : le gouvernement soviétique est-il un gouvernement fasciste ?

Comme tu le sais, nous autres communistes avons coutume de démarrer une entrevue par une question. Une question politique, afin de comprendre tout de suite à qui l'on a affaire... Nous étions assis aux angles opposés du canapé : Chambers gros et lourd avec sa respiration d'asthmatique, et moi tout petit et fluet de l'autre côté... je voyais cet Américain se concentrer, hésiter. Il souffrait visiblement. Il n'arrivait pas à le dire... puis, au bout de quelques minutes de silence, cela a fini par franchir ses lèvres... Whittaker Chambers a prononcé, lentement, en allemand : « *Oui... le gouvernement... soviétique... est un gouvernement fasciste.* » Brusquement, il a semblé soulagé. Il regardait autour de lui, nous interrogeant du regard Levine et moi, comme stupéfait de ce qu'il venait d'arriver à sortir. Ce gros journaliste américain ex-communiste paraissait soudain plus léger... et je me sentais mieux, moi aussi : je savais que le bonhomme n'était pas envoyé par le NKVD pour me trouer la peau. Pourquoi? parce que j'avais perçu toute la violence de son combat intérieur. C'est cela qui d'emblée me convainquit de sa sincérité. Un envoyé du NKVD n'aurait même pas réfléchi : il aurait dit oui tout de suite, dans le but de gagner ma confiance... alors, mon fidèle Horst, quel est ton avis réel sur la question : *le gouvernement soviétique est-il un gouvernement fasciste* ?

Il est 5 h 50.

J'ai dormi.

Rien n'a changé dans la cuisine, à part la position des aiguilles de la pendule...

Vois-tu, Horst, je pense que Paul Wohl avait raison : les meilleurs de notre génération sont morts ou brisés. Ceux qui ont survécu ne sont vraiment pas les meilleurs. Et nous en faisons partie tous les trois.

Au fait, oublie ce que je t'ai demandé à propos de Tania et de Sacha : je ne désire plus qu'ils habitent chez toi et Maria après ma mort.

J'ai encore cédé au sommeil. Il me semble que le jour pointe derrière les rideaux...

Une chose m'inquiète : le mois dernier, j'ai parlé à Dorothy Thompson. Elle affirmait que c'était absurde d'écrire du mal de Staline car Hitler va attaquer la Russie... l'ambiance va changer du tout au tout. L'oncle Joe redeviendra le héros de l'antifascisme... ainsi que le grand allié de l'Amérique, si ce pays entre en guerre à son tour. Elle a raison. Peut-être que d'ici quelques mois tout ce que j'ai accompli sera devenu vain.

Lorsque mes récits ont commencé à paraître dans le *Saturday Evening Post*, il y a eu des articles dans la presse communiste aux États-Unis pour affirmer que je n'existais pas, que j'étais une fabrication littéraire... et d'autres pour signaler que l'auteur était un youpin du nom de « Shmelka » Rubinfeld.

On doit payer le prix, toujours... et ce prix, nous le payons en douleur. J'ai tout perdu et la part de douleur que je porte dans mon cœur est trop lourde. Que pourrais-tu me donner en échange, Horst ? Donne-moi une raison, une seule, une explication rationnelle de ces démons que nous avons libérés... de tant de sang versé... Tout cela en vain ?

« Ils auront ta peau, ils auront ma peau, me disait Sloutsky cette nuit près de la place de la Concorde... mais pourquoi donc mon père et mon fils devraient-ils payer eux aussi pour moi ? »

On m'a raconté qu'il était mort en février 1938, empoisonné par des chocolats dans le bureau de Frinovsky. On lui avait offert de les goûter en premier.

Nos collègues du NKVD ont clairement vu, le lendemain alors qu'il reposait dans sa bière, les taches révélatrices de la strychnine, sur son visage...

Le rendez-vous est prévu demain à midi, du côté de Connecticut Avenue. Au téléphone, George Mink m'a précisé qu'ils seraient trois, que la discussion se tiendrait au vu de tous et donc que je n'avais pas à m'inquiéter. Nous pourrons aller dans un café ou un restaurant où je leur montrerai les lettres. Je surveillerai néanmoins mon verre et mon assiette... Mink a été clair : si je suis absent au rendez-vous, ils tueront Tania et Sacha. Ce soir je dormirai à l'hôtel où je descends d'habitude. Ta femme pensera que j'ai repris le train pour New York.

Le jour s'est levé. Je n'ai plus rien à te dire.
Prends soin de ton fils, Horst.
Nos enfants sont tout ce qui compte.

DOCUMENT 1

(Extrait du dossier n° 100-11146, FBI, archives déclassifiées en vertu du Freedom of Information Act, 1966).

Federal Bureau of Investigation
United States Department of Justice

ERG : CS
61-507

New York, N. Y.
20 février 1941

Monsieur le Directeur
Bureau fédéral d'enquête
Washington, D. C.

RE : ACTIVITÉS COMMUNISTES
AUX ÉTATS-UNIS

Cher Monsieur,

[Nom censuré] a informé ce bureau le 11 février 1941 que le général VICTOR G. KREBNITSKY ne se méfiait pas d'un individu nommé BORIS HERZ, employé de l'OGPU. D'après [nom censuré], HERZ a surveillé tous les déplacements du général KRABNITSKY [*sic*] dans ce pays.

Plus tard le même jour, [nom censuré] a de nouveau communiqué avec le Bureau et déclaré avoir appris d'un informateur confidentiel que l'individu précédemment nommé était en fait un certain ALFRED HERZ BORIS. Il a déclaré que BORIS est en fait GEORGE MINK, lequel est censé commettre tous les meurtres au sein du parti communiste. MINK est le beau-frère d'ARNOLD LOZOVSKY qui est à la tête du Syndicat international rouge en Russie. L'assistant de MINK est HERMAN NICHOLAS SHERMAN, qui a autorisé l'assassinat du leader italien à Barcelone nommé CARMILLO [*sic*] BERNERI à une date inconnue[1].

Très sincèrement vôtre,
(signature)
B. E. SACKETT
agent spécial en charge de l'enquête

100 - 11146 - 14

---

1. Le 5 mai 1937 à Barcelone, des policiers arrêtèrent le célèbre révolutionnaire anarchiste Camillo Berneri et son ami Barbieri. Leurs corps atrocement mutilés furent retrouvés le 6 mai. La veille de sa mort, Berneri avait écrit à l'intention de ses filles : « C'est l'unique chose entièrement belle, plus absolue que l'amour et plus vraie que la réalité elle-même, que de travailler pour tous. Que serait l'homme sans ce sens du devoir, sans cette émotion de se sentir uni à ceux qui furent, à ceux qui sont, à ceux qui viendront ? »

George Mink est également cité comme suspect dans la mystérieuse disparition en juin 1937 à New York de la communiste américaine Juliet Stuart Poyntz, ex-agent du GROu et démissionnaire du Parti (son assassinat sur ordre du NKVD est confirmé par les témoignages des anciens communistes Benjamin Gitlow et Louis Budenz).

Nicholas Sherman, de son vrai nom Alexandre Oulanov, vétéran de la guerre civile russe, avait été condamné en même temps que Mink pour espionnage à Copenhague en 1935. Il apparaît à plusieurs reprises dans les Mémoires de Whittaker Chambers, *Witness*, sous le pseudonyme « Ulrich », comme un membre important de l'appareil clandestin soviétique aux États-Unis.

DOCUMENT 2

(Extrait du dossier n° 100-11146, FBI).

Office Memorandum – UNITED STATES GOVERNMENT

JWB : VE
100-59589

À	: Directeur, FBI	DATE : 16 novembre 1944
DE	: SAC, New York	
SUJET	: VICTOR G. KREBNITSKY, avec alias ; SÉCURITÉ INTÉRIEURE – R. (dossier Bureau n° 100-11146)	

Le 2 novembre 1944, PAUL WOHL, actuellement rédacteur pour les affaires internationales du *Christian Science Monitor* et du *Barron's Financial Weekly*, et dans les années 1930 un associé et collaborateur du sujet, qui a déjà été interrogé par l'agent spécial [nom censuré] en relation avec les efforts de ce dernier pour localiser la veuve de KREBNITSKY, comme exposé dans le rapport final de l'agent [nom censuré] en date du 19 septembre 1944, a été réinterrogé à sa résidence du 153 de la 33ᵉ Rue Est, New York, par l'agent [nom censuré] et l'agent spécial [nom censuré] en relation avec l'affaire intitulée « SERGE BASSOFF ; SÉCURITÉ INTÉRIEURE – R ». Cet interrogatoire n'a pas apporté d'information nouvelle concernant

BASSOFF, à part le fait que KREBNITSKY, après la rencontre avec BASSOFF[1], était très agité et a marché en long et en large pendant la plus grande partie de la nuit, à essayer de déterminer si la rencontre était planifiée ou accidentelle. [...] Le 13 novembre 1944, l'agent [nom censuré] accompagné de l'agent spécial [nom censuré] a recontacté WOHL et l'information recueillie au cours de ces deux conversations est exposée comme suit :

> WOHL a déclaré qu'antérieurement à la venue de KREBNITSKY dans ce pays ce dernier lui a raconté avoir été présent à une occasion où la procédure pour obtenir la nationalité américaine fut expliquée à STALINE. Quand STALINE a appris qu'il était possible d'être naturalisé au bout d'une résidence de cinq années dans ce pays, il s'est exclamé, du plus près que WOHL pouvait se souvenir de la façon dont KREBNITSKY lui a répété ses paroles :
>
> « Magnifique – envoyez un millier d'hommes en Amérique immédiatement et faites-les attendre tranquillement là-bas[2] ! »
>
> (...)

---

1. Dans le dernier chapitre de son ouvrage paru en 1939 aux États-Unis, *Au service de Staline. Les politiques secrètes de la Russie révélées par l'ancien chef du renseignement soviétique en Europe de l'Ouest*, Krebnitsky rapporte une rencontre désagréable, le 7 mars 1939, alors qu'il se trouvait en compagnie de David Shoub – éditeur d'un quotidien juif new-yorkais – dans une cafétéria près de Times Square, avec Sergueï Basov, un Russe naturalisé américain qui avait été son agent autrefois en Hollande et en Suisse. Après les avoir interpellés de façon grossière et insistante, Basov et un de ses compagnons suivirent Krebnitsky et Shoub jusqu'à l'annexe du *New York Times*, sur la 43e Rue, où ces derniers se réfugièrent dans le bureau de leur ami le journaliste Joseph Shaplen pour y attendre le départ des Soviétiques.

2. Si cette scène est authentique et si Krebnitsky y a réellement assisté, elle se serait déroulée en 1935 lors de son avant-dernier séjour à Moscou, puisqu'il n'est fait aucune allusion dans le manuscrit à une entrevue avec Staline au printemps 1937. Il se pourrait néanmoins que la conversation lui ait été simplement rapportée par Iéjov ou par Sloutsky.

DOCUMENT 3

(Courrier reçu par le traducteur.)

Birkenhead, Cheshire, le 18 mars 2014.

Cher Monsieur,

Je me permets de vous écrire à la suite d'un échange de lettres avec notre ami commun Michel F., libraire à Lausanne, lequel m'a informé de votre projet de publier un manuscrit de l'agent soviétique Victor G. Krebnitsky. Il se trouve, de manière très curieuse, que je suis concerné, pour des raisons familiales, par le sort d'un des personnages cités dans ce manuscrit.

Il s'agit de Timothy Stephen Boyle, mécanicien à Manchester et militant de l'Independant Labour Party, disparu en Espagne en novembre 1936. Selon le témoignage d'un des deux amis partis avec lui s'engager dans les milices du POUM au début de la guerre civile (son autre camarade a été tué sur le front d'Aragon en avril 1937), Timothy Boyle aurait été arrêté par la police espagnole après un incident dans un café de Barcelone et n'aurait jamais été revu vivant depuis.

Ma mère, Elizabeth Williams, née Belfrage, était fiancée à Timothy Boyle, qui avait un an de plus qu'elle (il est né en 1913), et reçut plusieurs lettres écrites par lui après son départ de Manchester et avant son arrestation à Barcelone. Je garde des photocopies de ces lettres à votre disposition pour le cas où elles vous intéresseraient. De condition modeste, ma mère ne disposait pas de suffisamment d'argent pour faire le voyage en Espagne à la recherche de son fiancé. Elle attendit son retour plusieurs années, et, se résignant au fait qu'il était certainement mort au cours de la guerre civile, épousa en 1941 un aviateur de la RAF, navigateur sur un bombardier, et qui effectua plusieurs missions au-dessus de l'Allemagne pendant la Seconde Guerre mondiale. Cet aviateur, Chester H. Williams, était mon père. Je suis né en 1944 quelques mois avant la fin des hostilités en Europe.

J'ai fait lire les extraits du manuscrit concernant Timothy Boyle à de nombreux membres de ma famille, et tous ont été très émus par ce récit à propos du fiancé d'Elizabeth Belfrage. Celle-ci est décédée au mois de juin 2002 sans avoir su ce que je sais maintenant. Je crois que c'est probablement mieux ainsi. En revanche, je suis à même de vous fournir quelques informations sans doute très peu connues concernant l'un des assassins de Timothy Boyle. (N'est-ce pas étrange ? En un sens, je dois ma vie à ces hommes qui ont tué l'homme que ma mère comptait épouser.)

La librairie dont je suis propriétaire a des rayons fort bien garnis concernant l'histoire des mouvements sociaux (c'est d'ailleurs à ce titre que je corresponds régulièrement avec Michel F.) et des syndicats de marine (les docks de Birkenhead sont situés en face de Liverpool), et je suis entré en possession le mois dernier d'un ouvrage imprimé en mars 1940, intitulé We accuse (From the Record), *dont les auteurs sont Jerry King, Ralph Emerson, Fred Renaud et Lawrence McRyn. Cette « histoire factuelle du mouvement des travailleurs de la marine », apparemment rédigée par des syndicalistes américains non communistes, et où sont reproduits un grand nombre de documents rares et inédits, se veut une dénonciation des tentatives de prise de contrôle de la marine marchande de leur nation par le parti communiste et les syndicats staliniens aux États-Unis. Le premier chapitre inclut une citation de l'ex-communiste Ben Gitlow : « Il a fallu des années de sinistres machinations et de la plus proche coopération avec le Guépéou (maintenant le NKVD) pour que le parti communiste se rende maître des ports. Le travail commencé par George Mink, agent du Guépéou, a d'abord été supervisé par William Z. Foster et Harrison George, le beau-frère de Browder. Plus tard Mink s'est rendu à Cuba, à l'Ouest et dans divers ports d'Amérique centrale et d'Amérique du Sud afin d'y étendre le réseau soviétique, laissant Roy Hudson en charge des opérations aux États-Unis.* » [...] *Plusieurs pages du deuxième chapitre sont consacrées aux activités criminelles de George Mink et je vous en adresse ci-joint des photocopies, en me disant que vous aimeriez peut-être les insérer quelque part dans votre livre consacré à Victor Krebnitsky.*

Sincèrement vôtre,

Timothy Williams.

(Extraits de photocopies.)

Chapitre II MINK – LE « BOUCHER »

George Mink, dont on dit qu'il était chauffeur de taxi à Philadelphie avant 1926-1927, était le président national de la Marine Workers' Industrial Union. Il est aussi un agent secret confirmé de l'OGPU (à présent le NKVD). [...] Il s'est rendu en Amérique latine et en Europe en 1928-1929 et en 1930, où il a assisté à divers congrès et conventions rouges à Hambourg, Allemagne, et autres lieux, retournant toujours aux États-Unis via la Russie. À Copenhague, Danemark, le 30 juillet 1935, George Mink et Nicholas Sherman ont été condamnés à dix-huit mois d'emprisonnement, déclarés coupables d'espionnage à l'encontre d'un pays voisin (l'Allemagne). Ils étaient également accusés d'usage de faux passeports.

George Mink était aussi connu sous le nom de Alfred Herz, alias Herz, et on le connaît à travers toute l'Europe dans les milieux de gauche comme le « Boucher ». On rapporte qu'il s'est rendu à Moscou après sa sortie de prison au Danemark. Il a « trouvé les arguments » qui lui ont permis d'échapper aux conséquences d'avoir échoué dans sa mission danoise. Le fait qu'il est le beau-frère de S. Ambrovitz Dridzo (A. Lozovsky), secrétaire de la RILU [Red International of Labor Unions, nom américain du Profintern], l'a peut-être aidé. En temps ordinaire, Staline n'admet pas les échecs. Mink a été ensuite placé au service de « courrier » et assigné à des missions spéciales en Europe. De source digne de foi, il aurait été vu en la compagnie de Juliet Stuart Poyntz à Moscou, à l'automne 1936. Miss Poyntz, un agent du parti [communiste] américain, a causé une certaine sensation aux États-Unis lorsqu'on apprit sa disparition de son appartement new-yorkais en mai ou au début juin 1937. Il fut déclaré devant un grand jury fédéral en février 1938 qu'elle avait été « attirée » en Russie pour y être purgée. Un ancien « haut fonctionnaire » du parti communiste, écrivant à un ami à ce propos, affirmait :

Document 3

Cher camarade :

Je lis le compte-rendu dans le [New York] Times *au sujet du kidnapping de Poyntz et je te félicite d'avoir pris l'initiative en la matière. Je connais des cas dans le passé d'enlèvements de Russes « déloyaux », dont j'ai entendu parler par un ami à moi qui occupe un poste important à l'« Amtorg », mais l'extension du système à des communistes étrangers ou à des radicaux dissidents est un développement relativement récent. Je suis au courant, bien entendu, du fait que des communistes étrangers sont poussés à partir « volontairement » pour Moscou et qu'on les garde là comme « invités » et dans certains cas les envoie en exil pour quelque « mission » dans un recoin éloigné de l'Empire soviétique, mais jamais d'un kidnapping en territoire étranger comme l'affaire Poyntz.*

L'extension de la terreur du Guépéou non seulement aux Russes au service de « leur » pays, et aux autres Russes « ennemis » dans les pays étrangers, à des étrangers et autres, ressemble plus à la méthode fasciste des assassinats organisés, utilisée contre les leaders de tendances opposées, comme en Espagne, méthode qui pourrait être étendue à d'autres pays si des circonstances favorables aux stalinistes s'y développent.

[...]

Je suppose que vous savez que le service étranger du Guépéou possède un « centre » à New York. Je suis entré en contact avec cet « appareil » seulement de manière fortuite lors de mon travail à l'époque où j'étais un haut fonctionnaire du PC.

Max Bedacht, actuellement président de la IWO [International Workers Order, mutuelle affiliée au parti communiste], *était le contact au plus haut niveau entre le Politburo du PC américain et le centre, tandis qu'Alexandre Trachtenberg, en charge des « éditions internationales », était le principal contact entre le Politburo et l'Amtorg. Le transport des Russes kidnappés était arrangé par le centre via les connexions de transport de l'Amtorg, où étaient utilisés non seulement les bâtiments russes, mais, autant que j'aie pu apprendre, des bâtiments de la Scantic Line et de l'American Export Line avec lesquelles ils avaient des arrangements commerciaux « privilégiés » ; cela se passait encore du temps de l'administration Hoover et je présume que cela continue de même aujourd'hui.*

Un certain Finkelberg, anciennement membre du syndicat des typographes Big Six, était l'agent de liaison du centre entre New York, le Canada et l'Amérique du Sud. Le centre dirige en réalité toutes les opérations secrètes du PC dans les organismes gouvernementaux des États-Unis et il est extrêmement intéressé par les « syndicats » comme ceux des ports où Mink était autrefois l'homme clé, *lequel travaille maintenant à Barcelone.* [...]

Note : cette lettre a été écrite à la main par un ancien fonctionnaire du parti, par conséquent nous ne l'avons pas photostatée pour des raisons évidentes, toutefois nous sommes parfaitement prêts à en fournir une copie imprimée si nécessaire.

George Mink, comme il est affirmé dans la lettre ci-dessus, était à Barcelone. Il s'y est rendu depuis Moscou en tant que « chef de la police » pour la redoutée tchéka du parti communiste opérant à Barcelone, Espagne, en mai 1937, muni d'une liste d'hommes à « liquider ». Il s'est alors engagé dans l'assassinat de ceux qui s'opposaient de façon active à la mainmise du parti communiste sur la faction loyaliste dans la guerre civile. Certains marins ex-loyalistes de retour en Amérique ont raconté comment il dirigeait les opérations là-bas.

Il a également été déclaré devant un grand jury des États-Unis que Mink, membre du Parti communiste des États-Unis et agent de l'OGPU, a organisé, dirigé et exécuté l'assassinat d'un certain Camillo Berneri à Barcelone. Sous le nom de Alfred Herz, George Mink résidait à l'hôtel Continental, appartement 418, à Barcelone, et il était en liaison constante avec le consul général russe, Antonio Ovsenko [*sic*]. Il a aussi été accusé du meurtre de Barberi [*sic*] à Barcelone et du kidnapping de Mark Rein.

Mink a été également accusé de l'enlèvement et du meurtre d'Ignace Reiss – un agent secret soviétique – près de Lausanne, Suisse, le 2 septembre [*sic*] 1937. Un pardessus portant l'étiquette d'un magasin de vêtements de Madrid a été retrouvé près du corps de Reiss. Le manteau fut identifié comme appartenant à Mink[1]. On ignore si Mink a fait partie de ceux qui ont été arrêtés et ensuite relâchés par la Sûreté à Paris en rapport avec ce crime, en octobre de cette même année, car il peut avoir utilisé un pseudonyme. [...] Mink a été vu ensuite à Mexico, où il était censé « avoir » Trotsky. Le dernier rapport de source authentique le concernant signale sa présence à San Antonio, Texas. [...]

(M. Timothy Williams a appris récemment que l'ouvrage We accuse, *où figure le document ci-dessus, se trouve en accès libre sur Internet :* http://storage.lib.uchicago.edu/pres/2007/pres2007-0578.pdf.*)*

1. Un pardessus portant la griffe d'un tailleur madrilène fut effectivement retrouvé par la police suisse, non pas à côté du cadavre de Reiss, mais dans la Chevrolet des assassins, abandonnée devant la gare de Genève. (Voir : Gérard Rosenthal, *Avocat de Trotsky*, éditions Robert Laffont, 1975, p. 215.) En revanche, ce document d'origine américaine – où apparaissent quelques erreurs ou approximations – est à ma connaissance le seul à établir un lien concret, peut-être exagéré, entre George Mink et l'assassinat d'Ignace Reiss. Sur ce point il entre en contradiction avec le récit de Krebnitsky, où Mink ne figure ni parmi les tueurs ni parmi les organisateurs.

DOCUMENT 4

(Extrait du dossier n° 100-11146, FBI.)

Memorandum – UNITED STATES GOVERNMENT

À	: Directeur, FBI	DATE : 12 juillet 1965	
DE	: SAC, New York (100-595-89)	TOP SECRET [*barré*]	
SUJET	: VICTOR G. KREBNITSKY, alias ISR		

TOUTE INFORMATION CONTENUE
CI-DESSOUS EST DÉCLASSIFIÉE
SAUF LORSQUE INDIQUÉ
AUTREMENT

Comme on le sait au Bureau, le général VICTOR G. KREBNITSKY, ancien chef du renseignement militaire soviétique pour l'Europe de l'Ouest, a été retrouvé tué par balle le 10/2/41 dans sa chambre de l'hôtel Bellevue à Washington, DC. Cette mort a été classée comme suicide, bien que de forts soupçons aient continué de porter sur le fait que les Soviets se seraient débarrassés de KREBNITSKY.

Le 26/11/59, POVL BANG-JENSEN, diplomate danois depuis vingt ans et fonctionnaire de rang supérieur aux N[ations] U[nies], a été trouvé mort d'une blessure par balle à la tempe dans le parc d'Alley Pond, Little Neck,

Queens, NY, et un automatique [de calibre] .25 était tenu serré dans sa main. Le NYCPD a conclu à un décès par suicide.

La sous-commission pour la sécurité intérieure de la commission judiciaire du Sénat des États-Unis, 87e congrès, première session, a conduit des auditions sur cette affaire et rendu un rapport le 14/9/61 concernant leurs résultats. Il y est fait référence à la mort de VICTOR KREBNITSKY aussi bien qu'à celles de LAWRENCE DUGGAN, ancien chef de la division d'Amérique latine du Département d'État, de WALTER MARTIN SMITH, procureur au bureau de l'avocat général des États-Unis, ou à celles de LOUIS ADAMIC et d'autres. La sous-commission soulève la question du suicide et de l'assassinat, ainsi que le problème du suicide provoqué ou simulé, et fait référence aux affaires mentionnées ci-dessus en la matière, et fait observer qu'il est bien connu de ceux qui ont travaillé dans l'appareil soviétique, que les Soviétiques possèdent des techniques très évoluées de suicide simulé. PETR S. DÉRIABINE, ancien membre de l'appareil de la terreur rouge qui a fait défection en 1954 a déclaré : « Il est connu de manière générale chez ceux qui ont travaillé dans les rangs du MVD que le MVD, lorsqu'il entreprend la liquidation d'un opposant politique, dispose de certaines techniques pour simuler un suicide et d'autres techniques pour provoquer le suicide. Un suicide convaincant peut nécessiter des préparatifs d'une ou deux années. Durant cette période, la vie du sujet est minutieusement examinée afin de déterminer les méthodes les plus appropriées à sa personnalité et aux circonstances. Entre-temps, on peut faire circuler des histoires dans la presse, si cela est possible, et au moins parmi ses voisins, selon lesquelles le sujet est très déprimé. Cela prépare le terrain pour un verdict plausible de suicide lorsque l'acte se produit. » Le rapport [de la sous-commission] affirme alors que « simuler ou provoquer le suicide est un phénomène très réel ».

« Les chefs de polices locales, ajoute le rapport de la sous-commission, seraient bien inspirés d'appeler le FBI dans tous les cas de suicide apparent lorsqu'il existe une raison, même la plus petite, de penser que le Kremlin a gagné quelque chose par la mort de l'individu décédé. »

[*Dernier paragraphe entièrement censuré.*]

Épilogue

Dans la nuit du samedi 28 février au dimanche 1er mars 1953, Iossif Vissarionovitch Staline fut victime d'un accident vasculaire cérébral dans sa datcha de Kountsevo. Il s'était couché tard, comme de coutume, vers quatre heures du matin. À l'aube, son garde du corps constata que sur le tableau de bord dont les témoins lumineux indiquaient l'ouverture de chacune des portes des trois chambres à coucher, identiques et communicantes (on ne savait jamais dans laquelle il dormait), une lampe n'était pas éteinte. Cela signifiait que la porte qui lui correspondait ne s'était pas refermée automatiquement.

Le chef des gardes de service, Starostine, n'osa pas déranger le secrétaire général. Une heure plus tard il se résolut à l'appeler au téléphone. Il n'obtint pas de réponse. De nouveaux appels successifs étant restés sans résultat, Starostine donna l'ordre aux gardes de défoncer la porte blindée de l'appartement. Ils trouvèrent Staline gisant tout habillé sur le pas-de-porte entre la deuxième et la troisième chambre. Il était couché en chien de fusil, la tête sur un bras. L'autre bras était bizarrement tordu. Staline était conscient mais incapable de parler. Les gardes et une domestique le portèrent sur un divan. On le laissa seul. Starostine informa par téléphone le commissaire à la Sécurité d'État Ignatiev, qui refusa d'intervenir, suggérant d'appeler plutôt Malenkov, secrétaire du Comité central, ou Béria, commissaire aux Affaires intérieures. Celui-ci ne répondit pas. Lorsqu'on le joignit finalement, Béria donna l'ordre de n'informer personne du malaise du secrétaire général. Il arriva à Kountsevo en compagnie de Malenkov dans la nuit du 1er au 2 mars, vers trois heures du matin. Personne n'avait touché à Staline ni ne lui avait retiré ses vêtements. L'hémorragie cérébrale s'était produite depuis presque vingt-quatre heures.

Aucun médecin n'avait encore vu le malade, que l'on avait simplement recouvert d'un plaid. L'immobilité avait entraîné une compression des muscles, engendrant une insuffisance rénale aiguë et des désordres hydro-électrolytiques majeurs. Le tout était naturellement aggravé par l'hypothermie. Malenkov retira ses chaussures qui crissaient, et alla sur la pointe des pieds observer de plus près le secrétaire général. Béria se retourna pour injurier les gardes, les traitant de crétins et leur ordonnant de ne pas faire de bruit, de ne pas les déranger et de ne pas déranger le camarade Staline. Il annonça que les médecins ne tarderaient pas, referma la porte, et quitta la datcha avec Malenkov.

Les médecins arrivèrent six heures plus tard. Parmi eux se trouvait le cardiologue P. E. Loumansky. On ne les avait pas avertis de l'identité du patient. Ils furent frappés d'effroi lorsqu'ils le reconnurent. L'examen révéla soit une hémorragie méningée soit un empoisonnement. Staline présentait un déficit moteur du côté droit. L'hépatomégalie suggérait une cirrhose alcoolique et peut-être une insuffisance cardiaque associée. La pression artérielle était de 190/110, la fréquence cardiaque de 78. Les médecins décidèrent de se donner du temps pour réfléchir, car la guérison du malade signifierait probablement leur exécution. Staline fut laissé dans sa datcha plutôt que d'être transporté à l'hôpital. On lui injecta du camphre et on lui posa des sangsues. Cela n'avait aucune influence sur les artères *cervicales, où l'hémorragie continuait. On installa un respirateur artificiel, sans sédation ni antalgique. Faute d'hydratation correcte, le visage et le corps se mirent à gonfler lentement. Le secrétaire général remuait parfois vaguement les lèvres sur le tuyau d'intubation, et de temps en temps il ouvrait les yeux.*

Pendant trois jours, les médecins restèrent autour de lui à observer son agonie. Le 4 mars au matin, il vomit du sang – peut-être en raison de l'hyperpression intracrânienne due à la poursuite de l'hémorragie, ou d'une rupture des varices œsophagiennes typiques des alcooliques. Il pouvait également s'agir de la rupture d'un ulcère gastrique ou d'un grave désordre de la coagulation. Les lèvres de Staline se mirent à noircir. Dans la soirée, son corps se couvrit de sueur car le respirateur ne fonctionnait plus. La couleur de sa peau était passée progressivement du blanc livide au rouge violacé. Une infection se déclara à la suite des vomissements ayant envahi l'intérieur des poumons. Le 5 mars au matin, Staline éprouvait des difficultés à respirer, sa fréquence cardiaque chutait. Les piqûres n'avaient aucun effet. Dans la soirée il commença à suffoquer. Aux alentours de 21 h 45, il ouvrit brusquement les yeux. Staline regarda tous ceux qui faisaient cercle autour de lui dans la chambre et qui le contemplaient, épouvantés. C'était un regard fou, rempli à la fois de colère et d'angoisse. Staline souleva soudain sa main gauche, comme pour indiquer quelque chose au-dessus de l'assistance et pour appeler une malédiction sur eux tous. Après un dernier effort, la main retomba. Dès que Staline mourut, ses enfants Svetlana et Vassili furent expulsés de la pièce sur l'ordre de Béria, lequel avait du mal à dissimuler sa joie. Vassili, soûl comme il l'était toujours, cria : « Crapules, vous avez assassiné mon père ! » Une ambulance vint emporter le cadavre. Il fut embaumé, toute trace de poison – s'il y en avait – se trouvant ainsi supprimée.

Une semaine plus tard, le 12 mars 1953, Les Lettres françaises *reproduisaient en première page un portrait de Staline par Pablo Picasso. Ce portrait inspira à Louis Aragon la protestation suivante : « On peut inventer des fleurs, des chèvres, des taureaux, et même des hommes, des femmes – mais notre Staline, on ne peut pas l'inventer. Parce que, pour Staline, l'invention – même si Picasso est l'inventeur – est forcément inférieure à la réalité. »*

Dans la nuit du 31 octobre 1961, Nikita Khrouchtchev – qui entre-temps, après avoir fait exécuter Béria, avait découvert le dossier de l'ex-agent de la police du tsar – fit secrètement retirer le corps embaumé de Staline du mausolée de la place Rouge où il reposait à côté de celui de Lénine. Il fut enterré près du mur du Kremlin, sous une simple plaque noire en granit : « I. V. Staline, 1879-1953 ». Le transfert fut effectué par des soldats et l'enterrement se déroula à la lueur des phares des camions militaires.

En avril 1956, le magazine Life *publia un article intitulé « Le secret sensationnel derrière la damnation de Staline », dans lequel Alexandre Orlov, le transfuge soviétique qui avait déjà signé trois années auparavant un ouvrage intitulé* L'Histoire secrète des crimes de Staline, *racontait comment, en février 1937, lors de sa convalescence dans une clinique parisienne après un accident d'automobile, il avait reçu la visite de son cousin Zinovy Kastnelson. Celui-ci avait alors évoqué l'appartenance de Staline à la police tsariste dans sa jeunesse, et son dossier secret qui avait été communiqué à l'état-major de l'Armée rouge peu avant la découverte du prétendu « complot des généraux ». Dans ce même numéro de* Life, *le journaliste et biographe de Staline Isaac Don Levine signait un autre article, intitulé « Un document sur*

Staline espion tsariste », où il soutenait qu'une certaine « lettre Eremine » qui avait fait surface en 1946 aux États-Unis, et que trois émigrés russes présentèrent à Clare Boothe Luce, épouse du magnat de la presse et propriétaire de Life, *Henry Luce, était authentique. Les articles d'Orlov et de Levine étaient publiés sous un titre général commun : « Ce que Krouchtchev ne dit pas : les plus sombres secrets de Staline ». L'article d'Orlov fut accueilli dans un parfait silence – à l'exception d'un commentaire élogieux de l'historien Bertram D. Wolfe affirmant qu'il « emportait entièrement la conviction » –, tandis que celui de Levine déclenchait une violente polémique avec les soutiens de l'URSS aux États-Unis.*

La « lettre Eremine » authentifiée par Isaac Don Levine se révéla en 1957 être un faux, lorsque furent retrouvés plusieurs courriers signés par le véritable colonel Eremine, parmi les seize grandes caisses contenant les documents étrangers de l'Okhrana rapportés en 1924 de l'ambassade de Russie à Paris par le chargé d'affaires du gouvernement provisoire de Russie en France, Vassili Maklakov, et déposés à la Fondation Hoover de l'université de Stanford. La signature du colonel différait radicalement de celle figurant sur le document présenté par Life.

Alexandre Orlov confia en 1972 à son biographe, l'agent du FBI Edward Gazur, qu'à l'époque il pensa lui aussi que la lettre était un faux, en dépit de la conversation qu'il avait eue jadis avec son cousin, disparu pendant les purges. Mais avec le temps, il finit par la considérer comme authentique, à l'exception de certains détails grossiers, comme la fausse signature, placés exprès pour la discréditer. La lettre serait donc d'après Orlov un pur produit des laboratoires de falsification du Kremlin, destiné à donner l'impression que des adversaires de l'Union soviétique propageaient des calomnies sur Staline, à l'aide d'un document dont on pouvait par la suite établir la fausseté rien qu'en comparant avec la signature du véritable Eremine. Orlov rejoignait ainsi l'opinion de George F. Kennan, qui voyait dans cette lettre « l'un de ces documents curieux, dont on peut dire que les éléments douteux sont trop évidents pour qu'ils soient considérés comme authentiques, mais dont les éléments authentiques sont trop forts pour qu'on puisse conclure que ce sont des faux intégraux ».

Le manuscrit retrouvé chez Adolf Schwabe à Vevey en 2012 confirme les jugements d'Orlov et de Kennan. En effet, bien que ces documents n'incluent pas de reproduction – qui permettrait de comparer les signatures – de la lettre que Victor Krebnitsky prétend avoir reçue de son ami le commandant S. dans un cinéma de Moscou en avril 1937, le texte en est cité in extenso*, et il comporte à la fois des similitudes et des différences avec la « fausse lettre » que Levine présentait dans* Life*. Si le corps du message est à peu de choses près identique, le destinataire, par exemple, n'est pas le même : Stepan Petrovitch Beletski, directeur de la police secrète, au lieu d'Alexseï Fedorovitch Jelezniakov (son vrai prénom était Vladimir), directeur de la section de l'Okhrana de Yeniseisk. Il se peut donc que Krebnitsky ait eu entre les mains un photostat de la lettre originale.*

Alexandre Orlov, qui était arrivé aux États-Unis en compagnie de sa femme Maria et de leur fille Vera le 13 août 1938 – venant du Canada après une défection rocambolesque en France, où Sergueï Spiegelglass et le NKVD échouèrent à l'enlever pour le reconduire de force en Union soviétique –, subsista pendant quinze années grâce à une somme d'argent considérable que Maria Orlova avait déposée sur un compte d'une banque canadienne. C'était principalement le produit de ventes d'antiquités effectuées à Drouot pendant les années de la guerre d'Espagne. Franchissant les Pyrénées et coupant les ponts avec ses anciens employeurs, Orlov avait également emporté la caisse du NKVD de Barcelone, soit une somme de soixante mille dollars. Il évita de se faire remarquer des services du renseignement occidentaux et se cacha en divers endroits des États-Unis, changeant d'identité et déménageant fréquemment. À la différence de Krebnitsky, il ne fut jamais inquiété par le NKVD. Pavel Soudoplatov, qui dirigea l'assassinat de Léon Trotsky, raconte qu'en 1938 il fut convoqué par Béria qui lui donna l'ordre de ne plus chercher à localiser Orlov. Dans une lettre reçue à l'ambassade soviétique de Paris, celui-ci menaçait de faire diffuser par son avocat un document déposé dans une banque suisse, révélant des falsifications de documents destinés au Comité international pour la non-intervention dans la guerre civile espagnole, ainsi que le transfert de l'or de la banque d'Espagne de Carthagène à Moscou.

Orlov réapparut en 1953 à l'occasion de la publication de son livre, sorti peu de temps après la mort de Staline. Interrogé par le FBI, il feignit de collaborer avec les services de l'Ouest mais parvint à les manipuler, ne leur livrant jamais de renseignement d'importance. Il avait en revanche envoyé en décembre 1938, par des voies détournées, une lettre anonyme (dont il se vanta plus tard) à Léon Trotsky au Mexique, l'avertissant de l'arrivée prochaine d'un groupe de tueurs du NKVD déguisés en « trotskystes espagnols », et offrant une description assez précise de l'informateur « Marc » infiltré dans l'entourage de Lev Sedov à Paris. Cette lettre fut perçue par Trotsky comme une grossière provocation du Guépéou visant à salir un secrétaire honnête et dévoué – Lola Estrine, qui se trouvait chez lui au Mexique au moment où il la reçut, l'encouragea dans cette interprétation[1] *– et l'agent sovié-*

1. Elle épousa par la suite le sociologue menchevik David J. Dallin, auteur d'un livre sur l'espionnage soviétique. Contrairement à Zborowski, Liliya Estrina, née Ginzberg, ne fut jamais clairement identifiée comme agent du NKVD, en dépit de fortes suspicions. Les décryptages des communications des services soviétiques, où elle apparaît sous le nom de code LA VOISINE, semblent la disculper – mais

tique Mordka Zborowski ne fut pas démasqué avant 1956 aux États-Unis (il fut condamné en 1963 à cinq années de prison et libéré pour bonne conduite au bout de deux ans; spécialiste en anthropologie médicale à l'hôpital du Mount Zion de San Francisco, il publia un curieux essai sur les soins palliatifs intitulé People in Pain*). L'ancien espion russe Cyrille Henkine estime que la lettre d'Orlov était en réalité une subtile désinformation libellée de façon à ce que Trotsky n'y ajoute pas foi : il s'agirait plutôt d'un signal envoyé par Orlov au Centre – où l'on s'y connaissait aussi bien que lui en la matière – afin de faire savoir à Moscou qu'il était resté idéologiquement du côté des stalinistes et continuait d'œuvrer pour eux, indépendamment, depuis sa retraite clandestine en Amérique. Les services russes considèrent d'ailleurs Orlov comme un agent malhonnête ayant refusé de rentrer pour des motifs d'autoprotection et non comme un véritable renégat. Déprimé par le décès récent de sa femme et très affaibli, il mourut le 7 avril 1973 à l'hôpital Saint-Vincent de Cleveland, Ohio. Son appartement avait été cambriolé peu de temps auparavant dans des circonstances mystérieuses. Edward Gazur n'exclut pas qu'Orlov ait en fait succombé à un empoisonnement, destiné à l'empêcher de révéler ce qu'il connaissait d'un «groupe d'Oxford» recruté par lui et Théodore Mally dans les années 1930 en même temps que le groupe fameux des «cinq de Cambridge», et demeuré actif au moins jusqu'à 1963 – ainsi que ses «sources» ayant atteint les échelons les plus élevés des administrations démocratiques occidentales.*

Le livre d'Orlov publié en 1953, L'Histoire secrète des crimes de Staline, *est dédié «à la mémoire de notre fille Vera». Veronika (Vera) Orlov décéda le 15 juillet 1940 d'une attaque de fièvre rhumatismale chez ses parents à*

---

ces décryptages ne sont pas entièrement fiables, les Russes ayant fini par se rendre compte que leurs codes avaient été «craqués».

Los Angeles, sous le nom de Veronika Berg, à l'âge de seize ans.

George Mink et Hans Bruesse ont échappé aux recherches du FBI. Un article russe – de désinformation ? car la proximité avec la mort de Krebnitsky est troublante – daté du 15 février 1941 raconte que Mink aurait été liquidé en décembre 1940[1]*. La belle-mère de Hans Bruesse reçut de lui une carte postale, non timbrée, en 1948. Selon les services secrets britanniques, la présence de Bruesse est signalée dans un pays d'Europe de l'Est en 1956. La même année, ou la suivante, son beau-frère, le peintre Jan Jongert (1910-1992) l'aurait aperçu dans une rue de Rotterdam et Bruesse serait passé en faisant mine de ne pas le reconnaître. (Après la Seconde Guerre mondiale, les services du renseignement hollandais soupçonnèrent Jongert d'avoir fait partie du groupe de quatre hommes qui tendirent un guet-apens à Krebnitsky en gare de Marseille.) Sergueï Efron fut abattu à Moscou en 1939 au sovkhoze de Kommunarka, prison secrète du NKVD – où l'on a récemment découvert un charnier de six mille cinq cents corps, dont ceux de l'écrivain Boris Pilniak et des veuves des maréchaux et généraux de l'Armée rouge, exécutées à la fin du mois de juillet 1941. Vadim Kondratiev serait mort de tuberculose dans un sanatorium de Russie vers 1939. Michel Strangue regagna l'URSS en 1947 avec ses parents, après avoir contribué à organiser à Paris, revêtu d'un uniforme de lieutenant de l'armée soviétique, le retour dans leur pays de prisonniers russes. Devenu là-bas un historien de renom, jouissant d'une réputation sans tache, il mourut en 1968. Sergueï*

1. La présence de Mink sur la côte Ouest des États-Unis en mars 1950 a été rapportée par le journal *Counterattack*, à en croire le document suivant : revue *The Freeman*, vol. I, n° 11, article « Soviet Underground, USA », p. 338 (consultable sur le Net à l'adresse : *http://mises.org/journals/oldfreeman/Freeman51-2.pdf*).

Spiegelglass, qui avait succédé à Sloutsky à la tête de l'INO, fut purgé en janvier 1941. Roland Abbiate, alias François Rossi, fit carrière pendant la Seconde Guerre mondiale dans les services secrets soviétiques sous le nom de Vladimir Pravdine, et dirigea jusqu'en 1945 le bureau de l'agence Tass à New York. Tombé en disgrâce sans explication (peut-être à cause de ses origines juives), il fut définitivement licencié après la mort de Staline. Employé chez un éditeur spécialisé dans les publications en langues étrangères, il s'est suicidé en 1962. Son complice Martignat, en fuite après l'assassinat d'Ignace Reiss, fut déclaré déserteur au début de la guerre et condamné à mort par contumace en 1943 par les assises de Paris. Renata, ou Renée, Steiner effectua un séjour de huit mois en prison, condamnée par un tribunal suisse en même temps que la belle-fille de Hermann Hesse, pour avoir assuré des « services de renseignement au profit de l'étranger ».

Hendricus Sneevliet fut assassiné par les nazis le 13 avril 1942 au camp de concentration d'Amersfoort, en même temps que sept de ses camarades résistants du Front Marx-Lénine-Luxemburg. Ils firent face au peloton d'exécution en chantant L'Internationale. *Victor Serge mourut d'une crise cardiaque dans un taxi de Mexico le 17 novembre 1947. Certains de ses amis soupçonnèrent un empoisonnement. On n'a jamais su s'il avait été un informateur – en échange de son expulsion d'URSS en 1936 – ou simplement un révolutionnaire oublieux des règles élémentaires de sécurité. Il repose au cimetière français sous la nationalité espagnole, le directeur de l'entreprise funéraire mexicaine ayant refusé d'inscrire « apatride ».*

Paul Wohl mourut en 1985 de la maladie d'Alzheimer, à l'hôpital Saint-Barnabas après un long séjour dans la maison de retraite de Pelham Parkway à New York. Sa mère, juive, qu'il n'avait pas réussi à faire sortir de France, fut arrêtée par les nazis et périt en camp de concentration. Célibataire endurci, Wohl avait rempli son appartement de Manhattan de tortues vivantes ainsi que de sculptures et bibelots en forme de tortue. À chaque Nouvel An, il envoyait à ses amis des cartes ornées de poèmes célébrant l'antique sagesse de cet animal, et faisait partie de la Société des amateurs de tortues du zoo du Bronx.

Horst Krausnick est décédé le 21 décembre 1975 des suites d'une pneumonie. Il avait refusé de travailler en Allemagne pour l'OSS durant la Seconde Guerre mondiale, prétextant que le danger était trop grand pour un transfuge du parti nazi. Lui et son épouse Maria eurent un second enfant, né à Charlottesville, Virginie, en 1946.

Le fils du général Victor Krebnitsky, Alexandre (Sacha) Rubinfeld, professeur de sciences politiques à l'université de Washington à Seattle, fut renversé par une voiture en sortant de son domicile, situé au 2740 Montlake Boulevard E, le 19 avril 1963 au lendemain de son trentième anniversaire. L'automobile, une Mercury 1960 beige immatriculée dans le Nevada, roulait à très grande vitesse et le corps du jeune homme fut traîné sur une cinquantaine de mètres. Alexandre Rubinfeld décéda dans l'ambulance qui le conduisait vers l'hôpital. Le département de la police de Seattle ne retrouva jamais ni le véhicule ni son conducteur.

Bibliographie

Ce roman s'inspire de la vie et de la mort de Samuel Ginsberg, connu sous le nom du général Walter G. Krivitsky (1899-1941), et de l'assassinat de son camarade et ami d'enfance Ignace Reiss (Nathan Poretski), la nuit du 4 au 5 septembre 1937 dans la banlieue de Lausanne. Le manuscrit qu'il contient, *Le Grand Mensonge*, et la lettre qui l'accompagne, s'ils relèvent de la fiction, se fondent néanmoins sur des événements réels et prennent leur source au croisement des récits, journaux et Mémoires de Whittaker Chambers, Cyrille Henkine, Walter G. Krivitsky, Isaac Don Levine, Alexandre Orlov (Leiba Feldbine), Elisabeth Poretski, Gérard Rosenthal, Victor Serge et Jan Valtin (Richard Hermann Krebs). J'ai également bénéficié – avec une mention particulière pour la fascinante étude d'Alain Brossat, *Agents de Moscou*, et pour les travaux des spécialistes de l'histoire secrète de la Russie soviétique Christopher Andrew, Roman Brackman, Gordon Brook-Shepherd, Robert Conquest, John Costello, Edward Gazur, Gary Kern, Donald Rayfield, Arkadi Vaksberg et Nigel West – de la lecture des ouvrages suivants :

ANDREW, Christopher, et GORDIEVSKY, Oleg, *KGB. The Inside Story of Its Foreign Operations from Lenin to Gorbachev*, Hodder and Stoughton Ltd, Londres, 1990.

ANDREW, Christopher, et MITROKHIN, Vasili, *The Mitrokhin*

Archive. The KGB in Europe and the West, Allen Lane, Penguin Press, Londres, 1999.

BERDAH, Jean-François, *La Démocratie assassinée. La République espagnole et les grandes puissances 1931-1939*, Berg International Éditeurs, 2000.

BIBIAN, Anne-Marie, GANDOLFO, Ludovic, GRANIER, Caroline, PINO, Ramon et PORRÉ, Thierry, *Espagne 36. Les affiches des combattants de la liberté*, Les Éditions libertaires, 2008.

BRACKMAN, Roman, *Staline agent du tsar*, traduit de l'américain et préfacé par Gérald Messadié, L'Archipel, 2003.

BROOK-SHEPHERD, Gordon, *The Storm Petrels. The First Soviet Defectors, 1928-1938*, William Collins Sons & Co., Londres, 1977.

BROSSAT, Alain, *Agents de Moscou. Le stalinisme et son ombre*, Gallimard, 1988.

BROUÉ, Pierre, *Léon Sédov, fils de Trotsky, victime de Staline*, Éditions ouvrières, 1991.

BUBER-NEUMANN, Margarete, *Prisonnière de Staline et d'Hitler*, tome 1 : « Déportée en Sibérie », Éditions du Seuil, 1949.

CAUTE, David, *Le Communisme et les intellectuels français 1914-1966*, traduit de l'anglais par Magdeleine Paz, Gallimard, 1967.

CHAMBERS, Whittaker, *Witness*, Gateway Editions/Regnery Publishing, Inc., Washington DC, 2001.

CILIGA, Ante, *Dix Ans au pays du mensonge déconcertant*, Éditions Champ Libre, 1977.

CONQUEST, Robert, *La Grande Terreur. Les purges staliniennes des années trente*, traduit de l'anglais par Mary-Alix Revellat, Stock, 1970.

COSTELLO, John, *Mask of Treachery*, William Morrow and Company, Inc., New York, 1988.

COSTELLO, John, et TSAREV, Oleg, *Deadly Illusions*, Crown Publishers, Inc., New York, 1993.

COURTOIS, Stéphane, WERTH, Nicolas, PANNÉ, Jean-Louis, PACZKOWSKI, Andrzej, BARTOSEK, Karel, et MARGOLIN, Jean-Louis, *Le Livre Noir du communisme. Crimes, terreur, répression*, Robert Laffont, 1997.

BYSKOV, Gunner, *MARINUS & Marianne. Photomontages*

satiriques 1932-1940, traduit du danois par Marc Auchet, Éditions Alternatives, 2008.

CULLERNE BOWN, Matthew, *Art under Stalin*, Phaidon Press Ltd, Oxford, 1991.

DALLIN, David J., *Soviet Espionage*, Yale University Press, New Haven, 1955.

DAMASKIN, Igor, et ELLIOTT, Geoffrey, *Kitty Harris. The Spy with Seventeen Names*, St Ermin's Press, Londres, 2001.

DAZY, René, *Fusillez ces chiens enragés !... Le génocide des trotskistes*, Olivier Orban, 1981.

DEUTSCHER, Isaac, *Trotsky*, tome 3 : « Le prophète hors la loi », traduction française de Jean Cler, Julliard, 1965.

DEWAR, Hugo, *Assassins at Large : Being a Fully Documented and Hitherto Unpublished Account of the Executions Outside Russia Ordered by the GPU*, Wingate, Londres et New York, 1951.

DOS PASSOS, John, *The Theme is Freedom*, Dodd, Mead & Company, New York, 1956.

DUFF, William E., *Theodore Stephanovich Mally and the Era of the Great Illegals*, Vanderbilt University press, 1999.

EASTMAN, Max, *Love and Revolution. My Journey through an Epoch*, Random House, New York, 1964.

FAUVET, Jacques (en collaboration avec Alain DUHAMEL), *Histoire du Parti communiste français*, tome 2 : « Vingt-cinq ans de drames, 1939-1965 », Fayard, 1965.

FULIGNI, Bruno (publié sous la direction de), *Dans les archives inédites des services secrets*, L'Iconoclaste, 2012.

GANNES, Harry, et REPARD, Theodore, *Spain in Revolt. A History of the Civil War in Spain in 1936 and a Study of its Social, Political and Economic Causes*, Victor Gollancz Ltd, Londres, 1936.

GAZUR, Edward, *Alexander Orlov : The FBI's KGB General*, Carroll & Graf Publishers, New York, 2002.

GORKIN, Julian, *L'Assassinat de Trotsky*, Julliard, 1970.

GORKIN, Julian, *Les Communistes contre la révolution espagnole*, Belfond, 1978.

HENKINE, Cyrille, *L'Espionnage soviétique : le cas Rudolf Abel*, préface d'Alexandre Zinoviev, traduit du russe par Alain Préchac, Fayard, 1981.

HERBART, Pierre, *La Ligne de force*, Gallimard, 1958.
HERNANDEZ, Jésus, *La Grande Trahison*, Fasquelle Éditeurs, 1953.
HUBER, Peter, et KUNZI, Daniel, *L'Assassinat d'Ignaz Reiss*, dans la revue *Communisme*, N° 26-27, « Procès et terreur sous Staline », Éditions L'Âge d'homme, 1990.
HUBER, Peter, et KUNZI, Daniel, « Paris dans les années 30 : sur Serge Efron et quelques agents du NKVD », in *Cahiers du monde russe et soviétique*, vol. 32, n° 2, p. 285-310, avril-juin 1991.
KERN, Gary, *A Death in Washington. Walter Krivitsky and the Stalin Terror*, avec une introduction de Nigel West, Enigma Books, New York, 2003.
KING, David, *Trotsky. A Photographic Biography*, Basil Blackwell Ltd, Oxford et New York, 1986.
KING, David, *Ordinary Citizens. The Victims of Stalin*, Francis Boutle Publishers, Londres, 2003.
KOCH, Stephen, *La Fin de l'innocence. Les intellectuels d'Occident et la tentation stalinienne : trente ans de guerre secrète*, traduit de l'américain par Marc Saporta et Michèle Truchan-Saporta, Grasset, 1995.
KOESTLER, Arthur, *Hiéroglyphes*, traduit de l'anglais par Denise Van Moppès, Calmann-Lévy, 1955.
KRAVTCHENKO, Victor, *J'ai choisi la liberté !*, traduit de l'américain par Jean de Kerdéland, Éditions Self, 1947.
KRIVITSKY, Walter G., *In Stalin's Secret Service. An Exposé of Russia's Secret Policies by the Former Chief of the Soviet Intelligence in Western Europe*, Harper & Brothers Publishers, New York et Londres, 1939.
LABIN, Suzanne, *Staline le terrible. Panorama du régime soviétique*, Paris, Éditions Self, 1948 / *Stalin's Russia*, Victor Gollancz, Londres, 1949, préface de Arthur Kœstler.
LEBAS, Marthe Y., *Le Mariage de Moscou*, Robert Laffont, 1964.
LEFEBVRE, Michel, et SKOUTELSKY, Rémi, *Les Brigades internationales. Images retrouvées*, Éditions du Seuil, 2003.
LEVINE, Isaac Don, *Eyewitness to History. Memoirs and Reflections of a Foreign Correspondent for Half a Century*, Hawthorn Books Inc., New York, 1973.

LEWYTZKYJ, Boris, *L'Inquisition rouge*, traduit de l'allemand par Pierre Kamnitzer, Robert Laffont, 1968.

LONDON, Artur, *L'Aveu*, Gallimard, 1968.

MALRAUX, Clara, *Le Bruit de nos pas*, tome 5 : «La fin et le commencement», Éditions Grasset et Fasquelle, 1976.

MARGOLIN, Julius, *Voyage au pays des Ze-Ka* (*La Condition inhumaine*), traduit du russe par Nina Berberova et Mina Journot, révisée et complétée par Luba Jurgenson, Le Bruit du temps, 2010.

MOSSUZ-LAVAU, Jeanne, et REY, Henri, *Les Fronts populaires*, Casterman/Giunti Gruppo Editoriale, 1994.

MARTINEZ DE PIZON, Ignacio, *L'Encre et le Sang. Histoire d'une trahison*, traduit de l'espagnol par Amélie Fourcade, Éditions Markus Haller, 2009.

NEWTON, Verne W., *The Cambridge Spies. The Untold Story of Maclean, Philby, and Burgess in America*, Madison Books, Lanham, New York, 1991.

OLLIVIER, Marcel, *Un espion nommé Staline*, Éditions France-Empire, 1974.

ORLOV, Alexander, *The Secret History of Stalin's Crimes*, Random House, New York, 1953/Jarrolds Publishers Ltd, Londres, 1954.

ORWELL, George, *Hommage à la Catalogne*, traduit de l'anglais par Yvonne Davet, Éditions Ivréa, 1982.

PAYNE, Stanley G., *The Spanish Civil War, the Soviet Union, and Communism*, Yale University Press, New Haven et Londres, 2004.

PELLOUX, Patrick, *On ne meurt qu'une fois et c'est pour si longtemps. Les derniers jours des grands hommes*, Robert Laffont, 2013.

PORETSKI, Elisabeth K., *Les Nôtres. Vie et mort d'un agent soviétique*, avec une préface de Léon Trotsky, traduit de l'anglais par Olivier Simon, «Les Lettres nouvelles», Éditions Denoël, 1969.

RADOSH, Ronald, HABECK, Mary R., et SEVOSTIANOV, Grigory (publié sous la direction de), *Spain Betrayed. The Soviet Union in the Spanish Civil War*, Yale University Press, New Haven et Londres, 2001.

RAYFIELD, Donald, *Stalin and his Hangmen*, Viking, 2004/ Penguin Books Ltd, Londres, 2005.

REGLER, Gustav, *Le Glaive et le Fourreau*, traduit de l'allemand par Gaston Floquet et Jean Weiland, Plon, 1958 (rééd. Babel, 1999).

SCHAPIRO, Leonard, *De Lénine à Staline. Histoire du Parti communiste de l'Union soviétique*, traduit de l'anglais par Aanda Golem, Gallimard, 1967.

SCHLÖGEL, Karl, *Moscow, 1937*, Polity Press, Cambridge, 2012.

SERGE, Victor, *Mémoires d'un révolutionnaire, 1905-1945*, édition préparée par Jean Rière, Lux Éditeur, 2010.

SERGE, Victor, *Carnets (1936-1947)*, édition établie par Claudio Albertani et Claude Rioux, Agone, 2012.

SETH, Ronald, *SMERSH. L'organisme qui assassina Trotsky, Masaryk, enleva Koutiepov, Nolen, etc.*, traduit de l'anglais par Jacques Brecard, Stock, 1970.

SOUDOPLATOV, Pavel, et SOUDOPLATOV, Anatoli, *Missions spéciales. Mémoires du maître-espion soviétique Pavel Soudoplatov*, préface de Robert Conquest, traduit sous la direction de Marc Saporta, Éditions du Seuil, 1994.

SOUVARINE, Boris, *Staline. Aperçu historique du bolchévisme*, Éditions Ivréa, 1992.

STEIN, Sygmunt, *Ma guerre d'Espagne. Brigades internationales : la fin d'un mythe*, traduit du yiddish par Marina Alexeev-Antipov, Éditions du Seuil, 2012.

SPENCER CARR, Virginia, *Dos Passos. A life*, Doubleday & Company, Inc., 1984/Nothwestern University Press, Evanston, Illinois, 2004.

THIRION, André, *Révolutionnaires sans révolution*, Robert Laffont, 1972.

THOMAS, Bernard, *Les Provocations policières*, Fayard, 1972.

THOMAS, Hugh, *La Guerre d'Espagne*, traduit de l'anglais par Jacques Brousse et Lucien Hess, Robert Laffont, 1961.

THORNBERRY, Robert S., *André Malraux et l'Espagne*, Librairie Droz, Genève, 1977.

TREPPER, Leopold, *Le Grand Jeu*, Albin Michel, 1975.

ULAM, Adam B., *Staline. L'homme et son temps*, traduit de

l'anglais par Marie-France de Paloméra, Calmann-Lévy/Gallimard, 1977.

VAKSBERG, Arkadi, *Hôtel Lux. Les partis frères au service de l'Internationale communiste*, traduit du russe par Olivier Simon, Éditions Fayard, 1993.

VAKSBERG, Arkadi, *Le Laboratoire des poisons. De Lénine à Poutine*, traduit du russe par Luba Jurgenson, « Folio documents », Gallimard, 2007.

VALTIN, Jan (Richard Hermann KREBS), *Sans patrie ni frontières*, traduit de l'anglais par Jean-Claude Henriot et Philippe Carella, Éditions Jean-Claude Lattès, 1975 (rééd. Babel, 1996, avec une postface de Jean-François Vilar).

VILLEMAREST, Pierre Faillant de, et RUTCHENKO, Nicolas, *Les Pourvoyeurs du goulag*, tome 2 : « La terreur en URSS durant les années trente, 1930-1941 », et « La police secrète contre l'Internationale communiste, 1932-1941 », Éditions Famot, Genève, 1976.

WAINTROP, Édouard, *Les Anarchistes espagnols, 1868-1981*, Éditions Denoël, 2012.

WERTH, Nicolas, *L'Ivrogne et la Marchande de fleurs. Autopsie d'un meurtre de masse, 1937-1938*, Éditions Tallandier, 2009/« Points Histoire », Seuil, 2011.

WEST, Nigel, et TSAREV, Oleg, *The Crown Jewels. The British Secrets at the Heart of the KGB Archives*, HarperCollins Publishers, Londres, 1998.

WOLTON, Thierry, *Le Grand Recrutement*, Éditions Grasset et Fasquelle, 1993.

FEDERAL BUREAU OF INVESTIGATION, *Walter G. Krivitsky*, dossier n° 100-11146 (archives déclassifiées).

Le magazine *VU*, numéro spécial « En Espagne. La défense de la République » (textes de Jean-Richard BLOCH, Jean CASSOU, Ramon FERNANDEZ, Madeleine JACOB, Pierre MAC ORLAN, Paul NIZAN, Lucien VOGEL), samedi 29 août 1936. Et le magazine *Le Crapouillot*, numéro spécial « L'anarchie », par Victor Serge, Alexandre Croix et Jean Bernier, janvier 1938.

Remerciements

Merci à Léon Aïchelbaum, Patrick Amine, Marc Boulet, Julien Camy, Marie-Claire Chalvet, Jean-Marc Delporte, Sophie Di Ricci, Michel Froidevaux, Jean Raymond Hiebler, Dominique Mancini, Yves Paysant, Machiko Remondet et Miyako Slocombe.

Enfin, je remercie tout spécialement Nicole Lattès pour son soutien chaleureux à ce projet.

La photocomposition de cet ouvrage
a été réalisée par
GRAPHIC HAINAUT
59410 Anzin

Cet ouvrage a été imprimé
en juillet 2014 par

CPI

FIRMIN-DIDOT

27650 Mesnil-sur-l'Estrée
N° d'édition : 53925/01
N° d'impression : 122681
Dépôt légal : août 2014

Imprimé en France